RENATUS ZIEGLER

INTUITION UND ICH-ERFAHRUNG

STUDIEN ZUM WERK RUDOLF STEINERS
HERAUSGEGEBEN FÜR DAS
FRIEDRICH-VON-HARDENBERG-INSTITUT
VON KARL-MARTIN DIETZ
UND THOMAS KRACHT
BAND 5

RENATUS ZIEGLER

INTUITION UND ICH-ERFAHRUNG

*Erkenntnis und Freiheit
zwischen Gegenwart und Ewigkeit*

EDITION HARDENBERG
VERLAG FREIES GEISTESLEBEN

Renatus Ziegler, geboren in Basel 1955. Besuch der dortigen Rudolf Steiner Schule. Studium der Mathematik und Theoretischen Physik an der ETH in Zürich. Promotion 1985 über geometrische Mechanik an der Universität Kassel. Zwei Jahre Tätigkeit in Forschung und Lehre an Universitäten der USA und dann an der Mathematisch-Astronomischen Sektion der Freien Hochschule für Geisteswissenschaft am Goetheanum, Dornach (Schweiz). Seit 2001 wissenschaftlicher Mitarbeiter im Verein für Krebsforschung, Arlesheim (Schweiz) im Bereich Methodik klinischer Studien im Umfeld der Komplementärmedizin. Er unterrichtet in verschiedenen Seminarkursen Mathematik, Logik, Erkenntnislehre, ethischen Individualismus und philosophische Grundlegung der Anthroposophie.

1. Auflage 2006

Verlag Freies Geisteslebem
Landhausstraße 82, 70190 Stuttgart
Internet: www.geistesleben.com

ISBN-13: 978-3-7725-1785-3
ISBN-10: 3-7725-1785-4

© 2006 Verlag Freies Geistesleben
& Urachhaus GmbH
Umschlagmotiv: Philip Nelson (Ohne Titel, 2003)
Druck: AALEXX Druck, Großburgwedel

INHALT

TEIL I: EINFÜHRUNG

1. *Absicht und Aufbau* 13
   - 1.1 *Zielsetzung* 13
   - 1.2 *Inhalt und Methode* 18
   - 1.3 *Aufbau* 25
   - 1.4 *Praktische Hinweise* 28
2. *Persönlich-Unpersönliches* 30
   - 2.1 *Vorgeschichte* 30
   - 2.2 *Werkstattbericht* 34

TEIL II: BEWUSSTWERDUNG

3. *Reines Denken: Erfahrung und Begriff* 41
   - 3.1 *Fragen und Vorerfahrungen* 42
   - 3.2 *Vorbereitungen und Vorübungen* 44
   - 3.3 *Denkerfahrungen* 49
   - 3.4 *Gesetz des reinen Denkens* 58
4. *Denkbewusstwerdung* 67
   - 4.1 *Naives reines Denken* 67
   - 4.2 *Beobachtungen des Denkens: Ausnahmezustand* ... 70
   - 4.3 *Beobachtungsbewusstwerdung des Denkens: Bestimmung des Denkens* 75

4.4 Erkenntnis des beobachteten Denkens 81
4.5 Von der Beobachtungsform zur intuitiven Form
des Denkerlebens 83

5. Begriffsintuition: Denkform und Denkinhalt 87
5.1 Von der Beobachtungsbewusstwerdung zur
intuitiven Bewusstwerdung des Denkens 88
5.2 Erfahrungsgrundlage. 91
5.3 Form und Inhalt des reinen Denkens 94
5.4 Inhalt des reinen Denkens: Gesetz. 98
5.5 Form des reinen Denkens: Tätigkeit der Intuition. 103
5.6 Gesetz der allgemeinen Intuition 108
5.7 Intuitive Bewusstwerdung des Denkens. 110
5.8 Dreieinigkeit des intuitiven Denkens. 111

6. Ich-Erfahrung und Ich-Intuition 114
6.1 Naive Ich-Erfahrung im reinen Denken 115
6.2 Beobachtungen des Ich innerhalb der Beobachtungen
des reinen Denkens 116
6.3 Beobachtungsbewusstwerdung des Ich:
Bestimmung des Ich 117
6.4 Erkenntnis des beobachteten Ich 120
6.5 Intuitive Bewusstwerdung des Ich 122
6.6 Denkgesetz und Ich-Gesetz 125
6.7 Unabhängigkeit der Intuition von der Organisation . . . 126
6.8 Funktionen der Organisation 130
6.9 Dreieinigkeit der intuitiven Ich-Erfahrung 134

7. Stufen der Bewusstwerdung 139
7.1 Entwicklung des Denkens und des Ich 139
7.2 Abstraktion und Konkretion: Lähmung
und Auferstehung. 145
7.3 Stufen des Erlebens und Stufen der
Bewusstwerdung. 147

7.4 Intuitives Denken, intuitives Erkennen und Freiheit ..150
7.5 Drama der Bewusstwerdung 151

8. Idee und Wirklichkeit der Intuition 155
8.1 Arten der Intuitionserfahrung: ideelle, reelle und allgemeine Intuition 155
8.2 Ideelle Intuition oder Begriffsintuition 160
8.3 Formales Begriffsurteil und ideelles Intuitionsurteil ...163
8.4 Funktionen der ideellen Intuition: epistemische und moralische Intuition........................168

9. Epistemische Intuition 174
9.1 Von der Denkerkenntnis zur Welterkenntnis 175
9.2 Struktur des Erkennens: epistemische Intuition und Erkenntnisurteil............................178
9.3 Epistemische Intuition und wahres Erkenntnisurteil................................182
9.4 Methodik des Erkennens: epistemische Phantasie und epistemische Technik 189
9.5 Drama der Erkenntnis 195

10. Vorstellung und Wahrnehmung 199
10.1 Erkenntnisvorstellungen 200
10.2 Nacherkenntnisvorstellungen und Erinnerungsvorstellungen........................ 205
10.3 Wesen und Erscheinung von Vorstellungen 210
10.4 Phantasievorstellungen 214
10.5 Primär- und Sekundärbeobachtungen 218
10.6 Beobachtungsnachbilder 222
10.7 Vorstellungscharakter von Beobachtungen 226
10.8 Vorstellungscharakter von Einfällen und Assoziationen 229
10.9 Reine Wahrnehmungen.......................... 230

11. Moralische Intuition 236
11.1 Struktur der Freiheit: moralische Intuition 237
11.2 Moralische Intuition und «gute» freie Handlung.... 241
11.3 Methodik der Freiheit: moralische Phantasie und moralische Technik 247
11.4 Verhältnis des «Bösen» zur Freiheit................253
11.5 Erkennen und Handeln 258
11.6 Freies Handeln und künstlerisches Schaffen: moralische und ästhetische Intuition 260
11.7 Epistemische, moralische und ästhetische Beurteilung menschlicher Handlungen............. 266
11.8 Drama der Freiheit 272
11.9 Freiheit, Mündigkeit, Würde 276

12. Verantwortung und Gemeinschaft 280
12.1 Individuelle freie Verantwortung 281
12.2 Freiheitsgemäße Gemeinschaftsbildung............. 284
12.3 Erfahren und Verstehen der Ziele anderer Menschen 287
12.4 Individuelle Intuitionen und Ziele einer Gemeinschaft................................ 293
12.5 Individuelle Begabungen und sozialer Ausgleich durch Zusammenarbeit.......................... 296
12.6 Gemeinschaftsbildung freier, mündiger und würdiger Menschen 299
12.7 Soziales Urteil 306

13. Bewusstwerdung und Entwicklung 310
13.1 Individuelles und universelles Ich...................310
13.2 Zeit und Ewigkeit 315
13.3 Evolution und Involution........................319
13.4 Bewusstwerdung von Geistesgegenwart und Entwicklung................................ 322

14. Wiederverkörperung und Schicksal.................. 329
   14.1 Wiederverkörperung als Erkenntnisproblem 330
   14.2 Ungeborenheit, Unsterblichkeit und
        Wiederverkörperung 331
   14.3 Wirklichkeit des ewigen Lebens und Notwendigkeit
        der Wiederverkörperung.........................333
   14.4 Schicksal im Spannungsfeld von Zufall,
        Notwendigkeit und Freiheit 337

TEIL III: ERGÄNZUNGEN UND KOMMENTARE

15. Anmerkungen und Ergänzungen 345
   Ergänzung zu Kapitel 6:
        Wesenslehre und Universalienlehre 358
   1. Ergänzung zu Kapitel 10:
        Vorstellungslehre und Erkenntnispraxis............. 369
   2. Ergänzung zu Kapitel 10:
        Vorstellungslehre und Abstraktionslehre 373
   1. Ergänzung zu Kapitel 12:
        Individuelle freie Verantwortung und
        normgemäße Verantwortlichkeit 383
   2. Ergänzung zu Kapitel 12:
        Ideelle und reelle Gemeinschaftsbildung.............391

16. Kommentar 395
   Erläuterungen zu ausgewählten Absätzen
        in Steiners Werk «Die Philosophie der Freiheit»

Sachregister.. 421

TEIL I
EINFÜHRUNG

1. Absicht und Aufbau

1.1 Zielsetzung

In diesem Buch wird die Natur des menschlichen Denkens und seine Rolle beim Erkennen und Handeln untersucht. Es ist zugleich eine Einführung in den ethischen Individualismus, das heißt in eine konsequent vom Individuum ausgehende Freiheitslehre mit weitreichenden Konsequenzen für die soziale Gemeinschaftsbildung. Der dabei verfolgte Weg der Selbsterkenntnis als Grundlage und Richtschnur der Welterkenntnis gründet auf selbstständiger Einsicht und ist zugleich ein kritischer Weg in die Anthroposophie als Geisteswissenschaft. Der Forschungsweg ist wissenschaftlich, da Erkenntnisse aus aktueller und individueller Erfahrung durch systematische begriffliche Verarbeitung gewonnen werden. Er ist auf dem Felde seelisch-geistiger Erfahrungen genauso empirisch (erfahrungsorientiert) und streng methodisch ausgerichtet wie die neues Terrain erkundende naturwissenschaftliche Forschung. Dieser Weg ist kritisch, das heißt sich seines eigenen Vorgehens bewusst, und voraussetzungslos, da alle benötigten Mittel von Grund auf entwickelt und ins volle Licht der Bewusstwerdung gehoben werden. Der Weg führt selbstständig und sachgemäß in die Anthroposophie, da die Denk- und Erkenntnisfähigkeiten des gewöhnlichen individuellen Bewusstseins konsequent und kontinuierlich, ohne Sprünge oder undurchschaubare Schritte, zu Organen nichtsinnlicher Erfahrungen und zu Instrumenten der Bewusstwerdung der individuellen Geist-Erkenntnis weiterentwickelt werden.

Weder Kenntnis noch Anerkennung der Anthroposophie ist Vorbedingung der Beschäftigung mit dem vorliegenden Buch. Es ist auch unabhängig von Ergebnissen anderer Fachwissenschaften oder der Haltung, die man zu solchen einnimmt. Dies gilt insbesondere auch für Inhalt und Form des Werkes *Die Philosophie der Freiheit* Rudolf Steiners. Dieses Werk muss der Leserin und dem Leser weder bekannt sein noch von ihnen anerkannt werden; es wird an keiner Stelle in den zentralen Kapiteln des Teils II auf Ergebnisse dieses Werkes zurückgegriffen.

Und trotzdem wäre ohne dieses Werk das vorliegende Buch nie zustande gekommen. Es handelt sich jedoch bei der vorliegenden Arbeit weder um eine bloße Erläuterung dieses Werkes Steiners noch um eine wesentlich über dasselbe hinausgehende Darstellung. Es werden lediglich einige Hauptgedanken dieses Werkes aufgegriffen, systematisch (begriffslogisch) aufgearbeitet, detailliert an der individuellen Erfahrung entwickelt sowie in einigen ihrer Konsequenzen ausgelotet. Die Beschränkung auf einige wesentliche Gesichtspunkte dient in erster Linie der Intention, grundlegende Strukturen der Gedankenführung dieses Werkes in übersichtlicher Weise darzustellen – ohne Anspruch auf inhaltliche Vollständigkeit. In diesem Sinne kann man diese Arbeit als eine Art Lehrbuch der Denk-, Erkenntnis- und Freiheitslehre innerhalb desjenigen Stoffgebietes auffassen, welches durch das Werk *Die Philosophie der Freiheit* abgesteckt wird.

Um das Verhältnis der vorliegenden Arbeit mit dem genannten Werk Steiners genauer zu charakterisieren, möchte ich mich eines Vergleichs bedienen. Wenn ich ein Lehrbuch der euklidischen oder der projektiven Geometrie schreibe, so orientiere ich mich für die zu behandelnden Themen mehr oder weniger am überlieferten Stoffkanon und übernehme an vielen, wenn auch nicht allen Stellen, insbesondere bei den Hauptsätzen und den Definitionen, die entsprechende Terminologie. Für ein mathematisches Werk gilt als Qualitätsmerkmal in erster Linie die *interne Konsistenz*, also die Bedingung, dass alles Wesentliche im Buch selbst abgeleitet wird, dass die Beweise stimmen und miteinander konsistent sind und schließlich die Terminologie dem Stoff adäquat ist. Es würde keinem selbstständig denkenden Menschen einfallen, die Stimmigkeit eines Beweises oder den Sinn einer Definition daran zu prüfen, ob sie mit den historischen Werken (hier die *Elemente* des Euklid beziehungsweise die Schriften zur projektiven Geometrie von Jean-Victor Poncelet, Jacob Steiner, Karl Georg Christian von Staudt und anderen) übereinstimmen oder nicht. Was allein zählt, ist die Gediegenheit, die Widerspruchslosigkeit, die Konsequenz und die Lückenlosigkeit der Gedankenführung innerhalb des Werkes selbst. Trotz alledem möchte eine solche Arbeit natürlich sachgemäß in das Gebiet der euklidischen Geometrie beziehungsweise der projektiven Geometrie einführen, so wie diese geometrischen Stoffgebiete von den Pionieren veranlagt wurden. Was dann das konkrete Verhältnis zu den Pionierwerken, oder Klassikern, betrifft, so kann ein Blick auf dieselben von dem systematisch erarbeiteten Standpunkt einer selbstständigen Darstellung aus zu neuen Einsichten und neuen Interpretationen oder gar zu einer ganz neuen Wertschätzung dieser Klassiker führen.

In entsprechender Weise wurde diese Arbeit so verfasst, dass sie als selbstständiges Lehrbuch dem Werk *Die Philosophie der Freiheit* zur Seite gestellt werden kann. Jedes Lehrbuch strebt eine in sich geschlossene Darstellung an. Für die Bearbeitung eines Lehrbuches der euklidischen Geometrie muss man nicht auf die *Elemente* zurückgreifen. So ist es auch hier: Es muss an keiner Stelle auf Ergebnisse oder Erläuterungen aus dem Werk

Die Philosophie der Freiheit zurückgegriffen werden, um dem Gang der Darstellung folgen zu können. Meine Darstellungen sollen an sich selbst, an ihrer individuellen Nachprüfbarkeit gemessen werden, nicht an ihrer Übereinstimmung oder Abweichung von Steiners Werk. Ich habe mich weder inhaltlich noch terminologisch streng an dieses Grundlagenwerk gehalten, bin aber dennoch der Ansicht, dass Leserinnen und Leser dem sachlichen Inhalt und der Hauptintention nach keinerlei wesentliche Differenzen zu diesem Werk finden werden. Ich erhebe nicht den Anspruch, über dieses Werk hinausgegangen zu sein, noch ihm erst seine wahre Begründung gegeben oder es in eine «zeitgemäßere» Form gegossen geschweige denn es in aller Tiefe und Breite ausgelotet zu haben. Ich bin allerdings der Überzeugung, Teile daraus in auf sich selbst gegründeter Weise entwickelt und begrifflich ausdifferenziert sowie einige Konsequenzen daraus gezogen zu haben.

Selbstverständlich kann es bei einem Werk zur Erkenntnis- und Freiheitslehre nicht um Deduktionen aus angenommen Prämissen gehen, wie es eine axiomatische Darstellung eines mathematischen Gebietes erfordern würde. Hier hat der angeführte Vergleich seine Grenzen. In dieser Arbeit geht es um die unmittelbare Denkerfahrung und um die sich daran anknüpfende Entfaltung der genannten Gebiete. An keiner Stelle werden Voraussetzungen gemacht, die nicht durch Erfahrungen im Gang der Untersuchung selbst gerechtfertigt werden können.

Kein Klassiker kann durch eine noch so gute lehrbuchmäßige Darstellung überholt oder gar ersetzt werden. Die Frische, Fülle, Tiefe und Originalität der ursprünglichen Darstellung ist eine nicht versiegende Quelle weiterer Anregungen und Entdeckungen. So kann und soll dieses Buch das Original nicht ersetzen – im Gegenteil, es soll es noch tiefer und breiter erschließen helfen. (Zu Steiners eigenem Verständnis seines Werkes *Die Philosophie der Freiheit* siehe die Anmerkungen in Kapitel 15.)

So hoffe ich, dass Leserinnen und Leser durch den Nachvollzug der hier dargestellten Bewusstwerdungswege sich eingeladen fühlen zu den in dem Werk *Die Philosophie der Freiheit* dargestellten seelisch-geistigen Erkenntnisresultaten ein differenziertes, gründliches und selbstständiges Verhältnis zu gewinnen. In diesem Sinne möchte die vorliegende Arbeit einem vertieften Verstehen und Erkennen sowie einer sachgemäßen Interpretation dieses Werkes dienen. Damit schließt sich der Kreis: Das Werk *Die Philosophie der Freiheit* ist sowohl Ausgangspunkt wie Zielsetzung der vorliegenden Arbeit. Die Einzelheiten der konkreten Erscheinung dieses Werkes müssen erst überwunden werden, um seinen Inhalt in selbstständiger Weise neu zu entwickeln und damit zu seinem Kern vorzustoßen: der Idee und der Wirklichkeit des freien Menschen.

Es gehört zu den zentralen Forschungsanliegen einer wissenschaftlichen Begründung der Anthroposophie, sowohl deren erkenntniswissenschaftliche und handlungspraktische Grundlagen in aller Klarheit und Deutlichkeit offen zu legen, als auch einen individuell nachvollziehbaren und begründeten Zusammenhang mit einigen zentralen Erkenntnisergebnissen aus dieser Geisteswissenschaft herzustellen. Hier wird beides versucht: Aus der auf sich gegründeten Darstellung des intuitiven Denkens und seiner Verwirklichungen im Erkennen und Handeln ergeben sich weitreichende Konsequenzen für die Auffassung und Bedeutung unter anderem von «gut» und «böse», Verantwortung, Gemeinschaft, individueller Entwicklung, Bewusstwerdung und Wiederverkörperung.

Ein sich selbst verstehendes, insbesondere das Prinzip des

selbstbewussten Denkens, der Erkenntnis und der Wahrheit durchschauendes Individuum kann keine über den *Vollzug* des entsprechenden Denkens hinausgehende absolute *Geltung* seiner Einsichten für andere Individuen (oder sogar sich selbst gegenüber) fordern oder in Anspruch nehmen. Denn seine Einsichten stehen und fallen mit der Aktualität und Un(ver)mittelbarkeit der individuellen Bewusstwerdung. Mit anderen Worten: Bewusstseinsprozesse im Sinne der Bewusstwerdung des Gesetzes der eigenen Denktätigkeit im Erkennen und Handeln müssen streng von deren sprachlicher oder schriftlicher Darstellung unterschieden werden. Von einem solchen Vollzug kann berichtet und erzählt werden. Keine Form der Repräsentation oder Darstellung des ursprünglichen Geschehens, der ursprünglichen Erlebnisinhalte, ist identisch mit dem Original. Der Vollzug selbst ist als solcher in keiner Weise vermittelbar, darstellbar und repräsentierbar, sondern bestenfalls, auf der Grundlage eines guten Berichts, nachvollziehbar, reaktualisierbar. So haben Berichte über Bewusstwerdungs- und Erkenntnisprozesse – wie auch der vorliegende – in erster Linie die Funktion, andere denkende Individuen zum bewussten Denken und Erkennen anzuregen. Jeder darüber hinausgehende Anspruch auf Geltung (Gültigkeit) und Wahrheit ist nicht zu rechtfertigen.

1.2 Inhalt und Methode

Im Zentrum dieser Arbeit stehen die Theorie (Gesetzmäßigkeit), die Praxis (Übung) und die Anwendungen des reinen Denkens. Das reine Denken wird zunächst erübt, dann mit der Methode der (seelisch-geistigen) Beobachtung untersucht, zum intuitiven Denken und zur intuitiven

Bewusstwerdung seiner selbst weiterentwickelt und schließlich in seiner Funktion im Erkenntnis- und Freiheitsprozess offengelegt. Dieser Weg wurde gewählt, da eine Aufklärung über Mensch und Welt ohne Denken nicht auskommt und deshalb eine tiefergehende, in sich gegründete und ohne weitere Voraussetzungen auskommende Auseinandersetzung mit dem Denken unumgänglich ist, wenn irgendwo fester Boden erreicht werden soll. Zudem wurde meines Wissens in neuerer Zeit der Praxis, den Anwendungen und den gesetzmäßigen Einzelheiten des reinen Denkens bisher keine ausführliche Untersuchung gewidmet. Selbst in Steiners *Die Philosophie der Freiheit*, dem Hauptwerk zur philosophischen Grundlegung der anthroposophischen Geisteswissenschaft, nimmt die Untersuchung des reinen Denkens einen relativ bescheidenen Raum ein.

Der Entschluss, das reine und intuitive Denken in den Vordergrund der Betrachtung zu stellen, hat einige Konsequenzen für Methode und Inhalt dieses Buches, auf die aufmerksam gemacht werden muss, um eventuellen Missverständnissen vorzubeugen.

Da der Gesichtspunkt des Denkens, der Denkerfahrung und der Anwendung des Denkens auf andere Gebiete bei allen Untersuchungen im Vordergrund steht, muss der Duktus dieser Arbeit auf Logik, Systematik, begriffliche Klarheit und Transparenz ausgerichtet sein. Dem steht die Vielfalt, die Buntheit und die Komplexität des individuellen Erlebens und Lebens gegenüber, die hier kaum zum Ausdruck kommen. Obwohl es sich bei dieser Arbeit ausdrücklich nicht um rein begriffslogische Untersuchungen handelt, sondern um Einsichten, die aus Erfahrungen des Denkens, des Erkennens und des Handelns gewonnen sind, hat die begrifflich klare Verarbeitung dieser Erfahrungsvielfalt Vorrang vor einer ausführlichen Beschreibung und breit angelegten Charakterisierung derselben. Mir kommt es auf die Grundstrukturen an, nicht jedoch auf ein umfassendes Panorama von Phänomenen des Denkens, Erkennens und Handelns. In der Herausarbeitung der elementaren Grundstrukturen des Denk-, des Erkenntnis- und des Handlungsprozesses sehe ich eine der größten Erkenntnisleistungen Steiners, welche ich gerne weiter vermitteln möchte.

Aus dieser Intention erklärt sich die Konzentration auf elementare, manchmal vielleicht zu einfach erscheinende Eigenschaften der grundlegenden Gesetzmäßigkeiten des Erkennens, des Denkens, der Bewusstwerdung, der Entwicklung etc. Man kann mit Leichtigkeit einwenden, dass das alles in Wirklichkeit viel komplizierter sei. Dies mag im einen oder anderen Falle tatsächlich zutreffen. Und doch gehört gerade das Entdecken der elementaren Strukturen des Denkens, des Erkennens und der Freiheit zu den beglückendsten, befreiendsten und tiefgehendsten Erlebnissen überhaupt. Mir kommt es darauf an, diese Erlebnisse in begrifflich-gedanklich klarer Form weiter zu vermitteln. Und wenn in der Gedankenbildung etwas scheinbar zu einfach geraten ist, so hat man immerhin den Vorteil, präzise zu wissen, was man sich bei so grundlegenden Begriffen wie Freiheit, Intuition, Entwicklung und Bewusstwerdung denken kann. Wenn sich beim Fortgang der Untersuchungen herausstellen sollte, dass einzelne Ansätze in der Begriffsbildung zu einfach oder zu naiv waren, so hat man zumindest einen soliden Ausgangspunkt, von dem aus konkrete Schritte zu einer Erweiterung und Vertiefung der Auffassung der betreffenden Gesetzmäßigkeiten möglich werden. Offenheit für Weiterentwicklung und Erweiterung der Erkenntnis stehen nur dann in einem Gegensatz zu Klarheit, Bestimmtheit und Überschaubarkeit des Gedankenlebens, wenn an einmal gefassten Begriffszusammenhängen festgehalten wird. Dies entspricht jedoch nicht der Natur des reinen (intuitiven) Denkens, das sich seinen Gegenständen immer wieder erneut zuwendet und so durch seine Aktualität für Entwicklungen jeder Art offen bleibt.

Mit Ausnahme der Beobachtungen des Denkens und des Ich in den Kapiteln 4 und 6 sowie der Vorstellungslehre in Kapitel 10 bin ich auf psychologische Aspekte des Denkens und seiner Vorbereitung bis hin zu seelenhygienischen Maßnahmen nicht systematisch eingegangen. So fehlen unter anderem detaillierte Untersuchungen zu Vorstufen des reinen Denkens (Assoziationen, Vorstellungen, Struktur und Bedeutung von Einfällen und Ahnungen, psychologische Aspekte der formalen Logik etc.), zu Vorbereitungen, Vorformen und Hilfsmitteln des Erkennens (Staunen, Ehrfurcht, Geduld, Hingabe, Ergebenheit, Unbefangenheit, Vorurteilslosigkeit, Positivität, Ausdauer, Gleichmut etc.) sowie zu Vorstufen des freien Handelns im Bereich der Motivbildung (fixe Vorstellungen, Autorität und Gewissen, gedankliche Abwägungen und Hauptmotive) und im Bereich der Entwicklung von Triebfedern (Trieb, Takt, Gefühl als Triebfeder, praktische Erfahrung).

Neben praktischen Erwägungen zum Umfang und zur Übersichtlichkeit dieses Buches spielten für die Eingrenzung des Themas vor allem systematische Aspekte eine Hauptrolle. Die sich daraus ergebende Einseitigkeit und Allgemeinheit wurde zugunsten der Übersichtlichkeit und der am Ziel des frei handelnden Individuums orientierten Geradlinigkeit der Gedankenführung in Kauf genommen. Darüber hinaus bedarf es für die Darstellung psychischer Aspekte des Denkens, Erkennens und Handelns erst einer gründlichen Entwicklung der im geistigen Bereich veranlagten Grundstrukturen. Denn die psychologischen Aspekte sind seelische *Erscheinungsformen* und *Begleitphänomene* dieser fundamentalen geistigen Tatsachen, können also erst dann sachgemäß untersucht werden, wenn diese geistigen Bereiche in eine klare Bewusstwerdung gehoben worden sind. Damit schafft diese Arbeit auch eine solide Grundlage für eine anthroposophisch-geisteswissenschaftlich orientierte Psychologie des Denk-, Erkenntnis- und Freiheitsprozesses. Eine solche systematisch angelegte Psychologie auf der Grundlage des intuitiven Denkens muss jedoch erst noch ausgearbeitet werden.

Aus diesen Gründen findet man im vorliegenden Buch vieles nicht, was in dem Werk *Die Philosophie der Freiheit* zu seelischen Phänomenen angedeutet oder ausgeführt wird. Auch deswegen ist es kein Ersatz für diesen Klassiker: Es werden nur einige zentrale Themen herausgegriffen und viele darüber hinausgehende oder daneben liegende Aspekte weggelassen. Dadurch mag der Eindruck entstehen, der hier gegebenen Darstellung fehle die Fülle und Lebensnähe. Dies trifft lediglich dann zu, falls man Leben und Fülle *nur* außerhalb des Denkens sucht.

Steiner hat öfter über sein Werk *Die Philosophie der Freiheit* geschrieben und gesprochen und dabei auch konkrete Bezüge zu seinem späteren Werk hergestellt, die bis in christologische Dimensionen hineinreichen (siehe die Literaturangaben in Kapitel 15). Auf vieles davon kann ich hier nicht eingehen, da nur von solchen Themen die Rede sein wird, die meiner unmittelbaren Erfahrung zugänglich sind. Dies bedeutet nicht, dass ich solche Bezüge für unwesentlich halte oder gar ablehne, sondern dass es nicht zu meinen primären Intentionen gehört, von Erkenntnisergebnissen anderer Menschen zu berichten, für welche ich zunächst keine hinreichende Erfahrungsgrundlage besitze, die über das rein gedankliche Begreifen hinausgeht.

Wo ich auf spätere Vorträge oder Veröffentlichungen Steiners Bezug nehme, so suche ich diese aus den Gesichtspunkten des Werkes *Die Philosophie der Freiheit* zu beleuchten und sachgemäß in dessen Erlebnis- und Gedankenzusammenhang einzuarbeiten und zu begründen. Meiner Erfahrung nach hat sich dieses Vorgehen als sehr fruchtbar erwiesen, indem es wertvolle Ansätze zur eigenständigen Verarbeitung der Erkenntnisergebnisse Steiners in seinen späteren Ausführungen und Veröffentlichungen erschließen kann. Das umgekehrte Vorgehen, nämlich die Erlebnis- und Begriffsinhalte dieses Werkes aus den meist sehr speziellen und ausgewählten Gesichtspunkten späterer Darstellungen «neu» zu interpretieren, halte ich weder für sachgemäß noch für fruchtbar. Denn man sollte nie vergessen: Das Werk *Die Philosophie der Freiheit* umfasst die im gewöhnlichen Bewusstsein verankerte und zugleich über dieses hinaus zur aktiven Bewusstwerdung führende *Begründung* der Anthroposophie als Geisteswissenschaft. Die Umkehrung gilt nicht: Es gibt *keine* Behauptung in dem Werk *Die Philosophie der Freiheit* oder in irgendeinem der anderen philosophisch-anthroposophischen Grundschriften Steiners (*Einleitungen zu Goethes Naturwissenschaftlichen Schriften, Grundlinien einer Erkenntnistheorie der Goetheschen Weltanschauung, Wahrheit und Wissenschaft*), die erst durch Erkenntnisergebnisse Steiners aus späterer Zeit ihre strenge Begründung erhielte. Das schließt Vertiefungen und Erweiterungen der Inhalte dieser Werke nicht aus, wohl aber die Überzeugung, Steiner hätte durch sein späteres Werk die zuvor dargestellten Gesichtspunkte verlassen oder gar in irgendeiner Weise relativiert oder zurechtgerückt.

Die Frage, ob das Werk *Die Philosophie der Freiheit* ein Schulungsbuch ist, das auf eigenständige und unabhängige Weise in die Erfahrung und die Erkenntnis der geistigen Welt führt, ist eindeutig positiv zu beantworten. Dies muss hier weder theoretisch begründet noch anhand von Zitaten aus Steiners Werk belegt werden, sondern ist eine unmittelbare Konsequenz der hier entfalteten Auseinandersetzung mit den Inhalten und den Motiven dieser Schrift.

Aus pragmatischen *und* prinzipiellen Gründen kommt als Erfahrungshorizont der folgenden Untersuchungen nur die *eigene* Bewusstwerdung in Frage; das Mittel dazu ist die bewusste *Introspektion* oder, mit Steiners Worten im Motto des genannten Buches, die «seelische Beobachtung nach naturwissenschaftlicher Methode».

Zunächst bietet es sich aus *praktischen Gründen* an, nur an diejenigen Erfahrungen anzuknüpfen, die für die individuelle Bewusstwerdung am leichtesten zugänglich und am verlässlichsten sind. Es gibt jedoch auch *grundsätzliche Gesichtspunkte* für die Bevorzugung von Beobachtungen des eigenen Denkens. Dies steht in bewusstem Kontrast zum 14. Absatz des III. Kapitels des Werkes *Die Philosophie der Freiheit*, wo ausdrücklich auf die Möglichkeit des Bezugs auf Beobachtungen anderer Menschen hingewiesen wird. Dort geht es jedoch *nur* um die denkende Verarbeitung von Beobachtungen des reinen Denkens zur Gewinnung des Begriffs des reinen Denkens. Für diesen Zweck kann es sinnvoll sein, die eigenen Beobachtungen des Denkens durch Beobachtungen von Denkprozessen anderer Personen zu ergänzen. Dadurch kann der eigene Denkprozess angeregt werden, nach den geschilderten Erfahrungen Ausschau zu halten und sich von diesen zu weiteren Untersuchungen anregen zu lassen.

Sobald die Untersuchungen dieses Feld verlassen und in die Phase der systematischen Begründung der Wissenschaft des Denkens kommen, müssen andere Gesichtspunkte in Betracht gezogen werden. (1) Berichte aus zweiter Hand können nur im Vertrauen auf den Überbringer akzeptiert werden; Vertrauen hat jedoch im Erkenntnisfeld nichts zu suchen. (2) Soll die Denkerfahrung in Beobachtungsform erweitert werden auf die Ich-Erfahrung in Beobachtungsform, so lässt sich dies nur anhand der Beobachtungen des eigenen Denkens vollziehen. (3) Wird eine Umwandlung der Beobachtungsbewusstwerdung des reinen Denkens in die intuitive Bewusstwerdung angestrebt, so kommt überhaupt nur noch die eigene Erfahrung in Betracht, denn eine Intuition ist ein rein individueller Erfahrungsprozess, der durch keinen Bericht über einen solchen ersetzt werden kann. – Aus diesen Gründen ist es sinnvoll, sich von allem Anfang an allein auf die individuelle Denkerfahrung zu beziehen.

1.3 Aufbau

Der *Teil II: Bewusstwerdung* kann ganz für sich bearbeitet werden, ohne *Teil I: Einführung* und *Teil III: Ergänzungen und Kommentare* zur Kenntnis zu nehmen. Er enthält den eigentlichen Kern des ganzen Buches.

In Teil I werden in *Kapitel 1: Absicht und Aufbau* die mehr sachlichen und in *Kapitel 2: Persönlich-Unpersönliches* die mehr individuellen Bedingungen der Entstehung dieses Buches geschildert.

In Teil III gibt es in *Kapitel 15: Anmerkungen und Ergänzungen* zusätzliche Bemerkungen und Erläuterungen sowie einige Literaturhinweise. Bei inhaltlichen Ergänzungen findet sich ein expliziter Hinweis im Text und bei Literaturhinweisen ein.* Beide Arten von Anmerkungen sind für das Textverständnis nicht notwendig und können beim ersten Lesen übergangen werden. In *Kapitel 16: Kommentar* schließlich finden sich Bezüge der Abschnitte dieses Buches zu einzelnen Ausführungen in dem Werk *Die Philosophie der Freiheit* sowie ausführlichere Erläuterungen zu ausgewählten Stellen dieses Werkes. Sowohl Kapitel 15 als auch Kapitel 16 sind für ein Verständnis der Ausführungen von Teil II nicht notwendig. Die meisten Anmerkungen setzen auch keine Kenntnis des Werkes *Die Philosophie der Freiheit* voraus, sondern sind Erläuterungen zum Haupttext. Das *Sachregister* berücksichtigt alle Kapitel des Buches, inklusive die Anmerkungen in Kapitel 15 und die Kommentare in Kapitel 16.

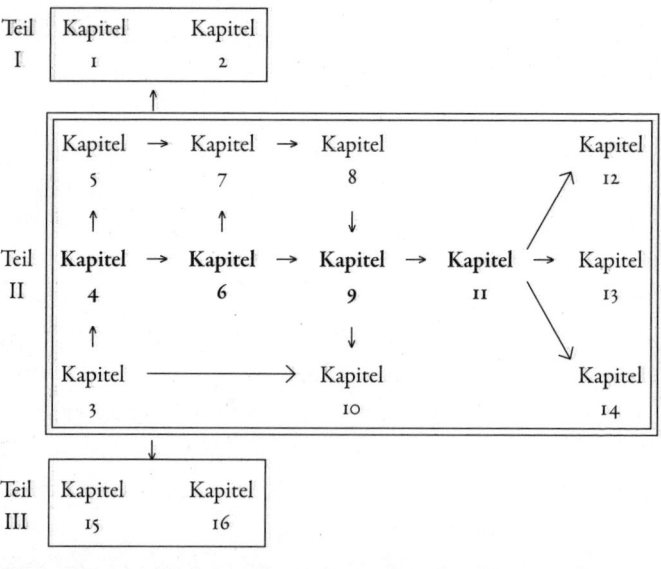

Tabelle 1.1: Gegenseitige Abhängigkeit der Kapitel und Teile

Die zentralen Kapitel des Teils II sind *Kapitel 4: Denkbewusstwerdung*, *Kapitel 6: Ich-Erfahrung und Ich-Intuition*, *Kapitel 9: Epistemische Intuition* und *Kapitel 11: Moralische Intuition*. Während die Kapitel 4 und 6 von der Beobachtungsbewusstwerdung zur intuitiven Bewusstwerdung des Denkens und des Ich führen, werden in den Kapiteln 9 und 11 die beiden Hauptanwendungen des intuitiven Denkens im Erkennen und Handeln entwickelt. Das schwierige Kapitel 5 kann beim ersten Durchgang übersprungen werden.

Die übrigen Kapitel von *Teil II: Bewusstwerdung* gliedern sich auf folgende Weise an die zentralen Kapitel an (siehe Tabelle 1.1). *Kapitel 3: Reines Denken: Erfahrung und Begriff* ist eine Hinführung zu Kapitel 4 mit praktischen Beispielen und Übungen. *Kapitel 5: Begriffsintuition: Denkform und Denkinhalt* umfasst weitere Ausdifferenzierungen und Vertiefungen der in Kapitel 4 eingeführten Begriffsintuition, welche die Grundlagen für einige Ausführungen in den folgenden Kapiteln 6 bis 8 bilden. *Kapitel 7: Stufen der Bewusstwerdung* und *Kapitel 8: Idee und Wirklichkeit der Intuition* sind Übergangskapitel, die sowohl die in den Kapiteln 4 bis 6 dargestellten Bewusstwerdungsschritte zusammenfassen und fortsetzen als auch die Darstellung der Entfaltung des intuitiven Denkens im Erkennen in *Kapitel 9: Epistemische Intuition* und freien Handeln in *Kapitel 11: Moralische Intuition* vorbereiten. *Kapitel 10: Vorstellung und Wahrnehmung* ist eigentlich ein Kapitel zur Psychologie des Erkennens, das wegen der Wichtigkeit des Themas hier integriert ist, obwohl es sonst etwas aus dem Rahmen fällt. Es kann ohne Verlust der Kontinuität beim ersten Lesen übergangen werden.

Die Inhalte der *Kapitel 12: Verantwortung und Gemeinschaft*, *Kapitel 13: Bewusstwerdung und Entwicklung* sowie *Kapitel 14: Wiederverkörperung und Schicksal* umfassen Konsequenzen aus den zentralen Kapiteln 4, 6, 9 und 11.

1.4 Praktische Hinweise

Steiner verwendet den Ausdruck «Denken» in verschiedener Weise, insbesondere kann er auch, je nach Kontext, die Bedeutung von «Erkennen» im Sinne einer Verknüpfung eines Beobachtungsinhaltes mit einem Gedankeninhalt annehmen. Dies wird im vorliegenden Text nicht geschehen. «Denken» wird hier ausschließlich für die Tätigkeit und den Inhalt des Begriffebildens, für das reine tätige Denken verwendet. In den Abschnitten 7.4 und 9.1 wird auf den Unterschied von Denken und Erkennen näher eingegangen.

Die Bezeichnungen «Begriff», «Idee», «Denk*inhalt*» und «Intuitions*inhalt*» werden im wesentlichen synonym verwendet, insbesondere wird kein Unterschied zwischen «Begriff» und «Idee» gemacht. Mit «Begriff» ist an keiner Stelle die Bezeichnung, der Terminus, eines Denkinhalts gemeint. Die Ausdrücke «Gesetz» oder «Gesetzmäßigkeit» werden dann verwendet, wenn auf den besonderen Charakter eines Denk*inhaltes* hingewiesen werden soll, und dabei von der Form des Gedacht-Werdens im wesentlichen abgesehen wird.

Mit dem mehrfach verwendeten Ausdruck «Welt» in verschiedenen Varianten wie Weltwirklichkeit, Weltganzes, Wirklichkeit, werdende und gewordene Welt etc. ist nichts anderes gemeint als der Inhalt der Erfahrung, dasjenige, was dem sich erkennend oder handelnd betätigenden Menschen begegnet. Mit anderen Worten, es ist der *Inhalt* der Wahrnehmung im umfassendsten Sinne, ohne Rücksicht auf die durch das menschliche Individuum bedingte *Form* derselben gemeint. Es soll damit also nicht auf die «totale», die «gesamte» Welt – was immer das bedeuten mag – verwiesen werden, sondern auf den sich dem Inhalt nach ständig wandelnden Gesamtumfang des konkreten Wahrnehmungs- und Erfahrungsinhaltes des betreffenden Individuums.

Aus mehreren Gründen wurde auf Seitenblicke auf die Bewusstseinsgeschichte, auf die Darstellung und Analyse anderer Erkenntnis- und Freiheitsauffassungen, auf die Diskussion anderer Interpretationsansätze sowie auf Vergleiche der 1. und 2. Auflage des Werkes *Die Philosophie der Freiheit* verzichtet. Als Grundlage der Auseinandersetzung mit diesem Werk dient die 2. Auflage aus dem Jahre 1918. Dies bedeutet unter anderem, dass nur an wenigen Stellen auf ausgewählte Sekundärliteratur zu diesem Werk verwiesen wird. Hätte ich diese vollständig verarbeiten und diskutieren müssen, so wäre dieses Buch nicht zustande gekommen. Es werden nur diejenigen Werke genannt, die für meine eigene Bearbeitung dieses Stoffes eine gewisse Rolle gespielt haben.

2. Persönlich-Unpersönliches

2.1 Vorgeschichte

Die Konzeption und Ausarbeitung der ersten Anlage dieses Buches wurde veranlasst durch die Einladung von Thomas Kracht vom Friedrich von Hardenberg Institut für Kulturwissenschaften in Heidelberg in einer Arbeitsgruppe über das Werk *Die Philosophie der Freiheit* Rudolf Steiners mitzuarbeiten. In einem mündlichen Beitrag stellte ich damals im Oktober 2001 meine Gedanken zur Strukturverwandtschaft von Erkenntnisintuition (epistemische Intuition) und moralischer Intuition dar. Im anschließenden Gespräch beschäftigten wir uns dann vornehmlich mit der Frage, was Form und Inhalt der Intuition sei und wie sie erreichbar sei; der eigentliche Inhalt meines Beitrags kam kaum zur Sprache. Dies machte mir deutlich, dass ich den Schwerpunkt meines Beitrages an eine andere Stelle hätte legen müssen. Daraus ergab sich für mich die Aufgabe, einerseits meine dort vorgebrachten Gedanken schriftlich auszuarbeiten und andererseits der ausführlichen Darstellung des Entwicklungsweges zur Begriffsintuition auf der Grundlage der Beobachtungen des Denkens mehr Aufmerksamkeit zu widmen. So kam es schließlich zur Niederschrift einer ersten Fassung dieser Arbeit um die Jahreswende von 2002 auf 2003. Sie umfasste Teile der jetzigen Kapitel 4, 6, 8, 9 und 11; alles Übrige ist später dazugekommen. Diese erste Ausarbeitung wurde verschiedenen Freunden und Bekannten in die Hand gegeben, denen ich zum Teil ausführliche schriftliche Rückmeldungen verdanke, so insbesondere Reinhardt

Adam, Peter Heusser, Mario Matthijsen und Michael Muschalle.

Ein Anlass zu besonderer Erkenntnisfreude und zur weiteren konkreten Bearbeitung dieses Manuskriptes war die Bereitschaft der Heidelberger Arbeitsgruppe unter der Leitung von Thomas Kracht, der gemeinsamen Bearbeitung des Manuskriptes den größten Teil zweier Wochenendsitzungen zu widmen. Die Arbeits- und Denkintensität in diesen Gesprächen war außerordentlich hoch und erweiterte manche meiner Perspektiven. Einiges davon ist in die Neubearbeitung eingeflossen. Durch diese und weitere Anregungen aus meiner Arlesheimer Arbeitsgruppe und einem Seminar im Studienhaus Rüspe, wo wir dieses Manuskript ebenfalls gemeinsam bearbeiteten, sowie aus einer intensiven Arbeitssitzung vor Weihnachten 2003 zusammen mit André Bleicher, Jean-Marc Decressonnière und Wolfgang Rau zeigten sich mancherlei Einseitigkeiten, missverständliche und zu knappe Formulierungen des ursprünglichen Textes, die eine völlige Neubearbeitung erforderten. Es blieb fast keine Stelle unberührt, sodass die nun vorliegende Fassung mit der alten Version kaum zu vergleichen ist.

Die Wurzeln dieser Arbeit reichen natürlich viel tiefer in die Vergangenheit zurück. Im Durchgehen einiger Notizen aus früheren Zeiten stellte sich heraus, dass ich viele der grundlegenden Einsichten schon lange mit mir herumgetragen habe. Ich hätte mir es jedoch damals nicht zugetraut, dies bis ins Konkrete gehend aufzuschreiben oder auszuarbeiten, da noch zu viele Fragen und Einzelheiten offen geblieben und manche bereits formulierten «Einsichten» eher spekulativer Natur waren. Dass es schließlich doch dazu kam, ist einem langjährigen, fortgesetzten und wiederholten Umgang mit Steiners philosophisch-anthroposophischen Grundlagenschriften,* insbesondere dem Werk *Die Philosophie der Freiheit* zu verdanken, durch welchen es allmählich zu einer Verdichtung der Erlebnisgehalte und Einsichten kam, die dieses Buch möglich gemacht haben.

Für meine individuelle Bewusstwerdung waren im Einzelnen drei Faktoren entscheidend. Erstens ist meine Verbundenheit mit dem Erkenntnis- und Freiheitsproblem, den beiden Wurzelfragen aus der «Vorrede zur Neuausgabe 1918» des Werkes *Die Philosophie der Freiheit* so stark, dass deren Bearbeitung für mich lebensnotwendig ist. Zweitens hatte und habe ich in meinem Leben vielfach Gelegenheit, in Seminaren und Arbeitsgruppen diese Fragen anhand der philosophisch-anthroposophischen Grundschriften Steiners zu erüben, zu erläutern und auszuarbeiten. Drittens begegnete ich kurz nach dem Ende meines Universitätsstudiums dem Philosophen Werner A. Moser (1924 – 2003) aus Basel, dem ich in philosophischer und anthroposophischer Hinsicht mehr verdanke als allen anderen Menschen, denen ich bisher begegnet bin.

Bei Werner A. Moser lernte ich zum ersten Mal in aller Klarheit und mit allen Konsequenzen die *Praxis der Wissenschaft des Denkens und Erkennens* kennen, das heißt ich machte durch ihn und mit ihm die konkrete Erfahrung, dass der Denkprozess noch in viel höherem Maße zu streng und klar begründeten (nicht nur spekulativen oder theoretischen) Einsichten anhand unmittelbarer (seelisch-geistiger) Erlebnisse verhelfen kann als sinnlich wahrnehmbare Naturphänomene. Die Praxis des Denkens kannte ich bis zu einem gewissen Grade bereits durch mein mathematisch-naturwissenschaftliches Studium, konnte also auf einer Grundlage aufbauen, die für alles Weitere von großer Tragweite war. Und doch fehlte mir bis dahin das Entscheidende: die kritische Bewusstwerdung über das zunächst naiv ausgeübte Denken. Bei Werner Moser ging es kaum je um schwierige Gedankenverknüpfungen, im Gegenteil, es wurde an allerelementarsten Begriffen immer wieder die konkrete Denkerfahrung ausgelotet und zum aktiven Bewusstsein, also zur Bewusstwerdung, gebracht. Werner Moser verkörperte für mich wie kein zweiter Mensch den Empiriker des Denkens, der nichts durchgehen ließ, was auf bloßer Spekulation oder subjektiver Konstruktion beruhte, sondern konsequent und tausendfach wiederholend auf das Fundament der Einsicht im *Erleben* des Denkens hinwies.*

Das Licht, das mir in der Zusammenarbeit mit Werner Moser ab Anfang der achtziger Jahre aufging, erst als Teilnehmer seiner Seminare und dann als Mitarbeiter des von ihm mitbegründeten Troxler-Institutes in Basel, brauchte allerdings viele Jahre, bis es sich entfalten und aus eigener Kraft leuchten konnte. Obwohl ich an einer Bearbeitung von Rudolf Steiners Werk *Die Philosophie der Freiheit* mit ihm nie teilgenommen habe, ist mir die Methode dieses Werkes in seinen Seminaren zur Denkheimat geworden.

Als persönliches Fazit der Auseinandersetzung mit den philosophisch-anthroposophischen Grundschriften Steiners, insbesondere mit seinem Hauptwerk *Die Philosophie der Freiheit*, möchte ich festhalten, dass gerade die über die Studentenzeit hinaus fortgesetzte, das weitere Leben begleitende intensive Arbeit an diesem Werk besondere Früchte getragen hat. Wer die Bearbeitung der Erkenntnis- und Freiheitsfrage in das vierte Lebensjahrsiebt versetzt und dort belässt, hat das Wesen der Auseinandersetzung mit diesen Fragen nicht begriffen. Sie liegt nicht in einer Wissensaneignung oder Kenntnisnahme von Lösungen, die dann in der Zukunft bloß noch angewendet werden, sondern im fortgesetzten und wiederholten Erüben von Fähigkeiten an den Grundstrukturen des Denk-, Erkenntnis- und Freiheitsprozesses.

Zum Schluss möchte ich noch denjenigen Menschen danken, die auch die zweite Fassung gründlich durchgeschaut und mit ihren inhaltlichen und stilistischen Anregungen zur Ausarbeitung der endgültigen Fassung beitrugen: Reinhardt Adam, Stefan Brotbeck, Gerlinde Schultz und Thomas Kracht. Insbesondere die Anmerkungen von Stephan Baumgartner haben mich in der Schlussphase noch einmal herausgefordert. Ein besonderer Dank geht an Barbara Dietz, die mir das Geschenk eines gründlichen Lektorats machte und mir so dazu verhalf, die deutsche Sprache bis in die letzten Feinheiten in den Dienst des Denkens zu stellen. Die inhaltliche und stilistische Verantwortung für die Schlussfassung liegt selbstverständlich bei mir.

2.2 *Werkstattbericht*

Methodisch handelt es sich bei den zentralen Kapiteln 4, 6, 9 und 11 dieser Arbeit um einen Rückblick von der im IX. Kapitel des Werkes *Die Philosophie der Freiheit* gewonnenen intuitiven Bewusstwerdung des Denkens und Erkennens auf den Entwicklungsweg des I. Teiles, die «Wissenschaft der Freiheit», und dessen Überführung in den II. Teil, «Die Wirklichkeit der Freiheit».

Es gibt ein paar Stellen im Werk *Die Philosophie der Freiheit*, die mich ob ihrer Tiefe, ihrer Konzentriertheit, ihrer Exaktheit und ihrer Tragweite immer wieder von neuem begeistern, und die sich für mich auch als Schlüsselstellen für ein tieferes Verständnis des ganzen Werkes herausstellen (siehe dazu auch die Erläuterungen zu diesen Absätzen in Kapitel 16). Dazu gehört in erster Linie der «Zusatz zur Neuauflage (1918)» des Kapitel VIII und die ersten fünf Absätze des Kapitels IX, insbesondere jedoch der 4. und 5. Absatz sowie der «1. Zusatz zur Neuausgabe (1918)» des Kapitels «Die Konsequenzen des

Monismus». Im erstgenannten Zusatz wird der Übergang von der Beobachtungs- zur Intuitionsbewusstwerdung vollzogen. Er ist der Angelpunkt, das Hypomochlion, das den ersten mit dem zweiten Teil des Werkes *Die Philosophie der Freiheit* verbindet. In ihm kulminiert auf der einen Seite die Einsicht in die Struktur des Denkens, und andererseits erweist sich gerade das so durchschaute Denken als freie Tat und gibt damit die geistempirische Grundlage ab für den zweiten Teil des Buches, «Die Wirklichkeit der Freiheit». Der letztere Aspekt wird im Rückblick und zusammenfassend noch einmal konzentriert dargestellt im zweitgenannten «Zusatz».

Aus dem 4. Absatz des IX. Kapitels ergibt sich die leiblich-seelische Grundlage von Beobachtungen des Denkens und die Autonomie der Intuition des Denkens. Im 5. Absatz wird dies erweitert auf Beobachtungen des Ich (dort «Ich-Bewusstsein» genannt) und die Intuition des Ich (dort einfach «Ich» genannt). Dies war für mich der Schlüssel zur Parallel-Darstellung des Weges von der Beobachtung des Denkens zur Intuition des Denkens (Kapitel 4) und des Weges von der Beobachtung des Ich zur Intuition des Ich (Kapitel 6).

Im Gang des Werkes *Die Philosophie der Freiheit* lässt sich demnach eine klare Entwicklung verschiedener Stufen der Bewusstwerdung aufweisen, bei der man vom naiven Betätigen des Denkens über die Reflexion des Denkens im Ausnahmezustand (denkende Betrachtung der Beobachtungen des Denkens, Beobachtungsbewusstwerdung des Denkens) bis hin zur Intuitionsbewusstwerdung des Denkens geführt wird. An dieser Stelle wird das aktuelle intuitive Durchschauen des Denkens zugleich als Realisierung eines Freiheitsaktes erfahren. Dadurch ist die weitere Entwicklung der Freiheit im zweiten Teil, «Die Wirklichkeit der Freiheit», empirisch gerechtfertigt. Parallel zur Entwicklung der Denkbewusstwerdung wird, etwas verborgener, auch die Ich-Bewusstwerdung in ihren verschiedenen Entwicklungsstufen – soweit sie im Rahmen des intuitiven Denkens in Erscheinung tritt – entfaltet. In seiner intuitiven Form bietet dieses den sicheren Nachweis einer Unabhängigkeit der individuellen Willensimpulse von Fremdeinwirkungen und äußeren (wie inneren) Einflüssen, insbesondere von der physiologischen und seelischen Organisation des totalen Menschenwesens.

Weitere Schlüsselstellen, vor allem für die präzisere Erfassung der Struktur von Beobachtungen des Denkens und des Charakters des Bewusstseins, genauer der Bewusstwerdung, sind der 1. Absatz des III. Kapitels sowie die Absätze 5 und 6 des IV. Kapitels. Im ersteren wird in allen Einzelheiten exemplarisch das Wesen und das Ergebnis der Beobachtung des Denkens entwickelt, und in den genannten Absätzen des IV. Kapitels wird als Sonderfall des allgemeinen Bewusstseins (der allgemeinen Bewusstwerdung) die an Beobachtungen des denkenden Ich entwickelbare Selbstbewusstwerdung, das heißt die Beobachtungsbewusstwerdung des Ich, dargestellt.

Einer vergleichende Betrachtung der Begriffsentwicklung des ersten und zweiten Teiles des genannten Werkes erschließt sich eine tiefgehende strukturelle Verwandtschaft bezüglich Erkennen und Handeln. Beide Tätigkeiten beruhen im idealen Falle auf Intuition. Im einen Fall wird die Intuition *epistemisch* durch ihren Urteilsbezug auf die Wahrnehmungswelt, in welchem diese in einen universellen Zusammenhang eingebettet wird. Im anderen Falle wird die Intuition *moralisch* durch ihre Einbettung in eine tätige Hinneigung des Menschen zur gewordenen und werdenden Erscheinungswelt, wodurch der Mensch vermöge der Individualisierung allgemeiner Prinzipien konkret in das Weltgeschehen eingreift. Die Parallelität geht weiter: Wie Erkenntnisinhalt und Weltwirklichkeit konkret zueinander stehen, macht die Wahrheit (Wirklichkeitsgemäßheit) oder Unwahrheit eines Erkenntnisurteils aus. Das konkrete Verhältnis einer moralischen Intuition zur gewordenen und werdenden Weltwirklichkeit, in dem sie verwirklicht werden soll, entscheidet darüber, ob die entsprechende freie Handlung «gut» oder «böse» wird. In beiden Fällen spielt die Phantasie zur Überbrückung der Kluft zwischen Intuition und Welterfahrung eine entscheidende Rolle.

Aus dem wiederholten Durchgehen, Interpretieren und Vergleichen von Textstellen in Steiners wissenschaftlichen Werken, insbesondere in seinen philosophisch-anthroposophischen Grundschriften ergaben sich für mich unter anderem folgende Einsichten. Viele scheinbare Einseitigkeiten, Widersprüche oder Unklarheiten lösen sich auf, wenn man sich den Gesichtspunkt klar machen kann, welchen Steiner an den jeweiligen Stellen eingenommen hat. Dies wird allerdings erschwert durch die Tatsache, dass Steiner selten explizit angibt, welchen Gesichtspunkt er nun gerade einnimmt. Das muss aus dem Kontext und dem Entwicklungsgang des entsprechenden Werkes entnommen werden (für Beispiele hierzu siehe Kapitel 16).

Meiner Erfahrung nach lassen sich auf diese Weise die meisten schwierigen Interpretationsprobleme *wissenschaftlicher* Texte lösen. Es kommt allerdings ein weiterer schwerwiegender Umstand grundsätzlicher Natur hinzu: Es gibt in der Regel keine eindeutige Interpretation oder Deutung einer Textstelle, (fast) jede Textanalyse kommt irgendwann an ihre Grenzen. Ein sachorientierter und umfassender Deutungsversuch endet in den meisten Fällen bei mehreren möglichen inhaltlichen Varianten für eine gegebene Textstelle. Ein Entscheid für oder gegen eine oder mehrere dieser möglichen Interpretationen einer sprachlichen Formulierung ist meines Erachtens auf diese

Weise, das heißt durch fortgesetztes phantasievolles Interpretieren nicht möglich. Die letzte Entscheidung kann nur durch individuelle Erfahrung und Erkenntnis getroffen werden, also im Rahmen desjenigen Erlebnisfeldes, auf welches die entsprechende Textstelle hinzuweisen versucht und das nur individuell erlebbar und aktuell durchschaubar gemacht werden kann. Dabei kann sich durchaus herausstellen, dass mehrere Interpretationsmöglichkeiten sachlich zutreffen, je nach dem Umfang des berücksichtigten Erlebnis- und Ideenhorizonts. Dies macht eine solide Interpretationsarbeit schwieriger Textstellen weder überflüssig noch sinnlos – im Gegenteil. Je gründlicher die möglichen Varianten durchdacht werden, desto mehr Material hat man zur Verfügung, um in die individuelle Erfahrung einzutauchen und das eigene Erkennen in Arbeit zu nehmen. Fazit: Interpretiere so viel wie nötig, denke und erkenne so viel wie möglich.

TEIL II
BEWUSSTWERDUNG

3. Reines Denken: Erfahrung und Begriff

Dieses Kapitel stellt Material zur konkreten Vorbereitung der folgenden Kapitel zur Verfügung, welche einige Erfahrungen mit dem reinen Denken voraussetzen. Eine elementare Denkpraxis hat jeder Mensch, aber es kommt darauf an, diese mit warmem Interesse und Beharrlichkeit weiter zu pflegen. Wer diese Praxis nach eigener Einschätzung schon in hinreichendem Maße besitzt, kann dieses Kapitel überspringen und sich direkt Kapitel 4 zuwenden. Wer sich diese vertiefte Praxis anderswo erarbeiten kann und will, zum Beispiel anhand mathematischer Denkinhalte oder anhand von Texten großer Philosophen, kann auf dieses Kapitel ebenfalls verzichten: Es erhebt keinen Anspruch, die allein geeignete Einführung in das reine Denken zu sein. Es ist auf jeden Fall fruchtbar, wenn die hier angebotenen Übungen und Betrachtungen zur Denkpraxis durch andere Darstellungen ergänzt und vertieft werden.*

Aufgrund meiner eigenen Auseinandersetzung mit Begriffen und Ideen, das heißt den Inhalten des reinen Denkens, komme ich zur Erfahrung, dass denselben eine auf sich selbst beruhende, vom Menschen unabhängige Realität zukommt. Mit dieser das menschliche Erleben, Erkennen und Handeln tiefgehend bereichernden und befruchtenden rein geistigen Daseinssphäre kann jeder Mensch durch reines Denken in Berührung kommen. Man muss sich allerdings darüber im klaren sein, dass sich das reine Denken fundamental vom normalen Alltagsdenken unterscheidet. Die folgenden Ausführungen und deren Fortsetzungen in Kapitel 5 sollen zu einer nachvollziehbaren Eigenerfahrung der inneren Notwendigkeit und Existenz der Inhalte und einer Bewusstwerdung der Tätigkeit des reinen Denkens hinführen.

3. Reines Denken: Erfahrung und Begriff

Vorblick und Zusammenfassung: Zur Erübung und Erfassung des reinen Denkens ist es hilfreich, wenn konkrete Fragen an die Möglichkeiten und die Tragweite dieses Denkens bestehen. Das reine Denken kann erfahren und erübt werden, sofern es vom Vorstellen und den es bloß vorbereitenden Phasen des Erinnerns, der Einfälle, der Gewohnheiten etc. unterschieden werden kann. Am direktesten in reine Denkerfahrungen führen allgemeine Begriffe wie Teil und Ganzes, Analyse und Synthese etc. Dieser Denkerfahrung erschließt sich die innere Notwendigkeit von Gesetzmäßigkeiten, das heißt von Begriffs- oder Ideeninhalten, und die Begegnung mit deren nicht selbst aktivem, in sich ruhendem, unveränderbarem und unveränderlichem Sein.

3.1 Fragen und Vorerfahrungen

Die Anlage zum Denken trägt jeder Mensch in sich. Sie ist die Vorbedingung einer Auseinandersetzung mit dem Denken; ohne diese Anlage könnte dem Menschen das Denken weder zum Problem werden, noch könnte er sich mit diesem Problem beschäftigen. Die Frage ist also nicht: wie erwirbt der Mensch diese Anlage, sondern: wie pflegt und entfaltet er sie so, dass sie zur Fähigkeit weiterentwickelt wird.

Die Fruchtbarkeit einer Pflege des Denkens hängt davon ab, wie brennend die Notwendigkeit einer solchen empfunden wird. Mit anderen Worten, sie hängt von der Einstellung, von den Fragen ab, die man zum eigenen Denken oder zum Denken überhaupt hat. Empfinde ich die Not eines unausgebildeten Denkens so stark, dass ich sie wenden muss? Ist in mir das Bedürfnis nach einem starken und sicheren Denken so mächtig wie die Lebensbedürfnisse Hunger und Durst nach

3.1 FRAGEN UND VORERFAHRUNGEN

langer Entbehrung? Wie groß ist insbesondere meine Sehnsucht nach Freiheit, nach innerer Autonomie und nach einer Begegnung mit meinem tieferen Wesenskern? Wie stark ist meine Liebe zu einer andauernden Vertiefung von Erkenntnis und Wahrheit? Diese Fragen kann jedes menschliche Individuum nur für sich selbst beantworten. Es kann sich aber jeder Mensch in seinem eigenen Innern auf die Suche nach diesen oftmals nicht an der Oberfläche des Lebens liegenden Bedürfnissen begeben.

Erst wenn man die existenzielle Not dieser Bedürfnisse aufdeckt und empfindet, wird man sich ihnen mit hinreichender Intensität zuwenden können. Ein erster Schritt in Richtung einer solchen Aufdeckung kann in der Erkenntnis bestehen, dass bereits die Suche nach dem Sinn, der Notwendigkeit einer Pflege des Denkens dasselbe voraussetzt: Ich brauche mein Denken schon zur Bewusstmachung des Problems und meiner weiteren Beschäftigung mit demselben. Zu welchem Ergebnis auch immer ich dabei komme: Meine Erkenntnisresultate und die Konsequenzen, die ich daraus für mein Leben ziehe, hängen mit meiner Vertrautheit mit den Möglichkeiten und Grenzen des Denkens zusammen. Die Sicherheit oder Unsicherheit einer Entscheidung beruht darauf, wie weit ich meinem Denken überhaupt eine Entscheidungsfähigkeit zutraue oder zuerkenne – und eine solche Entscheidung fällen kann ich wiederum nur mit dem Denken.

Man begegnet auf diesem Wege immer wieder dem eigenen Denken. Kann es sich *selbst* ergründen und aufklären?

Zu einem ganz ähnlichen Ergebnis kommt man, wenn der nach Orientierung suchende Blick sich nicht nur auf das eigene Innere richtet, sondern auch auf die von außen empfangenen mannigfachen Tatsachen, Behauptungen und vorgefertigten Kenntnis- oder Erinnerungsinhalte. Wie kann ich ihnen begegnen, wie sie beurteilen? Gibt es hier eine sichere Orientierung, oder nur Meinung und Tradition? Was ist der Weg zur Sicherheit im Denken? Es wird schnell klar, dass man bereits durch diese Fragen wiederum unmittelbar und unausweichlich mit dem eigenen Denken konfrontiert wird. Kommt man hier auf einen festen Grund? Gibt es einen Weg hinaus aus dem scheinbaren Kreislauf des sich immer wieder selbst begegnenden und selbst reflektierenden Denkens?

Verwandten Erfahrungen und Schwierigkeiten begegnet man, wenn man den Bereich der inneren Autonomie, der Freiheit des Denkens und Handelns, ins seelisch-geistig betrachtende Auge fasst. Wodurch erkenne ich all die Faktoren, von denen ich abhängig bin, oder vielmehr, kann ich diese überhaupt vollständig erfassen? Kann ich mich überhaupt eigenständig für etwas entscheiden und diese Entscheidung autonom durchtragen? Sobald man bemerkt, dass jede bewusste Entscheidung, jede selbstständige Beschlussfassung, jede bewusste Zielsetzung mit dem eigenen Denken zu tun hat, wird man wieder auf dasselbe zurückgeworfen. Kann ich meine eigene Autonomie beurteilen oder gar nachweisen? Wer sonst soll es tun können? Eine radikale Aufklärung tut not. Nur sie kann die innere Not gegenüber den Verunsicherungen des Erkennens und der scheinbaren Willkür des Handelns wenden.

3.2 Vorbereitungen und Vorübungen

Hat man die Notwendigkeit einer Auseinandersetzung mit dem Denken in innerem Ringen erfahren, so stellt sich gleich das nächste Problem: Worin besteht Denken denn nun eigentlich, was kann, was muss man darunter verstehen? Diese Frage soll hier nicht theoretisch angegangen werden, sondern empirisch anhand eigener seelisch-geistiger Beobachtungen und Erfahrungen. Was in diesem Kapitel mehr anschaulich und einführend behandelt wird, wird in den folgenden Kapiteln noch einmal in mehr systematischer Weise aufgegriffen werden.

Wenn man nach charakteristischen Eigenschaften des Denkens sucht, so wie es tatsächlich erfahren wird, so treten zwei Aspekte in den Vordergrund, die zugleich in die innere Natur des Denkens führen: die eigene Tätigkeit und der erlebte Inhalt.

Einerseits verbindet man mit dem Denken ein Erleben, an dem man aktiv beteiligt ist, im Kontrast zum bloßen Zur-Kenntnis-Nehmen von Erfahrungsinhalten wie Sinneswahrnehmungen, Behauptungen anderer Menschen, von selbst aufsteigende Erinnerungen, Emotionen, Wünsche etc. Andererseits können im Rahmen dieser Tätigkeit die erlebten Inhalte als etwas erfahren werden, das einem begegnet, das einen auf sich selbst ruhenden Anteil hat und das seine Rechtfertigung in sich selbst trägt.

1. Beispiel: Vorstellende und denkende Auseinandersetzung mit einem Alltagsgegenstand. Für die hier exemplarisch an einer Tasse demonstrierte Übung kommen die verschiedensten Gegenstände in Frage wie Löffel, Tisch, Stuhl etc. Ausgehend von einer oder mehreren konkret vorliegenden oder bloß erinnerten Tassen können charakteristische Merkmale dieser Tassen herausgearbeitet werden. Dabei kann es hilfreich sein, verschiedene Tassenformen in der inneren Vorstellung ineinander übergehen zu lassen («Metamorphose der Tassen») und mit Hilfe der Phantasie weitere mögliche Tassenformen zu erkunden. Für das Erleben und die Beurteilung des Charakters des Denkens steht die innere Stimmigkeit, Folgerichtigkeit und Kontinuität der Gedanken- und Vorstellungsfolge im Vordergrund. Ist jeder weitere Schritt ohne Bruch aus den vorangehenden Schritten entwickelt? Gibt es einen in der Natur der Vorstellungs- und Denksachverhalte begründeten Zusammenhang der bewusst verfolgten Inhalte? Ob dabei *die* Tasse (was immer das sein soll) oder dasjenige, was *man* unter einer Tasse versteht, herauskommt, ist sekundär: Entscheidend sind die *inneren* Beziehungen der Gedanken und Vorstellungen zu- und aufeinander und nicht deren Beziehung auf außerhalb derselben liegende Fakten, Konventionen oder Meinungen. – Ein Ergebnis dieser Untersuchungen könnte etwa lauten: Eine Tasse ist ein Gefäß, das heiße Flüssigkeiten kontrolliert aufnehmen und abgeben kann, das mit einer Hand gehalten werden kann und aus welchem ohne weitere Hilfsmittel getrunken werden kann. Ob diese Bestimmungen in irgendeinem Sinne hinreichend vollständig oder spezifisch sind, kommt hier nicht in Betracht. Entscheidend ist, dass überhaupt etwas Konkretes gedacht wird, das in sich einen sachgemäßen Zusammenhang hat. Erkundet man mit seiner Erinnerung die bereits bekannten Tassen und/oder erzeugt im Rahmen der obigen Definition mit der Phantasie «neue» Tassenformen, so merkt man bald, dass die mögliche Variationsbreite konkreter Tassenformen enorm groß ist.

Was hier geübt werden kann, sind drei Aspekte des *denkenden Vorstellens*: die Konzentration auf einen Gegenstand, die Herausschälung von in sich stimmigen, sich selbst tragenden Merkmalszusammenhängen sowie das an diesen Merkmalen orientierte Vorstellen neuer Inhalte (exakte Phantasie), das zu Produktionen von bisher nicht erfahrenen Vorstellungskompositionen führt.

Seit alten Zeiten wird die klarste und in sich notwendigste Form des Denkens in Zusammenhang mit dem mathematischen Denken, der mathematischen Methode, gebracht.

Daran soll im folgenden angeknüpft werden. Man muss keinen besonderen Bezug (oder intensiven Nicht-Bezug) zur Mathematik haben, um sich der Fruchtbarkeit des mathematischen Übens bedienen zu können. Der Vorzug elementarer mathematischer Denkinhalte liegt in der einfachen Überschaubarkeit der Elemente und der Klarheit der Bezüge derselben. Zudem erlauben Beispiele aus der Geometrie, für die hier stellvertretend der Kreis gewählt wird, einen direkten Bezug auf die Welt der Vorstellungen, von der hier zunächst ausgegangen wird. Auf nichtmathematische Beispiele wird im nächsten Abschnitt 3.3 eingegangen.

2. Beispiel: Idee und Vorstellung des Kreises. Jeder in einem westlich beeinflussten Kulturkreis groß gewordene Mensch kann sich einen Kreis vorstellen und weiß, was damit gemeint ist. Es fällt auch nicht schwer, sich verschiedene Kreise in einer Ebene vorzustellen und kontinuierlich ineinander übergehen zu lassen. Auch hier kann man nach gemeinsamen Merkmalen suchen und sie in einen gedanklichen Zusammenhang bringen, wie zum Beispiel den folgenden: Die Punkte eines Kreises (Kreisperipherie) in einer Ebene haben alle den gleichen Abstand von einem Punkt dieser Ebene, Mittelpunkt des Kreises genannt. Diesen Gedanken, diese Idee hat man bereits in der Schule kennen gelernt, man kann seine sprachliche Erscheinungsform vielleicht immer noch auswendig. Einsehen kann man diesen Ideengehalt jedoch erst dann (wieder), wenn es einem gelingt, ihn in seinen eigenen Bezügen, in seiner inneren Notwendigkeit, aktuell an- und durchschauend zu erleben. Die Sicherheit bezüglich der inneren Stimmigkeit des Gedankengehaltes beruht dann nicht mehr auf Erinnerung oder Autorität, sondern auf Einsicht. Wiederum steht bei dieser Übung der innere Zusammenhang der Gedankenkomponenten im Vordergrund und nicht deren Bezug auf überlieferte Wissensinhalte oder Sinneserfahrungen. Insbesondere ist es *hier* nicht Gegenstand des Nachsinnens, ob und allenfalls wie genau der Gedanken- oder Vorstellungsinhalt zu einer vorliegenden Erfahrung (etwa einem Kreis auf einer Tafel oder einem Blatt Papier) passt; dies ist ein Problem des Erkennens, genauer der Wahrheit eines Erkenntnisurteils (Abschnitt 9.3), und nicht Thema der gegenwärtigen Untersuchung. Hier geht es um die *innere Natur des Denkens*. – Blickt man mit der gewonnenen Einsicht zurück auf die weiter oben charakterisierte Vorstellungsreihe verschiedener Kreise, so wird man gewahr, dass die Kreisidee ein allen diesen Einzelformen zugrunde liegendes invariantes Prinzip umfasst. Auf der anderen Seite kann man genau diese Idee zugrunde legen, wenn man mit seiner (exakten) Phantasie neue Kreise zur Erscheinung bringen will, die man bisher nicht gesehen oder sich nicht vorgestellt hat, etwa indem man auch die Ebene in ihrer Lage im Raum variiert. Die Exaktheit dieser Phantasie-Vorstellungen beruht gerade auf ihrer bewussten Ideenführung.

Aus dem aktiv übenden Umgang mit diesen Beispielen kann entnommen werden, dass es neben dem Erfahrungsbereich der Sinne und den davon angeregten Vorstellungen, Gefühlen und Willensimpulsen einen Erfahrungsbereich von Gedankeninhalten oder Ideen gibt. Dieser erschließt sich nur durch eine aktive Tätigkeit des Individuums und hat seine eigenen Inhalte, mit denen man wiederum auf dem Wege über die exakte Phantasie auf bewusste Weise in die Vorstellungswelt zurückkehren kann.

Zusammenfassend kann gesagt werden, dass der Beginn einer bewussten Auseinandersetzung mit dem Denken in einer aktiven Erkundung des bewussten Vorstellens und seines Zusammenhangs mit Ideeninhalten liegt. Von hier aus kann man sich Schritt für Schritt ein neues Erfahrungsfeld aufgrund eigenen Tätigseins erschließen: das Erleben von reinen Denkinhalten, oder reinen Ideen, unabhängig von Vorstellungen. Das ist Thema des nächsten Abschnittes.

3.3 Denkerfahrungen

Anhand einiger Beispiele wird in diesem Abschnitt die Denkerfahrung weiter vertieft und differenziert. In Abschnitt 3.4 wird sie dann selbst einer ersten begrifflichen Reflexion unterzogen. Weiter- und tiefergehende Untersuchungen folgen in den Kapiteln 4 und 5.

Zur Vermeidung von Missverständnissen sei an dieser Stelle betont, dass der Ausdruck «Begriff» nur für Gedanken*inhalte* verwendet wird und nicht für deren Bezeichnung durch Worte einer Sprache. So ist mit dem Begriff des Kreises derjenige sprachunabhängige Gedankeninhalt gemeint, der im vorangehenden Abschnitt 3.2 dargestellt wurde, und nicht dessen Bezeichnung durch den Ausdruck «Kreis», der in jeder Sprache anders lautet. Die Ausdrücke «Begriff», «Idee», «Gesetz» und «Prinzip» werden in diesem Abschnitt im wesentlichen synonym verwendet.

Zunächst kann das Kreisbeispiel aus dem letzten Abschnitt 3.2 weitergeführt werden, indem die Phantasie von der Variation von Vorstellungen gemäß gegebenen Ideen auf eine Variation der ideellen Inhalte selbst erweitert wird: anstatt der Kreisperipherie kann dann etwa eine Kreisscheibe in der Ebene, eine Kugel oder eine Zylinderscheibe im Raum betrachtet werden. Dann können verschiedene Kreisdefinitionen miteinander in Beziehung gebracht und schließlich bestimmte Definitionen selbst variiert werden, bis hin zu einer Auffassung von Kegelschnitten als nichteuklidische Kreise.*

Bei allen folgenden Beispielen wird von Alltagserfahrungen ausgegangen, und diese werden als Anregung zur Ideenbildung verwendet. Das Ziel ist jeweils ein Sich-Einlassen auf das individuelle tätig-hervorbringende Erleben reiner Ideenzusammenhänge. Diese werden durch die individuelle Denktätigkeit von den alltäglichen Ausgangspunkten emanzipiert und erweisen sich als Erlebnisse mit eigenem Gehalt. Bei den folgenden Betrachtungen handelt es sich um Denk-Anregungen, keinesfalls um in sich abgeschlossene Darstellungen rein begrifflicher Zusammenhänge.

3. Beispiel: Teil und Ganzes. Die Teile eines Ganzen können in einem räumlichen oder zeitlichen Verhältnis zueinander stehen, wie die Teile eines Kuchens beziehungsweise die Stunden eines Tages. In beiden Fällen ist das Ganze, die Einheit der Teile, nicht gleichbedeutend mit der Summe der Teile: die Einheit berücksichtigt die konkrete Komposition, die konkrete räumliche beziehungsweise zeitliche Anordnung der Teile zu einem Ganzen. Die Summe ist eine ohne Kompositionsgesichtspunkt durchgeführte, den Teilen äußerliche, das heißt, sie in ihrer eigenen Bestimmtheit nicht ergreifende Zusammenstellung. Deutlicher kann man sich dies bei etwas komplexeren Beispielen klarmachen, wie den Teilen einer Uhr beziehungsweise den Stadien eines komplizierten Bewegungs- oder Prozessablaufs (zum Beispiel: physikalisches Doppelpendel, Planetenbewegungen, Dynamik von Planetenkonstellationen, chemische Prozesse) oder an Beispielen aus räumlichen Künsten (Plastik, Architektur, Malerei) beziehungsweise zeitlichen Künsten (Musik, Schauspiel, Eurythmie, Ballett). Hier muss *jeder* Teil an seinem richtigen Platz – im Raum und/oder in der Zeit – sein; es darf keiner zuviel und keiner zuwenig sein. Teile sind demnach unentbehrliche Komponenten eines Ganzen, das ohne ihr Dasein und ohne ihre sachgemäße Komposition keine Einheit wäre. – Ein Ganzes ist eine konkrete Komposition von Teilen und nicht deren bloße Zusammenfassung oder zusammenhanglose Zusammenstellung. Räumliche und zeitliche Aspekte gehören nicht von vornherein zur begrifflichen Bestimmung von Teilen und Ganzheiten, können aber hinzutreten. *Der* Teil, als die gemeinsame Gesetzmäßigkeit von einzelnen Teilen, ist von diesen zu unterscheiden, ebenso *das* Ganze von einzelnen Ganzheiten. *Der* Teil und *das* Ganze stehen in einem rein ideellen Verhältnis. *Der* Teil ist kein Teil des Ganzen oder eines Ganzen. Er hat die ideelle Bestimmung zum Inhalt, die ein Objekt zu einem Teil eines Ganzen macht: Teil-Sein heißt, in seiner Bestimmung als Einzelnes und als ein mit anderen Teilen Zusammenhängendes auf ein Ganzes ausgerichtet zu sein. Das schließt nicht aus, dass Teile selbst wieder Ganzheiten von weiteren Teilen sein können etc. *Das* Ganze ist nicht das Ganze des Teils oder von Teilen. Es hat die ideelle Bestimmung, die ein Objekt zu einem Ganzen für Teile macht, zum Inhalt: Ganz-Sein heißt, in seiner Bestimmung auf Teile und deren Komposition zu einem Ganzen ausgerichtet zu sein. – Der hier entwickelte ideelle Zusammenhang von Teil und Ganzem ist selbst ein eigenes Ganzes, in welches das Ganze und der Teil als nebengeordnete ideelle Teile eingeordnet werden können; man kann es etwa *Teil-Ganzes* nennen. Somit muss die Beziehung von Teil und Ganzem zur vollständigen Aufklärung des Gedankengangs der Bestimmung von Teil und Ganzem auf sich selbst angewendet werden.

4. Beispiel: Analyse und Synthese. Man denke zunächst an die Zerlegung eines Minerals durch Analyse in seine chemischen Bestandteile (Elemente) oder an die Analyse eines Streichquartetts nach Sätzen, Phrasen und Harmoniefolgen. Die dazugehörige Synthese besteht in der chemischen Synthese des mineralischen Stoffes aus gegebenen Elementen unter Berücksichtigung der Gesetze der Chemie beziehungsweise die Komposition eines Musikwerkes aus Tönen, Melodiefolgen, Harmonien anhand der Gesetze einer Harmonie- und Kompositionslehre. Synthese und Analyse sind jedoch vom philosophischen Gesichtspunkt aus in erster Linie als methodische Instrumente für die Erkenntnisbildung geläufig. In der Analyse werden die charakteristischen Bestandteile (zum Beispiel des Denkens) herausgeschält und in der Synthese deren konkreter Zusammenhang entwickelt. – Analyse ist die Gliederung eines Ganzen in Teile und Synthese die Komposition eines Ganzen aus Teilen. Sie sind Instrumente zur Erkundung von Teil-Ganzes-Verhältnissen. Jede Analyse hat das Vorhandensein eines konkreten Ganzen, jede Synthese das Vorhandensein von konkreten Teilen zur Vorbedingung. Mit anderen Worten: Jede Analyse ist zu Beginn naiv, das heißt ohne spezifische Kenntnis der konkreten Bestimmtheit, der ideellen Struktur der vorausgesetzten Ganzheit oder Einheit; und jede Synthese ist zu Beginn naiv, das heißt ohne konkrete Kenntnis der Bestimmtheit, der ideellen Unterschiedenheit der vorausgesetzten Teile. Analyse und Synthese bedingen sich gegenseitig. Eine Analyse bleibt ohne eine mit ihr verknüpfte Synthese hinsichtlich ihres Ausgangspunktes unvollständig: Sie liefert bloß unterschiedene Bestandteile ohne konkrete Einheit. Eine Synthese ohne integrierte Analyse führt nicht zu einem konkreten Ganzen: Sie liefert eine Zusammenfügung von nicht hinreichend klar unterschiedenen Bestandteilen. Erst die konkrete Einheit oder Ganzheit von Synthese und Analyse führt zur Aufhebung beider naiven Ausgangspunkte und damit zu einer konkreten Einheit im Bereich der Stoffe oder im Bereich des Denkens. Synthese und Analyse sind nebengeordnete Begriffe, die der konkreten Einheit von Synthese und Analyse, der «wahren Synthese» eingeordnet sind. – Die Untersuchung von Synthese und Analyse ist selbst eine Demonstration von Synthese und Analyse: Der Unterscheidung von Synthese und Analyse geht deren Einheit in der «wahren Synthese» voraus, und die Verknüpfung derselben setzt deren jeweilige sie unterscheidende Bestimmungen voraus. Erst die Verbindung beider Aspekte führt zur umfassenden Einsicht in die Komposition von Synthese und Analyse als Teile des Ganzen der «wahren Synthese». – Werden unter Analyse und Synthese nur die erkenntnismethodischen Aspekte verstanden, so fallen die Inhalte dieser Begriffe im Wesentlichen mit denjenigen der Begriffe Verstand und Vernunft zusammen, und anstelle der «wahren Synthese» tritt die «wahre Vernunft».

5. Beispiel: Form und Stoff. Hier bestünde eine einfache Übung darin, einen Kreis zu betrachten oder ihn sich vorzustellen. Seine Form ist vom Kreisgesetz bestimmt, sein Stoff besteht aus dem Material, durch das er gestaltet, geformt wurde: Bleistift auf Papier, Kreide auf Wandtafel, Erinnerungselemente im Vorstellungsbewusstsein. Die Form ist das Allgemeine, das Gesetzgebende, Bestimmende des Stoffs, der Stoff ist das mit Eigensein ausgestattete Geformte, das ein Allgemeines zum konkreten Gegenstand, zur Erscheinung verdichtende und individualisierende Prinzip. Form und Stoff lassen sich zwar an jedem konkreten Gegenstand der Erfahrung oder des Denkens *unterscheiden*, aber eine *Trennung* derselben ist ohne Zerstörung des Gegenstandes nicht möglich. Form und Stoff sind Aspekte, Gesichtspunkte für ein- und dieselbe Sache: Sie stehen selbst in einer konkreten Einheit. Weder bloße Form (ohne jeden Stoff) noch bloßer Stoff (ohne jede Form) sind für sich allein wohlbestimmt. Denn richtet man den Blick auf eine solche Form (zum Beispiel das Kreisgesetz), offenbart sich diese, für sich genommen, wieder als Einheit von Form und Stoff: ihre Form ist die, ein angeschauter Begriff, eine tätig hervorgebrachte Idee zu sein (*Denk*inhalt) und ihr Stoff, ein im tätigen Denken präsenter Erfahrungsinhalt zu sein (Denk*inhalt*). Auf der anderen Seite offenbart der Stoffaspekt einer Sache (zum Beispiel eines Kreises) ein Material (zum Beispiel Tafel und Kreide), das selbst wiederum nach Form und Stoff gegliedert werden kann: Die Tafel ist ein nach dem Tafel- und Kreide-*Gesetz* bestimmter *Stoff*, bestehend aus Holz und Farbe mit geeigneter Oberflächenbeschaffenheit, um Kreide darauf haften zu lassen. – Für das Denken sind Form und Stoff, wie schon Teil und Ganzes, Analyse und Synthese, Wechselbegriffe, die im Bezug aufeinander bestimmt werden müssen: Der eine ist ohne den anderen nicht hinreichend bestimmbar. Jede konkrete Form ist Form eines konkreten Stoffes, und jeder konkrete Stoff ist Stoff einer konkreten Form. *Die* Form dagegen ist nicht die Form *des* Stoffes, sondern das gesetzmäßige Prinzip (die Form) des Form-Seins, das alle konkreten Formprinzipien umfasst, nämlich Form für einen Stoff zu sein. Entsprechendes gilt für *den* Stoff. Man kommt denkgemäß wieder (wie bei Teil und Ganzem, Analyse und Synthese) auf ein Form und Stoff umfassendes Prinzip, von welchem die nebengeordneten Begriffe Form und Stoff eingeordnete Glieder sind, auf eine Einheit oder Ganzheit, die den Unterschied und die Gemeinsamkeit von Form und Stoff umgreift.

Form und Stoff gehören zu den wichtigsten Kategorien des Denkens und werden an vielen Stellen dieser Schrift eine herausragende Rolle spielen. Umso mehr ist es von Wichtigkeit, die mit deren Bezeichnungen als «Form» und «Stoff» einhergehenden Missverständnisse zu überwinden. Form hat nichts mit äußerer, das heißt räumlich-geometrischer Form zu tun, sondern mit der gesetzmäßigen Bestimmtheit einer Sache, die natürlich, dem Inhalt nach, geometrischer Natur sein kann wie beim Kreis, aber nicht sein muss, wie beim Denkinhalt. Form ist auf jeden Fall kein individualisierter Begriff, keine Vorstellung, sondern ein reiner, relativ zu einer Vorstellung universeller Gedankeninhalt. Auf der anderen Seite ist Stoff nicht notwendigerweise etwas Sinnlich-Materielles, sondern umfasst auch nichtsinnliche Stoffe (wie den Stoff der Gedanken und Gefühle). Für Stoff wird weiter unten auch der Ausdruck «Inhalt» verwendet werden, sodass sich dann «Form» und «Inhalt» gegenüber stehen.

6. Beispiel: Wesen, Erscheinung und Medium. Der Herstellung einer Tasse liegt ein Konzept zugrunde, eine Idee, die dann einem bestimmten Material, zum Beispiel Ton, Porzellan, Granit, Speckstein, Holz, Metall etc., eingeprägt wird. Mit anderen Worten, das Wesen der Tasse wird in einem Medium zur Erscheinung gebracht. Entsprechend verhält es sich mit der Produktion eines Kreises auf Papier oder in der Phantasievorstellung. Im letzteren Fall besteht das Medium aus Erinnerungsbestandteilen, welche durch das die Vorstellungsbildung steuernde Denken neu komponiert werden. – Das einer Erscheinung zugrunde liegende Wesen umfasst deren Kern, deren zentrale Bestimmung, deren Form oder Gesetz. Es tritt zugleich (hier vermittelt durch das handelnde Individuum) als wirksames Agens auf, das dem Erscheinen, der Umbildung des entsprechenden Mediums zur Erscheinung, zugrunde liegt. Ein Medium hat die Eigenschaft, von bestimmten Formen gestaltet werden zu können. Es hat selbst eine Form, seine Eigengesetzmäßigkeit, kann jedoch seine Form-Stoff-Einheit für ein formwirksames Wesen zur Verfügung stellen. Eine Erscheinung ist somit von zwei Seiten geprägt: durch das sie in ihrem Kern bestimmende Wesen und durch das der Individualisierung, der Konkretisierung ihres Wesens zugrunde liegende Medium. Die Allgemeinheit einer Wesensform auf der einen Seite und die konkret einschränkenden Bedingungen des entsprechenden Mediums auf der anderen Seite machen die Realisierung verschiedener Erscheinungen möglich, je nach den Variationen der spezifischen Form-Intentionen eines Wesens und den Variationen der konkreten Bestimmtheiten des Mediums. Dies ist die Grundlage für Entwicklung und Metamorphose von Erscheinungen innerhalb eines Mediums (siehe dazu Abschnitt 13.3).

7. Beispiel: Ursache und Wirkung. Wenn ich selbst eine Tasse oder irgendetwas anderes, das ich gut kenne, herstelle, so weiß ich genau, dass ich selbst die Ursache bin und die hergestellte Tasse die Wirkung dieser Ursache ist. Ohne *meinen* Entschluss und Impuls zum Handeln wäre es nicht zu *dieser* Tasse gekommen. Falls mein Entschluss nicht auf das Wirken anderer Ursachen, die Einwirkung anderer Menschen oder auf Gewohnheiten zurückgeht, ist er ursprünglich, und damit keiner weiteren Ursache unterliegend als mir selbst. – Eine Ursache ist ein nicht weiter reduzierbarer Ursprung: Jede Kette von einander bedingenden Ereignissen hat einen (absoluten) Anfang, der selbst nicht bloße Wirkung einer Ursache ist, und hinter den nicht weiter zurückgegangen werden kann. Der Anfang liegt in einem Wesen, das ursächlich tätig (gewesen) ist. Ein solches Wesen ist demnach nicht bloß als bewusste Entität aufzufassen, sondern als ein (bewusst) wirksames Agens. Ihm kommt neben seiner Konstitution aus Form und Stoff die Eigenschaft zu, ursächlich tätig sein zu *können*, aber nicht auf solche Weise tätig sein zu müssen. – *Die* Ursache ist nicht die Ursache der Wirkung (oder einer Wirkung), sondern das Prinzip der Ursache, das allen konkreten Ursachen zugrunde liegt. Ein Wesen ist eine Ursache für eine gegebene Wirkung, wenn es für diese Wirkung unabdingbar ist und die Wirkung eine Individualisierung der Wesensgesetzmäßigkeit ist. Eine Ursache ist für ihre Wirkung das aus deren Zentrum heraus formende und treibende Prinzip: Sie bestimmt, was wann und wo wie geschieht. Eine Wirkung ist nur dann eine Wirkung, wenn sie durch eine Ursache bestimmt und hervorgebracht wurde. Ursache und Wirkung sind einander nebengeordnete Begriffe; ihre Differenz liegt in ihrer unterschiedlichen Bestimmung: Ursache ist das Bestimmende und Wirkende und Wirkung ist das Bestimmte und Bewirkte. Die Ursache und Wirkung umfassende Einheit, die *Kausalität*, oder das *Ursache-Wirkung-Verhältnis*, umgreift beide, ist das ideelle Ganze der beiden nebengeordneten gesetzmäßigen Bestandteile *Ursache* und *Wirkung*.

Das Verhältnis von *Ursache* und *Wirkung* darf nicht mit dem Verhältnis von *Bedingung* und *Folge* verwechselt werden. Hier sind bestimmte Bedingungen nur äußere Anlässe für bestimmte Folgen. Diese entspringen aber nicht dem Wesen dieser Bedingungen als deren Wirkungen. Bedingungen sind konkrete Ereigniskompositionen, weder reine Formprinzipien noch reine Wirkprinzipien; entsprechend sind Folgen Ereignisbereiche, die weder in ihrer konkreten Bestimmtheit noch in ihrem Auftreten unmittelbar aus den Bedingungen ableitbar sind. Folgen können nicht allein als Realisierungen oder Individualisierungen von Form- und Wirkprinzipien, die in den Bedingungen anwesend sind, aufgefasst werden.

Bedingungen können nur notwendig, oder notwendig und hinreichend, oder nur veranlassend sein für das Auftreten von Folgen. Letzteres ist insbesondere dann der Fall, wenn die Bedingungen des Handelns eines Menschen von außen anhand der Beobachtung, das heißt, nicht vom Zentrum seiner Zielbildung her, beurteilt werden: Hier trifft man notwendigerweise nur auf Bedingungen und nicht auf Ursachen. Erstere beiden Fälle können im Bereich der Naturwissenschaften, insbesondere in der Physik und der Chemie studiert werden.

Diese denkenden Untersuchungen machen darauf aufmerksam, dass im Umkreis von Alltagserfahrungen in weitreichende und tiefgehende Ideenbildungen eingestiegen werden kann. Es zeigt sich, dass gerade so elementare und umfassende Begriffe, wie sie hier entwickelt wurden, einerseits relativ einfach zu fassen sind, andererseits sehr eng untereinander zusammenhängen und sich gegenseitig tragen. Die auf sich selbst bezogene (zirkuläre) Struktur der Relationen dieser Begriffe aufeinander und mit sich selbst ist keine Unzulänglichkeit der vorliegenden Darstellung, sondern liegt in der Natur dieser Allgemeinbegriffe. Die Komplexität dieser Gesetzmäßigkeiten liegt nicht in deren eigener Bestimmung, sondern in deren mannigfachen Bezügen untereinander und zu anderen Ideen.

3.4 Gesetz des reinen Denkens

Das durch einen Begriff, ein im Denken anwesendes Gesetz, geführte aktive Vorstellen, wie es anhand der Übungen in Abschnitt 3.2 eingeführt wurde, kann als *exaktes Phantasieren* aufgefasst werden. Es kann auch (exaktes) *bewegliches Vorstellen* genannt werden, da nicht an *einer* Vorstellungsvariante, wie bei den gewöhnlichen, spontan auftretenden Vorstellungen festgehalten wird, sondern Vorstellungen fortwährend ineinander übergeführt werden. Das alle diese Einzelformen ordnende Gesetz, das ihren einzelnen Gestalten als Formendes zugrunde liegende Prinzip ist dabei eine Invariante im Strom des bewusst geführten Vorstellungsflusses. Diese Invariante ist

3.4 Gesetz des reinen Denkens

ein durch Denken anschaubarer begrifflicher oder ideeller Inhalt von wesentlich anderer Erlebnisqualität und Konstitution als eine Vorstellung. Begriffe und Ideen sollen nun in ihrem Charakter näher bestimmt werden. Als empirisches Material stehen dabei die Erfahrungen anhand der in den vorangehenden Abschnitten entwickelten Übungen zur Verfügung.

An dieser Stelle ist es entscheidend, den Unterschied der Vorbereitungsphase des reinen Denkens von letzterem selbst ins Auge zu fassen. Zu ersterem gehört im wesentlichen alles dasjenige, was man gewöhnlicherweise unter Denken versteht, was man besser als *Gedanken-Haben* denn als Denken bezeichnen würde. Dazu gehören alle Arten von Phantasievorstellungen, Einfälle, Assoziationen, Kenntnisse, Erinnerungen etc. sowie durch Erziehung und Sozialisierung erlernte Verhaltensweisen und Gewohnheiten gegenüber gegebenen individuellen Erlebnissen und Informationen. Diese im Vorfeld des reinen Denkens bereits präsenten oder neu auftauchenden Erfahrungsinhalte werden in ihrer Notwendigkeit und Bedeutung für die Vorbereitung des reinen Denkens nicht bestritten: Im Gegenteil, ohne sie käme es gar nicht zu den Anlässen, die einen Einstieg in das reine Denken zu einem Bedürfnis machen.

Ein noch nicht in die Details gehendes Kriterium für reines Denken im Unterschied zur Vorbereitungsphase besteht in folgendem: Es ist der Vollzug eines aktiven und bedächtig verlaufenden Einsichtsprozesses im Gegensatz zu einem blitzartigen, eruptiven Auftauchen oder Gewahrwerden von mitreißenden und überwältigenden Ansichten.

Manches mal mag es scheinen, wie wenn die Vorbereitungsphase weit bedeutender und fruchtbarer ist als die sich daran anschließende Phase des reinen Denkens, da in ihr unter Umständen viel reichhaltigere Ideen- und Phantasiekonstellationen in Vorstellungsform aufblitzen, als man sie danach in der Form des reinen Denkens zu fassen kriegt, und von deren Gehalt man allenfalls noch lange zehren kann. Diese Tatsache soll hier mit Nachdruck festgehalten und gewürdigt werden, sie ist jedoch kein zentrales Thema der folgenden Untersuchungen.

Die nachfolgend herausgearbeiteten detaillierten Kriterien des reinen Denkens sollen gerade dazu dienen, die notwendige und vielleicht sehr fruchtbare Vorbereitungsphase von dem eigentlichen Auftreten des reinen Denkens klar und deutlich zu unterscheiden, um das letztere in eine anhaltende Bewusstwerdung zu heben. (Der aktiven Handhabung einer elementaren Vorbereitungsphase dient das in Abschnitt 3.3 besprochene denkende Vorstellen.)

Relativ zum Begriffsinhalt sind alle Vorstellungen, auch die beweglichen, immer in dieser oder jener Weise speziell, sie enthalten Bestimmtheiten, die in diesem Inhalt nicht vorkommen. So gehört zu jeder Vorstellung eines Kreises eine bestimmte Größe, ein bestimmter Mittelpunkt (an einem bestimmten Ort) und eine wohlbestimmte Ebene im Raum. Weder konkrete Lagen und bestimmte Größen noch bewegliche Lagen und bewegliche Größen sind jedoch Bestandteile des Kreisgesetzes. Dieses Gesetz ist das universelle Prinzip, das *alle* möglichen individuellen Kreise zugleich umfasst. Die einen Begriffsinhalt zu einer konkreten Vorstellung spezifizierenden Faktoren stammen aus der sinnlichen Erfahrungswelt, deshalb heißen Begriffe, die so angeschaut werden können, dass sie von solchen Faktoren frei sind, *sinnlichkeitsfrei* oder *rein* und die entsprechende Denktätigkeit *sinnlichkeitsfreies* oder *reines Denken*.

Die Reinheit des Denkens hat auch noch eine andere Komponente, die seine *Form* des Daseins betrifft, im Gegensatz zu

3.4 Gesetz des reinen Denkens

seinem *Inhalt*, den Begriffen und Ideen. Die Denkerfahrung zeigt, dass das Auftreten reiner Inhalte an eine Tätigkeit geknüpft ist, die zugleich anschauender und hervorbringender Natur ist und die vor allem allein auf der individuellen Tätigkeit des denkenden Menschen beruht. Das reine Denken kann also in einem zweifachen Sinne als rein erlebt werden: seinem Inhalt nach, den reinen Ideen und reinen Begriffen, und seiner Form nach, der nicht mit Fremdtätigkeit vermischten reinen Eigentätigkeit. Die Untersuchung der Denktätigkeit ist die Quelle für weitere Einsichten in das eigene Ich sowie in die intuitiv-lebendige Form des Denkens. Das ist unter anderem Thema der Kapitel 4 bis 8. An dieser Stelle wird zunächst nur der Charakter reiner Denk*inhalte* oder Gesetze näher betrachtet, da er in seiner Tragweite für Welt- und Selbsterkenntnis von umfassender und weitreichender Bedeutung ist.

Zunächst soll noch einmal auf den *universellen Charakter von Denkinhalten* oder *Gesetzen* im Gegensatz zum individuellen Charakter von Vorstellungsinhalten oder Wahrnehmungsinhalten hingewiesen werden: Inhalte von Begriffen und Ideen sind immer allgemein *relativ* zu den besonderen, konkreten Inhalten von Vorstellungen oder Sinneswahrnehmungen. Der Begriffsinhalt oder das Gesetz der Rose umspannt eine Fülle möglicher Rosen, er ist ein universelles Prinzip für Rosen, während jede vorgestellte oder wahrgenommene Rose ein individuelles Exemplar darstellt, das nur *eine* Möglichkeit der Individualisierung des Rosenbegriffes zum Ausdruck bringt. Man beachte jedoch, dass diese Eigenschaft der Universalität nur eine Begriffsinhalte (Gesetze) und Wahrnehmungen kontrastierende Eigenschaft ist und kein Charakterzug, der Begriffsinhalten als solchen zukommt. Begriffsinhalte, oder Gesetze, sind universell *relativ* zu Wahrnehmungen. Für sich selbst genommen sind sie jedoch individuell: Es sind konkrete

Denkinhalte, die sich von anderen solchen ideellen Inhalten konkret unterscheiden. Das ist der Gesichtspunkt, der im folgenden eingenommen wird: Es geht um die *innere Natur der Denkinhalte*, nicht um deren Anwendung auf außergedankliche Erfahrungsinhalte.

Sieht man vollkommen von dem im Denken stattfindenden spezifischen individuellen *Erlebnis* der Denkinhalte, der Begriffe und Ideen ab, und schaut nur auf diese *Inhalte* selbst, so wird im folgenden für Begriffs- und Ideeninhalte die Bezeichnung «Gesetz» oder «Gesetzmäßigkeit» verwendet.

Es ist zu beachten, dass sich die nachfolgend beschriebenen Erlebnisse erst nach einiger Übung deutlich aus dem reichhaltigen Strom der inneren Denkerfahrungen herausheben und bestimmen lassen. Hier wird es sich zeigen, ob es mit hinreichender Genauigkeit gelingt, die Vorbereitungsphase des reinen Denkens von diesem selbst zu unterscheiden, also nur die eigentliche Einsichtphase (im Gegensatz zum Einsichtsblitz) ins innere Auge zu fassen. Dazu bedarf es wiederholter und variierter Übungen, für welche hier nur erste Anregungen gegeben werden können. Man muss sich jedoch verdeutlichen: Wenn sich diese Erlebnisse nicht nach und nach einstellen, so wurde etwas anderes als reines Denken erübt. Diese Art des Denkens steht und fällt gerade mit einer zunehmenden Bewusstwerdung über die hier hervorgehobenen Qualitäten (siehe dazu die Anmerkung in Kapitel 15). Noch mehr ins Einzelne gehende Untersuchungen dieser Kennzeichen des reinen Denkens finden sich in Kapitel 5, das jedoch nur dann zu einer fruchtbaren Lektüre wird, wenn schon anfänglich bewusst gemachte Erfahrungen vorliegen.

Ein genauerer Blick auf den Eigencharakter der Erfahrung von reinen Denkinhalten, der sie von Erfahrungen, die man beim Wahrnehmen und Vorstellen macht, deutlich abhebt, führt auf drei Komponenten, die nun näher betrachtet werden sollen. Dabei ist zu beachten, dass hier nicht vorbereitende, auf das reine Denken bestenfalls hinführende Tätigkeiten (wie tastendes Suchen, Phantasieren, Vorstellen, Erinnern etc.) angeschaut werden, sondern dieses selbst, das tatsächlich stattfindende reine Denken als solches.

(1) Ein wesentliches Charakteristikum des reinen Denkens ist die *Klarheit* und *Durchschaubarkeit* der gedachten Inhalte, der Gesetze. Dasjenige, was gedacht wird, zeigt sich in vollkommener Klarheit und Durchsichtigkeit. Es zeigt sich natürlich weder in seinem vollen inhaltlichen Umfang, noch in allen seinen Bezügen zu anderen denkmöglichen Gesetzen oder Begriffsinhalten. Aber das ist auch für die Klarheit nicht notwendig. Entscheidend ist, dass dasjenige, was sich in der individuellen tätig-denkenden Anschauung zeigt, für sich selbst klar und in diesem Sinne vollständig ist. Klarheit ist jedoch ein dem individuellen Menschen zuzuordnendes Erlebnis. Es entzündet sich anhand einer der Sache (Begriffs- und Ideeninhalte, Gesetze) selbst zukommenden Eigenschaft, nämlich an der inneren, auf sich selbst beruhenden *Notwendigkeit* des Zusammenhangs der beteiligten Elemente. Der der Sache selbst zugehörige Aspekt des individuellen Erlebens der Klarheit ist also die innere, in sich bestimmte Notwendigkeit der Gesetze im Sinne von Begriffs- und Ideeninhalten. Sie drängt sich dem Denken nicht auf; sie ist Ergebnis, Bestandteil der tätigen Denkerfahrung.

3. Beispiel: Teil und Ganzes (Fortsetzung): Im Durchdenken des Verhältnisses von Teil und Ganzem und deren Einheit im Teil-Ganzen wird die innere Notwendigkeit von deren Zusammenhang offenbar anhand der lichten Klarheit des Erlebens der entsprechenden Denkinhalte. Jede Komponente und jede konkrete Beziehung hat ihren Platz im Ganzen des ideellen Zusammenhangs, zum Beispiel wird *der* Teil als ein Teil des Teil-Ganzen erlebt und *ein* Teil einerseits als Erscheinung des Teils und andererseits als Teil eines Ganzen. Bleibt man ganz mit der Sache verbunden, ihr hingegeben, so erschließt sich nach und nach der ganze Zusammenhang von Teil und Ganzem (sowie allfällig darüber hinausgehende Sachverhalte, die Teil und Ganzes mit anderen Denkkategorien verbinden). Man ist zwar tätig, wird aber indirekt durch die Sache selbst geleitet: es ist etwas da, was Erkundungsgänge erlaubt, aber keine willkürlichen Eskapaden. Versucht man es trotzdem, also versucht man etwa «Ein Ganzes ist ein Teil des Teil-Ganzen» zu denken, so merkt man, dass dies so nicht in den bereits klar gelegten Zusammenhang passt: dieser kann nicht willkürlich verändert oder angepasst werden. Denn dieser in Form einer sprachlich formulierten Behauptung daherkommende Satzinhalt ist widerspruchsvoll: Ein Ganzes ist eine Erscheinung des Ganzen und damit Teil des Daseins dieses Ganzen, deshalb kann es nicht zugleich eine Komponente des rein ideellen Zusammenhangs des Teil-Ganzen sein.

(2) Eine zweite Erfahrung schließt sich unmittelbar an die erste an: Im Denken findet eine Begegnung statt. Im reinen Denken ist man nicht allein mit sich selbst beschäftigt, sondern trifft auf daseiende Inhalte, eben Begriffs- und Ideeninhalte oder Gesetze. Diese werden als etwas erlebt, was *unveränderbar* ist, was sich durch die Denktätigkeit nicht verändern oder erzeugen lässt: Sie bieten *Widerstand*, sie müssen so genommen werden, wie sie selber sind. Die sachliche Seite dieses individuellen Erlebens der Widerständigkeit ist das Selbstsein, das *Eigensein* der Inhalte von Begriffen und Ideen: sie sind Etwas, Daseiendes. Allerdings ist das Eigensein der Gesetze in der Form von Begriffen und Ideen im reinen Denken passiver Natur: Es drängt sich dem denkenden Individuum nicht

auf, es muss tätig angeschaut werden, damit es sich offenbart. Ein passendes Bild für diese Situation ist das tätige Abtasten einer Statue aus festem Material wie Stein oder Holz, bei welchem sich die Formen nur in aktivem Nachvollzug mit den tastenden Händen erschließen lassen.

(3) Eine weitere charakteristische Eigenschaft der Denkerfahrung ist die ruhige *Beständigkeit*, das In-sich-Gleichbleiben der erfahrenen Begriffs- und Ideeninhalte oder Gesetze. Auch wenn sich im Laufe der individuellen Denkentwicklung Denkinhalte in ihrer Reichhaltigkeit und Verknüpfung mit anderen Denkinhalten verändern, so erweist sich diese Veränderung als eine Veränderung der Perspektiven des denkenden Individuums und nicht der gedachten Inhalte oder Gesetze selbst. Mit anderen Worten: Innerhalb der tätigen Denkerfahrung werden Gesetzmäßigkeiten als etwas Beständiges, Ruhendes, *Unveränderliches* erlebt, die sich in ihrer Reichhaltigkeit und Tiefgründigkeit nur dem aktiven Erkunden offenbaren. Eine Beweglichkeit im Sinne einer Selbstveränderung kommt Gesetzmäßigkeiten nicht zu, wohl aber eine Beweglichkeit im Sinne unerschöpflicher Bezüge zu anderen Gesetzen sowie mannigfaltigster Perspektiven, die sich bei deren Darstellung und Ergründung durch das reine Denken eröffnen lassen. Dieses Erlebnis offenbart den *Ewigkeits-Charakter* von Gesetzen. Gesetze stehen jenseits von Entstehen und Vergehen, von Entwicklung und Veränderung. Sie sind die Grundlage, das reale Fundament, der invariante ordnende Kern jeder zielgerichteten Entwicklung.

Reines Denken ist sowohl der Form als auch dem Inhalt nach rein. Die Reinheit der Form betrifft sein eigenständiges, nur durch das denkende Individuum gewolltes, durch keine Fremdtätigkeit gestörtes oder beeinträchtiges tätig-anschauendes Dasein. Die Reinheit des Inhaltes, mit anderen Worten: die Rein-

heit der Begriffe und Ideen (Gesetze), offenbart sich durch die Erfahrung von deren innerer Notwendigkeit, deren (passivem) Eigensein oder Dasein und deren Beständigkeit.

Bewegliches Vorstellen ist eine an reinen Begriffen oder Ideen orientierte exakte Phantasietätigkeit, in welcher universelle ideelle Zusammenhänge in verschiedene und auseinander kontinuierlich hervorgehende individuelle Vorstellungsbilder umgesetzt werden.

4. Denkbewusstwerdung

Vorblick und Zusammenfassung: Die Erfahrung des reinen Denkens hebt mit dem naiven reinen Denken an, das sich ganz auf reine Denkinhalte konzentriert. Die Bewusstwerdung des Denkens nimmt ihren Ausgangspunkt bei der Entdeckung und denkenden Verarbeitung der Spuren vergangenen naiven reinen Denkens. Als Beobachtungen des Denkens sind diese Spuren das Material, das im Ausnahmezustand als Grundlage für die Bildung des Begriffs des reinen Denkens dient. Die Auseinandersetzung mit den Beobachtungen des Denkens ist die erste Form der Denkbewusstwerdung, die Beobachtungsbewusstwerdung des Denkens, und endet zunächst mit der Erkenntnis des Denkens in der Form eines Erkenntnisurteils. – Die in bezug auf ihre Erfahrungsmaterialien nach rückwärts gewandte Beobachtungsbewusstwerdung des reinen Denkens steht im Kontrast zur aktuellen Denkerfahrung (Intuition), die nicht beobachtbar ist. Diese aktuelle Denkerfahrung ist bereits im Erfahren der Denkinhalte präsent. Sie eröffnet innerhalb derselben ein weiteres umfassendes Erfahrungsfeld, das der konkreten Bearbeitung im Sinne der intuitiven Bewusstwerdung des reinen Denkens harrt.

4.1 Naives reines Denken

Die *Tatsache* des reinen Denkens im Gegensatz zum Gedanken-Haben (Abschnitt 3.4) ist Vorbedingung einer Untersuchung und damit einer Bewusstwerdung des reinen Denkens. Das vorbewusste, das heißt noch nicht reflexiv in seiner Gesetzmäßigkeit erfasste, nicht bemerkte, oder aber unhinterfragte, jedoch erlebte reine Denken wird hier *naives reines Denken* genannt. Jeder denkende Mensch vollzieht dieses hin und wieder, zumindest bei aktuell durchgeführten, also nicht auswendig gelernten komplizierteren Kopfrechnungen oder beim gedanklich orientierten Geometrisieren. Es handelt sich um den Keim einer Fähigkeit, die in jedem Menschen veranlagt und entwickelbar ist (siehe dazu Kapitel 3).

Dieser Keim ist zugleich die Vorbedingung jeder Problematisierung des reinen Denkens, jeder Frage, die man an das reine Denken stellen kann, wie etwa die Frage nach dem Eigengehalt und der besonderen Existenz der Denkinhalte oder Begriffe, die Frage nach der vom denkenden Menschen unabhängigen Realität der Begriffe (Universalienproblem) und die Frage nach dem Verhältnis von Ich und Denken.

Eine *naive* Haltung bedeutet hier, dass man sich keine Rechenschaft ablegt über die Gesetzmäßigkeit seines eigenen Tuns, insbesondere nicht über den Charakter seines eigenen reinen Denkens. Eine *kritische* Haltung dagegen ist eine solche, in der man sich der Gesetzmäßigkeit und der Bedingungen seines Tuns bewusst ist oder zumindest bewusst zu werden versucht.

Die Charakterisierung der naiven im Verhältnis zur kritischen Haltung für das reine Denken ist selbst nur durch eine kritische Haltung möglich: Der naiv denkende Mensch weiß nichts von seiner Naivität. In diesem Sinne ist der sachgemäße Gesichtspunkt der vorliegenden Untersuchungen des reinen Denkens ein kritischer. Die konkreten Grundlagen für eine solche kritische Haltung werden schrittweise in diesem und den nächsten beiden Kapiteln entwickelt.

Zur naiven Denkerfahrung gehört ein unerschütterliches (nicht selbstbewusstes) naives *Vertrauen in die Möglichkeiten des Denkens*, das gerade für solche Denker und Denkerinnen groß ist, welche bestimmte charakteristische Qualitäten des Denkens, wie etwa dessen Selbstbegründbarkeit, bestreiten, was natürlich nur vermittels des Denkens möglich ist.

Die naive Haltung betrifft in erster Linie die Form (Akt, Tätigkeit) des Denkens. Selbstverständlich sind die eigentlichen Inhalte des reinen Denkens, die Begriffe, Ideen oder Gesetze, ihrem Gehalt nach durchschaut, sonst handelte es sich ja gar nicht um ein solches Denken – nicht aber ihrer Daseins- und Wesens-Form nach, denn diese ist nicht unmittelbarer Bestandteil der jeweiligen durchschauten konkreten Denkinhalte. So wird die Frage nach dem Wesen des Begriffs, der Idee, der Gesetzmäßigkeit vom naiven reinen Denken weder gestellt, noch kann sie durch dieses allein beantwortet werden.

Man mache sich die Tragweite dieser Naivität in aller Schärfe und allen Konsequenzen klar. Legt man sich keine Rechenschaft ab über das Wesen der Denkinhalte und über die Form des Denkens, so bleibt das Erkennen und Handeln in Gewohnheiten und Vorurteilen befangen. Es kommt zu keiner sachgemäßen Auffassung der Möglichkeiten und Funktionen des Erkennens und damit auch zu keiner in sich begründeten Einsicht in die Stellung des Menschen zu sich selbst und zur Welt. Denn alles dies erschließt sich nur mit Hilfe des Denkens (Abschnitt 3.1). Wenn ich aber mein bedeutendstes Instrument der Aufklärung nicht kenne und durchschaue, so bleibt alle Erkenntnis von Welt und Mensch der Beliebigkeit anheim gestellt. Orientierungslosigkeit und Verlust des Selbst- und Weltbezugs sind die Folgen.

Noch einschneidender sind die Folgen für das Handeln. Kann ich über die im aktuellen Erleben gewonnene Einsicht in die Tiefen des reinen Denkens zu keiner Klarheit über meine innere Autonomie, meine individuelle Ideen- und Kraftquelle kommen, so bleibt mein Handeln zwischen Willkür und Fremdherrschaft gefangen. Auf dem Wege der individuellen Selbstbefreiung ist der erste und folgenreichste Schritt die Überwindung der Naivität hinsichtlich der Möglichkeiten und Gesetzmäßigkeiten des Denkens.

Ein naives Denkerfahren kümmert sich nicht um die Tatsache, dass in der Verfolgung, in der Reflexion des Denkens *Spuren früherer reiner Denkprozesse* aufgefunden werden können (siehe dazu Abschnitt 4.2). Diese Spuren sind zwar als Erfahrungstatsachen (Beobachtungen) gegenwärtig, als unwillkürliche Konsequenz der Tatsache des reinen Denkens, bleiben jedoch unreflektiert und sind damit für die *Erlebnisart* des naiven reinen Denkens nicht vorhanden. Mit anderen Worten: Das naive reine Denken richtet seine Aufmerksamkeit nicht auf die erlebten Spuren, es findet keine Klärung ihres Charakters, keine systematische Phänomenologie ihres Auftretens statt.

Im naiven reinen Denken geht es nur um das Erleben konkreter Denk*inhalte*, um deren naive Hervorbringung und unmittelbare Anschauung, und um die Anschauung ihrer gegenseitigen Beziehungen. Nur die selbst hervorgebrachten Inhalte spielen dabei eine sachgemäße Rolle, nicht ihr Bezug auf Erfahrungen außerhalb der Sphäre der Gedankeninhalte.

4.2 Beobachtungen des Denkens: Ausnahmezustand

Mit dem Charakterisieren von Spuren früherer reiner Denkprozesse wird das naive reine Denken verlassen. Diese Spuren treten als bloß gegebene Erfahrungsinhalte auf, für ihr Dasein muss und kann in keiner Weise unmittelbar gesorgt werden – nur mittelbar, durch in der Vergangenheit liegendes tätiges

4.2 Beobachtungen des Denkens: Ausnahmezustand

reines Denken. Dieses muss allerdings stattgefunden haben, wofür allenfalls besonders gesorgt werden muss (siehe Kapitel 3). Es muss *während* des reinen Denkens nichts beachtet, nichts spezifisch unternommen werden, damit im nachhinein Erlebnisinhalte dieses Denkens auftreten. Diese Spuren treten in mehr oder weniger zeitlicher Entfernung von den sie bedingenden reinen Denkprozessen auf. Es gibt solche, die sich schon im Laufe eines Denkprozesses einstellen, und solche, die erst nach der Beendigung der besagten Denkprozesse, nach einem Unterbruch der Aktualität des reinen Denkens, als Erinnerungen auftauchen.

Dem *Inhalt* nach umfassen diese Erfahrungsinhalte *gedachte* Begriffe und Ideen, das heißt Gedanken, sowie Erlebnisspuren der Tätigkeit, die zur Begriffsbildung notwendig gewesen ist. Auf ein weiteres Element dieser Spuren, die Bestimmtheit, mit der man weiß, dass man selbst, dass das eigene Ich gedacht hat, wird in Kapitel 6 eingegangen.

Unter *Beobachtung* wird hier dasjenige verstanden, was zum Gegenstand einer denkenden Betrachtung gemacht werden kann, selbst aber ohne Beteiligung irgendeiner aktuellen Tätigkeit in den Kreis der Erlebnisse eintritt. In diesem Sinne sind die genannten Spuren früherer reiner Denkprozesse ihrer Daseins-*Form* nach Beobachtungen; sie werden deshalb *Beobachtungen des Denkens* genannt. Sie können zum Gegenstand der denkenden Aufmerksamkeit gemacht werden: Mit «Beobachtungen des Denkens» ist also weder das Resultat der denkenden Auseinandersetzung mit den Spuren früherer reiner Denkprozesse noch diese Auseinandersetzung selbst gemeint. Letztere wird «Beobachtungsbewusstwerdung» (Abschnitt 4.3) und ersteres «Erkenntnis des beobachteten Denkens» genannt (Abschnitt 4.5). Demzufolge geht es auch nicht um das Denken als Beobachtendes, als Instrument der

Beobachtung, wie der Ausdruck «Beobachtungen des Denkens» nahelegen könnte, sondern um das Denken als Beobachtetes.

Beispiel: Wurde vor einiger Zeit über den Begriff des Kreises oder die Begriffe Teil und Ganzes (siehe Abschnitt 3.3) nachgedacht, so sind davon unter anderem noch die damals tätig hervorgebrachten und jetzt nur noch bloß auftretenden Gedanken-Inhalte als Beobachtungen gegenwärtig. Man weiß unmittelbar, dass man damals tätig gewesen *ist*, dass man damals die Inhalte durchschaut hat, die jetzt bloß als fertige Produkte, als Gedanken, in Beobachtungsform vorliegen und die in ihrer inneren Notwendigkeit jetzt nicht mehr aktuell erlebt werden – abgesehen von einer allfälligen Erinnerung an die damals erlebte Notwendigkeit.

Die Spuren vergangener Denkprozesse sind als *Beobachtungen* bloß auftretend, bloß gegeben, als Beobachtungen *des Denkens* stammen sie jedoch von etwas ab, das nicht bloß gegeben ist (war), eben vom tätigen reinen Denken. Diese Einsicht ist bereits ein erstes Resultat der denkenden Betrachtung von Beobachtungen des Denkens. Die *denkende Betrachtung von Beobachtungen des Denkens* muss sowohl von dem Inhalt dieser Beobachtungen selbst als auch von dem Auftreten derselben unterschieden werden. Die Beobachtungen des Denkens, die Gegenstand einer denkenden Betrachtung des Denkens sind, sind nicht Beobachtungen dieser aktuellen denkenden Betrachtung, sondern Beobachtungsinhalte, die aus früheren Denkprozessen stammen (siehe Tabelle 4.1). Denn das aktuelle und individuelle *tätige* Denken kann nicht Gegenstand einer denkenden Betrachtung sein: Beobachtet kann gemäß der Bestimmung dieses Begriffes nur etwas werden, was ohne vermittelnde Tätigkeit auftritt. Im Gegensatz zu den Beobachtungen des Denkens ist die denkende Betrachtung dieser

4.2 Beobachtungen des Denkens: Ausnahmezustand

Beobachtungen ein aktueller Tätigkeitsprozess und hat damit (zunächst) nicht die Form einer Beobachtung.

Stufen der Bewusstwerdung des reinen Denkens	*Details zu den Stufen der Bewusstwerdung des reinen Denkens*
1. *Denkprozess*	1. Naiver reiner Denkprozess 1.1 Aktuelle Erfahrung der Begriffe (Denkinhalte) 1.2 Aktuelle Erfahrung der Denktätigkeit (Denkakt)
[Beobachtung des ersten Denkprozesses]	[1.] Beobachtungen des naiven reinen Denkprozesses: [1.1] Beobachtungen der Begriffe (Denkinhalt) [1.2] Beobachtungen der Denktätigkeit (Denkakt)
2. *Denkprozess:* Denkende Betrachtung der Beobachtungen [1.] des 1. Denkprozesses führt zur *Beobachtungsbewusstwerdung* bezüglich des 1. Denkprozesses	(i) Bildung eines Begriffs des 1. Denkprozesses vermöge eines 2. Denkprozesses, angeregt durch die Beobachtungen [1.1], [1.2] des 1. Denkprozesses; (ii) Verknüpfung dieses Begriffs des 1. Denkprozesses mit den Beobachtungen dieses Prozesses [1.1], [1.2] in einem 3. Denkprozess (Urteil).
3. *Denkprozess:* Erkenntnis des beobachteten Denkprozesses [1.]	Resultat des 3. Denkprozesses (Urteil) in Form einer Erkenntnisvorstellung

Tabelle 4.1:
Zeitlicher Ablauf der denkenden Betrachtung eines Denkprozesses im Ausnahmezustand (von oben nach unten)

4. Denkbewusstwerdung

Die *Nicht-Beobachtbarkeit des gegenwärtigen reinen Denkens* ist kein vorläufiger Zustand, der im Laufe der individuellen Denkentwicklung überwunden werden könnte oder sollte (man verwechsle dies nicht mit einem Bestreiten der aktuellen *Erfahrbarkeit* des reinen Denkens; siehe dazu Abschnitt 4.5 und ausführlicher Kapitel 5). Dies zeigt sich schon in der Erfahrung der Denkinhalte: Das Anstreben ihrer Beobachtung ist ein Widerspruch in sich, oder genauer: ein Rückschritt und kein Fortschritt der Denkentwicklung. Ihre *gegenwärtige* Ergreifung und damit ihre grundsätzliche *Nicht*-Beobachtung ist eine unerlässliche Bedingung für ihre reine Durchschaubarkeit. Begriffe in Beobachtungsform sind keine reinen Begriffe oder Ideen mehr: Ihnen fehlt zumindest die aktuelle und individuelle Durchschaubarkeit; meist sind sie auch nur noch als bereits mit anderen Erfahrungen verknüpfte Vorstellungen, als Gedanken, präsent.

Beobachtung des eigenen Denkens und individuelles tätiges Denken schließen sich *per definitionem* kategorisch aus. Damit ist jedoch eine *Erfahrung* der Tätigkeit des reinen Denkens innerhalb des aktuellen Denkvorgangs, neben der ohnehin aktuellen Inhaltserfahrung, nicht ausgeschlossen. Im Gegenteil, es ergibt sich zunächst bloß denknotwendig: Im nachhinein beobachten kann man nur etwas, was man aktuell erfahren hat, und das dann in den Hintergrund der Aufmerksamkeit oder in die Vergessenheit geraten ist (siehe dazu die Anmerkungen in Kapitel 15). Offenbar ist diese aktuelle *Erfahrung* des tätigen Denkens in ihrer Unmittelbarkeit von so geringer Spezifität, dass ihr Charakter und ihr Inhalt nicht so ohne weiteres greifbar ist, das heißt, dass sie selbst von anderen Erlebnissen nicht hinreichend unterschieden und damit nicht begreifbar gemacht werden kann. Sie wird zunächst nur wie träumend oder ahnend *mit*erlebt* (siehe Abschnitt 4.4).

Da in der denkenden Betrachtung von Beobachtungen des Denkens außergewöhnliche Gegenstände, nämlich Beobachtungen des Denkens und nicht Beobachtungen der Sinne, untersucht werden, kann diese Betrachtung als *Ausnahmezustand** aufgefasst werden. In dieser denkenden Betrachtung von Beobachtungen des Denkens wird jedoch methodisch genau dasselbe vollzogen, was auch gegenüber Sinnesbeobachtungen vollzogen werden kann: Es werden Begriffe und Begriffszusammenhänge gebildet, mit denen verschiedene Erfahrungsbestandteile in einen geordneten Zusammenhang gebracht werden können.

Das Besondere, das Ausnahmemäßige, der denkenden Betrachtung von Beobachtungen des Denkens liegt in den Gegenständen, nicht in der Methode dieser Betrachtung.

Vom denkenden Individuum aus gesehen besteht das Besondere des Ausnahmezustandes auch darin, dass er nicht zu den alltäglichen (auch nicht: wissenschaftlichen) Verrichtungen gehört. Das hat zur Folge, dass die Beobachtungen des Denkens in der Regel aktiv aufgesucht werden müssen, obwohl sie an sich dem Erleben in Beobachtungsform vorliegen – aber eben im (dämmrigen) Hintergrund relativ zu den sich in den (hellen) Vordergrund des Erlebnishorizontes drängenden Vorstellungen, Sinnes-, Gefühls- und Willenserlebnissen.

4.3 Beobachtungsbewusstwerdung des Denkens: Bestimmung des Denkens

Die Zuwendung zu den Beobachtungen des Denkens ist der erste, und für alles Weitere entscheidende Schritt der *Selbstaufklärung* oder der *Selbsterkenntnis des Denkens*. Man beginnt einen Teil von sich selbst, und damit auch einen Teil der Welt, in eigenständiger und durchschaubarer Weise zu erschließen; das Tor zum selbstständigen Erkennen und freien Handeln, zur Selbstaufklärung und Selbstgestaltung, öffnet sich. Eine neue Welt wird greifbar, man tritt ein in das Abenteuer des reinen Denkens. Man lernt sich zu freuen und zu staunen, was sich dort alles abgespielt hat und abspielt, was es zu entdecken gibt und, vor allem, in welch mannigfaltige Richtungen diese Welt weiter erkundet, untersucht, bearbeitet und fortentwickelt werden kann. Es eröffnet sich ein Weg eigenständiger Forschung, mit Material aus erster Hand.

Das konkrete Ziel der denkenden Betrachtung im Ausnahmezustand ist die Herausarbeitung der Form des Denkens, das heißt der Form der Denktätigkeit und der Form der Denkinhalte, der Begriffe: Die denkende Betrachtung soll die gesetzmäßige *Struktur* der Gesamtheit der Beobachtungsinhalte, der Spuren früherer Denkprozesse, offenlegen, insbesondere den *formalen* (gesetzmäßigen) Zusammenhang von Beobachtungen der Denktätigkeit einerseits und von Beobachtungen über das Dasein der Begriffe andererseits. Dazu müssen erst reine Begriffszusammenhänge mittels des Denkens gebildet werden. Im nächsten Schritt werden im Erkenntnisurteil die vorhandenen Beobachtungen des Denkens miteinander verknüpft, um das durch die Form des Denkens bedingte Beziehungsgeflecht dieser Beobachtungen offenbar zu machen (siehe Tabelle 4.1). Dadurch kommt es zur *Beobachtungsbewusstwerdung des Denkens*.

Unter *Bewusstwerdung* wird hier zunächst dasjenige Tätigkeitsfeld verstanden, wo vermöge eines Urteils, einer durch das Denken hergestellten Verknüpfung, eine Erfahrung (Beobachtung) und ein Begriffszusammenhang miteinander verbunden werden. Es ist also die *Tätigkeit*, die Bildung dieser

Verknüpfung gemeint, und nicht deren Ergebnis. Man beachte, dass hier der Ausdruck «Bewusstwerdung» sehr spezifisch verwendet wird: Er trifft nur auf die *gedankliche Bearbeitung* von Beobachtungen zu. In diesem Sinne sind Beobachtungen des Denkens als solche, als Gegenstände der denkenden Betrachtung, vorbewusst, im Kontrast zu unbewusst.

Die genannte Bewusstwerdung des Denkens wird *Beobachtungs*bewusstwerdung des Denkens genannt, da sie denjenigen Erfahrungsbereich des Denkens umfasst, in dem gegenwärtig angeschaute Beobachtungsinhalte aus früheren Denkprozessen (Spuren) und tätig hervorgebrachte Denkinhalte (Begriffe, Ideen) vermöge eines aktuellen Urteils miteinander verknüpft werden.

Beispiel: Werden die Beobachtungen aus einem oder mehreren vergangenen Denkakten des Kreisgesetzes dem Ausnahmezustand zugrunde gelegt, so kann sich insbesondere die Aufmerksamkeit auf die Art und Weise richten, das heißt darauf, wie und in welcher Qualität dieses Gesetz und seine Elemente (Mittelpunkt, Radius, Ebene) präsent gewesen sind und nicht in erster Linie auf die konkreten Inhalte selbst und deren logisch-begriffliche Verknüpfung. Hier zeigt es sich, dass für die damalige Präsenz der Denkinhalte eine Tätigkeit verantwortlich gewesen ist, die diesen Inhalten begegnete und sie zugleich in ihrer eigenen Notwendigkeit, in ihrem inneren Zusammenhang offenbarte.

Die denkende Betrachtung von Beobachtungen des Denkens führt demzufolge zur Bewusstwerdung des Denkens, genauer, zu einer differenzierten Bewusstwerdung des Denkens auf der Grundlage der Beobachtungen des Denkens, das Elemente der Struktur des Denkens in den Bereich der Bewusstwerdung bringt. Auf was bei diesem Prozess insbesondere geachtet werden muss, ist die Form des Auftretens der

Denkinhalte und der Denktätigkeit. Für die ersteren muss auf die Form des Dagewesenseins geachtet werden, nicht auf die Aufklärung der jeweiligen konkreten Denkinhalte, über die früher nachgedacht wurde.

Fasst man die bereits bedachten Inhalte selbst ins Auge, will man diese in ihren eigenen ideellen Zusammenhängen erfassen, so führt die denkende Betrachtung in ein Erleben und Aufschließen gerade dieser Inhalte und damit in eine Reaktualisierung, in eine Art Wiederholung des Denkprozesses, der diese Inhalte bereits hervorgebracht und angeschaut hat. Hier kann sich natürlich eine Vertiefung und Erweiterung der Anschauung dieser Inhalte anschließen, sodass es nicht bei der bloßen Wiederholung bleibt, sondern neue Einsichten hinzukommen. Das ist für sich genommen selbstverständlich von Bedeutung und erstrebenswert, kann gepflegt und geübt werden – ist aber *nicht* das Ziel der hier ins innere Auge zu fassenden denkenden Betrachtung. Denn gerade diese ursprünglichen Inhalte waren im vergangenen reinen Denken bereits im vollen Fokus der Aufmerksamkeit und demzufolge nicht grundsätzlich problematisch (sonst hätte es sich nicht um reines Denken gehandelt), sodass derentwegen eine Beobachtung des Denkens sachlich nicht gefordert ist – im Gegensatz zum unbestimmten Erleben der konkreten Daseins*form* der Denkinhalte und der Denktätigkeit. Es kommt insbesondere bei den Denkinhalten als Gesichtspunkt der angestrebten denkenden Betrachtung nur der *allgemeine* Charakter dieser Inhalte in Betracht, dasjenige also, was sie als durch Denken hervorgebrachte Erfahrungsinhalte im Gegensatz zu sinnlichen Beobachtungsinhalten auszeichnet.

Denkempirisch kann weiter von der Tatsache verschiedener reiner Denkprozesse oder Denkakte ausgegangen werden. Die Unterschiedlichkeit der Akte muss nicht in der Verschiedenheit der jeweils bedachten Inhalte begründet sein: Denn es kann sich um verschiedene Akte handeln, die demselben Denkinhalt gewidmet gewesen sind. In diesem Falle kommt als (externes) Unterscheidungsmerkmal der einzelnen Denkakte nur die sich in verschiedenen Kontexten abspielende Tatsächlichkeit der Akte in Frage, die sich gegenseitig in ihrem Dasein ausschließen, also in einem zeitlichen Verhältnis zueinander stehen. Dies setzt voraus, dass es sich tatsächlich um wohlbestimmte Akte gehandelt hat, also Akte mit wohlbestimmtem Anfang, einer Durchführung und einem Ende. Wären die Akte ineinander übergegangen, so könnte es sich auch um einen einzigen Akt gehandelt haben. Da jedoch in der Regel (im Erlebnisrahmen der gewöhnlichen Sinneserfahrungen) jeder reine Denkakt früher oder später zu einem Ende kommt (spätestens beim Einschlafen), hat man es in jedem Falle mit einzelnen Akten zu tun.

Was ist nun das Gemeinsame, das ideell Verbindende dieser reinen Denkakte? Zunächst ist dies nur ihre Beobachtungsform, die Tatsache, dass alle diese Akte im nachhinein in der Form der Beobachtung präsent sind. Innerhalb dieser Beobachtungsform zeigen jedoch die jeweiligen Denkakte, dass ihnen eine darüber hinausgehende gemeinsame Gesetzmäßigkeit zugrunde liegt: Die im reinen Denken präsent gewesenen reinen Denkinhalte traten (in der Vergangenheit) durch eine Tätigkeit auf, ihr damaliges aktuelles Dasein stand und fiel mit dieser Tätigkeit; die Klarheit und Durchschaubarkeit dieser Inhalte zeigte sich allein im aktuellen Denkprozess und ist im nachhinein in der Beobachtung nur mehr als Nachklang einer einst erlebten Sicherheit, als Erinnerung an eine damals herrschende Klarheit präsent; Begriffe und Ideen sind dem tätigen Denken gegeben, sie wurden durch diese Tätigkeit nicht erzeugt, sondern bloß angeschaut.

4. Denkbewusstwerdung

Das Gesetz des reinen Denkens und der Begriffe, das anhand von Beobachtungen des Denkens gefunden werden kann, umfasst Folgendes: *Reine Denkinhalte werden durch eine Tätigkeit hervorgebracht, welche sie zugleich in ihrem gegebenen und durchschaubaren Inhalt anschaut.*

Es wird immer wieder die Ansicht vertreten, dass Denken im allgemeinen von physiologischen und psychischen Prozessen abhängig sei. Dies trifft zumindest für die *Inhalte* des reinen Denkens nicht zu.

Der empirische Nachweis der *Unabhängigkeit reiner Denkinhalte von der menschlichen physischen und seelischen Leiblichkeit* (leiblich-seelische Organisation) besteht darin zu zeigen, dass die Erfahrungen, die unmittelbar am Dasein der Denkinhalte beteiligt sind, allein diese Inhalte und nichts sonst enthalten, insbesondere keine physiologischen, seelischen oder anderen leibbedingten Erfahrungsinhalte. Damit gibt es keinen unmittelbar empirischen Anlass, eine Abhängigkeit der Denkinhalte von physiologischen, seelischen oder anderen leiblichen Faktoren zu postulieren (siehe dazu die Anmerkungen in Kapitel 15). Charakteristisch für Denkerfahrungen ist demnach auch, was sie *nicht* enthalten: Im Durchdenken reiner Begriffe und reiner Begriffsbezüge ist nichts unmittelbar in Erfahrungen von Denkinhalten Vorhandenes auffindbar, was einen Einfluss physikalischer, biologischer oder seelischer Faktoren auf Denkinhalte (Inhalte von Begriffen und Ideen, Gesetze) nahelegt: Kein außergedankliches Element spielt für einen im reinen Denken hervorgebrachten und eingesehenen Inhalt eine Rolle (siehe dazu die Beispiele in Abschnitt 3.3).

Diese Tatsache darf nicht mit dem unumstößlichen Tatbestand einer *Begleitung* des reinen Denkens durch physiologische und seelische Prozesse verwechselt werden. Diese

Vorgänge haben jedoch, wie oben gezeigt, keine für Denkinhalte bestimmende Funktion. Also verhält es sich geradezu umgekehrt: Sie sind allenfalls von Denkinhalten veranlasst und damit von denselben beeinflusst worden. Man beachte, dass hier zunächst nur vom Verhältnis von Denk*inhalten* zu physiologischen, seelischen und anderen leiblichen Faktoren die Rede ist. Dazu muss eine entsprechende Auseinandersetzung mit der Denk*tätigkeit* treten, die zum gleichen Resultat kommt (Abschnitt 6.7).

4.4 Erkenntnis des beobachteten Denkens

Das Denken stellt sich anhand von Beobachtungen des Denkens selbst die Frage nach seiner Natur und klärt diese mit denjenigen Mitteln auf, welche sich ihm auch in der Beobachtung zeigen. Zur Selbstaufklärung braucht das Denken also nichts anderes als sich selbst: es ist Gegenstand und Mittel zugleich. Die Frage nach der Berechtigung und Sachgemäßheit des Untersuchungsmittels für seinen Untersuchungsgegenstand erledigt sich von selbst: Eine Hinterfragung des Denkens hinsichtlich einer außergedanklichen Bedingtheit des Denkens ist als Mittel zur Aufklärung des Denkens nicht sachgemäß, ist ohne eine vorangehende Aufklärung des Denkens durch das Denken nicht sinnvoll, trägt folglich zur grundsätzlichen Durchleuchtung der Funktion des Denkens nichts bei.

Anhand der Denkbewusstwerdung im Sinne der Beobachtungsbewusstwerdung des Denkens kann exemplarisch, und damit implizit, auf die charakteristischen Eigenschaften des Erkennens hingewiesen werden. Die Denkbewusstwerdung hat ein ins Dasein getretenes Ereignis (vollzogener reiner Denkakt) zum Inhalt, bildet anhand von gegebenen Erfahrungen (Beobachtungen des Denkens) dieser Ereignisse einen Begriff (Begriff, Gesetz des Denkens) und verknüpft diesen konkret mit Erfahrungen. Als Resultat ergibt sich ein sachgemäßes, auf sich selbst gegründetes Erkenntnisurteil über den Denkcharakter der konkret vorliegenden Denkerfahrungen. Diese Einsicht ist von großer Tragweite: kann man sich im Rahmen der Denkbewusstwerdung klar machen, wie Erkennen vollzogen wird und was es bedeutet, so hat man eine sowohl empirische als auch ideelle Grundlage für eine Erweiterung desselben auf andere Erfahrungsbereiche (Kapitel 9). Ein anderes Beispiel zur Praxis des Erkennens ergibt sich aus der Beobachtungsbewusstwerdung des Ich (Abschnitte 6.3 und 6.4).

Entscheidend für die Sachgemäßheit, und damit Wahrheit, dieses Erkenntnisurteils ist die Tatsache, dass das Denken sich hier nur mit sich selbst beschäftigt – auch wenn die Beobachtungsform des Gegenstandes des Denkens sich von der aktuellen Form des betrachtenden Denkens unterscheidet. Im Rahmen von Beobachtungen des Denkens gibt es keinen Hinweis auf eine Wesensverschiedenheit des aktuellen Denkens von den entsprechenden Beobachtungen des Denkens. Wer hier anderer Ansicht ist, müsste an der unmittelbaren Erfahrung zeigen, dass es beim Übergang vom aktuellen Denkprozess zu Beobachtungen desselben grundsätzlich zu einer Verfälschung dieses Prozesses kommt. Diese Erfahrung ist innerhalb des Ausnahmezustandes nicht möglich, und die entsprechende Behauptung ist deshalb rein spekulativ.

Im Denken hat man einen Weltbereich vor sich, der vom Gesichtspunkt der Erkenntnis aus auf sich selbst gegründet ist.

Erkenntnis in diesem Sinne richtet sich naturgemäß auf Gewordenes. Dies ist die Vorbedingung des Auftretens einer solchen Erkenntnis. Was noch im Erscheinen begriffen ist, was erst noch ins volle Dasein treten wird, kann in diesem Sinne nicht erkannt, wohl aber erlebt werden. Wenn es aber erschienen und damit beobachtbar geworden ist, kann es auch erkannt werden. Dies ist genau die Situation des Denkens: Als aktuell Tätiges ist es noch am Erscheinen, ist es noch nicht in diejenige Form des Dasein getreten, welche die Vorbedingung des Erkennens ist. Sobald der Akt abgeschlossen ist, kann er im Beobachtungszustand erfahren und somit erkannt werden.

4.5 Von der Beobachtungsform zur intuitiven Form des Denkerlebens

Die Praxis des Ausnahmezustandes erschließt einen Bereich von Phänomenen, der im Zentrum des individuellen Selbsterlebens angesiedelt ist. Sie führt zugleich in ein vertieftes Erleben desjenigen Teiles der Welt, der sich in großer Klarheit und Tiefe vor dem anschauend-tätigen Denken ausbreitet: der Kosmos der Ideen oder Gesetze. Die zunächst erahnte Selbstaufklärung und Selbstgestaltung wird immer greifbarer und trägt ihre ersten Früchte: eine neue Art der Bewusstwerdung und mit ihr eine Vertiefung der inneren Sicherheit wird möglich.

Der Ausnahmezustand, die denkende Betrachtung der Beobachtungen des Denkens, führt jedoch auch an eine Grenze, macht einem mit aller Deutlichkeit eine Schwelle bewusst, an der man zu ringen beginnt, ohne sie sogleich überschreiten zu können: die Grenze zur aktuellen Geisterfahrung, zur unmittelbaren Präsenz geistiger Phänomene im Umkreis des denkenden Selbsts in Form der Intuition. In der Auseinandersetzung mit dieser Grenze, in der fortgesetzten Erübung des Ausnahmezustandes werden aber zugleich die Mittel zur

4. Denkbewusstwerdung

Überwindung dieser Grenze errungen. Man kann sagen, dass es in erster Linie die Funktion des Ausnahmezustandes ist, an diese Grenze heranzuführen, sie bewusst zu machen, ihre Überwindung durch die Intuition vorzubereiten und zugleich einen Boden, einen Ausgangspunkt für fortgesetzte und wiederholte bewusste Grenz(über)gänge zu schaffen.

Zum Phänomenkreis der Erfahrungen des Denkens im Ausnahmezustand gehört auch die Bemerkung des Verlusts von Leben, von Lebendigkeit und Vielfalt beim Rückzug in die Klarheit des individuellen Denkens. Es mag einem erscheinen, wie wenn die Klarheit notwendigerweise nur auf Kosten der Lebendigkeit zu erreichen und deshalb dieser Verlust nur durch den Weg zurück ins volle (sinnliche und seelische) Leben auszugleichen wäre. Man sieht sich hier in aller Radikalität vor die Entscheidung gestellt, entweder die Klarheit zugunsten der Lebendigkeit wieder aufzugeben, oder mit aller Kraft durch die Klarheit hindurch eine neue Form (Intuition) der Lebendigkeit zu erringen, ein Weg, der unter Umständen mit einer längeren Durststrecke verbunden sein kann. Der Ausnahmezustand eröffnet den Ausblick auf eine Entwicklung zu einer neuen Form der Lebendigkeit, er führt bis an die Grenzen der realen Quellen des geistigen Lebens des eigenen Ich und der Welt, und er stellt die Perspektiven und die Mittel für diese Entwicklung zur Verfügung.

Die Bewusstwerdung über den Charakter des reinen Denkens im Ausnahmezustand macht nun deutlich, dass sich im aktuellen Denken die Aufmerksamkeit zunächst ganz (ungeteilt) auf Denkinhalte richtet: diese allein sind präsent und können dadurch in ihrem eigentlichen Gehalt und in ihren Beziehungen zu anderen Begriffen durchschaut werden. Die aktuellen Denkinhalte sind gegenwärtig vollumfänglich erlebbar und durchschaubar.

4.5 Von der Beobachtungsform zur intuitiven Form

Die Form des gegenwärtigen *Erlebens* reiner Denkinhalte wird hier *Intuition* genannt (siehe dazu die Anmerkungen in Kapitel 15). Dass dieses Durchschauen auf einer Tätigkeit beruht, wird zwar intuitiv (aktuell) *miterlebt*, kann jedoch erst im Ausnahmezustand, also im nachhinein, in der Form einer Beobachtung *bewusst*, also *beobachtungsbewusst*, gemacht werden.

Innerhalb des tätigen reinen Denkens finden sich in erster Linie gegenwärtige intuitive Erfahrungen von Denkinhalten (Begriffen, Ideen) und in zweiter Linie intuitive Erfahrungen der Denktätigkeit, nicht jedoch Beobachtungen des Denkens und damit auch nicht die Beobachtungsbewusstwerdung des Denkens.

Damit wird deutlich, dass die Beobachtungsbewusstwerdung eine prinzipiell andere Erlebnisart ist als die Intuitionserfahrung. Es ist an dieser Stelle noch nicht überschaubar, in welcher Weise es gelingen kann, auch die intuitiv miterlebte Denktätigkeit als Teil der gesamten (aus verschiedenen Komponenten zusammengefügten) Denkerfahrung in eine gegenwärtig wache *Bewusstwerdung* zu heben. Dazu muss erst der Begriff der Bewusstwerdung weiter ausdifferenziert werden, um die entsprechenden Erlebnisse voneinander unterscheiden zu können (siehe Abschnitt 5.1).

Es deutet sich in der vorliegenden Erfahrung jedoch bereits an, dass es *innerhalb* des intuitiven Denkerlebens, das heißt innerhalb des gegenwärtig erlebten und individuell hervorgebrachten Denkens, verschiedene Stufen der Gewahrwerdung und damit auch verschiedene Stufen der Bewusstwerdung gibt. Die am nächsten liegende ist diejenige der intuitiven Denkinhaltserfahrung. Mit ihr zusammen kündigen sich schon weitere Erfahrungen an, wie diejenige der Denktätigkeit auf der einen Seite und die der Qualität, des Wesens von Begriffen, Ideen und Gesetzen auf der anderen Seite (siehe Kapitel 5).

Die Gesetzmäßigkeit des reinen Denkens verbindet reine Denkakte nur der Form nach, stellt eine *ideelle* Verbindung her. Eine *reelle* Verbindung solcher Denkakte, welche das *Auftreten* des einen Aktes mit dem *Auftreten* des andern Aktes reell verknüpft, ist auf diesem Wege zunächst nicht zu entdecken. Man kann nur aus den vorliegenden Erfahrungen feststellen, dass es möglich ist, immer wieder Denkakte zu vollziehen. Ihre gemeinsame *reelle* Quelle ist auf dieser Stufe noch nicht fassbar, sondern nur erschließbar (siehe dazu Kapitel 6).

5. Begriffsintuition: Denkform und Denkinhalt

Die in diesem Kapitel ausgeführten Details zum Prozess des reinen Denkens, das heißt der Begriffsintuition, können beim ersten Lesen übergangen werden. Wird später auf die Resultate dieser Untersuchungen zurückgegriffen, so ist dies an den entsprechenden Stellen vermerkt.

Vorblick und Zusammenfassung: Die sich zunächst nur in der Erfahrung der Denkinhalte zeigende aktuelle Erfahrbarkeit des Denkens lässt sich auf die Qualität der Denkinhalte und die Qualität der Denktätigkeit ausdehnen. Dies ist die Grundlage für die intuitive Bewusstwerdung des Denkens, das sich sowohl auf eine differenzierte Erfassung der Konstitution der Denkinhalte, der Gesetze, bezieht, als auch auf eine Bewusstwerdung der in sich differenzierten Gestalt der Denktätigkeit. Auf der einen Seite erweisen sich im intuitiven Denken Gesetze erstens als in sich notwendig, zweitens als beständig gegenüber der Denktätigkeit und drittens als ewig seiend. Auf der anderen Seite erweist sich das intuitive Denken als eine konkrete Einheit dreier Faktoren, die zugleich höhere Erscheinungsformen der drei seelischen Qualitäten Denken, Fühlen und Wollen sind: Das intuitive Denken umfasst erstens die Fähigkeit des tätigen Anschauens oder klaren Durchschauens von Gesetzen, zweitens die Fähigkeit zur tätig-liebenden Zuwendung zu denselben und drittens die Fähigkeit zur frei gewollten und verwirklichten Begegnung mit Gesetzen.

5. Begriffsintuition: Denkform und Denkinhalt

5.1 Von der Beobachtungsbewusstwerdung zur intuitiven Bewusstwerdung des Denkens

Die Nichterkennbarkeit des aktuellen reinen Denkens in der Form der Beobachtungsbewusstwerdung ist weder mit dessen Nichterfahrbarkeit noch mit dessen Nichtdurchschaubarkeit zu verwechseln. Im aktuellen Denken ruht die Aufmerksamkeit in erster Linie auf reinen Denkinhalten: Diese werden in ihrem reinen Charakter aktuell angeschaut und verknüpft. Die Aufmerksamkeit kann jedoch ausgedehnt werden auf die dabei ausgeübte Tätigkeit. Die Tätigkeit bleibt zunächst im (dämmrigen) Hintergrund und wird relativ zu den im (hellen) Vordergrund erlebten Denkinhalten in weniger deutlich abgegrenzter Art miterlebt. Die Funktion, der Sinn des in Abschnitt 4.4 beschriebenen Erkenntnisprozesses aufgrund von Beobachtungen des Denkens ist nun genau der, anhand des so gewonnenen Begriffes des Denkens (Gesetzmäßigkeit des Denkens) den Fokus der Aufmerksamkeit während des Denkens auf die aktuelle Tätigkeit des Denkens zu richten, deren gegenwärtige Erfahrbarkeit auszuloten sowie deren gegenwärtige Durchschaubarkeit vorzubereiten.

Für diese erweiterte Stufe des Denkerlebens kommt eine neue Bewusstwerdungsart in Betracht, die zwar die Grundstruktur der Bewusstwerdung im Sinne einer aktiven Einheit, einer Begegnung von Wahrnehmung und Begriff beibehält (Abschnitt 4.3), diese jedoch in einer höheren Form zur Erscheinung bringt. Das aktive Drinnenstehen im tätigen Denken ermöglicht auf der einen Seite eine Gewahrwerdung der Einheit des Tätigseins mit der Gesetzmäßigkeit dieser Tätigkeit im Sinne des kritischen, sich seiner Gesetzmäßigkeit bewussten Denkens. Auf der anderen Seite findet durch die Denkbetätigung eine Begegnung mit Gesetzmäßigkeiten

5.1 Von der Beobachtungs- zur intuitiven Bewusstwerdung

statt, die sich mit der Denktätigkeit und deren Gesetzmäßigkeit verwandt erweisen.

Sowohl die Form der Gewahrwerdung der individuellen Denktätigkeit als auch diejenige der Denkinhalte wurde mit *Begriffsintuition*, oder kurz *Intuition*, bezeichnet (Abschnitt 4.5). Der erst genannte Aspekt der erweiterten Art des Denkerlebens ist dann eine intuitive Bewusstwerdung der Qualität der Denktätigkeit während der Ausübung dieser Tätigkeit, eine *intuitive Denktätigkeitsbewusstwerdung*, und der zweite Aspekt eine intuitive Bewusstwerdung der Qualität der Denkinhalte, eine *intuitive Denkinhaltsbewusstwerdung*. Beide Aspekte der *intuitiven Bewusstwerdung des Denkens* gehen wesentlich über das bloß *intuitive Erleben* der Denktätigkeit einerseits und das bloß *intuitive Erleben* der Denkinhalte andererseits hinaus. Was das konkret bedeutet, ist Thema der nachfolgenden Untersuchungen.

Was kann durch den Intuitionszustand gewonnen werden? Im Intuitionszustand ist man mit den im reinen Denken erfahrbaren Ideeninhalten und der Denktätigkeit unmittelbar erlebend vereint: Man kann deren Charakter unmittelbar und gegenwärtig untersuchen, ohne einen Durchgang durch die Vermittlung derselben in der Form von Beobachtungen des Denkens. Es können gemäß den genannten zwei Aspekten des erweiterten intuitiven Denkerlebens zwei Ziele verfolgt werden: eine differenzierte Beleuchtung des Charakters von Begriffen und Ideen und eine mehr ins Detail gehende spezifische Bestimmung der Begriffsintuition, also derjenigen Tätigkeit, mit der Begriffe und Ideen hervorgebracht und angeschaut werden. – Der Rest dieses Abschnittes 5.1 ist eine Zusammenfassung der in den weiteren Abschnitten 5.2 bis 5.8 mehr ins Einzelne entfalteten Untersuchungen.

In der Intuition des Denkens kann die konkrete Auseinandersetzung des tätigen Denkens mit sich selbst und mit den durch dieses Denken angeschauten Inhalten zur intuitiven Bewusstwerdung gebracht werden. Hier zeigt sich der enge Zusammenhang der Ich-Bewusstwerdung (Qualität der Intuition) und der Weltbewusstwerdung (Qualität der Denkinhalte). Das zentrale Ergebnis ist: Die Inhalte des reinen Denkens erscheinen im intuitiven Licht als in sich ruhende, beständige und in sich bestimmte Gesetzmäßigkeiten, denen die Denktätigkeit begegnet, auf deren Konstitution sie keinen Einfluss hat. In dieser Begegnung wird ein Seiendes erlebt, das zugleich klar durchleuchtet, durchschaubar ist. Das Angeschaute ist zugleich Erlebnisinhalt und Gesetzmäßigkeit, Idee.

Die Inhalte von Begriffen und Ideen, die Gesetze, sind ruhende und beständige Pole des intuitiven Denkens: sie werden von der Tätigkeit des Denkens ergriffen und von verschiedenen Seiten aus angeschaut. Sie zeigen sich jedoch in ihrer Beständigkeit zugleich als «beweglich» und offenbaren dabei unterschiedliche Facetten ihres Daseins. Mit anderen Worten: Es existieren verschiedene Zugänge und verschiedene *Darstellungen* reiner Begriffs- oder Gesetzeszusammenhänge. So ist jede Inhaltslogik, oder jede mathematische Darstellung der euklidischen Geometrie, eine *Darstellung* bestimmter Teile der Ideenwelt (Gesetzeswelt) unter ganz bestimmten ideellen Gesichtspunkten, die sich inhaltlich und im Aufbau durchaus stark unterscheiden können, trotz des gemeinsamen Kernes. Begriffe und Begriffszusammenhänge erscheinen demzufolge nur als beweglich vermöge der beweglich anschauenden Tätigkeit: Für sich selbst genommen sind sie Invarianten der Denkbewegung. Die Invarianz, das heißt die Beständigkeit und Unbeweglichkeit, gilt im umfassenden Sinne nur für Begriffs*inhalte*, das heißt Gesetze. Wie später gezeigt werden wird (Abschnitt 6.9), gibt es auch bewegliche *Form*zustände, das heißt verschiedene Erscheinungsformen von Gesetzmäßigkeiten.

5.2 Erfahrungsgrundlage

Die folgenden Darlegungen gründen auf der Untersuchung eines aktuellen reinen Denkvorgangs. Es seien noch einmal die Bedingungen eines solchen geschildert (siehe dazu Kapitel 3 und die dortigen Beispiele).

Es kommt darauf an, nicht die Vorbereitungsphase eines solchen Denkprozesses ins Auge zu fassen, sondern diesen selbst (Abschnitt 3.4). Zu den Vorbereitungen gehören insbesondere das Heranziehen von Meinungen und Ratschlägen, das Auftauchen von Erinnerungen, Vorstellungen, Assoziationen, Einfällen, das Anknüpfen an Ergebnisse früherer Denkakte, ohne diese selbst zu reaktualisieren. Diese Elemente sind zum größten Teil unvermeidbar und notwendig im Vorfeld eines spezifischen Denkvorganges. Sie tauchen auf oder werden aufgesucht, sobald man sich vor ein konkretes Denkproblem gestellt sieht. Die Untersuchung soll hier jedoch mit dem Moment beginnen, in welchem man sich von dieser Grundlage löst und in das aktive an- und durchschauende Denken einsteigt. In dieser Phase des Denkens zeigen sich die angeschauten Begriffe und Ideen (Gesetze) in ihrer vollen Klarheit und Einfachheit. Der Denkprozess hat zunächst sein Ziel erreicht und ist zugleich Ausgangspunkt weiterer Erkundungen der Ideen- oder Gesetzeswelt.

Für den Vollzug dieses Zustandes müssen insbesondere auch die zunächst im Vordergrund stehenden Beobachtungen des Denkens sowie die daran anknüpfenden Erkenntnisresultate verlassen werden, mit anderen Worten: ignoriert werden. Die Auseinandersetzung mit ihnen diente der Vorbereitung des aktuellen intuitiven Erlebnisprozesses, einer Fähigkeitsausbildung zum reinen Denken, auf dessen gegenwärtiges Erleben es jetzt allein ankommt.

So gehört insbesondere der *Ausnahmezustand* zu den soliden Vorbedingungen des intuitiven Erlebens und der intuitiven Bewusstwerdung des Denkens. Er zeigt sich hier in seiner Doppelnatur: Einerseits dient er der Vor- und Nachbereitung der intuitiven Bewusstwerdung, durch ihn lernt man sein Denken genauer und immer genauer rückschauend erkennen. Er ist der Hafen, in den das sich ins intuitive Abenteuer einlassende Denken immer wieder zurückkehrt – zurückkehren muss, solange es nicht gelingt, den Intuitionszustand zum Normalzustand zu machen. Andererseits werden die Elemente und die Ergebnisse des Ausnahmezustandes, die Beobachtungen des Denkens und die Erkenntnis derselben, auf die Seite geschoben, verdrängt, wenn das intuitive Erleben auftritt. Das muss so sein, denn letzteres ist die *Quelle* sowohl der intuitiven Bewusstwerdung als auch, in der Reflexion, der Beobachtungsbewusstwerdung des Denkens. Ansonsten wäre der Übergang vom Erleben des gespiegelten Denkens zum aktuellen Erleben im intuitiven Denken nicht möglich (siehe dazu die Abschnitte 6.7 und 6.8).

Beim Einstieg in das aktive Denken werden die Bezüge der in Frage kommenden Begriffselemente (Gesetzmäßigkeiten) in sachgemäßer Weise tätig hervorgebracht und tätig angeschaut, sodass deren Zusammenhang allein aufgrund der aktuell vorhandenen Denkinhalte eingesehen wird, ohne Bezug auf Elemente aus der Vorbereitungsphase. Nur auf diese Weise kommt es zu einer selbstständigen Einsicht, die sich grundsätzlich von Meinungen, Überlieferungen, Behauptungen von

5.2 Erfahrungsgrundlage

Autoritäten, Vorurteilen, Einfällen, Assoziationen, Erinnerungen etc. formal und oft auch inhaltlich emanzipiert.

Ein solches Denkereignis wird *reines Denken* genannt. Es ist rein einerseits bezüglich seines Inhaltes: Als Denkinhalt kommen nur von allen Wahrnehmungs- und Vorstellungselementen befreite Bezüge, reine Begriffsrelationen oder Gesetzmäßigkeiten, in Betracht (sinnlichkeitsfreies Denken). Andererseits ist reines Denken auch rein bezüglich der Tätigkeit: Es spielen keinerlei Fremdwirksamkeiten eine Rolle. Mit anderen Worten: Nur was durch die Denktätigkeit selbst angeschaut und damit hervorgebracht wird, gehört zum reinen Denken. Im reinen Denken hat man es nur mit denjenigen Elementen zu tun, die anhand ein- und derselben Tätigkeit präsent sind und mit dieser angeschaut oder «abgetastet» werden.

Exemplarisch wurde auf die Existenz solcher Denkereignisse in Kapitel 3 hingewiesen. Daran soll hier angeknüpft werden. Die Untersuchung der Beispiele wird fortgesetzt; es wird damit eine Vertiefung des Erlebens sowie eine Einsicht in die ideelle Struktur des reinen Denkens angestrebt. Es ist allerdings zu beachten, dass sich die in den folgenden Abschnitten entwickelten Einzelheiten des Denkerlebens erst nach einiger Übung und Erfahrung im Umgang mit dem reinen Denken einstellen und konkret ins innere Auge gefasst werden können. Man muss sie jedoch letztendlich als Kriterien für die Qualität des reines Denkens auffassen: Wenn diese Art von Erlebnissen nicht früher oder später auftauchen, handelt es sich nicht um reines Denken.

Darüber hinaus kommt es in den folgenden Abschnitten auch zu einer detaillierten exemplarischen Anwendung der in Abschnitt 3.3 entwickelten Begriffe Form und Inhalt sowie Analyse und Synthese. Erstere tauchen explizit an verschiedenen Stellen auf, letztere sind implizit die methodischen

Gesichtspunkte, unter denen die ganze Untersuchung durchgeführt wird. Das Ziel ist eine Einsicht in die inneren Differenzierungen des Denkens, insbesondere in die Qualität der Denkinhalte und die Qualität der Denktätigkeit. Dazu werden die Gesamterlebnisse des Denkens auf ihre Komponenten hin analysiert, in Glieder zerlegt, um sie dann in ihrer konkreten und in sich strukturierten *Einheit* mit dem inneren Auge aufzuschließen und anzuschauen.

5.3 Form und Inhalt des reinen Denkens

Es wird nun die Struktur des reinen Denkens genauer betrachtet. Es hat einen inhaltlichen und einen formalen Aspekt (Tabelle 5.1). Die *Form* betrifft das *Wie* des Daseins des Inhaltes des reinen Denkens, also die tätige Hervorbringung, das tätige Anschauen des Inhaltes, das den Inhalt anschauende Tätigsein, den eigentlichen *reinen Denkakt* oder die *reine Denktätigkeit*. Diese Form wird hier *Intuition* genannt. Der *Inhalt* umfasst das *Was*, das in der genannten Form Daseiende, das durch den Denkakt Hervorgebrachte, dasjenige, was vermöge dieser Form präsent ist, in ihr aufgehoben ist. Diese Inhalte heißen reine *Begriffe* oder reine *Ideen* (zwischen Begriff und Idee wird hier kein Unterschied gemacht).

Gesetz des reinen Denkens: Reines Denken ist die konkrete Einheit einer reinen tätigen Anschauung (Denkakt, Intuition) mit einem reinen Begriff, einer reinen Idee, einem Angeschauten.

Beispiel: Im Denken des Verhältnisses von Teil und Ganzem (siehe Abschnitte 3.3 und 3.4, 3. Beispiel) wird zunächst ganz auf die Inhalte dieser Begriffe und deren Zusammenhänge geachtet. Erweitert man die Aufmerksamkeit auf das dabei vollzogene Geschehen, auf die Art der Anwesenheit der Begriffe,

5.3 Form und Inhalt des reinen Denkens

Reines Denken

Inhalt	*Form*
Reiner Denkinhalt	**Reine Denktätigkeit**
	(reiner Denkakt)
Was: Begriff, Idee	Wie: tätiges Dasein, Intuition
(Fortsetzung: siehe Tabelle 5.2)	(Fortsetzung: siehe Tabelle 5.4)

Tabelle 5.1:
Gliederung des reinen Denkens nach Form und Inhalt

so lässt sich der Blick in zwei Richtungen lenken: auf die ausgeübte Tätigkeit und auf die Art, wie die Begriffe dieser Tätigkeit begegnen oder wie die Tätigkeit diesen Begriffen begegnet. Schaut man zunächst auf das Letztere, so bemerkt man, dass etwa die Begriffskomponenten Teil und Ganzes als anwesend erlebt werden – aber nur so lange, wie Tätigkeit stattfindet. Es findet eine Begegnung statt, aber nur auf der Basis der eigenen Denktätigkeit: von der anderen Seite aus wird die Initiative zur Begegnung nicht ergriffen, sie müssen tätig «abgetastet» werden, sonst sind sie nicht «sichtbar». Es ist also etwas anwesend, aber in einer ganz bestimmten Form: passiv, bloß daseiend, sich zur Verfügung stellend, nicht ausweichend aber auch nicht entgegenkommend.

Der *Inhalt* des reinen Denkens, ein Begriff (oder eine Idee) kann selbst wieder unter den beiden Aspekten des Inhalts und der Form betrachtet werden (mittlere Ebene in Tabelle 5.2). *Inhalt* des Begriffs ist ein gesetzmäßiger Zusammenhang, das, was im tätigen Denken in erster Linie angeschaut wird (zum Beispiel das Kreisgesetz), mit dem sich die denkende Tätigkeit beschäftigt. Die *Form* des Daseins dieses Begriffsinhaltes

5. Begriffsintuition: Denkform und Denkinhalt

innerhalb der Intuition ist die Art und Weise, wie dieser Begriffsinhalt anwesend ist, im Rahmen der Form seiner tätigen Hervorbringung durch den Denkakt. Diese Form des reinen Begriffs oder der reinen Idee, das Begriffliche oder Ideelle der Denkinhalte, zeigt sich, wenn auf die Art und Weise geachtet wird, *wie* die Denktätigkeit dem Begriffsinhalt begegnet: Der Denkakt, oder die Denktätigkeit (Intuition), findet den Begriffsinhalt vor, er tritt nicht von selbst auf, er kommt ihr nicht entgegen, flieht nicht vor ihr, er zeigt sich bloß als anwesend, sobald sich die anschauende Tätigkeit auf ihn richtet.

Anhand dieser Untersuchung zeigt sich das typische Merkmal des Formaspektes, nämlich seine Allgemeinheit bezüglich der ihm zukommenden speziellen Inhalte: Zu einer gegebenen Form kann es untereinander verschiedene Inhalte geben, denen allen dieselbe Form zukommt. Im gegebenen Falle gibt es verschiedene Begriffs- und Ideeninhalte, die innerhalb des tätigen Denkens in reiner Begriffsform, rein begrifflich oder rein ideell, zur Anschauung gebracht werden können. Damit umfasst diese Form eine gegenüber allen in Frage kommenden Inhalten *invariante* Eigenschaft.

Die *Form* der reinen Begriffsform beinhaltet deren Gesetzmäßigkeit und der entsprechende *Inhalt* den Erfahrungsgehalt, auf den diese Gesetzmäßigkeit zutrifft (unterste Ebene des rechten Astes der Tabelle 5.2). Mit jedem aktuell gedachten Begriff tritt diese Erfahrung des bloßen Auftretens, des passiven Daseins, neu auf, modifiziert durch den spezifischen Begriffsinhalt; sie bleibt jedoch in ihrem wesentlichen Charakter immer dieselbe. Die begriffliche Bestimmung dieser Erfahrung, die Bestimmung ihrer Form, umfasst genau dasjenige, was die Begriffsform zu dem macht, was sie ist: sie ist *passiv daseiend* innerhalb der Form des tätigen Denkens, der Intuition.

5.3 Form und Inhalt des reinen Denkens

Reiner Denkinhalt

Inhalt	Form
Begriffsinhalt:	**Begriffsform:**
inhaltlich reiner *Begriff*, Gesetz	formal *reiner* Begriff

Inhalt	Form	Inhalt	Form
Erfahrung von Gesetzen	**Gesetz des Gesetzes**	**Erfahrung von Begriffsformen**	**Gesetz der Begriffsform**
(1) Klarheit, Durchschaubarkeit	(1) Notwendigkeit, Bestimmtheit	*passiv* daseiend	Sein in der Form der *Passivität*
(2) daseiend	(2) invariantes Sein		
(3) unveränderlich	(3) ewiges Sein		
(Details: siehe Tabelle 5.3)			

Tabelle 5.2:
Gliederung des reinen Denkinhalts nach Form und Inhalt

Man beachte, dass sich zunächst anhand der bisher verarbeiteten unmittelbaren Denkerfahrungen kein empirischer Anlass ergibt, zwischen einem *anwesenden* oder *daseienden* und einem *passiv* anwesenden oder daseienden Charakter der Denkinhalte zu unterscheiden und die erste dem Inhalt und die zweite der Form des Begriffs zuzuweisen: sie werden einfach als *passiv anwesend* oder *passiv daseind* erlebt. In diesem Sinne ist die obige Unterscheidung zunächst hypothetischer Natur. Ihre empirische Rechtfertigung ergibt sich aus den erst weiter unten im Abschnitt 5.5 anhand der denktätigen Anschauung (Intuitionstätigkeit) und im Abschnitt 6.5 mittels der Ich-Tätigkeit nachgewiesenen Erfahrungen eines aktiv-seienden Gesetzes (siehe dazu auch die Ausführungen zur Universalienlehre in der Ergänzung zu Kapitel 6 in Kapitel 15).

5.4 Inhalt des reinen Denkens: Gesetz

Im folgenden wird die Aufmerksamkeit auf die in der Form des Begriffs oder der Idee erscheinenden Inhalte des reinen Denkens, die Gesetze (linker Ast der Tabelle 5.2), gerichtet. Es wird also davon ausgegangen, dass alles weitere sowohl in der Form des tätigen Hervorbringens des Denkaktes oder der Intuition, als auch in der Begriffsform präsent ist. Es lassen sich nun analoge Untersuchungen wie eben die für die Begriffsform demonstrierten auch für die Inhalte der reinen Begriffe selbst, also die Gesetze, durchführen.

Es sind charakteristische Eigenschaften gesucht, die anhand eines individuellen Begriffs*inhaltes* (Gesetz) erfahren und bestimmt werden können und zugleich nicht von diesem spezifischen Inhalt abhängen, also Bestimmungen, die über das Spezifische des Inhaltes hinausgreifen. Solche Eigenschaften kommen zugleich verschiedenen Begriffsinhalten (Gesetzen) zu, unabhängig von deren jeweiligem konkretem Gehalt. Mit anderen Worten: Es soll das *Gesetz der Gesetze* aufgestellt werden, dasjenige Prinzip, das ein Gesetz (Begriffsinhalt) vor allen anderen Gegenständen der erfahrbaren Wirklichkeit auszeichnet, es von ihnen unterscheidet. Zum Auffinden dieses Gesetzes muss sich die tätige Aufmerksamkeit der Erfahrung eines konkreten Gesetzes im aktuellen Denken zuwenden und nach Erfahrungskomponenten suchen, die mittelbar mit dem Gesetz präsent sind, nur mit ihm zusammen auftreten, nicht aber an seinen spezifischen Gehalt gebunden sind. Dabei kann einerseits von der Form der tätigen Hervorbringung von Begriffen (rechter Ast der Tabelle 5.1) und andererseits von der passiven Form des Auftretens der Begriffsinhalte selbst abgesehen werden (rechter Ast der Tabelle 5.2). Diese wurden weiter oben bereits näher untersucht und können jetzt für die weitergehende Untersuchung als gegeben betrachtet werden.

Alle Gesetze haben eine gemeinsame Form, nämlich Gesetze zu sein, das heißt ein bestimmter Zusammenhang zu sein. Sie stehen unter einem Allgemeinen, einer Einheit, dem Gesetz der Gesetze, dem Gesetz des Zusammenhangs. Verschiedene einzelne Gesetze unterscheiden sich durch ihren jeweiligen Inhalt voneinander, sie sind relativ zueinander *individuell*. Das Gesetz der Gesetze regelt die Form aller Einzelgesetze und damit auch seine eigene Form als ein individuelles Gesetz unter anderen individuellen Gesetzen. Das Gesetz aller Gesetze schließt die einzelnen Gesetze zur Einheit zusammen. Außer seinem eigenen umfasst es keinen bestimmten, das heißt speziellen Zusammenhang; denn wenn ihm noch ein anderer speziell gearteter Zusammenhang zukäme, so wäre es dem Gesetz des Zusammenhangs bloß untergeordnet und nicht dieses selbst. Es hat also nur die Form des Zusammenhangs zum Inhalt: Das Gesetz aller Gesetze ist dasjenige Gesetz, das die einzelnen Gesetze in der Art und Weise zur Einheit zusammen schließt, dass es die Einzelgesetze der Möglichkeit nach enthält.

Beispiel: Wird die Aufmerksamkeit im reinen Denken von Teil und Ganzem anstatt auf die Art der Präsenz der der Tätigkeit begegnenden Begriffe auf diese selbst gerichtet, so zeigen sich diese in ihrer Eigenart. Dabei soll nun in erster Linie nicht ihr eigener Inhalt betrachtet, sondern es sollen Erlebnisse aufgesucht werden, die zwar nur mit diesen Inhalten zusammen präsent, aber nicht spezifisch an die inhaltlichen Besonderheiten gebunden sind. Man erlebt zunächst in lichter Klarheit die Begriffsinhalte selbst in ihrem eigenen notwendigen und spezifischen rein ideellen *Zusammenhang*, in den ihnen selbst zukommenden ideellen Verhältnissen; es wird in einem ersten Schritt klar, *wie* sie selbst gestaltet sind, was *ihre*

Eigengesetzlichkeit ausmacht. Damit einhergehend bemerkt man dann, dass sie *etwas* sind, dass ihre *Anwesenheit* in der Begegnung erfahren wird und dass sie selbst kein Erzeugnis der anschauenden Tätigkeit ist. (In Ergänzung dazu ist die *Erfahrung* der Anwesenheit Ergebnis dieser anschauenden Tätigkeit.) Die eventuelle Flüchtigkeit der Anwesenheit ist keine Eigenschaft der anwesenden Begriffe, sondern der nicht hinreichend ausdauernden tätigen Aufmerksamkeit. Ganz im Gegenteil erweisen sich die Begriffe Teil und Ganzes sowie ihre höhere Einheit des Teil-Ganzen als in sich selbst ruhende und beständige Tatsachen, die zwar denkend erkundet werden können, aber selbst keiner Modifikation durch diese Tätigkeit unterliegen. Dies zeigt sich daran, dass, sobald man einmal in den Denkprozess eingestiegen ist, die Komponenten Teil und Ganzes und deren Verhältnisse einen «führen», man wird von ihnen in der weiteren Erkundung «geleitet», so «geleitet», wie die Oberfläche eines Marmor-Reliefs die tastende Hand «leitet»: Es wird keine Fremdtätigkeit auf die Denktätigkeit ausgeübt, sondern sie wird in ihrem hingebungsvollen «Tasten» durch das gestaltete Erfahrungsfeld «geleitet»; ganz entsprechend kann die tastende Tätigkeit auch auf das Feld der Begriffe nicht «zugreifen»: es unterliegt nicht ihrer Gestaltungskraft. Anders ausgedrückt: die Gesetzmäßigkeiten Teil und Ganzes bieten dem denktätigen Anschauen Widerstand, stellen sich ihm in ihrem gestalteten Eigensein entgegen. – Diese Erfahrungstatsache lässt sich durch ein seelisch-geistiges Experiment prüfen: Man nehme sich in Form einer sprachlich formulierten Behauptung vor, etwas willkürliches zu denken, etwa «Ein Teil ist das Ganze des Teils». Man stellt bald fest, dass dieser Satz keinen in sich notwendigen Zusammenhang repräsentiert: Es werden zumindest die Ebenen des Wesens (der Teil, das Ganze) und der Erscheinung (ein Teil)

5.4 Inhalt des reinen Denkens: Gesetz

miteinander vermischt. Mit anderen Worten: Es lässt sich nicht willkürlich auf das denkend eingesehene ideelle Verhältnis von Teil und Ganzem Einfluss nehmen; sie bieten einem entsprechenden Ansinnen Widerstand.

Der konkrete Inhalt des Gesetzes der Gesetze kann demzufolge anhand der unmittelbaren Erfahrung eines Denkinhaltes in Intuitionsform abgeleitet werden. Es lassen sich drei Komponenten auffinden: (1) Ein Begriff, ein Gesetz, wird einerseits als *klarer*, als *durchleuchteter* Zusammenhang erlebt, als konkretes, *durchschaubar* geordnetes Beziehungsgeflecht. – Der vom denkenden Menschen erlebten Klarheit und Durchschaubarkeit entspricht eine Eigenschaft, ein Kennzeichen, das den Gesetzen selbst zukommt, deren innere *Notwendigkeit* oder *Bestimmtheit*, die vom individuellen Menschen bloß anschauend erlebt, aber nicht erzeugt wird (Tabelle 5.3).

Begriffsinhalt
inhaltlich reiner *Begriff*, Gesetz

Inhalt	*Form*
Erfahrung von Gesetzen in Intuitionsform	Gesetz des Gesetzes als begriffliche Bestimmung der Gesetzesform
(1) klar bestimmt, durchschaubar geordnet	(1) *Notwendigkeit*: Bestimmtheit, geordneter Zusammenhang
(2) daseiend, nicht geschaffen, nicht veränderbar	(2) *Invarianz*: relativ zum denkenden Menschen invariantes Sein
(3) ruhend, unveränderlich, nicht werdend	(3) *Ewigkeit*: eigenständiges ewiges Sein

Tabelle 5.3:
Erfahrung und begriffliche Bestimmung der Gesetzesform

(2) Im weiteren wird ein Gesetz als etwas erlebt, das für einen rein denkenden Menschen einfach da ist, *daseiend* oder *anwesend* ist, gegeben ist. Es wird als *etwas* in sich geordnetes, *etwas* bestimmtes erlebt, dessen durch einen denkenden Menschen nicht geschaffene *Dasein* die Vorbedingung der Bestimmung seines Charakters ist. Es ist an keiner Stelle und in keinem Zeitpunkt der unmittelbaren Denkerfahrung etwas auszumachen, was auf einen konkreten, die in sich notwendigen Denkerfahrungen betreffenden Schaffens- oder Veränderungsprozess durch einen Menschen hinweist: Die Inhalte, das heißt die Gesetze, sind nicht geschaffen, nicht zerstörbar und nicht veränderbar durch einen rein denkenden Menschen. – Den hier geschilderten Erlebnisinhalten von Gesetzmäßigkeiten innerhalb des reinen Denkens entspricht eine Eigenschaft, welche den Gesetzen im allgemeinen zukommt, das heißt ebenfalls ein Kennzeichen derselben ist: ihr *Sein*, im Kontrast zu einem Werden oder Geschaffen-Worden-Sein vermöge der Tätigkeit des denkenden Menschen. Es handelt sich also um ein invariantes Sein, genauer, um ein zumindest relativ zum denkenden Menschen invariantes Sein (Tabelle 5.3).

(3) Drittens wird jedoch ein Gesetz nicht nur als eine Invariante der Denkbewegungen, sondern auch als etwas *Unveränderliches*, *Beständiges*, bloß Seiendes erlebt, nicht als Werdendes, als Entstehendes oder Vergehendes – ganz unabhängig von jeder Tätigkeit des denkenden Menschen. Innerhalb der tätigen Erfahrung eines Gesetzes zeigt sich an keiner Stelle und zu keinem Zeitpunkt eine dem Gesetz selbst zukommende Veränderlichkeit. Was allenfalls wie eine solche aussieht, ist zurückzuführen auf verschiedene Perspektiven, verschiedene Zugangsweisen, mehr oder minder umfassendere Gesichtspunkte des denkenden Individuums im Laufe der Denkentfaltung. – Bringt man diese Denkerfahrungen auf den Begriff,

so zeigt sich als weiteres Kennzeichen von Gesetzen, dass sie *ewig* seiend und insbesondere bezüglich ihres Inhaltes keinem Werden, keinem Entstehen und Vergehen unterworfen sind (Tabelle 5.3).

Gesetz des Gesetzes: Ein Gesetz ist ein ewig seiender, in sich geordneter, notwendiger Zusammenhang, eine Invariante der individuellen Denktätigkeit.

5.5 Form des reinen Denkens: Tätigkeit der Intuition

Im folgenden wird die reine Denkform, der reine Denkakt oder die begriffliche Intuition, näher charakterisiert (rechter Ast der Tabelle 5.1). Dabei kann man davon ausgehen, dass als Inhalt dieser Form ein reiner Denkinhalt (Gesetz) präsent ist mit denjenigen Eigenschaften, die in den Abschnitten 5.3 und 5.4 entwickelt worden sind. Im vorliegenden Abschnitt 5.5 wird zunächst die Tätigkeit der Intuition, der eigentliche Akt der Begriffsintuition (linker Ast der Tabelle 5.4) besprochen und im nächsten Abschnitt 5.6 die allgemeine Intuitionstätigkeit und damit das allgemeine Gesetz der Intuition entwickelt werden.

Zur Untersuchung des reinen Denk*aktes*, das heißt der Tätigkeit der Begriffsintuition (linker Ast der Tabelle 5.4), richtet man die Aufmerksamkeit auf das Spezifische der Intuitionstätigkeit, insofern sie konkrete Intuitionsinhalte, eben reine Begriffe und Ideen (Gesetze) tätig anschaut. Die Erfahrungsseite dieses Spezifischen umfasst den Akt der Begriffsintuition hinsichtlich seines Gegenstandes, eines Gesetzes.

5. Begriffsintuition: Denkform und Denkinhalt

Reine Denktätigkeit
Intuition, tätiges Dasein

Inhalt		*Form*	
Tätigkeit der Begriffsintuition		**Allgemeine Intuitionstätigkeit**	
Inhalt	*Form*	*Inhalt*	*Form*
Erfahrungsinhalt der Tätigkeit der Begriffsintuition bezüglich Begriffsinhalt	Gesetz der Tätigkeit der Begriffsintuition	Erfahrungsinhalt der allgemeinen Intuitionstätigkeit	Gesetz der Tätigkeit der allgemeinen Intuition
(Fortsetzung: siehe Tabelle 5.5)		(Fortsetzung: siehe Tabelle 5.6)	

Tabelle 5.4:
Gliederung des reinen Denktätigkeit nach Inhalt und Form

Beispiel: Im individuell gewollten reinen Denken der Beziehungen von Teil und Ganzem kann man bemerken, dass die Begegnung mit denselben eine Folge der eigenen Denktätigkeit ist und dass die Begegnung umso deutlicher und intensiver wird, je mehr es gelingt, ganz in die Sache einzusteigen, die eigene Hingabe ganz auf diese Inhalte und ihre Zusammenhänge zu konzentrieren. Mit dieser Hingabe, dieser Verschmelzung, ist zugleich ein Anschauen verbunden, das trotz – oder besser: gerade wegen – der unmittelbaren Einheit mit den in Liebe erfassten Denkgegenständen (Ideen, Gesetze) deren Inhalt offenbart. Dieses hingebungsvolle Anschauen zeigt sich darüber hinaus in seiner Eigenständigkeit, in der tätigen Erhaltung seines Ursprungs, aus der heraus es gelingt, sich immer wieder neuen Inhalten hinzugeben.

Die im Gewahrwerden der Notwendigkeit eines Gesetzes

5.5 Form des reinen Denkens: Tätigkeit der Intuition

erlebte Klarheit gründet sich demnach auf ein reines tätiges Anschauen, auf eine vom denkenden Menschen aufgebaute konkrete Beziehung, in der man sich ganz auf den Gegenstand des Denkens einlässt. Man bezieht sich aktiv anschauend auf das Gesetz, man durchlebt es bis in Einzelheiten und deren Zusammenhänge, man wird eins mit ihm, ohne seine Differenz mit ihm aus dem Auge zu verlieren. Man gibt sich dem Gesetz hin, und erlebt an ihm, in seinem passiven Widerstand gegenüber der individuellen Tätigkeit, den Charakter seines Eigenseins. In der aktiven Zuwendung, in der tätigen Liebe offenbart es seine eigene Konstitution, sein (passives) Dasein, seine Invarianz gegenüber der es abtastenden Denktätigkeit. Der Prozess der anschauenden und hingebungsvollen Einheit mit dem Gegenstand des Denkens ist verbunden mit der gewollten denkenden Auseinandersetzung, der aktiven Wechselwirkung und Begegnung mit einem eigenseienden, in sich selbst ruhenden (ewigen) Gegenüber.

Begrifflich durchdrungen, im Sinne von Merkmalen des Gesetzes der Begriffsintuition, haben diese Erlebnisse folgende Komponenten (siehe Tabelle 5.5): (1) eine *tätige Anschauung* eines bloß passiv gegebenen Gesetzes, (2) eine *aktive Zuwendung* in tätig-liebender Hingabe an einen passiv invarianten Inhalt, das heißt eine Einheit in tätiger geistiger Liebe und (3) eine *gewollte Begegnung*, das heißt eine freie gewollte und verwirklichte Wechselwirkung mit einem ewig seienden, jedoch passiv daseienden Gesetz.

Die mittlere Komponente, die sich in Zuwendung und Einheit ausdrückende *Liebe in geistiger Art* ist dasjenige Element, welches das zielgerichtete Denkwollen reell mit den angeschauten Inhalten verbindet. Es ist reine Zuwendung und damit Fundament und Erfüllung zugleich der Einheit mit der Ideenwelt (siehe dazu die Anmerkungen in Kapitel 15).

5. Begriffsintuition: Denkform und Denkinhalt

Tätigkeit der Begriffsintuition

Inhalt

Erfahrungsinhalt der Tätigkeit der Begriffsintuition bezüglich Begriffsinhalt

(1) klares Durchschauen im Eintauchen in den gesetzmäßigen Gehalt, Erlebnis der Notwendigkeit

(2) Einheit mit Gegenstand des Denkens, konkrete und aktive Zuwendung, hingebungsvolles Eingehen auf einen Inhalt, Erlebnis des passiven Widerstandes und der Invarianz der Gesetze gegenüber der Eigentätigkeit (Unveränderbarkeit der gesetzmäßigen Struktur), Abtasten eines strukturell invarianten Reliefs

(3) selbst gewollte und verwirklichte Auseinandersetzung, aktive Begegnung mit einem eigenseienden Gegenüber, Erlebnis der Ewigkeit des angeschauten Gesetzes (Unveränderlichkeit der gesetzmäßigen Struktur)

Form

Gesetz der Tätigkeit der Begriffsintuition

(1) *Tätige Anschauung*: anschauendes klares Durchschauen eines passiv gegebenen Gesetzes

(2) *Aktive Zuwendung*: Einheit in tätiger Hingabe (geistige Liebe) an ein passiv invariantes Gesetz

(3) *Gewollte Begegnung*: Individuell gewollte Wechselwirkung mit einem passiv daseienden Gesetz

Tabelle 5.5:
Erfahrung und begriffliche Bestimmung der Tätigkeit der Begriffsintuition

Gegen Ende des Abschnittes 5.3 und in Tabelle 5.2 wurde zunächst in hypothetischer Weise die Unterscheidung zwischen *passiv daseienden* Gesetzen und *daseienden* Gesetzen eingeführt. Mittels des aktiv daseienden Intuitionsgesetzes vermöge der Tätigkeit der Begriffsintuition lässt sich nun dieser Unterschied auch empirisch rechtfertigen: ist das Intuitionsgesetz *Inhalt* des reinen Denkens, hat es die passive Daseinsform; tritt es als aktives Geschehen im Hervorbringen eines reinen Denkinhalts auf, wird es in aktiv anwesender Daseinsform erfahren. Dadurch wird klar, dass die *passive* Form des Daseins von Gesetzen im reinen Denken nicht diesen selbst zugeschrieben werden kann, sondern zur Form-Charakteristik des Daseins von Gesetzen innerhalb des reinen Denkens gehört.

Mit den Tabellen 5.3, 5.4 und 5.5 (und 5.6) dargestellten Ausdifferenzierung kommt man an ein natürliches Ende der Aufgliederung oder Analyse des Denkens nach Inhalt und Form. Denn auf der einen (linken) Seite zeigt sich zum Schluss die konkrete reine Erfahrung, der nicht weiter reduzierbare Gehalt der jeweiligen Erlebnisse, und auf der anderen (rechten) Seite jeweils die unmittelbar dazugehörige elementare begriffliche Bestimmung.

Man beachte, dass an dieser Stelle die Unterscheidung des rechten und linken Astes der Tabelle 5.4, das heißt der Tätigkeit der Begriffsintuition von der Tätigkeit der allgemeinen Intuition, nicht unmittelbar veranlasst ist durch die bisher verarbeiteten Erfahrungen des reinen Denkens. Was als Erfahrung zunächst vorliegt, ist nur die Tätigkeit der Begriffsintuition. Die empirische Rechtfertigung der genannten Unterscheidung und damit der Aufstellung des Gesetzes der allgemeinen Intuitionstätigkeit erfolgt in Abschnitt 6.5.

5.6 Gesetz der allgemeinen Intuition

Die Form des reinen Denkens (rechter Ast in Tabelle 5.1) umfasst neben der Tätigkeit und dem Gesetz der Begriffsintuition (linker Ast der Tabelle 5.4) die *allgemeine* Intuitionstätigkeit und damit das Gesetz der *allgemeinen Intuition*, das der konkreten Tätigkeit der Begriffsintuition zugrunde liegt (rechter Ast der Tabelle 5.4). Um dieses universelle Gesetz der Intuition zunächst rein begrifflich ins Auge zu fassen, muss man von demjenigen absehen, was die Tätigkeit der Begriffsintuition zu einer *Begriffs*intuition im Gegensatz zu einer *Intuition* überhaupt macht. Das *begriffliche* an einer Intuition ist deren Verknüpfung mit einem *Begriffs*inhalt und dessen *passiver* Daseinscharakter (Abschnitt 5.3). Sieht man vom Begriffscharakter ab, so kommen als zunächst hypothetische Möglichkeiten des individuell-tätigen Erlebens intuitiver Erfahrungsinhalte die Folgenden in Frage. Zunächst steht das klare Durchschauen im Eintauchen in den gesetzmäßigen Gehalt im Vordergrund, das Erlebnis einer Wirkung aus Notwendigkeit. Zweitens findet eine aktiv-liebende Einheit mit einem selbsttätigen Gegenüber statt, ein Erlebnis der Invarianz des gesetzmäßig kraftenden Wesenskernes gegenüber der individuellen Eigentätigkeit und damit die Unveränderbarkeit des Gegenübers in der Begegnung. Schließlich handelt es sich um eine individuelle gewollte und verwirklichte Auseinandersetzung, besser: Ineinandesetzung, eine aktive Begegnung mit einem selbsttätigen Gegenüber, um das Erlebnis eines ewigen (unveränderlichen) Tätigkeitsquells.

Daraus ergeben sich als die drei Komponenten des Gesetzes der allgemeinen Intuition (Tabelle 5.6): (1) die *tätige Anschauung* eines nicht notwendigerweise passiven, also aktiv wirkenden Wesen, (2) die *aktive Zuwendung*, die im Element der lie-

5.6 Gesetz der allgemeinen Intuition

benden Hingabe stattfindende Einheit mit aktiv schaffenden Wesensinhalten (also nicht bloßes aktives Abtasten einer passiven Gesetzeslandschaft) und (3) die *gewollte Begegnung*, das freie Wollen und Verwirklichen der aktiven Wechselwirkung mit einem aktuell daseienden Wesen.

Allgemeine Intuitionstätigkeit

Inhalt	*Form*
Erfahrungsinhalt der allgemeinen Intuitionstätigkeit	**Gesetz der Tätigkeit der allgemeinen Intuition**
(1) klares Durchschauen im Eintauchen in gesetzmäßigen Gehalt, Erlebnis des Wirkens aus der Notwendigkeit	(1) *Tätige Anschauung*: Anschauendes klares Durchschauen eines wirksamen Gesetzes (Wesen)
(2) aktiv-liebende Einheit mit einem selbsttätigen Gegenüber, Erlebnis der Invarianz des gesetzmäßig kraftenden Wesenskernes gegenüber der individuellen Eigentätigkeit (Unveränderbarkeit der Kraft) in der Begegnung mit einem Gegenüber	(2) *Aktive Zuwendung*: Einheit in tätiger Hingabe (Liebe) an ein aktiv daseiendes Gesetz
(3) individuelle gewollte und verwirklichte Auseinandersetzung, aktive Begegnung mit einem selbsttätigen Gegenüber, Erlebnis des ewigen Tätigkeitspotentials (Unveränderlichkeit der Kraft)	(3) *Gewollte Begegnung*: Individuell gewollte aktive Wechselwirkung mit einem selbsttätig daseienden Gesetz (Wesen)

Tabelle 5.6:
Erfahrung und begriffliche Bestimmung der Tätigkeit der allgemeinen Intuition

In diesem Sinne ist in jedem reinen Denkakt über das Prinzip der Begriffsintuition hinaus auch das allgemeine Intuitionsgesetz präsent. Es beinhaltet den allgemeinen Charakter der Intuition, der durch die Spezialisierung der Intuition als Begriffsintuition hindurch deren Wesen mitbestimmt. Die hier zunächst nur hypothetisch, das heißt begrifflich-spekulativ aufgestellten Eigenschaften der allgemeinen Intuition im Kontrast zur Begriffsintuition, werden im Zusammenhang der Ich-Erfahrung (Abschnitt 6.5) ihre konkrete Erfüllung finden.

5.7 Intuitive Bewusstwerdung des Denkens

Das denkende Durchdringen der intuitiven Erlebnisse an Denkinhalten in der Begriffsintuition führt zur *intuitiven Bewusstwerdung der Denkinhalte*. Hier ist man sich im Denken der Eigenqualitäten der Begriffe und Ideen im Sinne von Gesetzmäßigkeiten bewusst (Abschnitt 5.4). Die intuitive Bewusstwerdung der Denkinhalte offenbart den unabhängig von konkreten Denkinhalten bestehenden Wesenscharakter dieser Inhalte. Diesen begegnet die eigene Denktätigkeit in frei gewollter und verwirklichter tätiger Anschauung, diesen wendet sie sich in liebender Hingabe zu, um sie in Klarheit aufzufassen. Letzteres ist Inhalt der *intuitiven Bewusstwerdung der Denktätigkeit*, in welchem der intuitiv erlebende Mitvollzug der Qualitäten der eigenen Denktätigkeiten zur aktuellen Bewusstwerdung der Gesetzmäßigkeiten dieser Tätigkeiten führt, im Sinne eines sich seiner Gesetze bewussten Ich (kritische Ich-Bewusstwerdung).

Die *intuitive Bewusstwerdung des Denkens* ist nun eine Synthese der intuitiven Bewusstwerdung der Denkinhalte und der intuitiven Bewusstwerdung der Denktätigkeit. In ihm vereinigt sich die Bewusstwerdung über die Gesetzmäßigkeit des eigenen denkenden Tuns mit einer klaren Einsicht in den allgemeinen Charakter der Gegenstände dieses Denkens, den Begriffsinhalten, Ideen oder Gesetzmäßigkeiten.

5.8 Dreieinigkeit des intuitiven Denkens

Die Fähigkeit des intuitiven Denkens erweist sich als Fähigkeit zur Handhabung eines dreifach gegliederten Prozesses (Abschnitt 5.5): des anschauenden Durchschauens der Ideen, der liebend-tätigen Zuwendung und Einheit mit der Ideenwelt und dem frei gewollten und verwirklichten aktiven Begegnen der Ideenwelt. Das intuitive Denken setzt sich nicht aus diesen drei Komponenten zusammen: diese können nicht separat ausgebildet und dann zusammengefügt werden. Sondern das tätig erlebte reine Denken ist eine konkrete Einheit dieser drei Aspekte, die sich erst in der intuitiven Bewusstwerdung in ihrer differenzierten Unterschiedenheit offenbaren.

Von dieser dreifach-geistigen Qualität des intuitiven Denkens sind die seelischen Qualitäten des Denkens, Fühlens und Wollens abzugrenzen: Diese stellen vor- oder untergeordnete Erlebnisweisen dar, welche im intuitiven Denken auf einer höheren Stufe zu einer konkreten Einheit verbunden werden können. Man kann die Einheit der drei genannten Aspekte des intuitiven Denkens als höhere Erscheinungsform der Einheit der drei seelischen Qualitäten Denken, Fühlen und Wollen auffassen.

Das gewöhnliche, im wesentlichen ohne individuelles Mittun ablaufende Denken, das Gedanken- oder Vorstellungen-*Haben* (im Gegensatz zum tätigen Denken) ist die *seelische*

Form des Denkens, die mit dem gewöhnlichen Fühlen und Wollen auf einer Stufe steht.

Die *seelische Form des Fühlens* umfasst alle Erlebnisse von Sympathie und Antipathie als unwillkürliche Reaktionen auf aktuelle Erfahrungsinhalte, als unwillkürlich erlebte reelle Bezüge der Erfahrungswelt auf einen Menschen.

Entsprechend beinhaltet die *seelische Form des Wollens* alle Willensimpulse (Wünsche, Triebe, Begierden) die ebenfalls als bloße Reaktionen auf aktuelle Erfahrungsinhalte auftreten, das heißt als unwillkürliche reelle Bezüge eines Menschen auf die Erfahrungswelt.

Die seelischen Qualitäten Denken, Fühlen und Wollen erscheinen im intuitiven Denken in einer höheren, dem aktiven Denken zugehörigen Form. Sie können dort ihrer eigentlichen *geistigen*, das heißt aktuell wirksam anwesenden Natur nach erlebt und erfasst werden.

Das *Denken im intuitiven reinen Denken* löst sich ganz von unwillkürlich auftauchenden Inhalten und Verfahrensweisen und wird ganz zu einem aktiven Instrument der konkreten Beziehung zur Gesetzeswelt: Im tätigen klaren Durchschauen von Gesetzen erlebt es dieselben als in sich notwendig und unabhängig gegenüber seiner eigenen Tätigkeit.

Das *Fühlen im intuitiven reinen Denken* wird zu einer selbst getätigten reinen Hingabe, einer aktiven Zuwendung oder höheren «Sympathie», der keine Antipathie mehr entgegensteht und die grundsätzlich nicht als unwillkürliche Reaktion auftritt. Die Liebe kann zwar mehr oder weniger stark zum Ausdruck kommen, ihr steht aber kein Gegenbild gegenüber, keine Ablehnung oder Hass.

Entsprechend ist der *Wille im intuitiven reinen Denken* ein bewusst die aktive Begegnung und Wechselwirkung anstrebender tätiger Prozess, der nicht mehr bloße Reaktion auf

5.8 Dreieinigkeit des intuitiven Denkens

Erfahrungen außerhalb des Denkens ist; er ist autonom und sich seiner Zielrichtung als tätige Anschauung oder anschauendes Tätigsein in der Auseinandersetzung mit dem Gegenstand des Denkens (Gesetze) bewusst.

In der intuitiven Bewusstwerdung des Denkens wird in rein geistigem Anschauen und aktiver hingebungsvoller Zuwendung eine Begegnung mit dem gesetzmäßigen Gehalt der Wirklichkeit in Begriffs- oder Ideenform verwirklicht.

6. Ich-Erfahrung und Ich-Intuition

Die folgenden Untersuchungen knüpfen an die Erfahrungen und Einsichten anhand des reinen Denkens an, wie sie in den Kapiteln 4 und 5 geschildert werden. Es tauchen dabei dieselben *Stufen* des Erlebens und der Bewusstwerdung auf wie beim reinen Denken. Es muss betont werden, dass hier *nur* von Ich-Erfahrungen anhand des reinen Denkens die Rede ist. Andere mögliche Dimensionen einer Erfahrung der eigenen Persönlichkeit werden nicht berücksichtigt (siehe dazu die Anmerkungen in Kapitel 15).

Vorblick und Zusammenfassung: Werden die im direkten Zusammenhang mit dem reinen Denken erfahrbaren Ich-Erlebnisse ins Auge gefasst, so zeigt sich für deren Bewusstwerdung eine ähnliche Charakteristik wie für das Denken selbst. Am Anfang stehen die am denkende Ich gemachten Beobachtungen, die dem reflektierenden Denken zugänglich sind. Sie führen zur individuellen Beobachtungsbewusstwerdung des Ich, mit seinem jeweiligen Abschluss in der Erkenntnis des beobachtbaren Ich. – Wird im Zusammenhang des Übergangs zum intuitiven Denkerleben und zur intuitiven Denkbewusstwerdung auch das Ich im intuitiven Erfahrungshorizont beachtet, so zeigt es sich selbst in seinen intuitiven Qualitäten. So ist vom Seinsgesichtspunkt das individuelle Ich dem Denken vorgeordnet, vom Gesichtspunkt der Bewusstwerdung aus ist es genau umgekehrt: Denken ist eine unabdingbare Voraussetzung für eine Bewusstwerdung des individuellen Ich. – Erst die intuitive Erlebnissphäre macht deutlich, dass Tätigkeit und Inhalt des durch das Ich getragenen reinen Denkens von der leiblich-seelischen Organisation unabhängig sind und dieselbe «nur» eine die Bewusstwerdung vorbereitende und ermöglichende sowie eine die einzelnen Akte überbrückende Funktion hat. – Im intuitiv bewussten Vollzug des Ich-Gesetzes zeigt sich dessen Dreieinigkeit. Die gedanklich durchdrungene Gesamterfahrung offenbart drei Komponenten: die reine Gesetzmäßigkeit des Ich, die Ich-Tätigkeit in Einheit mit dem intuitiven Denken und die autonome Quelle, die reell-individuelle Verbindung aller Ich-Denk-Akte.

6.1 Naive Ich-Erfahrung im reinen Denken

Schon in der anfänglichen Aus- und Erübung des reinen Denkens taucht die Erfahrung auf, dass Denken anstrengend ist und dass man mit seinem reinen Denken anders verbunden ist als mit den übrigen seelisch-geistigen Erfahrungen oder physisch-sinnlichen Erlebnissen. Zu diesem Erfahrungskomplex gehört auch das sich an diese miterlebte Tätigkeitserfahrung anknüpfende Erlebnis der Freude am eigentätigen Denken, das sich zum Beispiel in der Freude am selbstständigen Entdecken, am Argumentieren, am Aufbau und der Verteidigung eines eigenen Standpunktes äußern kann.

Solange es beim bloß naiven (nicht bewusst gewordenen) Miterleben des denkenden Ich bleibt, handelt es sich um Erlebnisse, die kommen und gehen, ohne dass ich besonders Notiz von ihnen nehme, sie systematisch beachte oder gar über sie nachdenke. Sie fallen mir nicht auf, weil ich darinstehe, weil sie mir nicht gegenüberstehen wie alle anderen Erfahrungen. Zum naiven Erleben des Ich gehört auch das naive Vertrauen, das ich letztlich in meine eigene Denkaktivität habe, trotz eventueller Berufung auf Autoritäten äußerer oder innerer Art. Ich möchte mir selbst ein Urteil bilden, ich erlebe die Notwendigkeit, letztlich in meinem Erkennen und Handeln mit mir selbst zurechtkommen zu müssen. Selbst in der resignativen Abwendung von eigenen Denkanstrengungen liegt ein Rest von erlebbarer Eigenständigkeit und Eigenaktivität.

6.2 Beobachtungen des Ich innerhalb der Beobachtungen des reinen Denkens

Im Bereich des naiven reinen Denkens (Abschnitt 4.1) liegt die primäre Denkerfahrung ganz im Inhalt des Denkens; es gehört nicht zu den im Vordergrund präsenten Erfahrungen *während* des Denkens zu wissen, dass *ich* es bin, der denkt. Mit anderen Worten: Ein Miterleben der Eigentätigkeit tritt zunächst nicht mit derselben Bestimmtheit auf wie Erfahrungen der Denkinhalte. Es tritt auch keine Notwendigkeit auf, während des Denkens dafür sorgen zu müssen, dass solche Erfahrungen im Nachhinein auftauchen können.

Es gehört jedoch zu den Tatsachen der Denkerfahrung, dass als Konsequenz des tätigen reinen Denkens im Nachhinein Erfahrungen dieses Denkens in der Form von Beobachtungen aufgefunden werden können (Abschnitte 4.2 und 4.3). Erst hier fällt mir auf, dass ich es war, der gedacht hat, der sich angestrengt hat, der etwas anderes getan hat, als bloß etwas beobachtend zur Kenntnis zu nehmen. Dies fällt mir im Prinzip mit derselben Bestimmtheit auf, wie mir andere beobachtbare Ereignisse auffallen – allerdings mit der Einschränkung, dass die fortlaufenden übrigen Ereignisse fortwährend die Beobachtungen des Denkens vom Vordergrund des Gewahrwerdens verdrängen und diese deshalb schwerer zugänglich erscheinen.

Werden diese Beobachtungen mit dem tätigen Denken betrachtet, also im *Ausnahmezustand* bewusst gemacht, so ergibt sich demnach Folgendes: Mit dem Auftreten der Inhalte dieser Beobachtungen ist unmittelbar (das heißt ohne Vermittlung des Denkens) gewiss, dass ich es war, der dies gedacht hat, der dies hervorgebracht hat. Beobachtungen des Denkens enthalten also neben den Spuren der gedachten Inhalte sowie der ausgeübten Tätigkeit auch Spuren der Quelle dieser Tätigkeit. Diese Spuren werden hier *Beobachtungen des Ich* genannt. Wie schon bei den *Beobachtungen des Denkens* ist mit dieser Bezeichnung das Ich als Beobachtetes und nicht als Beobachtendes gemeint.

6.3 Beobachtungsbewusstwerdung des Ich: Bestimmung des Ich

Die Bestimmung des Ich geschieht anhand von *Beobachtungen* des Ich vermöge des aktuell tätigen reinen Denkens. Was dieses denkende Ich seiner Natur nach ist, weiß ich also zunächst nur vermittels des Denkens im Ausnahmezustand: Es ist ein Tätiges, welches das Denken als Inhalt und Form hervorgebracht *hat*. Die *Verknüpfung* dieses elementaren Ich-Begriffs mit konkreten Denk- und Ich-Erfahrungen in Beobachtungsform ist zugleich *Ich-Bewusstwerdung*. Genauer müsste man dies die *Beobachtungsbewusstwerdung des Ich auf der Grundlage von Beobachtungen des Denkens* nennen. Mit der Ich-Bewusstwerdung ist also nicht allein die Gewahrwerdung von Beobachtungen des Ich gemeint, sondern eine konkrete gedankliche Auseinandersetzung mit den Inhalten dieser Beobachtung.

Zur Methodik der Bestimmung des Gesetzes des beobachteten Ich kann wie im Falle des reinen Denkens (Abschnitt 4.3) an einzelne (vergangene) Ich-Akte angeknüpft werden.

Da hier Ich-Erfahrungen im Rahmen von Beobachtungen des reinen Denkens untersucht werden, müssen verschiedene in der Vergangenheit liegende reine Denkakte hinsichtlich einer Beteiligung des Ich angeschaut werden. Wie bereits angemerkt (Abschnitt 6.2), enthalten die im Nachhinein, nach dem Abschluss des Aktes, in Beobachtungsform vorliegenden Denkakte einen beobachtbaren Hinweis auf ein Tätiges, auf die Quelle der Tätigkeit des Denkens. Damit können sie vorläufig als Ich-Akte bestimmt werden.

Es kann auch hier die Frage gestellt werden nach der *ideellen* Verknüpfung aller dieser einzelnen Ich-Akte, also nach dem eigentlichen Ich-Gesetz (siehe dazu die Anmerkungen in Kapitel 15), sowie darüber hinaus nach der *reellen* Verknüpfung der Akte. Letzteres betrifft ein die Akte zugleich hervorbringendes und überdauerndes Agens, das sich naturgemäß der *Beobachtung* entzieht. Auf seine Erfahrbarkeit und begriffliche Bestimmung wird im Abschnitt 6.5 eingegangen.

Zu den Beobachtungen des Ich gehört die Tatsache, dass ich weiß, dass ich innerhalb eines reinen Denkaktes von Anfang bis Ende dabei gewesen bin, diesen Akt also initiiert und durchgetragen habe. Insofern kann von der Beobachtung eines *einen* Akt hervorbringenden und diesen von Anfang bis Ende überdauernden Ich gesprochen werden. Von einem einzelne (diskrete) Akte überdauernden (kontinuierlichen) Ich weiß ich im Rahmen der *Beobachtungen* des Ich nur in der Form eines unbestimmten Erlebnisses, einer Ahnung, d. h. einer Vorstellung, die sich auf Erinnerungen an frühere reine Denkakte stützt, von denen ich weiß, dass ich sie hervorgebracht habe. Diese Ahnung schließt sich zusammen mit gegenwärtigen Erlebnissen und gibt mir den zunächst nicht genauer auf seine Herkunft hin bestimmbaren Eindruck einer alle meine sonstigen Erlebnisse begleitenden Ich-Erfahrung.

6.3 Beobachtungsbewusstwerdung des Ich: Bestimmung

Von dieser Ich-Erfahrung in Beobachtungsform muss die denkende *Bestimmung* des Ich unterschieden werden, die mittels Begriffsbildung auf der Grundlage dieser Beobachtungen zu einer gedanklichen Bestimmung des Ich und damit zur *Ich-Bewusstwerdung* kommt.

Die gedankliche Entwicklung der ideellen Verbindung einzelner Ich-Denk-Akte muss sich an dem Gemeinsamen dieser Akte in Abgrenzung von deren Verschiedenheiten orientieren. Betrachtet man wiederholte reine Denkakte zu demselben Begriffsinhalt, so reduziert sich die (externe) Verschiedenheit der Akte allein auf ihr sich in verschiedenen Kontexten abspielendes *Auftreten* in zeitlicher Abfolge. Von einer eventuell damit einhergehenden Steigerung der Denkfähigkeit und einer Ausweitung der Denkperspektive des Ich und damit einer denkinternen Unterscheidungsmöglichkeit verschiedener reiner Ich-Denk-Akte wird an dieser Stelle zunächst abgesehen (siehe dazu Kapitel 13). Zu den Gemeinsamkeiten gehören gerade die Tatsachen des *Auftretens* als *Denk*akt und des *wiederholten* Auftretens als ein solcher Akt. Die Funktion des Ich ist somit diejenige des Hervorbringens des Denkens sowie die Realmöglichkeit wiederholter Hervorbringungen. Die Tätigkeit des Ich ist mit *einem* Denkakt nicht ausgeschöpft, es kann immer wieder neue reine Denkakte hervorbringen. Daraus kann geschlossen werden – das ist so nicht beobachtbar –, dass das Ich in den Phasen des Nichtdenkens nicht verschwindet und dann wieder neu entsteht, sondern weiter existiert und damit die einzelnen Ich-Denk-Akte reell überdauert. Ansonsten müsste es ein über dem Ich stehendes Agens geben, welches das Ich immer wieder zu einem neuen Akt impulsiert, der dann in einen reinen Denkakt ausmündet. Falls in der Beobachtung des Ich keinerlei Erfahrungen über ein solches «übergeordnetes Agens» vorliegen, kann diese

Hypothese verworfen werden (siehe dazu die Anmerkungen in Kapitel 15).

Aus der Beobachtungsbewusstwerdung des denkenden Ich ergibt sich somit folgendes zunächst hypothetische Ich-Gesetz: *Das Ich ist ein in sich selbst Wirkliches und ein das reine Denken zur Erscheinung bringendes Wesen.*

6.4 Erkenntnis des beobachteten Ich

Die denkende Auseinandersetzung mit der Erfahrungswelt ist die Grundlage der Erkenntnisbewusstwerdung. Mit *Bewusstwerdung* wird hier zunächst diejenige Tätigkeit verstanden, durch welches vermöge eines Urteils, einer durch das Denken hergestellten Verknüpfung, eine Erfahrung (Beobachtung) und ein Begriffszusammenhang (Gesetz) miteinander verbunden werden (Abschnitt 4.3). Mit *Erkennen* wird der Prozess und mit *Erkenntnis* das Resultat dieser Auseinandersetzung in Form eines *Erkenntnisurteils* bezeichnet. Es wird damit an die exemplarische Einführung des Begriffs des Erkennens im Abschnitt 4.4 angeknüpft. Dort wie hier geht es noch nicht um eine Bestimmung der universellen Gesetzmäßigkeit des Erkennens, sondern um die Bewusstmachung des besonderen Vorgehens im jeweiligen Fall, hier im Rahmen der Beobachtungen des Ich, das sich später als Spezialfall eines allgemeinen Geschehens, des Erkennens, erweisen wird (Kapitel 9).

In Verbindung mit der Tatsache, dass das tätige Denken Beobachtungen des Denkens sowie Beobachtungen des Ich zur Folge hat, welche die Ausgangspunkte der Beobachtungsbewusstwerdung des Denkens beziehungsweise des Ich sind, führt konsequente denkende Bewusstwerdung notwendigerweise zur Beobachtungsbewusstwerdung des Ich und damit

6.4 Erkenntnis des beobachteten Ich

zur Erkenntnis des beobachteten Ich. In derselben Art, wie die Beobachtungsbewusstwerdung des Denkens (Abschnitte 4.2 und 4.3) sich auf die in Beobachtungsform erscheinenden Denkerfahrungen stützt, stützt sich die Beobachtungsbewusstwerdung des Ich auf das in dieser Form erscheinende Ich.

Innerhalb des Denkens, das heißt innerhalb der Beobachtungsbewusstwerdung des Denkens, ist also die Beobachtungsbewusstwerdung des Ich zu finden. In diesem Sinne lebt die Ich-Bewusstwerdung von der Gnade des dieser Bewusstwerdung zum Dasein verhelfenden Denkens. Vom Gesichtspunkt der *Erkenntnis* und der *Bewusstwerdung* ist das Denken dem Ich vorgeordnet, ist die Bewusstwerdung des ersteren Vorbedingung für die Bewusstwerdung und damit die Erkenntnis des zweiteren.

Im Akt der Verknüpfung des Ich-Gesetzes, im Sinne eines sich selbst verwirklichenden und das reine Denken zur Erscheinung bringenden Wesens (Abschnitt 6.3), mit Beobachtungen des Ich, werden einzelne Ich-Erfahrungen als tatsächliche (vergangene) Ich-Akte erkannt. Das dabei verwendete Ich-Gesetz ist universeller Natur, es betrifft in dieser Form nicht nur mich, sondern alle denkenden Iche. An dieser Stelle ist auf der Ebene des Ich-Gesetzes selbst zunächst weder begrifflich noch der Erfahrung nach etwas auszumachen, was auf die Verschiedenheit individueller Iche, auf deren spezifische Differenzen, hinweisen würde. In der konkreten Ich-Erkenntnis anhand von Beobachtungen des Ich wird dieses universelle Ich-Gesetz jedoch mit *meiner* eigenen konkreten Ich-Erfahrung verknüpft und dadurch auf der Erscheinungsebene individualisiert. Auf weitere individuelle Aspekte des tätigen Ich wird in Kapitel 13 eingegangen.

6.5 Intuitive Bewusstwerdung des Ich

Für die intuitive Bewusstwerdung des Ich muss an die intuitive Bewusstwerdung des Denkens angeknüpft werden. Mit anderen Worten: Es muss erst das intuitive Erleben und die intuitive Bewusstwerdung des Denkens hergestellt werden können, bevor zum intuitiven Erleben und zur intuitiven Bewusstwerdung des Ich weitergeschritten werden kann. Dies bedeutet, dass man ausgehend vom aktuellen intuitiven Erleben der Denktätigkeit zur intuitiven Bewusstwerdung der Denktätigkeit übergehen kann, indem man sich der dieser Tätigkeit zugrunde liegenden Gesetzmäßigkeiten bewusst wird (Abschnitte 5.5 und 5.7). Auf der Ebene eines intuitiven Erlebens der Denktätigkeit zeigt sich dann zunächst ein intuitives Erleben des eigenen tätigen Ich. Dieses Erlebnis ist von wesentlich anderer Natur als das Erleben von Beobachtungen des Ich. Während letztere erst im Nachklang, in der nachträglichen Vergegenwärtigung eines Denkaktes auftreten, sind intuitive Ich-Erfahrungen bereits im Denkakt selbst gegenwärtig.

Im aktuellen reinen Denken, in der Intuition der Denktätigkeit, ist das aktuelle Ich zu finden, ein intuitives Erleben der Ich-Tätigkeit und letztlich auch die intuitive Ich-Bewusstwerdung – nicht jedoch Beobachtungen des Ich und nicht die Beobachtungsbewusstwerdung des Ich.

Mit Hilfe der im letzten Kapitel erarbeiteten Komponenten der Gesetzmäßigkeit des reinen Denkens lassen sich am Erlebnis eines Ich-Denk-Aktes die dem Denken zugehörigen Elemente von den dem Ich zugehörigen Elementen unterscheiden. Für das reine Denken ergeben sich als zentrale Eigenschaften der Tätigkeit der Begriffsintuition, die in der intuitiven Bewusstwerdung der Denktätigkeit offenbar werden, die tätige

6.5 Intuitive Bewusstwerdung des Ich

Anschauung eines Gesetzes, eingebettet in die liebende Hinwendung zur Gesetzeswelt sowie in eine zielgerichtete aktiv gewollte Begegnung mit derselben (siehe Abschnitt 5.5 und die Tabellen 5.4 und 5.5). Für das im tätigen Denken drinnen wirkende Ich tritt die in den Abschnitten 6.3 und 6.4 hervorgehobene selbstverwirklichende, die Begegnung mit dem Gesetzesbereich sowie der Erscheinungswelt suchende und anderes zur Erscheinung bringende *Kraft* in den Vordergrund: Sie ist in konkreter Einheit mit der im intuitiven Denken erlebten *Hingabefähigkeit*, die potentiell allumfassende aktive Zuwendung oder *Liebe in geistiger Art* zur Seins- und Daseinswelt. Beide Tätigkeiten gehören nicht dem Denken im eigentlichen Sinne selbst zu, das heißt sie haben nicht dort ihren *Ursprung*, sondern erscheinen nur zusammen mit diesem. Denn es ist nicht das Denken selbst, das eine Begegnung sucht, und sich oder etwas anderes in Erscheinung bringt, sondern das im Denken wirkende Ich. Ebensowenig quillt die Hingabefähigkeit aus dem Denken: Sie hat ihr Wesenszentrum im das Denken erfüllenden Ich.

Damit erweisen sich die in Abschnitt 5.6 im Unterschied zur Tätigkeit der Begriffsintuition (Abschnitt 5.5) zunächst rein hypothetisch abgeleiteten Eigenschaften der *allgemeinen Intuition* als erfüllbar. Im intuitiv bewussten denkenden Durchdringen des Ich-Gesetzes findet eine konkrete Bezugnahme durch die tätige Anschauung eines wirksamen Wesens (Ich) statt, es wird eine Einheit des intuitiven Denkens mit dem Ich durch aktive Zuwendung hergestellt und eine auf freiem Wollen fußende Begegnung und Wechselwirkung meines denkenden Daseins mit seinem Ursprung in einem tätigen Wesen (Ich) verwirklicht.

Methodisch gesehen ist der Weg vom intuitiven Erleben des Ich zur intuitiven Bewusstwerdung des Ich derselbe wie der Weg vom intuitiven Erleben des reinen Denkens zur intuitiven Bewusstwerdung der Denktätigkeit. Die in der Beobachtungsbewusstwerdung des Ich erarbeiteten begrifflichen Komponenten sowie die am tätigen Denken bereits bewusst gemachten Eigenschaften des intuitiv bewussten Denkens dienen zur Bewusstmachung der Konstitution des intuitiv erlebten Ich. In der intuitiven Bewusstwerdung des Ich sind während des intuitiven Ich-Erlebens die zentralen Eigenschaften des Ich bewusst. Das Ich erweist sich als ein tätiger Inhalt, eine konkrete Einheit von Inhalt und Tätigkeit und damit als ein kraftendes universelles Prinzip, das sich selbst mit Hilfe des Denkens zur Bewusstwerdung bringt (siehe auch Abschnitt 6.9 und für den Zusammenhang dieser Einsicht mit der Universalienlehre den Anhang in Kapitel 15).

Das Ich ist eine konkrete Einheit von Gesetz und Kraft, ein gesetzmäßiger Quell von Kraft und Liebe, das sich vermittels des intuitiven reinen Denkens zum Dasein und zur Bewusstwerdung bringt; das Ich verbindet sich im reinen Denken reell mit der Welt der Gesetze in Ideenform.

Läge der Quell der Denktätigkeit und der liebenden Hingabe nicht im Ich, so müsste er erfahrbar und einsehbar «außerhalb» oder «oberhalb» desselben angesiedelt sein. Beides widerspricht der intuitiven Bewusstwerdung des Ich: Ich weiß unmittelbar, dass ich selbst der Hervorbringer und Anschauer meines Denkens bin, dass kein anderes Wesen mir meine reinen Ideen eingibt oder sie durch mich hindurch ohne meine Beteiligung anschaut.

Im Denken verwirklicht sich mein Ich, bringt sich zur Erscheinung und schafft sich dadurch zugleich die Möglichkeit, sich selbst anzuschauen und sich seiner selbst bewusst zu werden.

Im eigenen denktätigen Ich schaue und durchschaue ich ein

tätiges Wesen, eine schaffende Wesenheit, eine konkrete Einheit von Quelle, Dasein und Bewusstwerdung.

6.6 Denkgesetz und Ich-Gesetz

Denkgesetz und Ich-Gesetz haben ein besonderes Verhältnis, das nun näher betrachtet werden soll. Zunächst sind beide sowohl in Bezug auf einzelne Denkakte desselben Individuums als auch in Bezug auf Denkakte verschiedener Individuen universeller Natur: Das Gesetz des reinen Denkens liegt jedem reinen Denkakt zugrunde, ebenso das Ich-Gesetz jedem reinen Ich-Denk-Akt.

Selbstverständlich kann ich das nur an meinen eigenen Akten unmittelbar bestätigen. Es ist aber an der bisherigen Fassung sowohl des Denkgesetzes als auch des Ich-Gesetzes nichts erfahrbar und bestimmbar, was dieselben als einem individuellen Ich zugehörig auszeichnen würde. Für das Denkgesetz ist das sachgemäß und kein Anlass für weitere Untersuchungen. Mit dem Ich-Gesetz sieht es anders aus. Hier stellt sich die Frage: Gibt es für jeden individuellen Wesenskern eines Menschen ein eigenes Gesetz in der Gesetzeswelt, oder muss das Individuelle eines Menschen in einer anderen Sphäre gesucht werden? Die Frage muss an dieser Stelle offen gelassen werden und die weiteren Untersuchungen dazu auf das Kapitel 13 verschoben werden.

Auf dem Wege der *Bewusstwerdung* des denkenden Ich muss erst das Denken als Instrument dieser Bewusstwerdung in seinem Gesetz bewusst gemacht werden, bevor das für das Ich-Gesetz gelingen kann. Dem *Erscheinen* nach muss jedoch das kraftende Ich-Gesetz dem Denkgesetz systematisch (nicht notwendigerweise zeitlich) vorangehen. Mit anderen Worten:

Das Denkgesetz kann nicht erscheinen ohne Erscheinung des Ich-Gesetzes. Das Gesetz des Denkens hat sowohl im einen wie im anderen Fall eine rein dienende Funktion gegenüber dem Ich-Gesetz: Es dient dem Ins-Dasein-Treten des Ich-Gesetzes wie dessen Bewusstwerdung. Anders ausgedrückt: *Das Denken dient der reellen Verbindung des Ich-Gesetzes mit der Ideenwelt sowie der Ich-Bewusstwerdung.* Wenn überhaupt irgendein bewusster Weg zum individuellen Kern des Ich führt, dann nur über die Realisierung des Denkgesetzes, innerhalb dessen Erfahrungen gemacht und schließlich die Bestimmung des individuellen Ich stattfinden kann.

6.7 Unabhängigkeit der Intuition von der Organisation

Das spezifische Verhältnis der empirisch bestimmbaren leiblich-seelischen Organisation des Menschen zum reinen Denken und zur Ich-Erfahrung muss auf der Grundlage der Unabhängigkeit der Inhalte und der Tätigkeit der intuitiven Denk- und Ich-Erfahrung von dieser Organisation entwickelt werden (siehe dazu die Anmerkung in Kapitel 15). Diese Unabhängigkeit ist eine Folge der in sich ruhenden Bestimmtheit des reinen Denkens, insbesondere (1) der Qualität von Denkinhalten und (2) der Bestimmtheit der Quelle der Denktätigkeit im individuellen Ich.

Zu (1): Die Unabhängigkeit reiner Denkinhalte von der leiblich-seelischen Organisation ergibt sich zunächst indirekt aus der Tatsache, dass die unmittelbare Denkinhaltserfahrung keine außergedanklichen Elemente, zum Beispiel physiologische Erfahrungen und seelische Vorgänge wie Einfälle, Erinnerungen, Gefühle etc., enthält (Abschnitt 4.3). In direkter denkempirischer Weise ergibt sich die in sich ruhende und beständige Qualität von Denkinhalten aus der konkreten Untersuchung der Konstitution von Begriffen und Ideen (Gesetzen) im intuitiven Denken (Abschnitt 5.4): Die spezifischen Inhalte und Beziehungen von Begriffen und Ideen werden durch Denken nicht erzeugt, sondern angeschaut, sie sind in sich selbst bestimmt, bedürfen keiner Erklärung oder Begründung durch außerideelle Elemente.

Zu (2): Entsprechendes kann für intuitive Erfahrungen des Ich und die darauf beruhende intuitive Bewusstwerdung des Ich gezeigt werden (Abschnitt 6.5): In letzterem wird die Bestimmtheit der Denktätigkeit durch die Ich-Tätigkeit bewusst, das heißt die Tatsache, dass für das *Auftreten* des Denkens allein die eigene Ich-Tätigkeit verantwortlich ist, dass es außerhalb oder neben dem Ich keine weiteren Faktoren gibt, welche das Auftreten des Denkens bewirken.

Im Hinblick auf die konkrete Untersuchung des Verhältnisses der leiblich-seelischen Organisation zur individuellen Denktätigkeit wird hier im Sinne einer Arbeitshypothese die leiblich-seelische Organisation *funktionell* aufgefasst, das heißt als ein nicht weiter bestimmtes Agens, das bestimmte Erfahrungsinhalte *vermittelt*. Insbesondere ist es eine kennzeichnende Funktion dieser Organisation, relativ zum reinen Denkakt (im Sinne einer Einheit von Denkinhalt und Denktätigkeit) gegebene Erfahrungen zu vermitteln, die sowohl Grundlagen für das Erkennen als auch Anregungen und Material für das Handeln zum Inhalt haben. Es soll damit weder impliziert werden, dass diese Inhalte bloße Produkte der leiblich-seelischen Organisation sind, noch nur Botschaften aus Welten jenseits dieser Organisation. Dass ersteres nicht der Fall ist, wird zumindest für den Bereich der Sinneswahrnehmungen in Abschnitt 10.9 gezeigt. Was also für das reine Denken als gegeben auftritt, wird durch die leiblich-seelische

Organisation *vermittelt*. Es kann an dieser Stelle nicht darauf eingegangen werden, wie diese Organisation das im Einzelnen tut, noch was die diese Funktion ausübenden Bestandteile derselben sind. Zur Erfassung der Hauptfunktionen und der weiter unten beschriebenen Unterfunktionen der leiblich-seelischen Organisation sind keine Spezialkenntnisse aus Psychologie, Anatomie oder Physiologie notwendig.

Die *leiblich-seelische Organisation* vermittelt also insbesondere alles dasjenige, was sowohl Primärerfahrungen der Sinne umfasst als auch solche Erfahrungen, die sich an aktuelle Erfahrungen der Sinne, des reinen Denkens und des Ich im reinen Denken anschließen, an deren Auftreten und Inhalt weder Sinneserfahrungen noch reine Denkerfahrungen unmittelbar beteiligt sind (siehe dazu Kapitel 10). Zu solchen Erfahrungen gehören alle Erinnerungen, alle an Sinneswahrnehmungen oder an solche Denkerfahrungen sich anschließenden Gefühle und Wünsche, Einfälle etc., insbesondere alle Denk- und Ich-Erfahrungen in Beobachtungsform. Damit sind naturgemäß die Ausdrucksformen der leiblich-seelischen Organisation weder vollständig erfasst noch präzis bestimmt. So muss etwa an dieser Stelle offen gelassen werden, ob und wie diese Organisation allenfalls an der Konstitution dieser Inhalte selbst beteiligt ist oder ob sie nur für deren Form des Auftretens verantwortlich ist. Eine präzise Bestimmung der Funktionen der leiblich-seelischen Organisation, insbesondere auch die genaue Unterscheidung der leiblichen von den seelischen Bestandteilen, ist für die zu untersuchende Fragestellung jedoch nicht notwendig. Es genügt festzuhalten, dass sie sich in ihrer Funktion für die unmittelbare Erfahrung durch Beobachtungen manifestiert, die gegenüber der intuitiven Denkerfahrung bloß als Gegebenes erscheinen.

Die Untersuchung des konkreten Verhältnisses der Inhalte

6.7 Unabhängigkeit der Intuition von der Organisation

von intuitiven Denk- und Ich-Erfahrungen zu den Funktionen der leiblich-seelischen Organisation muss nun auf einer aktuellen Präsenz beider Bestandteile beruhen. Dies ist der Fall bei der Untersuchung des *Auftretens* eines aktuellen Denkakts. Mit der Realisierung des Entschlusses zum Denken tritt Schritt für Schritt der intendierte Denkinhalt zutage, und zugleich verschwinden partiell bereits vorhandene Beobachtungsinhalte als Manifestationen der leiblich-seelischen Organisation. Dieses Verschwinden ist Folge der Verschiebung der Aufmerksamkeit von der denkenden Bearbeitung von Beobachtungen auf das aktuelle Denken selbst. In der Folge werden die gegebenen Beobachtungen «ignoriert», «ausgeblendet», «als unwichtig eingestuft», es wird wie durch sie hindurchgeschaut auf das aktuell Anwesende, die Denkinhalte (Gesetze). Durch die Ich-getragene Tätigkeit des reinen Denkens wird also zugleich (im Sinne von zwei Aspekten ein und derselben Sache) der Erscheinungsbereich für das Auftreten des reinen Denkens vorbereitet, wobei die bereits vorhandenen Beobachtungen lokal zurückgedrängt oder ausgeblendet werden, und ein in sich bestimmter Erfahrungsinhalt hervorgebracht, vermöge der tätigen Liebe angeschaut und mit Hilfe der Leuchtkraft des Denkens durchschaut. Man beachte, dass diese Zurückdrängung oder Ausblendung in der Regel bezüglich des gesamten Erfahrungshorizontes keine totale, sondern nur eine partielle oder lokale ist, das heißt, dass im Hinter- und Nebengrund der manifesten Denkinhalte auch noch andere Erfahrungen präsent bleiben können.

Damit ist klar: Die leiblich-seelische Organisation hat keinen Einfluss auf das Auftreten des reinen Denkens durch die Ich-Tätigkeit. Im Gegenteil: Sie wird (lokal) zurückgedrängt, sie muss dem Auftreten des Denkens Platz machen, einen Raum freigeben.

6.8 Funktionen der Organisation

Der Nachweis der Unabhängigkeit der Inhalte des intuitiven Erlebens und der intuitiven Bewusstwerdung des Denkens und des Ich von den Funktionen der leiblich-seelischen Organisation könnte den Eindruck erwecken, wie wenn diese Organisation überflüssig wäre. Das Gegenteil ist der Fall: Sie ist für die Veranlassung, die fortgesetzte wiederholte Herstellung und die Weiterentwicklung dieses Zustandes unabdingbar. In diesem Zusammenhang kommen zwei Hauptfunktionen der leiblich-seelischen Organisation in Betracht: Sie ist erstens eine notwendige (aber nicht hinreichende) Vorbedingung für die Ausbildung des Beobachtungsbewusstwerdung, und zweitens eine Quelle von Erlebnissen, welche die Notwendigkeit eines Eingreifens der ordnenden Kraft des intuitiven Denkens fortwährend vor das innere Auge führen.

Die *erste Hauptfunktion der leiblich-seelischen Organisation*, die Ermöglichung der Beobachtungsbewusstwerdung des reinen Denkens und damit des Ich, ergibt sich indirekt aus der Gegenüberstellung des aktuellen intuitiven Denk- und Ich-Erlebens auf der einen Seite und der Beobachtungen des Denkens und des Ich auf der anderen Seite. Über die spezifischen Abläufe, die zur Konstitution und zum Auftreten solcher Beobachtungen notwendig sind, weiß man weder in Beobachtungsform noch in der intuitiven Denkbewusstwerdung etwas Genaues. Hingegen ist klar, dass sie nicht ein Produkt der individuell bewussten Denktätigkeit sind. Folglich kann man darauf schließen, dass die Tatsache und die Art und Weise ihres Auftretens – nicht ihr Inhalt – zumindest durch die leiblich-seelische Organisation mitbedingt sind: Die leiblich-seelische Organisation ist der eigentliche Untergrund, worin die aktuelle Denktätigkeit ihre Spuren hinterlässt.

6.8 Funktionen der Organisation

Wie in Kapitel 4 und in den ersten Abschnitten von Kapitel 6 ausgeführt wurde, ist das Vorhandensein von Beobachtungen des Denkens und des Ich für deren Beobachtungsbewusstwerdung unabdingbar. Wenn solche Beobachtungen nicht von selbst aufträten, so wüsste man nicht, was man oder wie man sie hervorbringen sollte und es müsste beim naiven reinen Denken bleiben. Ein Fortschritt vom naiven zum kritischen (bewussten) Denken und Ich wäre nicht möglich.

Die Notwendigkeit des Auftretens von Beobachtungen des Denkens und des Ich für deren Bobachtungsbewusstwerdung äußert sich noch in einer anderen Tatsache: dem Auftreten des aktuellen Denkens in Intervallen, unterbrochen von Perioden des Nichtdenkens. Dieser immer wieder durch das Hereinbrechen unwillkürlicher Vorstellungen, Erinnerungen etc. und damit der durch die Funktionen der leiblich-seelischen Organisation «erzwungene» Ausstieg aus dem reinen Denken ermöglicht erst die Gewahrwerdung von Beobachtungen des Denkens und des Ich. Mein Denken und damit mein Ich müssen immer wieder durch eine Art Erstarrung, einen kleinen Tod hindurchgehen, damit sie beobachtungsbewusst werden können. Indem ich immer wieder (unfreiwillig) in meinen gewöhnlichen Erfahrungszustand, in welchem mir meine Erlebnisse einfach nur gegenüberstehen, gebracht werde, kann ich auch mein Denken und mein Ich in dieser Form erfahren und im üblichen Sinne erkennend aufgreifen (Abschnitte 4.4 und 6.4).

Die Auseinandersetzung des denkenden Ich mit den Manifestationen der leiblich-seelischen Organisation hat also Folgen: es treten Beobachtungen des Denkens und Beobachtungen des Ich auf. Sie bilden die Grundlage der Beobachtungsbewusstwerdung des Denkens (Abschnitt 4.3) und der Beobachtungsbewusstwerdung des Ich (Abschnitt 6.3) und sind damit die Vorbedingung einer intuitiven Bewusstwerdung sowohl des Denkens (Abschnitt 4.5, Kapitel 5) als auch des Ich (Abschnitt 6.5).

Das Ende eines individuellen Denkaktes ist tatsächlich durch die Funktionen der jeweiligen Organisation bedingt. Die Denkerfahrung zeigt, dass man nicht durch einen bewussten Entschluss sein aktuelles Denken zu Ende bringt, sondern aus ihm herausfällt, aus ihm herausgedrängt wird – eben durch die Manifestationen der leiblich-seelischen Organisation: Die Eigenregsamkeit dieser Organisation wird übermächtig (zum Beispiel durch das Auftreten von Einfällen, Erinnerungen, Vorstellungen, Sinneserlebnissen, Gefühlen etc. oder dem Überhandnehmen der Müdigkeit bis hin zum Einschlafen). Eine *bewusste* Beendigung eines gegenwärtigen Denkaktes müsste zugleich dessen Fortsetzung sein: Die bewusste Realisierung des Denkentschlusses bedingt zumindest, dass ich weiß, was ich tue und tun will, und dies ist ohne Fortsetzung des Denkens nicht möglich. Falls man von dem Abschluss eines Denkaktes sprechen wollte, so könnte man dies nur bei der Beendigung einer Untersuchung *bestimmter* Begriffsinhalte und -zusammenhänge tun, der sich dann eine Untersuchung anderer Begriffsinhalte und -zusammenhänge anschließt, ohne Unterbrechung der intuitiven Denktätigkeit.

Die erste Hauptfunktion der seelisch-leiblichen Organisation ist die Ermöglichung der Beobachtungsbewusstwerdung des Denkens und des Ich und damit die Vorbedingung der intuitiven Bewusstwerdung des Denkens und des Ich

Es gibt zwei Nebenwirkungen der ersten Hauptfunktion der seelisch-leiblichen Organisation. Zum einen ermöglichen Beobachtungen des Denkens und Erkennens eine Anknüpfung an frühere Gedanken, ein Wiederaufgreifen und eine Fortsetzung früherer Denkanstrengungen, sodass mit dem Denken zumindest dem Inhalt nach nicht immer wieder ganz von vorne angefangen werden muss. Zum andern sind dieselben Beobachtungen jedoch auch zu Vorurteilen erstarrte Produkte einmal aktuell gewesener Einsichten, die den weiteren Fortschritt hemmen und neuen Erkenntnissen im Wege stehen können, wenn sie nicht aktualisiert und auf ihre gegenwärtige Einsehbarkeit überprüft werden.

Die erste Hauptfunktion der leiblich-seelischen Organisation dient der Ablähmung der Aktualität des geistigen Erlebens und Tätigseins und hat dadurch einen bewahrenden, festhaltenden, an die Art der Sinnenserfahrung bindenden und vergangenheitsorientierten Charakter gegenüber den individuellen geistigen Tätigkeiten. Sie ermöglicht aber gerade dadurch die reflexive Bewusstwerdung der letzteren.

Es kommen durch die leiblich-seelische Organisation jedoch auch zur ersten Hauptfunktion entgegengesetzte Tendenzen zum Ausdruck. Negativ ausgedrückt erschweren sie die reflexive Bewusstwerdung und positiv ausgedrückt rufen sie indirekt auf zur Belebung eines die innere und die äussere Erfahrungswelt ordnenden Denkens. Die diesen Tendenzen zugrundeliegende (Über-) Fülle und Reichhaltigkeit eines eigenen, sich selbst genügenden Seelenlebens kann darüber hinaus zur Folge haben, dass sich der Mensch immer stärker von der Sinneswelt emanzipiert und sich als selbstständiges Wesen *empfindet* (im Gegensatz zu: sich selbst die innere Autonomie gestaltet).

Darin besteht die *zweite Hauptfunktion der leiblich-seelischen Organisation*: sie sorgt durch die Vermittlung einer weitläufigen Vielfalt von inneren und äusseren Erlebnissen für eine Anregung und Herausforderung der ordnenden Kraft des intuitiven Denkens. Insbesondere im Eigenleben der Seele, das heißt bei Gedanken, Gefühlen und Willensimpulsen ist man einem fortwährenden Kommen und Gehen, einem reichhaltigen und andauernden Treiben ausgesetzt, gegen das man sich nur dadurch immer wieder behaupten und durchsetzen kann, indem man es aufgreift und sich selbst aktiv denkend Platz, Eigengestaltung und Ordnung verschafft und damit auch den Bezug des seelischen Eigenlebens zur Weltwirklichkeit (wieder) herstellt.

Die zweite Hauptfunktion der leiblich-seelischen Organisation besteht in der fortwährenden Vermittlung selbstständigen Erlebens und damit in einer Anregung zur wiederholten Aktualisierung des intuitiven Denkens, zur Ausübung der ordnenden und zielgebenden Kraft des Denkens für selbstständiges Erkennen und Handeln.

Auch diese zweite Hauptfunktion der leiblich-seelischen Organisation hat zwei Nebenwirkungen. Zum einen vermittelt das eigene Seelenleben mannigfaltige fruchtbare Anregungen zur inhaltlich-erkennenden Orientierung in der Erfahrungswelt sowie zur phantasievoll-künstlerischen Umgestaltung derselben. Zum anderen kann die überbordende Vielfalt seelischer Erlebnisse dazu führen, den Zusammenhang mit der sinnlich und geistig bedingten Weltordnung zu verlieren, sich als befreit von allen Zwängen zu erleben und dadurch der Beliebigkeit im Erkennen und der Willkür im Handeln Tür und Tor zu öffnen.*

6.9 Dreieinigkeit der intuitiven Ich-Erfahrung

Zwei Gesetzmäßigkeiten können zugleich in verschiedenen Daseinsformen im intuitiven Denken anwesend sein: das Gesetz des intuitiven reinen Denkens und das Gesetz des (universellen) Ich (siehe Abschnitt 6.6). Wird das Gesetz des intuitiven reinen Denkens (Dreieinigkeit von zielgerichtetem Hervorbringen, Hinwendung und anschauendes Durchschauen von Ideen) aktuell gedacht, so hat dieser Akt zwei Aspekte: seinen Inhalt als Idee und seine Form als Denktätigkeit, die im vorliegenden Fall zwei Seiten ein und derselben Sache sind. Die aktuelle Denktätigkeit ist genau so geordnet, wie der Denkinhalt besagt: Es handelt sich um die bewusste Verwirklichung eines Denkaktes. Zu dieser Bewusstwerdung der Denktätigkeit kann noch die intuitive Bewusstwerdung des Ich hinzutreten. Dadurch kommt es zu einer Bewusstwerdung, der eine weitere Gesetzmäßigkeit bewusst wird, nämlich die des Ich.

Wird die Gesetzmäßigkeit des Ich von vornherein dem Denkakt zugrunde gelegt, so zeigt sich eine dreifache Erscheinung des einheitlichen Ich, das in allen Bestandteilen zugleich präsent ist und dessen Teile in konkreter Einheit miteinander sind (siehe dazu die Anmerkungen und die Ergänzungen über «Wesenslehre und Universalienlehre» in Kapitel 15).

(1) Zunächst hat man es mit der Gesetzmäßigkeit des Ich in Begriffsform zu tun, eine individuelle gedankeninhaltliche Erfahrung der universellen Konstitution des Ich: das Ich ist ein in sich selbst Wirkliches, welches das reine Denken gemäß der Denkgesetzmäßigkeit zur Erscheinung bringt. Dieses individuell erlebte, ideell-ewige Ich-Gesetz stellt die ideelle Verbindung zwischen meinen verschiedenen Ich-Akten dar. Diese können dadurch (in Beobachtungsform) als Ich-Akte erkannt und somit als Erscheinungen ein und desselben Prinzips durchschaut werden. Allerdings umfasst dieses Ich-Gesetz den individuellen Charakter meines Icherlebnisses nicht: es könnte sich gerade so gut auf die Ich-Akte anderer Individuen beziehen – nur liegen mir in der Erfahrung keine solchen vor.

(2) Ferner wird das im Zur-Erscheinung-Bringen des Denkens aktuelle Ich erlebt: Es ist ein tätig-hingebungsvolles Geschehen, dem die universelle Konstitution des Ich sowie des Denkens zugrunde liegt. Es ist ein unmittelbar Wirkendes in Einheit mit dem Bewirkten. Für diese Erlebnisstufe ist die untrennbare Einheit von Denk- und Ich-Erfahrung charakteristisch: Das Ich erlebt sich im intuitiven Denken und bringt dieses zugleich bewusst hervor, es ist sich seiner Eigengesetzmäßigkeit wie derjenigen des Denkens im Sinne eines bewussten Vollzugs eines vom Ich initiierten Denkakts bewusst. In diesem Akt steht das Ich drinnen und es gibt keinen Anlass innerhalb seiner selbst, dem Akt ein Ende zu bereiten. –

Selbstverständlich kann es nicht darum gehen, ausschließlich im intuitiven Denken im engeren Sinne zu verbleiben, das heißt sich nur anschauend-tätig in der Ideenwelt zu bewegen. Vielmehr besteht das Ziel darin, sich dieser Ich-durchdrungenen Form des Denkens bewusst zu werden um damit eine solide und lebendige Grundlage für die Ausweitung der denkenden Aufmerksamkeit auf die übrige Erfahrungswelt zu schaffen. Im *intuitiven Erkennen* richtet sich das intuitive Denken auf alle Arten außerideeller Erfahrungen, insbesondere auch auf sinnliche und seelische Erfahrungsinhalte, die nicht mehr nur innerhalb des denktätigen Ich gefunden werden können (siehe Kapitel 8 und 9). Ebenso muss sich das *zielorientierte freie Handeln* mit der gegebenen Welt auseinandersetzen, um sein Impulse in sachgemäßer Weise zu verwirklichen (siehe Kapitel 8 und 11).

(3) Schließlich kann im aktuellen Prozess des Ich-Denk-Aktes die individuell-reelle Quelle der Tätigkeit und der Hingabe gefunden werden. Sie ist die reelle Verbindung einzelner Ich-Akte: Sie ist das die verschiedenen Akte reell überdauernde Agens, das zugleich für die Realisierung der einzelnen Akte

verantwortlich ist. An dieser Stelle wird wieder deutlich, dass die so erlebte reelle und individuelle Ich-Tätigkeit nicht allein Ausdruck des genannten universellen Ich-Gesetzes sein kann, da sonst jede Denktätigkeit eines anderen konkreten Ich aus derselben Quelle entspringen müsste – und damit wäre ein individuelles Ich nicht möglich. Die spezifische Differenz meines Ich im Verhältnis zu einem anderen Ich ergibt sich auf diese Weise nicht. Sicher ist nur, dass ich mein Ich erleben kann, und dass hinter diesem kein anderes wirksames und mich bewirkendes Wesen steht.

Dieses reell-ewige Ich wird hier in unmittelbarem Zusammenhang, in unmittelbarer Einheit mit dem Ich-Denk-Akt erlebt. Es muss als Komponente innerhalb des Gesamtgeschehens aufgesucht und davon unterschieden werden. Es tritt nicht als ein für sich bestehendes Erlebnis auf. Und doch offenbart es unausweichlich seinen individuellen Ewigkeitscharakter, sobald es sich seiner den Denkakt initiierenden Qualität bewusst wird und die jenseits von Entstehen und Vergehen, von Werden und Entwicklung existierende individuell-reelle Konstitution seiner selbst erfasst. Eine Ausdehnung dieses Erlebnisses bis hin zu einem Dauerakt bringt zu *dieser* Erfahrung nichts Wesentliches hinzu: Entweder sie ist schon innerhalb eines einzelnen Aktes gewiss oder gar nicht. Allerdings hat die graduelle Ausdehnung dieser Erfahrung im Sinne einer Steigerung der Fähigkeit der Präsenz des intuitiven Ich-bewussten Denkens ganz entscheidende Konsequenzen für die Entwicklung der individuellen Bewusstwerdung dieses Ich und damit für die konkrete Bestimmung des individuellen Charakters eines Ich (siehe dazu Kapitel 13).

Die erlebende Einsicht in die Existenz des reell-ewigen Ich ermöglicht die Aussicht auf eine ununterbrochene Tätigkeit des erscheinenden Ich im Sinne einer kontinuierlichen Auseinandersetzung mit der Welt (kontinuierliche Bewusstwerdung).

Die Dreieinigkeit der intuitiv durchdrungenen Gesamterfahrung des denkenden Ich offenbart drei Komponenten: die reine Gesetzmäßigkeit des Ich, die Ich-Tätigkeit in Einheit mit dem intuitiven Denken und die autonome Quelle, die reell-individuelle Verbindung aller Ich-Denk-Akte.

7. Stufen der Bewusstwerdung

Vorblick und Zusammenfassung: Die Weiterentwicklung der Denk- und Ich-Erfahrung beginnt mit einer Aufmerksamkeit auf Denkinhalte, dehnt sich aus auf Beobachtungen des Denkens und kommt zu einer Einsicht in die Gesetzmäßigkeit des Denkens. Damit ist der Ausgangspunkt für die Schritte in ein intuitives Erleben und schließlich in die intuitive Bewusstwerdung des Denkens gegeben. – Vom Gesichtspunkt des intuitiven Denkens aus können der sogenannte Abstraktionsprozess sowie die mit dem reinen Denken verbundene Entwicklung der Bewusstwerdung in einem anderen Licht gesehen werden. Das gewöhnliche Gedanken-Haben erweist sich als eine Abstrahierung aus dem aktuellen Denken und der Übergang zum intuitiven Denken als eine Konkretion, eine Entlähmung oder Auferstehung des seiner Aktualität beraubten Denkens. Die Ausbildung des intuitiven Denkens schafft eine solide und unabdingbare Grundlage für sachgemäßes Erkennen und selbstbestimmtes Handeln. Dieser Entwicklungsweg vollzieht sich jedoch nicht von selbst: Er muss gewollt werden, und der diesen Weg gehende Mensch muss bereit sein, mannigfache Hindernisse zu überwinden.

7.1 Entwicklung des Denkens und des Ich

In diesem Abschnitt werden die in den Kapiteln 3 bis 6 entwickelten Schritte kurz rekapituliert und weiter ausdifferenziert, und damit zugleich Tabelle 7.1 erläutert. Dort werden die in den vorangehenden Kapiteln erarbeiteten Arten der Erfahrung und der Bewusstwerdung des reinen Denkens und des Ich einander gegenüber gestellt. Von oben nach unten (in derselben Spalte) und von links nach rechts (in derselben Zeile) wird im Allgemeinen auf eine Erweiterung und Vertiefung der Denk- und Ich-Erfahrung aufmerksam gemacht. In den beiden mittleren horizontalen Blöcken geht der Weg von oben nach unten vom Erleben und Erfahren über die Begriffsbildung bis zur Erkenntnis bzw. zur intuitiven Bewusstwerdung.

Für das *naive reine Denken* ist charakteristisch, dass es aufgrund einer Eigentätigkeit hervorgebracht wird, die zunächst nicht in die Bewusstwerdung tritt, durch welche Begriffe hervorgebracht und angeschaut werden. In seinem Dasein liegt die Quelle von Erfahrungen des Denkens, die am Beginn der Denkentwicklung aufgegriffen und dann vertieft werden können.

In einem ersten Schritt kann es zum Bemerken von *Beobachtungen* des reinen Denkens und den mit diesen verbundenen Beobachtungen des Ich kommen. Diese bilden das Material für eine denkende Auseinandersetzung, für eine denkende Betrachtung von in der Vergangenheit gemachten Erfahrungen des Denkens und des Ich (Ausnahmezustand). Dies führt zu Begriffsbildungen anhand von Beobachtungen der Denktätigkeit, anhand von Beobachtungen über das Dasein der Begriffe (Ideen, Gesetze) und anhand von Beobachtungen der Ich-Tätigkeit im reinen Denken. Daraus ergeben sich das Gesetz der Denktätigkeit, das Gesetz der Denkinhalte (Ideen, Gesetze) beziehungsweise das Gesetz des Ich.

Die damit eröffnete tätige *Beobachtungsbewusstwerdung* des Denkens und des Ich lebt von der Begegnung des begriffsbildenden reinen Denkens mit Beobachtungen des Denkens und des Ich anhand der urteilenden Funktion des Denkens. Eine Beobachtungsbewusstwerdung kommt also nicht durch das bloße Gewahrwerden von Beobachtungen zustande, sondern erst durch deren aktive denkende Verarbeitung. In der *Erkenntnis* des beobachteten Denkens und des beobachteten Ich wird dieser Prozess in der Form eines die beiden genannten Komponenten konkret verknüpfenden Urteils abgeschlossen.

Frei nach Johann Gottlieb Fichte* können die bis hierher verwirklichten Schritte der Bewusstwerdung folgendermaßen zusammengefasst werden: (1) intuiere das Kreisgesetz, (2) denke das Denken, welches das Kreisgesetz gedacht hat, (3) denke das Ich, welches das Kreisgesetz denkend hervorgebracht hat.

Diese Stufen betreffen zunächst nur die Beobachtungsbewusstwerdung hinsichtlich der verschiedenen Komponenten eines Denkaktes, und noch nicht die intuitive Bewusstwerdung über die während des Tuns verwirklichte Konstitution des Denkaktes. Zur Bewusstwerdung und Bestimmung intuitiver Denk- und Ich-Erfahrungen bedarf es weiterer Schritte, die durch den Weg über die Beobachtungsbewusstwerdung des Denkens und des Ich erst vorbereitet werden.

Für den nächsten Schritt wird das Gesetz der Denktätigkeit und/oder das Gesetz der Denkinhalte sowie das Ich-Gesetz in reiner Form gedacht und die Aufmerksamkeit auf gegenwärtig vorliegende *intuitive Erfahrungen* innerhalb des aktuellen Denkens gelenkt. Das kann bis zur Erfahrung der Ich-Tätigkeit im gegenwärtigen Denken gehen. Mit anderen Worten: (1) intuiere das Denkgesetz, (2) intuiere das gegenwärtige Denken, welches das Denkgesetz intuiert, (3) intuiere die gegenwärtige Ich-Tätigkeit, welche in der Denktätigkeit des Denkens des Denkgesetzes mit enthalten ist.

Im Erleben reiner Denkinhalte (Begriffe, Ideen, Gesetze) in der Begriffsintuition tritt zwar die intuitive Form der Denkerfahrung von allem Anfang an innerhalb des Gesamterlebens

7. Stufen der Bewusstwerdung

	REINES DENKEN	ICH
Naives Erleben	Naives reines Denken	Naive Ich-Tätigkeit
Begriffsintuition, ideelle Intuition	Erlebnis von Denkinhalten	–
Erleben	In das Gesamtleben eingebettete, davon und in sich nicht weiter differenzierbare Denkerfahrung	In das Gesamtleben eingebettete, davon und in sich nicht weiter differenzierbare Ich-Erfahrung
Beobachtungen	Beobachtungen vergangener reiner Denkakte: Beobachtungen der Denktätigkeit und Beobachtungen des Daseins der Denkinhalte (Gesetze)	Beobachtungen des Ich innerhalb von Beobachtungen vergangener reiner Denkakte
Denkendes Betrachten von Beobachtungen	*Ausnahmezustand:* Denkende Betrachtung von Beobachtungen des reinen Denkens	*Ausnahmezustand:* Denkende Betrachtung von Beobachtungen des Ich im reinen Denken
Begriffsbildung	Denkgesetz und Gesetz des Gesetzes: Gesetz der Denktätigkeit und Gesetz der Denkinhalte	Ich-Gesetz
Beobachtungsbewusstwerdung	*Beobachtungsbewusstwerdung* der Tätigkeit des reinen Denkens und des Daseins reiner Begriffe (Gesetze)	*Beobachtungsbewusstwerdung* der Ich-Tätigkeit im reinen Denken
Erkenntnis	Erkenntnis der beobachteten reinen Denktätigkeit und des Daseins der Begriffe (Gesetze)	Erkenntnis der beobachteten Ich-Tätigkeit im reinen Denken
Ideelle Intuition, Begriffsintuition	Intuition des Gesetzes der Denktätigkeit und des Gesetzes der Denkinhalte (Gesetze)	Intuition des Ich-Gesetzes als Denkinhalt

7.1 Entwicklung des Denkens und des Ich

	REINES DENKEN	ICH
Erweiterung der intuitiven Aufmerksamkeit	Erweiterung des aktuellen intuitiven Blicks vom reinen Denkinhalt zur Denktätigkeit und zum Dasein der Denkinhalte (Gesetze)	Erweiterung des aktuellen intuitiven Blicks von der reinen Denktätigkeit auf den Quell dieser Tätigkeit
Intuitives Erleben	Erfahrung der gegenwärtigen Denktätigkeit	Erfahrung der gegenwärtigen Ich-Tätigkeit im reinen Denken
Intuitive Bewusstwerdung	*Intuitive Bewusstwerdung des Denkens:* (1) *Intuitive Bewusstwerdung der Denktätigkeit:* Ideelle Durchleuchtung von Erfahrungen der Denktätigkeit mit dem Denkgesetz (Dreieinigkeit: tätige Anschauung, aktive Zuwendung, gewollte Begegnung) (2) *Intuitive Bewusstwerdung der Denkinhalte:* Erfahrungen von Gesetzen in Einheit mit dem Gesetz der Gesetze (Notwendigkeit, Invarianz, Ewigkeit)	*Intuitive Bewusstwerdung des Ich (allgemeine Intuition):* Ideelle Durchleuchtung von Erfahrungen der Ich-Tätigkeit mit dem Ich-Gesetz (Dreieinigkeit: ideell-ewiges universelles Ich-Gesetz, aktuelle Hervorbringung des Denkens durch das Ich, reell-ewiges Ich)
Erweiterte intuitive Bewusstwerdung	*Erweiterte intuitive Bewusstwerdung des Denkens:* Intuitive Bewusstwerdung des Denkens als Grundlage der Begriffsintuition (denkbewusste freie Willensbildung im reinen Denken)	*Erweiterte intuitive Bewusstwerdung des Ich:* Intuitive Bewusstwerdung des Ich im reinen Denken als Grundlage der Begriffsintuition (ichbewusste freie Willensbildung im reinen Denken)

Tabelle 7.1:
Stufen der Bewusstwerdung von Denk- und Ich-Erfahrungen

des reinen Denkens auf. Vom *intuitiven Erleben* ist jedoch die *intuitive Bewusstwerdung* deutlich zu unterscheiden.

Werden die intuitiven Erlebnisse mit den entsprechenden Gesetzen zusammengeschaut, also die konkrete Einheit von Erfahrung und Gesetz hergestellt, so wird diese erweiterte Aktivität *intuitive Bewusstwerdung des Denkens* genannt. Hier stehen besondere Denkinhalte und deren Erfahrungsgrundlage im Vordergrund: einerseits in der *intuitiven Bewusstwerdung der Denktätigkeit* das dem bewussten Vollzug des Denkakts zugrunde liegende Gesetz der Denktätigkeit (Gesetz der Intuition: tätige Anschauung, aktive Zuwendung, gewollte Begegnung) und andererseits in der *intuitiven Bewusstwerdung der Denkinhalte* das der Konstitution der Denkinhalte zugrunde liegende Gesetz der Denkinhalte, Ideen oder Gesetze (Gesetz der Gesetze: Notwendigkeit, Invarianz, Ewigkeit).

Die intuitive Bewusstwerdung des Ich beruht auf einem ähnlichen Vorgang: Hier wird zunächst ausgehend von der denkenden Durchdringung des Ich-Gesetzes die Aufmerksamkeit auf gegenwärtige intuitive Ich-Erfahrungen innerhalb der Denkaktivität gelenkt. Dies kann so zusammengefasst werden: (1) intuiere das Ich-Gesetz, (2) intuiere die gegenwärtige Ich-Tätigkeit, welche das Ich-Gesetz denkt, (3) intuiere das Ich, welches den einzelnen Denkakt des Denkens des Ich-Gesetzes überdauert.

Erst die zur Einheit verbundenen intuitiven Erfahrungen des Ich mit dem Gesetz des Ich führt zur *intuitiven Bewusstwerdung des Ich*.

Die *erweiterte* oder *allgemeine intuitive Bewusstwerdung des Denkens* ist eine Fortsetzung der intuitiven Bewusstwerdung des Denkens: Unter Aufrechterhaltung der intuitiven Bewusstwerdung bezüglich des Charakters der Denktätigkeit und des Charakters der Denkinhalte werden andere reine

Begriffe (neben dem Denk- und Ich-Gesetz) gedacht, oder eben intuiert. Damit handelt es sich um eine Begriffsintuition im Sinne eines in intuitiver Form Ich-bewussten freien Denkakts.

Die *erweiterte* oder *allgemeine intuitive Bewusstwerdung des Ich* ist einerseits eine Fortsetzung der intuitiven Bewusstwerdung des Ich während der Intuition anderer Gesetzmäßigkeiten als derjenigen des Ich und andererseits eine Fortsetzung der erweiterten intuitiven Bewusstwerdung des Denkens auf die intuitiv bewusste Ich-Grundlage dieses Denkens.

7.2 *Abstraktion und Konkretion: Lähmung und Auferstehung*

Die traditionelle Abstraktionslehre ordnet reinen Begriffen und Ideen das Prädikat «abstrakt» zu, da sie glaubt, dass dieselben aus «konkreten» Erfahrungen und Vorstellungen abgeleitet, eben abgezogen worden seien. Diese irrtümliche Auffassung ist leicht zu widerlegen. Denn, was im Prozess der Abstraktion gewonnnen werden soll, indem bei konkret vorliegenden unterschiedenen Gegenständen oder Vorstellungen von «unwesentlichen» Eigenschaften abgesehen und nur «wesentliche» Eigenschaften behalten werden sollen, setzt im Sinne von rein ideellen Unterscheidungskriterien genau das voraus, was auf diese Weise erst abgeleitet werden soll: reine Begriffe und Ideen (Gesetze). Was in Gegenständen (Erfahrungen) und Vorstellungen gesetzmäßiger Natur ist, kann nicht aus solchen Erfahrungen allein herausgezogen, von ihnen abstrahiert werden, da es dort in reiner Form gar nicht zu finden ist. Zur Erfassung von reinen Begriffen und Ideen bedarf es einer von Gegenstandserfahrungen und Vorstellungen unabhängigen Anschauung, der Begriffsintuition. (Ähnliche Überlegungen können angestellt werden, um Behauptungen zu widerlegen, welche reine Begriffe und Ideen auf Konventionen, Sprachgewohnheiten, Sozialisierungsprozesse etc. zurückführen wollen; siehe dazu in Kapitel 15 die 2. Ergänzung zu Kapitel 10: «Vorstellungslehre und Abstraktionslehre» und die Anmerkungen zu Abschnitt 4.3.)

Es zeigt sich vielmehr, dass das Folgende richtig ist: Die eigenen *Vorstellungen* sind von reinen Begriffsinhalten, das heißt von durch die Begriffsintuition erfassten Gesetzen abgezogene, auf deren Grundlage konkretisierte Inhalte (siehe dazu Kapitel 10). Das im gewöhnlichen Sinne Konkrete ist damit das eigentlich Abstrakte, Abgezogene.

An dieser Stelle soll insbesondere darauf aufmerksam gemacht werden, dass auf einer höheren Stufe ebenfalls ein Abstraktionsprozess stattfindet, der nicht, wie in der Vorstellungsbildung, den Inhalt der Gesetze betrifft, sondern deren Form, deren Daseinsweise. Indem vom intuitiv bewussten Erleben der aktuellen Gesetzmäßigkeiten des Denkens oder des Ich (zurück) zur reinen Begriffsintuition des *Inhalts* des Gesetzes des Denkens oder des Ich übergegangen wird, findet eine Art Ablähmungs- oder Abstraktionsprozess der Form statt. Das vormals als lebendig-tätig erlebte Gesetz erscheint nun als ein innerhalb des tätig anschauenden Denkens passiv gegebener Begriffsinhalt. Es kann dabei zunächst nichts unmittelbar beobachtet oder erlebt werden, was diesen *Abstraktionsprozess*, diese *Ablähmung*, diese *Erstarrung* oder *Erfrierung*, diesen *Todesprozess* des lebendigen Zustandes konkret bewirkt.

Es gibt jedoch keinen erfahrbaren oder logischen Grund, den Wirksamkeitsverlust durch diesen Abstraktionsprozess dem im Denken erlebten tätigen Ich-Wesen selbst zuzuschreiben, folglich muss der Verlust in der Natur des menschlichen Erfahrungsprozesses begründet liegen.

Die Umkehrung des Weges in die Abstraktion der Form, die Wiederbelebung der Begriffe und Ideen, die ein zentrales Motiv der vorangehenden und der folgenden Darstellungen der individuellen Entwicklung der Bewusstwerdung des Denkens und des Ich ist, kann als ein Weg der *Konkretion*, der *Entlähmung*, der *Verlebendigung* oder des *Auftauens*, der *Auferstehung* bestimmt werden (siehe dazu die Anmerkungen in Kapitel 15).

7.3 Stufen des Erlebens und Stufen der Bewusstwerdung

In diesem Abschnitt sollen die in Abschnitt 7.1 und in Tabelle 7.1 zusammenfassend geschilderten Erlebnisweisen des Denkens und des Ich noch einmal vom Gesichtspunkt der hauptsächlichen Erlebnis- und Bewusstwerdungsstufen aufgegriffen werden.*

Für das Alltagserleben und für das gewöhnliche Denken, das auf die Auseinandersetzung mit gegebenen, bloß auftretenden Erfahrungen, mit anderen Worten: mit Gegenständen, zentriert ist, hebt sich das naive reine Denken als eine zunächst nicht bewusste Tätigkeit heraus, die ein nicht bloß Gegebenes, Begriffe und Ideen (Gesetze), hervorbringt und anschaut. Diese Form der Bewusstwerdung kann *naive Denkbewusstwerdung* oder *Gegenstandsbewusstwerdung* genannt werden: Die sich ihrer ideellen *Inhalte* (aber weder der Qualität noch der Eigenaktivität von Ideen) bewusste denkende Betrachtung widmet sich den für diese Betrachtung bloß gegebenen Erfahrungsinhalten, das heißt den Gegenständen. Die traditionelle Abstraktionslehre (Abschnitt 7.2) ist ein charakteristisches Produkt dieser naiven Bewusstwerdung und kann in deren Rahmen allein auch nicht widerlegt oder überwunden werden.

Die beginnende Beschäftigung mit dem reinen Denken führt in eine neue Welt. Auf der einen Seite wird das Erleben von Begriffen und Ideen (Gesetze) durch Übung intensiviert und dadurch das intuitive, aber noch nicht intuitionsbewusste Erleben eines bloß Gegebenen (Begriffe, Ideen, Gesetze) innerhalb des nicht bloß Gegebenen (Denktätigkeit) in seiner Eigenqualität manifest. Damit einhergehend findet in der *Beobachtungsbewusstwerdung* des Denkens und des Ich eine konkrete denkende Auseinandersetzung (Ausnahmezustand) mit etwas statt, das bisher nicht die Aufmerksamkeit zu erregen vermochte: Beobachtungen des Denkens und des Ich. An ihnen kann die Gesetzmäßigkeit des Denkens und des Ich entwickelt und anhand der Erfahrung bestätigt werden.

Man lernt auf dieser ersten Stufe sein Denken und sein Ich in zwei Arten von Bildern kennen, die noch nicht deren Wesen selbst offenbaren, sondern erst Vorboten, Ausdruck davon sind: Auf der einen Seite hat man es mit den im Rahmen der leiblich-seelischen Organisation auftretenden Beobachtungen des Denkens und des Ich zu tun, und auf der anderen Seite mit Begriffen und Ideen (Gesetze) derselben, die zwar ihren Inhalt, noch nicht aber ihre Herkunft und Konstitution in voller Klarheit verraten.

Um hier zu einer nächsten Stufe zu kommen, müssen auf der einen Seite die erst sorgsam beachteten und bedachten Beobachtungen des Denkens wieder auf die Seite geschafft werden: Sie stehen einer gegenwärtigen Erfahrung des aktuellen Denkens im Wege. Ihre gedankliche Durchdringung hat zwar zum Gesetz des Denkens und des Ich geführt, aber nicht zu dessen Erfahrung als ordnende Kraft des gegenwärtigen

Denkgeschehens. Mit anderen Worten: Die Beobachtungsbewusstwerdung des Denkens muss, einmal errungen, wieder überwunden werden.

Auf der anderen Seite müssen auch die konkreten Denkinhalte als primärer Fokus der Aufmerksamkeit verlassen werden, da es im nächsten Schritt darauf ankommt, ihre über den Inhalt hinausgehenden Eigenschaften zu beachten und zu bestimmen. Gelingt die Konzentration auf das aktuelle Denkgeschehen, so kommt es zur *intuitiven Bewusstwerdung des Denkens* mit seinen beiden Aspekten der *intuitiven Bewusstwerdung der Denktätigkeit* und der *intuitiven Bewusstwerdung der Denkinhalte*.

Es zeigt sich, dass das Beiseiteschaffen oder Verlassen der vorherigen Erfahrungsform keine Aktivität sein muss, die der neu zu erringenden Bewusstwerdungsform vorangeht, sondern Folge der Fokussierung der Aufmerksamkeit auf die aktuelle Denkerfahrung ist. Wird auf dieser Stufe das Gesetz des Denkens selbst ins Auge gefasst, also das Gesetz des Denkens in der intuitiven Bewusstwerdung des Denkens erfasst, so erfährt man nicht mehr ein abstraktes, passives Gesetz, sondern ein in unmittelbarer Tätigkeit befindliches gesetzmäßig geordnetes Geschehen. Mit anderen Worten: Es wird zumindest in diesem Punkt die abstrakte Form des Denkens überwunden. Damit erweisen sich das innerhalb der nicht bloß gegebenen Denktätigkeit bloß gegebene Denkgesetz und diese Denktätigkeit selbst als zwei Seiten ein und derselben Sache, nämlich des aktuellen, intuitiv erfassten Denkens.

Die weitere Verfolgung des Denkens bis hin zur Ich-bewussten intuitiven Denkbewusstwerdung offenbart die eigentliche Quelle der Denktätigkeit im Ich und zugleich den die einzelnen Akte überdauernden Wesenskern desselben. In dieser zunächst höchsten Stufe zeigt sich ein aus sich selbst heraus tätiges Wesen, das sich selbst seine tätige Ordnung gibt. Im intuitiv bewussten denkenden Erfassen des Ich-Gesetzes realisiert sich das Prinzip der allgemeinen Intuition, wie es in Abschnitt 5.6 entwickelt wurde (siehe dazu auch Abschnitt 6.5).

7.4 Intuitives Denken, intuitives Erkennen und Freiheit

Ein *intuitiv bewusster reiner Denkakt* im Sinne der allgemeinen intuitiven Bewusstwerdung ist ein Prozess, in welchem sich das tätige Ich der Gesetzmäßigkeit seines Tuns bewusst ist. Es ist ein autonomes Geschehen, bei dem keine Abhängigkeit zu anderen Faktoren besteht, welche den Prozess beeinflussen können. In diesem Sinne handelt es sich um einen freien Akt, der sowohl vom Einfluss ihn bestimmender Außenfaktoren befreit als auch gemäß einem klaren Zielinhalt durchgeführt und gestaltet ist.

Vom intuitiven Denken kann das *intuitive Erkennen* unterschieden werden. Ersteres dient der Hervorbringung, Anschauung und Verbindung von Begriffen und Ideen, letzteres der Verknüpfung mit außerideellen Erfahrungen. Damit das Denken aus seiner alleinigen Hingabe an Ideen oder Gesetze heraustritt, bedarf es einer erweiterten Hingabe an die zu erkennende außerideelle Welt (siehe dazu Kapitel 9). Der primäre Fokus der Liebe ist nun nicht mehr die Welt der Gesetze allein, sondern die gewordene Welt in ihrer noch nicht mit Ideen durchleuchteten Form. (Dazu gehören insbesondere die Beobachtungen des Denkens und des Ich.) Die Hingabe an die Gesetzeswelt zur Hervorbringung von Erkenntnisideen ist somit nur ein Übergangszustand, ein dem Strom der Liebe zur Erkenntnis der gegebenen Welt dienender Teil eines Gesamtprozesses. Richtete sich die Liebe nicht auf die reale gewordene Welt, käme es nie zu einer Erkenntnis derselben; die Erkenntnistätigkeit bliebe im Anschauen von Ideen verhaftet. Mit Liebe ist hier ein vom denkenden Ich ausgehender Kraftstrom gemeint, eine zur vorbehaltlosen Vereinigung mit der Erfahrungswelt strebenden Tätigkeit, sie ist zu unterscheiden von einem sich an Gegenständen der Welt entzündenden Gefühle, das ohne unmittelbare Eigentätigkeit des Ich für dieses bloß auftritt (Abschnitt 5.5).

Damit erweist sich das im Sinne der allgemeinen intuitiven Bewusstwerdung vollzogene Erkennen, die denkende Auseinandersetzung mit der Erfahrungswelt, als ein ideengeleiteter Handlungsprozess. Vermöge der Qualität des intuitiven Denkens ist Erkennen autonom und unabhängig von der leiblich-seelischen Organisation, mit anderen Worten, es ist eine *freie* Handlung.

Intuitive Erkenntnis ist *eine* Form der aktiv-liebenden Zuwendung an die Daseinswelt; sie ist das Vorbild eines freien Handlungsprozesses. Durch ihren Vollzug wird Freiheit tatsächlich, und es eröffnet sich die Möglichkeit weiterer freier Handlungen (siehe dazu Kapitel 11).

7.5 Drama der Bewusstwerdung

Der in den vorangehenden Kapiteln und Abschnitten entwickelte Weg kann von jedem Menschen gegangen werden. Dazu müssen jedoch zwei Bedingungen erfüllt sein. Die eine hängt in erster Linie vom jeweiligen Individuum ab: Man muss diesen Weg der Bewusstwerdung des Denkens und des Ich wollen und aktiv realisieren. Die zweite umfasst die Vorbedingungen der Bewusstwerdung des Denkens und des Ich, die nicht unmittelbar durch das Individuum geregelt oder beeinflusst werden können, denen das Individuum ausgesetzt und von denen es in seiner Entwicklung abhängig ist. Dazu gehört sowohl die Tatsächlichkeit des naiven reinen Denkens als auch die Tatsächlichkeit von Beobachtungen des Denkens und des Ich.*

Die zwei Bedingungen sind nicht unabhängig voneinander. Die mögliche Verwirklichung der ersten Bedingung ruht auf dem Eintreten der zweiten Bedingung. Deshalb soll die zweite Bedingung, die Bewusstwerdung des Denkens und des Ich, hinsichtlich der Förderung oder Verhinderung ihres Eintretens näher angeschaut werden. Von der sachgemäßen Gestaltung des Umfeldes dieser Bewusstwerdung hängt alles weitere ab. Es können drei besonders wichtige Punkte hervorgehoben werden: (a) Eine Fortentwicklung des naiven reinen Denkens, dessen Vertiefung und Entfaltung kommt nur zustande, wenn dem werdenden Menschen eine vielseitige, zum Erfahren und Sinnen anregende Erziehung geschenkt wird sowie ein gedanklicher Freiraum eingeräumt wird, innerhalb dessen er seine eigenen Gedanken uneingeschränkt entfalten kann und mit anderen Menschen austauschen darf. (b) Zu einer gründlichen und langfristigen Auseinandersetzung mit dem Denken kommt es nur, wenn die Klärung von Funktion und Tragweite des Denkens als tiefgehendes und brennendes Problem erlebt werden kann. Erst wenn das Bedürfnis, diesen Weg zu gehen, so stark ist wie die leiblichen Bedürfnisse Hunger und Durst bei Mangel von Nahrung, wird man sich wirklich auf den Weg machen und auch auf ihm weiterschreiten können, wenn man einmal angefangen hat. (c) Das Auftreten der Beobachtungen des Denkens und des Ich hängt von einem gesunden Funktionieren des leiblich-seelischen Organismus ab (siehe zu den

Hauptfunktionen dieser Organisation Abschnitt 6.8). *Nur wenn dieser Organismus in der Lage ist, sich einerseits durch das aktuelle Denken prägen zu lassen und andererseits die so hinterlassenen Spuren dem individuellen Erfahren in der Form von Beobachtungen zur Verfügung zu stellen, kann es zur Beobachtungsbewusstwerdung des Denkens und des Ich und daran anschließend zur intuitiven Bewusstwerdung des Denkens wie des Ich kommen.*

Für eine *indirekte Förderung* des individuellen Weges zur Bewusstwerdung des Denkens und des Ich müssen zumindest diese drei Faktoren berücksichtig werden. Dabei hängen die ersten beiden in erster Linie von der Erziehung und den im engeren und weiteren sozialen Umfeld herrschenden Meinungen und Überlieferungen ab.

Zur Erschwerung oder Verhinderung dieses Weges müsste an dieselben Faktoren angeknüpft werden. Denn sowohl die grundsätzliche Begabung zum naiven reinen Denken und zu dessen Bewusstwerdung als auch die Existenz eines individuellen Wesenszentrums können weder begründet abgeleugnet noch eliminiert werden. Es sind die dem Menschen für seine Weiterentwicklung zur Verfügung gestellten Grundlagen, Geschenke, mit denen er weiterarbeiten oder die er verkommen lassen kann. Es könnte jedoch auch versucht werden, deren Entfaltung aktiv zu verhindern. Es wären zu diesem Zweck folgende Maßnahmen notwendig: (a) Verhinderung von Anregungen zum selbstständigen Denken, Ablenkung durch Aktivitäten, die Denken nicht erfordern oder dieses erschweren; (b) Ignorierung, Verleugnung oder Trivialisierung der Existenz des Denkens und der Fragen rund um seine Bedeutung, Tragweite und immanente Begründbarkeit; (c) Eingriff in die Leiblichkeit zur Verhinderung oder Zerstörung der leiblich-seelischen Funktionen, welche das

Auftreten von Beobachtungen des Denkens und des Ich ermöglichen.

Es wird den Leserinnen und Lesern überlassen, zu untersuchen, inwiefern und inwieweit diese Maßnahmen gegenwärtig bereits realisiert worden sind oder auf dem Wege der Realisierung sind. Die Konsequenzen sind auf jeden Fall gravierend. Sie führen sowohl zum Verlust der wahren Wirklichkeit als auch zum Verlassen des Entwicklungsweges. Denn findet die Bewusstwerdung des Denkens und des Ich nicht (mehr) statt, so kommt es weder zum selbstständigen Erkennen noch zum individuellen freien Handeln und damit nicht zur eigentlichen Menschwerdung. Der Mensch wird den Vorbedingungen seines weiteren Fortschrittes der Bewusstwerdung beraubt und kommt damit in die Gefahr, die geistigen Anteile seiner Ich-Bewusstwerdung zu verlieren oder gar nicht erst zu erringen.

Die einzige fruchtbare Gegenmaßnahme, die einzige in die Zukunft weisende Lösung zur Überwindung derjenigen Kräfte, welche diesen Weg der Bewusstwerdung verhindern wollen, ist das tätige Ergreifen der denkenden Ich-Entwicklung und damit des individuell erlebten und realisierten Ich-Impulses – für einen selbst und als Förderer dieses Impulses in anderen Menschen.

8. Idee und Wirklichkeit der Intuition

Vorblick und Zusammenfassung: Je nach der Konstitution des tätig angeschauten Gegenstandes lässt sich die Intuitionserfahrung in verschiedene Arten gliedern. Am einen Ende des Spektrums steht die sich Gesetzen in der kraftlosen Form von Begriffen und Ideen zuwendende Begriffsintuition und am anderen Ende die sich mit einem wirksamen Wesen, insbesondere mit dem individuellen Ich auseinandersetzende allgemeine Intuition. – Von der Begriffsintuition als intuitive Gesetzeserfahrung muss das formale Begriffsurteil unterschieden werden. Darüber hinaus tritt die Intuition in verschiedenen Funktionen auf. Neben der sich nur der Gesetzeswelt zuwendenden Begriffsintuition wendet sich die ideelle Intuition auf zwei Weisen der übrigen Weltwirklichkeit zu: Sie ist als epistemische Intuition im Erkennen und als moralische Intuition im Handeln wirksam.

8.1 Arten der Intuitionserfahrung: ideelle, reelle und allgemeine Intuition

Je nach dem tätig angeschauten Gegenstand der Intuition können drei Arten der Intuitionserfahrung, die ideelle Intuition (Begriffsintuition), die reelle Intuition und die reell-ideelle Intuition unterschieden werden (Tabelle 8.1). Sie sind die Arten des intuitiven Erlebens, die den verschiedenen Stufen der intuitiven Bewusstwerdung aus den Abschnitten 7.1 und 7.3 zugrunde liegen.

Bei einem reinen Denkakt kann die Form seines Auftretens vom ideellen Inhalt (Gesetz) unterschieden werden. Diese

Form wird hier mit *ideelle Intuition* oder *Begriffsintuition* bezeichnet, da der primäre Gegenstand des tätigen Anschauens im reinen Denken Begriffe (Ideen, Gesetze) sind. Letztere erweisen sich dann im Rahmen der *intuitiven Bewusstwerdung* als durchsichtig, widerständig und unveränderlich, und können damit als in sich notwendig, eigenseiend (invariant) und ewig bestimmt werden (Abschnitt 5.4). Entscheidend für die Bestimmung der Art der Intuitionserfahrung ist jedoch die Konstitution der erlebten Gegenstände und nicht die Stufe der damit verbundenen Bewusstwerdung. Bei der Unterscheidung verschiedener Arten der Intuitionserfahrung wird also nicht Rücksicht genommen auf die Art des Prozesses der *Bewusstwerdung*, mit dem der Intuitionsprozess vollzogen wird. Es muss an dieser Stelle daran erinnert werden, dass hier mit Bewusstwerdung nicht ein bloßes Erleben gemeint ist, sondern ein mit Ideen durchtränktes Erleben, ein sich mit der Gesetzmäßigkeit des Erlebten verbindendes Erleben (Abschnitte 4.3 und 5.1). Demzufolge ist mit Begriffsintuition im Sinne einer Art des intuitiven Erlebens kein Prozess der Bewusstwerdung gemeint, sondern eine Intuitionserfahrung, in welcher das tätige Anschauen von Begriffsinhalten im Vordergrund steht, angefangen von der sich ihrer Gesetzmäßigkeit nicht bewussten naiven Begriffsintuition über die intuitive Bewusstwerdung bis hin zur erweiterten intuitiven Bewusstwerdung des Denkens und des Ich (Abschnitt 7.1)

Ist der Gegenstand einer Intuition nicht bloß ein reiner Begriff, sondern ein Akt oder Prozess, der aus seinem wirkenden Ursprung heraus als eigentätig (kraftend) und in seiner Struktur als gesetzmäßig erlebt wird – wie zum Beispiel das als tätig durchschaute Ich (Tabelle 8.1) –, so kann der entsprechende Intuitionsvorgang als *reell-ideelle Intuition* bezeichnet werden; Tätigkeit und Gesetzmäßigkeit des Gegenstandes können in diesem Falle innerhalb derselben Erlebnissphäre angeschaut werden. Die reell-ideelle Intuition bildet die Erfahrungsgrundlage der in Abschnitt 5.6 eingeführten *allgemeinen Intuition*. Erst wenn es gelingt, die beiden Erlebniskomponenten, Tätigkeit und Gesetzmäßigkeit, als Einheit zu erfassen, sie sich als zwei Seiten ein und desselben Tatbestandes oder Prozessverlaufs bewusst zu machen, so wird aus dem Erlebnis der reell-idellen Intuition eine *Bewusstwerdung der allgemeine Intuition*. In dieser erlebt man sich mit dem Gegenüber in unmittelbarer Einheit und erfasst das intuitiv tätig Angeschaute in seiner sich selbst konstituierenden und erhaltenden Kraft.

Davon kann noch eine Zwischenstufe, die *reelle Intuition*, unterschieden werden. In dieser wird zwar auch ein gesetzmäßig Wirkendes erlebt, das heißt im selben Erfahrungsumfeld eine Wirksamkeit und eine Gesetzmäßigkeit erfahren, nicht aber der Quellort der Wirksamkeit. Es wird also die Wirksamkeit nicht aus deren Ursprung heraus erlebt, sondern nur in einer abgeleiteten Erscheinungsform, in einem Abbild. Dies ist insbesondere beim Erleben des intuitiven Denkens der Fall.

In Tabelle 7.1 hat man es mit verschiedenen Arten der Intuitionserfahrung als Grundlage unterschiedlicher Stufen der intuitiven Bewusstwerdung zu tun (siehe die entsprechende Zusammenstellung in Tabelle 8.1). Als Erfahrungsgrundlage für die intuitive Bewusstwerdung des Denkens kommt die reelle Intuition in Frage und als Erfahrungsgrundlage für die intuitive Bewusstwerdung des Ich die reell-ideelle Intuition. Die auf reine Ideen gerichtete Erlebnisart der Begriffsintuition kann, wie bereits erwähnt, in verschiedenen Dimensionen bewusst werden: sie kann bloß ein Organ der Ideenerfassung sein, in ihr kann aber auch eine Bewusstwerdung über Gesetz und Tätigkeit des Denkens oder gar des Ich anwesend sein.

8. Idee und Wirklichkeit der Intuition

	Art der Intuitionserfahrung	Beispiel: Akt der Intuitionserfahrung	Beispiel: intuitive Bewusstwerdung
Ideelle Intuition, Begriffsintuition	Tätiges anschauendes Durchschauen von Begriffen	Tätiges anschauendes Durchschauen des Denk- oder Ich-Begriffs	Tätiges anschauendes Durchschauen des Gesetzes der Begriffsintuition im Intuieren des Denk- oder Ich-Begriffs
Reelle Intuition	Tätiges Erleben einer Gesetzmäßigkeit mit einem wirksam anwesenden Erfahrungsinhalt	Tätiges Erleben des Denkaktes und der Konstitution von Begriffen zusammen mit ihren Gesetzmäßigkeiten	*Intuitive Bewusstwerdung des Denkens*: Tätiges Erleben und Durchschauen des Denkaktes (intuitive Bewusstwerdung der Denktätigkeit) und der Konstitution von Begriffen (intuitive Bewusstwerdung der Denkinhalte)
Reell-ideelle Intuition, allgemeine Intuition	Tätiges Erleben der Gesetzmäßigkeit mit dem Kraftquell eines aus seinem Ursprung heraus wirkenden Wesens	Tätiges Erleben der Gesetzmäßigkeiten des Denkens und des Ich zusammen mit einem Ich-Denk-Akt	*Intuitive Bewusstwerdung des Ich*: Tätiges Erleben und Durchschauen eines Ich-Denk-Aktes

Tabelle 8.1:
Arten der Intuitionserfahrung

8.1 Arten der Intuitionserfahrung

Im letzteren Fall hat man es mit der erweiterten intuitiven Bewusstwerdung des Denkens beziehungsweise des Ich zu tun.

Die Inhalte, denen man in der allgemeinen Intuition begegnet, sind zunächst beschränkt auf das eigene Denken und Handeln und das sich darin offenbarende Ich. Es spricht jedoch nichts dagegen, dass auch andere Inhalte auf diese Weise erfahren, angeschaut und durchschaut werden können. Deshalb kann und muss das Prinzip der allgemeinen Intuition so umfassend wie möglich aufgefasst werden.

Die Grundprinzipien der allgemeinen Intuitionserfahrung sind das tätige Anschauen, die aktive Zuwendung und die gewollte Begegnung mit rein geistigen, das heißt eigenaktiven Inhalten (kraftenden Gesetzen).

Von den Arten der Intuition sind ihre *Funktionen* zu unterscheiden. Diese beinhalten einerseits die Intuition für sich allein genommen, das heißt Intuitionserfahrungen ohne Bezug auf außerhalb der Intuition Erfahrbares (reine Intuitionen) sowie andererseits die über den Prozess der reinen Intuition hinausgehenden Verbindungen der Intuition mit der übrigen Weltwirklichkeit (angewandte Intuitionen).

Im folgenden stehen für die weiteren Untersuchungen die *Begriffsintuition* oder *ideelle Intuition* im Vordergrund. Ob die entsprechenden Ergebnisse auch auf die anderen Arten der Intuition, die reelle und die allgemeine Intuition, übertragbar sind, muss hier offen gelassen werden. Die Begriffsintuition und das Intuitionsurteil sind Gegenstand der Abschnitte 8.2 und 8.3 und die angewandte Begriffsintuition Gegenstand des Überblicks in Abschnitt 8.4. Letztere wird ausführlicher in den Kapiteln 9 und 11 behandelt.

8.2 Ideelle Intuition oder Begriffsintuition

Die ideelle Intuition als solche, die auch als *reine Begriffsintuition*, als *rein ideelle Intuition* oder als *Intuition im engeren Sinne* bezeichnet werden kann, ist ein tätiger Wahrnehmungsprozess der Gesetzeswelt. Sie betätigt sich im Hervorbringen von einzelnen Begriffen und im Anschauen und Hervorbringen von deren Zusammenhängen untereinander.

Im Vollzug der ideellen Intuition werden aktuell Begriffszusammenhänge erfahren. Die Begriffe und Ideen, von denen ausgegangen wird, sind für das intuitiv tätige Denken gegebene, angeschaute Sachverhalte; ebenso ist dann auch der Zusammenhang derselben ein Bestandteil der Denkerfahrung und kein Produkt der Intuition. Die Intuitionstätigkeit gibt nur das Feld, den Erfahrungsrahmen ab, innerhalb dessen diese Beziehungen angeschaut werden und die beteiligten Begriffe konkret in ihren eigenen Inhalten und in ihren Beziehungen vermöge der vermittelnden Begriffe erlebt werden können.

Was die intuitive Begriffserfahrung auszeichnet, ist die Tatsache, dass ihr sachgemäßer Vollzug zu notwendigerweise zusammenstimmenden Begriffen und Begriffsverknüpfungen führt, da die beteiligten Sachverhalte bloß angeschaut werden. Mit anderen Worten: Es liegt in der Gesetzmäßigkeit der ideellen Intuition, dass ihre Verwirklichung zugleich inhaltlich richtige Begriffsverbindungen hervorbringt. Es braucht keine weiteren Schritte zur Verifizierung oder Bestätigung eines intuitiv angeschauten Begriffszusammenhangs. Entweder ist er im intuitiven Vollzug klar und überschaubar, oder es liegt in der individuellen Erfahrung kein solcher Zusammenhang vor.

Innerhalb der intuitiven Anschauung gibt es keine isolierten

Erfahrungen. Die anschauende Tätigkeit offenbart von vornherein Zusammenhänge (siehe dazu die Beispiele in den Kapiteln 3 und 5). Man steht von Anfang an in einer zusammenhängenden Ideen- oder Begriffslandschaft ohne Lücken und Abgründe drin, in der sich immer wieder neue Bereiche erkunden lassen. Sowohl die Wahl der Ausgangspunkte zu solch einer Erkundung als auch die Konzentration auf bestimmte Richtungen, auf bestimmte methodische Gesichtspunkte oder auf ein bestimmtes Feld der Untersuchung entspringen nicht der Ideenwelt. Dort ist alles mit allem zusammenhängend, ohne Auszeichnung besonderer Bereiche, Zusammenhänge oder Ideenrichtungen. Solche den spezifischen Gang in die Ideenwelt bestimmenden Gesichtspunkte werden durch den denkenden Menschen in die Ideensphäre hineingetragen. Sobald jedoch in den intuitiven Ideen- oder Gesetzeszusammenhang eingetaucht wird, müssen die in diesen Ausgangspunkten liegenden außerideellen Bestimmungen verlassen werden. Dann haben nur noch die sich unmittelbar in dieser Sphäre selbst ergebenden Erfahrungen Bedeutung.

Ein Ergebnis der Ideenerfahrung, des Einblicks in die Ideen- oder Gesetzeswelt, ist die Einsicht in die *prinzipielle Einheit der Gesetzeswelt*. Gemäss ihrer eigenen Natur stehen Gesetze untereinander in einem wohlbestimmten und erkundbaren Zusammenhang. Dabei sind eventuell auftretende Widersprüche nicht Teil dieser Gesetzeserfahrungen, sondern Folgen von gegensätzlichen Gesichtspunkten oder Zugangsweisen, die von außerhalb der Gesetzeswelt in dieselbe hineingetragen worden sind. Indem diese Gesichtspunkte herausgeschält und bewusst gemacht werden, können die (widerspruchsfreien) rein ideellen Komponenten von den durch Vorstellungen oder Vorurteile geprägten einseitigen und allenfalls unvereinbaren Zugangsweisen unterschieden werden.

Einheit der Gesetzeswelt: Inhalte von ideellen Intuitionen sind ineinander und miteinander widerspruchsfrei zusammenhängende Gesetze, die ohne Ausnahme sachgemäß in umfassendere, universelle gesetzmäßige Zusammenhänge eingebettet werden können.

In diesem Kontext kann man von *ideellen Wahrheiten* (oder «Richtigkeiten») sprechen, im Unterschied zu *reellen Wahrheiten*, oder kurz *Wahrheiten*, die bei sachgemäßer Verknüpfung von Wahrnehmung und Begriff bei Erkenntnisurteilen auftreten können (Abschnitt 9.3).

In diesem Erfahrungsfeld des Ideellen lernt man auch, dass zwischen der Ideen- oder Gesetzeswelt als solcher und ihrer *Darstellung* durch das auf reine Ideen fokussierte Denken ein entscheidender Unterschied besteht. In jeder Darstellung eines ideellen Zusammenhangs wird von bestimmten Ideen ausgegangen und der Gang der Darstellung wird bestimmt durch ausgewählte methodische Gesichtspunkte. Solche Gesichtspunkte sind etwa die Über-, Unter- und Nebenordnung von Gesetzen oder die Methode der Dialektik von Hegel, praktiziert in seiner *Wissenschaft der Logik*. In der Gesetzeswelt selbst gibt es keine von vornherein bestimmten Ausgangspunkte, von ihr selbst bevorzugte übergeordnete Gesichtspunkte oder methodische Vorgehensweisen. Die Gesetzeswelt muss von jeder ihrer systematischen Darstellungen unterschieden werden. Eine von wohlbestimmten Ausgangspunkten und durch klare methodische Gesichtspunkte geleitete Darstellung der Ideen- oder Gesetzeswelt wird (eine) *Logik* genannt.

8.3 Formales Begriffsurteil und ideelles Intuitionsurteil

Es ist eine Erfahrungstatsache, dass es im individuellen Denkvollzug hin und wieder zu falschen Begriffsverknüpfungen kommt. Wie kommen solche zustande? Wenn man davon ausgeht, dass es sich dabei nicht nur um Erinnerungen, Überlieferungen oder Gewohnheiten handelt, sondern um Ergebnisse im Zusammenhang des Prozesses der ideellen Intuition, so muss der entsprechende Prozess aufgeklärt werden.

Beispiele: (1) Es wird an das mehrfach diskutierte Beispiel von Teil und Ganzem angeknüpft (siehe Abschnitte 3.3 und 3.4, 3. Beispiel). Es sollen die Begriffe «ein Teil» und «das Ganze» in einen Zusammenhang gebracht werden. Der Einstieg in die Ideen- oder Gesetzessphäre offenbart den umfassenden Zusammenhang, in welchen diese Begriffe eingebettet sind und zeigt, dass folgende Verknüpfung angeschaut werden kann: «Das Ganze ist ein Teil des Teil-Ganzen.». Genauer muss es heißen: «Das Gesetz des Ganzen ist ein Teilgesetz des Gesetzes des Teil-Ganzen». Werden jedoch «ein Teil» und «das Ganze» einfach miteinander kombiniert, das heißt miteinander in eine bloß formale Beziehung gebracht, ohne in die Ideen- oder Gesetzessphäre einzusteigen, so kommt etwa auch folgende Gruppierung der Ausgangsbegriffe in Betracht: «Ein Teil ist ein Teil des Ganzen», das heißt genauer «Ein Teil ist ein Teil des Gesetzes des Ganzen». Der Übergang in die Ideensphäre mit diesen Ausgangspunkten, das heißt der Versuch, diese ohne aktuellen intuitiven Bezug auf die beteiligten Inhalte kombinierten Ausgangsbegriffe sachgemäß (intuitiv) in einen konkret anschaubaren Zusammenhang zu bringen, scheitert, also ist der formale Zusammenhang falsch. Denn «ein Teil» ist eine *Erscheinung* des Gesetzes des Teils und weder ein Teil noch eine Erscheinung des Gesetzes des

Ganzen. Es müsste richtig heißen: «Ein Teil ist ein Teil eines Ganzen». – (2) Es werden die Begriffe «Zahl 12» und «Zahl 5» im Hinblick auf eine Verknüpfung betrachtet. Hier kommen verschiedene Gesichtspunkte in Frage: Summe, Differenz, Produkt, Teilbarkeit, Potenz etc. Es wird die «Teilbarkeit durch eine ganze Zahl ohne Rest» als der für das folgende vorgegebene umfassende Gesichtspunkt, in den diese Begriffe eingebettet werden sollen, gewählt. Nun kann man die gegebenen Komponenten miteinander formal kombinieren: «Die Zahl 12 ist durch die ganze Zahl 5 ohne Rest teilbar». Der Übergang in die konkrete Anschauung der inhaltlichen Verknüpfung der Komponenten offenbart, dass dieser formalen Kombination kein intuitiv durchschaubarer Zusammenhang entspricht, der formale Zusammenhang ist also falsch.

Eine falsche formale Begriffsverknüpfung kann demzufolge nur dann auftreten, wenn es gar nicht zu einem wirklichen Vollzug einer intuitiven Anschauung gekommen ist, das heißt zu keinem aktuellen intuitiven Einstieg in die Ideen- oder Gesetzessphäre. Dies bedeutet konkret für die obigen beiden Beispiele, dass die Einordnung bestimmter Begriffsinhalte A und B in einen übergeordneten Gesichtspunkt U inhaltlich *nicht* vollzogen wurde oder nicht vollzogen werden kann. Dabei bleiben die Begriffsinhalte A, B und U im Wesentlichen nebeneinander bestehen. Es kommt nicht zur intuitiven Anschauung der Begriffsinhalte A und B selbst und ihres Zusammenhangs mittels U. – Dies bedeutet aber nichts anderes, als dass A, B und U als isoliert voneinander erlebt werden, was nur möglich ist, wenn man aus dem unmittelbaren Ideenerleben (Intuition) herausgefallen ist. Die Ausgangsbegriffe sind nur noch in Form von gegebenen Gedanken oder Vorstellungen präsent und haben ihren unmittelbar anschaubaren Kontakt mit der Ideen- oder Gesetzeswelt verloren: sie sind der Form

8.3 Formales Begriffsurteil und ideelles Intuitionsurteil

nach Vorstellungen, also bloß gegebene Kenntnisinhalte im Sinne von abgeschlossenen Produkten des Denkens, und dem Inhalt nach reine Begriffe (siehe dazu auch Abschnitt 12.3). Demzufolge befindet man sich nicht mehr unmittelbar im Bereich der ideellen Intuition und es müssen andere Gesichtspunkte in Betracht gezogen werden.

Wenn nun auf dieser Grundlage trotzdem ein Bezug hergestellt wird, so kann dieser zunächst nur formaler Natur sein, wie im Beispiel (2) «Die Zahl 12 ist durch die ganze Zahl 5 ohne Rest teilbar». In einem solchen Falle ist es sinnvoll, das *formale Begriffsurteil* vom inhaltlich orientierten *ideellen Intuitionsurteil* zu unterscheiden. (Diese Bezeichnung dient der Unterscheidung dieser Urteilsart von dem Wahrnehmungen und Begriffe zu Erkenntnissen verknüpfenden *Erkenntnis-* oder *Wahrnehmungsurteil* – siehe Abschnitt 9.2).

Mit dem *ideellen Intuitionsurteil* ist der auf der Basis der Komponenten eines formalen Begriffsurteils vollzogene Übergang in die rein ideelle Intuition gemeint, in welcher die durch das formale Begriffsurteil isoliert erlebten Gedanken als reine Ideenzusammenhänge tätig angeschaut werden. Damit mündet das ideelle Intuitionsurteil in die ideelle Intuition (Abschnitt 8.2) ein und das formale Begriffsurteil erweist sich als Krücke, als Übergangszustand, welcher dem Wiedereinstieg in die Intuitionssphäre eine notwendige Ausgangsbasis verschafft. Eine solche Basis ist vonnöten, wenn man aus dieser Sphäre herausgefallen ist und nun nach einer formal geeigneten und korrekten Anknüpfung an vorangegangene Denkerfahrungen sucht. Im Gegensatz zu ideellen Intuitionsurteilen, mit denen man sich anschauend in der Ideenwelt betätigt, können formale Begriffsurteile *richtig* oder *falsch* sein, je nachdem, ob sie durch ideelle Intuitionsurteile bestätigt werden können oder nicht.

8. Idee und Wirklichkeit der Intuition

	Ausgangpunkt	Isolierte Gedankeninhalte ohne aktuellen ideellen Zusammenhang
Prinzipien	Allgemeines Ziel	*Aktuelle Begriffsintuition:* aktuelle Anschauung von Begriffen und deren Zusammenhang
	Vorbereitung: Formaler Bezug	*Vorbereitendes formales Begriffsurteil:* formale Verknüpfung von Begriffsinhalten hinsichtlich eines zu vollziehenden ideellen Intuitionsurteils
	Konsequenz des formalen Bezugs	Richtiges formales Begriffsurteil ODER Falsches formales Begriffsurteil
	Konkretes Ziel: materialer Bezug	*Ideelles Intuitionsurteil:* inhaltlich sachgemäße Verknüpfung von Begriffsinhalten
Methodik	Urteilsphantasie	Ausrichtung der intuitiven Aufmerksamkeit: Auswahl von bestimmten Begriffen und Begriffszusammenhängen hinsichtlich einer inhaltlichen Verbindung der Komponenten des formalen Begriffsurteils
	Urteilstechnik	*Formale Logik:* Systematische Untersuchungen zur klassischen (aristotelischen) *formalen* Charakterisierung und Klassifikation von Begriffen, Urteilen und Schlüssen
Resultat	Zusammenhang	*Intuitiv einsehbarer Zusammenhang der Begriffsinhalte (Gesetze)*

Tabelle 8.2:

Formales Begriffsurteil und ideelles Intuitionsurteil

8.3 Formales Begriffsurteil und ideelles Intuitionsurteil

Zusammenfassend ergibt sich für den Zusammenhang des formalen Begriffsurteils mit dem ideellen Intuitionsurteil folgendes (siehe Tabelle 8.2). Die Notwendigkeit formaler Begriffsurteile tritt ein, wenn isolierte Gedankeninhalte ohne aktuellen ideellen Zusammenhang vorliegen und das Ziel ins Auge gefasst wird, zu einer intuitiven Anschauung der beteiligten Begriffe und deren Zusammenhang zu kommen. Dies ist im wesentlichen die Situation vor jedem Einstieg in das reine (intuitive) Denken. Als Vorbereitung des Intuitionsurteils wird eine formale Verknüpfung der Gedankenkomponenten vollzogen, die entweder richtig oder falsch ist – was von beidem zutrifft, stellt sich erst im ideellen Intuitionsurteil heraus. Dieses besteht in dem durch die gegebenen Gedanken geleiteten Einstieg in die intuitive Anschauung und prüft direkt die durch das formale Begriffsurteil gegebene Gedanken-Zusammenstellung. Diese erweist sich als richtig oder falsch, je nachdem die direkte intuitive Anschauung den entsprechenden inhaltlichen Bezug der Ausgangsbegriffe, so wie er im formalen Begriffsurteil festgehalten ist, als ideellen Zusammenhang auffinden kann oder nicht. Im ersteren Fall ist ein Einstieg in die intuitive Begriffsanschauung anhand der gegebenen Gedanken vollziehbar. Im letzteren Fall bleibt es bei den voneinander isolierten Ausgangsgedanken, oder man stösst in andere Bereiche der Begriffswelt vor, verlässt dabei das ursprüngliche Problem, um gegebenenfalls weitere und neue Zusammenhänge (Ideen, Gesetze) anzuschauen, die für die sachgemäße Verbindung der Ausgangsbegriffe in Frage kommen.

Für die Funktion von formalen Begriffsurteilen als Vorbereitungen ideeller Intuitionsurteile kommen methodisch die *Urteilsphantasie* und die *Urteilstechnik* in Betracht (siehe Tabelle 8.2). Mit der *Urteilsphantasie* bewegt man sich frei in der Hierarchie der Begriffsinhalte, in der Hierarchie der Gesetze zur Auswahl von Begriffen und Begriffszusammenhängen, die den Übergang vom formalen Begriffsurteil zum ideellen Intuitionsurteil vorbereiten und ermöglichen sollen. Dazu gehört zum Beispiel die Auswahl von bestimmten Begriffen und Begriffszusammenhängen durch die Richtung der intuitiven Aufmerksamkeit, die Entwicklung von neben- und untergeordneten Begriffen aus übergeordneten Begriffen und von Oberbegriffen und Verallgemeinerungen aus neben- und untergeordneten Begriffen.

Die *Urteilstechnik* beschäftigt sich mit *formalen* Charakterisierung und Klassifizierung von Begriffen, Urteilen und Schlüssen, das heißt mit der Domäne der klassischen aristotelischen formalen Logik (nicht zu verwechseln mit der symbolischen Logik, Logistik oder mathematischen Logik).

8.4 Funktionen der ideellen Intuition: epistemische und moralische Intuition

Neben der rein ideellen Intuition (Begriffsintuition) sind die weiteren Funktionen der ideellen Intuition die *epistemische* und die *moralische Intuition* (Tabelle 8.3). Sie werden in den Kapiteln 9 und 11 ausführlicher besprochen, sodass hier nur ein paar Hinweise folgen. Im Vordergrund steht dabei die *strukturelle Verwandtschaft* unterschiedlicher Ausprägungen der Intuition im Erkenntnis- und Handlungsbereich im Sinne zweier gegensätzlicher, aber gleichwertiger (nebengeordneter) Arten der Weltzuwendung. Im Abschnitt 11.5 wird dann gezeigt, dass die der Erkenntnis dienende Funktion der Intuition ein Spezialfall einer freien Handlung auf der Grundlage der moralischen Intuition ist.

8.4 Funktionen der ideellen Intuition

	Funktion der ideellen Intuition	Charakteristik	Konsequenzen
Ideelle Intuition, Begriffsintuition	Ideelle Intuition als Instrument der Wahrnehmung von Gesetzen	Aktiv anschauende Hinwendung zur Gesetzeswelt	Graduelle inhaltliche Erweiterung des intuitiven Erlebnishorizontes der Gesetzeswelt
Epistemische Intuition	Ideelle Intuition als Instrument der Welterkenntnis	Ideeller Bezug von ideellen Intuitionen auf gewordene Welt: Idealisierung und Universalisierung der gewordenen Welt mittels Intuitionen	Graduelle inhaltliche Erweiterung des intuitiven Erkenntnishorizontes: Fortgesetzte ideelle Ordnung der gewordenen Welt
Moralische Intuition	Ideelle Intuition als Instrument des Handelns	Reeller Bezug ideeller Intuitionen auf gewordene und werdende Welt: Individualisierung und Realisierung von ideellen Intuitionen für die Gestaltung der Weltwirklichkeit	Konkrete Erweiterung der aktiven Teilnahme an der Verwirklichung der Welt: Fortgesetzte reelle Neuordnung der gewordenen und werdenden Weltwirklichkeit

Tabelle 8.3:
Funktionen der ideellen Intuition

Zunächst muss man sich klar machen, dass es sich bei der epistemischen und der moralischen Intuition um bloße Funktionen der ideellen Intuition handelt. Dies bedeutet, dass sich diese beiden Fälle *nicht* durch die Art des Intuierens unterscheiden, weder der Form noch dem Inhalt nach, sondern nur durch die Einbettung dieses Intuierens in einen größeren außerintuitiven Weltzusammenhang. Damit wird auf die gemeinsame Quelle beider Funktionen hingewiesen: Im Prinzip eröffnet sich für beide derselbe intuitive Erfahrungsbereich, auch wenn der individuelle Mensch im konkreten Erkennen und Handeln jeweils in verschiedene Bereiche der Gesetzeswelt gelangen mag.

Beispiel: Das Gesetz des Kreises (oder der Kugel, des Vierecks, des Dreiecks etc.) kann auf der einen Seite der Erkenntnis von mehr oder weniger vorübergehenden und räumlich erscheinenden Form ausgewählter Beobachtungsinhalte (Sonne, Mond, Querschnitt eines Birkenstamms, Sonnenblumenblüten, Quallen etc.) dienen. Auf der anderen Seite wird dasselbe Gesetz einer Handlung zugrundegelegt, wenn es der Formung eines geeigneten Stoffes (Eichenholz, Eisen, Plastilin, Ton etc.) durch einen Menschen dient.

Es gibt im Rahmen der ideellen Intuitionserfahrung keine Hinweise auf inhaltlich ausgezeichnete und wohlbestimmte Bereiche der Gesetzeswelt, die auf der einen Seite den epistemischen Intuitionen und auf der anderen Seite den moralischen Intuitionen zugeordnet werden könnten. Die sich der moralischen Intuition eröffnenden Gesetzmäßigkeiten sind genauso wenig durch das intuierende Individuum erzeugt wie die in der epistemischen Intuition angeschauten Gesetzmäßigkeiten.

Mit anderen Worten: die Prädikate «epistemisch» und «moralisch» treffen nicht auf die Inhalte der ideellen Intuitionen zu, die Begriffe und Ideen, sondern auf den Bezug,

8.4 Funktionen der ideellen Intuition

in welchen diese Inhalte mit Rücksicht auf das Erkennen beziehungsweise Handeln hineingestellt werden. Man kann demzufolge die Gesetzeswelt nicht in epistemische und moralische Gesetze gliedern – und schon gar nicht in moralische, amoralische oder unmoralische Gesetze. *Ein Gesetz in Ideenform wird allein dadurch epistemisch oder moralisch, dass es im Zusammenhang eines Erkenntnisprozesses beziehungsweise eines Motivbildungsprozesses für eine freie Handlung intuitiv angeschaut wird.* Die Gesetzeswelt, aus welcher epistemische und moralische Intuitionen geschöpft werden, ist in beiden Fällen dieselbe, gerade weil es sich in beiden Fällen um ideelle Intuitionen handelt.

Sowohl die epistemische als auch die moralische Funktion der Intuition haben ihre konkrete Veranlassung in der relativ zur Intuition äußeren Weltwirklichkeit. Im Falle der Erkenntnis wird dieser Anlass zum Wahrnehmungskomplex, welcher mittels Intuitionen durchleuchtet und dadurch in das Weltganze ideell eingebettet wird. Die einzelnen Wahrnehmungen und deren Zusammenhänge lassen sich so als Ausdruck einer allgemeinen Gesetzmäßigkeit durchschauen und mit anderen Gesetzmäßigkeiten verknüpfen. Die fortgesetzte ideelle Durchdringung der Welterfahrung mit universellen Prinzipien hebt die undurchschaubaren Vereinzelungen auf und bildet die Grundlage für eine stetige inhaltliche Erweiterung des Erkenntnishorizontes des Menschen.

Im Falle des freien Handelns kann der in der Weltwirklichkeit liegende Anlass für die moralische Intuition, das heißt der Anlass für die Motivbildung, zum Gegenstand der tätigen Hingabe im Handeln werden. Diese Hingabe oder Liebe zur Handlung wird durch die moralische Ideenbildung fokussiert, individualisiert und konkretisiert. In einer aus der moralischen Intuition entspringenden Handlung werden die individuell hervorgebrachten allgemeinen moralischen Intuitionen zu Prinzipien einer konkreten Um- und Neuordnung der gewordenen und werdenden Welt.

Stellt man sich darüber hinaus die Frage, wodurch es bedingt ist, dass der eine individuelle Mensch in seinen der Erkenntnis und dem Handeln dienenden Intuitionen für die Welt in ganz andere Bereiche hineinschaut als ein anderer Mensch, so verlässt man das Gebiet der allgemeinen Gesetzmäßigkeiten des Erkennens und Handelns und kommt in den Bereich der durch das menschliche Individuum geprägten Aspekte dieser Prozesse (siehe dazu Kapitel 13).

Wenn an dieser Stelle und in den folgenden Kapiteln von «Welt», «Weltwirklichkeit», «Weltganzes» oder Ähnlichem die Rede ist, so ist damit der Gesamtumfang desjenigen Erfahrungsbereiches gemeint, dem man als erkennender oder handelnder Mensch begegnet, der sich diesem Menschen entgegenstellt oder der einem zur Verfügung steht. Es ist von «Welt» im Unterschied zu Erfahrungsinhalt die Rede, da es an den entsprechenden Stellen nur um diese Inhalte, das heißt eben um die Welt selbst geht und nicht um die Tatsache, dass dieselbe im menschlichen Subjekt in der Form von Erfahrungen präsent ist. Es ist nur von Welt im allgemeinen die Rede, da die konkrete und bewusste Ordnung oder Ausgestaltung dieser Welt erst ein Ergebnis des aktuellen Erkennens beziehungsweise Handelns ist.

Das Problem der Art der Existenz einer solchen Welt taucht auf, insofern Erfahrungsinhalte vorliegen. Es kann nicht die Frage sein, ob es solche Erfahrungen gibt – diese sind Vorbedingungen (nicht: Voraussetzungen) des Existenzproblems und insbesondere Vorbedingungen des selbstbestimmten Erkennens und des selbstgestalteten Handelns. Ohne sie gäbe es weder Erkenntnisprobleme noch Handlungsmöglichkeiten.

8.4 Funktionen der ideellen Intuition

Die Frage, inwiefern sich der erkennende Mensch in diesen Erfahrungen nur selbst begegnet, er es also nur mit seinen eigenen Konstruktionen zu tun hat, oder ob sich in denselben vom denkenden Ich unabhängige Tatbestände zeigen, wurde für den Bereich der Ideenerfahrung im Sinne der zweiten Möglichkeit in Kapitel 4 und 5 geklärt. Für die übrige Erfahrung wird dies im Kapitel 10, insbesondere in Abschnitt 10.9, nachgeholt.

Man beachte, dass diese Betrachtungen zum selbstbestimmten und selbstgestalteten Handeln und deren nähere Ausführungen in den Kapiteln 9 und 11 das Verhältnis der Intuition zur gegenwärtigen Welt aus einem ganz bestimmten Gesichtspunkt heraus beleuchten, nämlich: Auf welche Weise kann eine individuelle Intuition in ein Verhältnis zur übrigen Weltwirklichkeit gesetzt werden? Es geht also in erster Linie um den Weg von der Intuition zur Welt unter Vorbedingung der Aktualität der Intuition. Dies ergibt sich aus der systematischen Fortführung der bisherigen Untersuchungen zu Gesetz und Realität der Intuition, entspricht aber nicht immer den alltäglichen Gegebenheiten. Dort geht es meist zunächst darum, sich zur Intuition emporzuarbeiten, und dann erst um diejenigen Schritte, auf die hier besonders eingegangen wird. Hinweise auf diesen umgekehrten Weg finden sich in Kapitel 15 in den ergänzenden Kommentaren zu den Kapiteln 9, 10 und 11 sowie insbesondere für das Erkennen in Kapitel 10.

9. Epistemische Intuition

Vorblick und Zusammenfassung: Die Selbstaufklärung des Denkens ist die Grundlage einer Aufklärung des Erkennens. Im reinen Denken werden Begriffszusammenhänge erfasst, die *allen* Fragen an die Welt der Wahrnehmungen (einschließlich der Welt der Begriffe, insofern sie in Form der Wahrnehmung erscheint) und *demzufolge* auch deren Beantwortung zugrunde liegen. Alle anhand von konkreten Wahrnehmungen durch das Denken gestellten Fragen können auch durch dasselbe beantwortet werden. Die epistemische Intuition ist eine Begriffsintuition, die als Teilprozess des Erkennens erscheint. Im Erkenntnisurteil werden Wahrnehmungen mit Begriffszusammenhängen, die aus der epistemischen Intuition stammen, in Zusammenhang gebracht. Ergibt sich daraus zugleich ein Einblick in die reelle Konstitution der beteiligten Wahrnehmungen, so wird das Erkenntnisurteil als wahr eingesehen. Die Methoden zur konkreten Herstellung eines Erkenntnisurteils sind die epistemische Phantasie und die epistemische Technik. Sie dienen der Individualisierung der Erkenntnisideen beziehungsweise der sachgerechten Integration der Wahrnehmungen in das Erkenntnisurteil. Die möglichen Einseitigkeiten der epistemischen Phantasie und Technik werden durch die Aufrechterhaltung und/oder immer wieder neu hergestellte dreifache Aktualität, oder Geistesgegenwart, des Erkennens überwunden, die dafür sorgt, dass der in der Natur des aktuellen Erkennens liegende Gleichgewichtsimpuls zum Ausdruck kommen kann.

9.1 Von der Denkerkenntnis zur Welterkenntnis

In den vorangehenden Kapiteln wurde gezeigt, dass das Denken über sich selbst und das denkende Ich Aufschluss zu geben vermag. Es kann die innerhalb seines eigenen Erfahrungsbereiches auftretenden Tatsachen durchschauen und miteinander in Beziehung bringen. Es trifft auf keine prinzipiellen Schwierigkeiten, die sich seinen Aufklärungen als unüberwindlich entgegenstellen. Es finden sich Einzelheiten oder es kommt zu Fragestellungen, die zunächst nicht in den übrigen Denkerfahrungsbereich eingeordnet beziehungsweise in ihm nicht geklärt werden können. Es ist dabei jedoch gewiss, dass es sich um Tatsachen handelt, die Erscheinungen des aktiven Denkens sind, und dass jede Frage nach der Gesetzmäßigkeit, die diesen Erscheinungen des Denkens zugrundeliegt, ihren Ursprung in diesem Denken selbst hat. Das erste wie das zweite bedeutet, dass bei diesen Untersuchungen zur Er- und Begründung des Denkens der Erfahrungsbereich des Denkens weder verlassen werden kann noch verlassen werden muss.

Von tieferer Bedeutung ist die Tatsache, dass sich das Denken in seinem eigenen Bereich seine eigenen Vorbedingungen zur Erkenntnis von Tatsachenzusammenhängen schafft. Denn auch die *Unterscheidung* unterschiedlicher Erfahrungsinhalte ist ein Produkt des Denkens und die Grundlage für seine verbindende Tätigkeit. Fragen entstehen dann, wenn die unterschiedene Erfahrungen verbindende Funktion des Denkens anhand von Begriffsintuitionen über das Unterscheiden nicht herauskommt oder immer wieder scheitert. Die Erkenntnis eines fehlenden Zusammenhangs ist der sachliche Grund für eine bewusste Erkenntnisfrage (siehe dazu die Anmerkung in Kapitel 15).

Insbesondere muss man sich mit allen Konsequenzen klar

machen, dass dasjenige, was durch ein Denken, das sich mit Denkerfahrungen auseinandersetzt, erfragt werden kann, durch Denken grundsätzlich auch beantwortet werden kann. Denn die durch eine Erkenntnisfrage aufgedeckte spezifische Lücke im Gesamtzusammenhang kann nur deshalb genau geortet werden, weil innerhalb des Denkerfahrungsbereiches etwas existiert, das bereits in seinem ersten Auftreten als zusammenhängend, also ohne solche Lücken, erlebt wird: Begriffsinhalte, Ideen oder Gesetze. Folglich wird mit einer Frage genau nach demjenigen gesucht, was Begriffe und Ideen grundsätzlich zu bieten haben: dem konkreten Zusammenhang. Werden mit Begriffen und Ideen die unterschiedenen Einzelheiten in einen Gesamtzusammenhang eingebettet, so wird die Denkerfahrung durch sich selbst vertieft beziehungsweise aufgeklärt. Es bleibt, prinzipiell gesehen, kein unaufgeklärter, nicht durchschaubarer Rest.

Für diese Einbettung bedient man sich einer zentralen Eigenschaft von Begriffen und Ideen (Gesetzen): Sie sind gegenüber den einzelnen Erfahrungen, auf die sie angewendet werden können, universell, können auf verschiedene Weise individualisiert oder spezialisiert werden. So ist etwa jeder konkrete reine Denkakt ein Spezialfall, eine Individualisierung des universellen Denkgesetzes und umfasst einen Tatsachenkomplex, der dasjenige in spezialisierter Form zum Ausdruck bringt, was das Denkgesetz in allgemeiner Form zum Inhalt hat (siehe dazu die exemplarischen Hinweise auf das Erkennen des beobachteten Denkens und das Erkennen des beobachteten Ich in den Abschnitten 4.4 und 6.4).

Für die sachgemäße und begründete Erweiterung der Aufklärungs- oder Erkenntnisarbeit vom Bereich des Denkens auf die übrige Weltwirklichkeit kommen dieselben Prinzipien in Betracht wie für das Denken selbst.

9.1 Von der Denkerkenntnis zur Welterkenntnis

Zunächst muss beachtet werden, dass sich das Denken, das sich Erfahrungen außerhalb seines eigenen Bereiches zuwendet, ebenfalls die Vorbedingungen seines verknüpfenden Eingreifens selbst schafft: Durch Bestimmungen des Denkens werden verschiedene Erfahrungsinhalte unterschieden. Erst auf dieser Grundlage können bewusst Fragen gestellt werden. Denn Fragen sind bereits Folgen einer Auseinandersetzung des Denkens mit Erfahrungen. Durch gescheiterte Anwendung der Begriffsintuition auf unterschiedliche Erfahrungen wird man auf Lücken im Beziehungsnetz von Erfahrungen aufmerksam, auf Lücken, wie man sie innerhalb eines klaren, in sich geordneten Gedankenganges (oder eines selbst durch intuitives Denken gestalteten Handlungsvorganges) *nicht* kennengelernt hat, *deshalb* etwas vermisst und demzufolge an die bloß gegebene und bereits differenzierte Erfahrungswelt Fragen stellt. Durch Erkenntnisfragen wird also genau nach demjenigen gesucht, was grundsätzlich im Denken aufgefunden und durch dieses ergänzt werden kann: dem inneren Zusammenhang, der inneren Ordnung der Dinge. Damit löst sich das *allgemeine Erkenntnisproblem*: Durch Denken allein werden Erkenntnislücken aufgedeckt und Fragen gestellt, durch Denken allein können diese deshalb im Prinzip auch gelöst werden.

Im weiteren kann die scheinbare Unvereinbarkeit von Begriffen und Ideen (Gesetzen) einerseits und von außergedanklichen Erfahrungen (Wahrnehmungen) andererseits dadurch überwunden werden, dass man den universellen Charakter der Begriffe und Ideen angesichts dieser Erfahrungen erkennt. Mit anderen Worten: Begriffe und Ideen können individualisiert oder spezialisiert werden und dadurch den konkreten Gegebenheiten der Wahrnehmungen angepasst werden. Dadurch steht einer prinzipiellen Anwendbarkeit von Begriffen und Ideen auf Wahnehmungen nichts mehr im Wege. Allfällig offen bleibende Erkenntnisfragen sind damit nur Konsequenzen einer nicht zu Ende durchgeführten Erkenntnisarbeit und nicht Ausdruck grundsätzlicher Grenzen des Erkennens.

Unter *Wahrnehmung* wird im folgenden jede Erfahrung verstanden, die nicht Inhalt einer Begriffsintuition ist.

9.2 Struktur des Erkennens: epistemische Intuition und Erkenntnisurteil

Im folgenden geht es um eine gegenüber dem alltäglichen Erkennen vertiefte Auffassung des Erkenntnisvorganges, in dem Begriffsintuitionen anstelle von fertig vorgebildeten Gedanken und Vorstellungen verwendet werden (siehe dazu die Anmerkungen in Kapitel 15).

Ein Erkenntnisvorgang wird durch Wahrnehmungen (Erkenntnisgegenstände) veranlasst. Dies schließt die Veranlassung durch «begriffliche Erfahrungen», d. h. Erfahrungen von Begriffen in Form der Wahrnehmung, wie Mitteilungen, Ergebnisse früherer Erkenntnisse, Fragen anderer Menschen etc., mit ein. Ein solcher Anlass ist weder hinreichend für das Auftreten eines Erkenntnisvorgangs noch hinreichend für die begriffliche Bestimmung des Zusammenhangs der gegebenen Wahrnehmungen. Im Erkenntnisvorgang werden durch das reine intuitive Denken, das heißt durch die Begriffsintuition, Begriffe gebildet, die dann im Urteil mit Wahrnehmungen *ideell* verknüpft werden (im Gegensatz zur *reellen* Verknüpfung von Begriffsintuitionen und gegebenem Weltzustand beim Handeln, siehe Kapitel 11). Diese Begriffe sind durch Intuition gewonnen, also auf einem von den veranlassenden Wahrnehmungen zunächst unabhängigen und in einen anderen Erfahrungsbereich, die Ideen- oder Gesetzeswelt, führenden Wege.

Charakteristisch und hinreichend für den Erkenntnisvorgang ist dessen *Geistesgegenwart* oder *dreifache Aktualität*: für den Vollzug eines Erkenntnisurteils muss (1) der zu erkennende Komplex von Wahrnehmungen aktuell anwesend sein, (2) der durch Intuition hervorgebrachte und durchgebildete Begriffszusammenhang weiterhin unmittelbar angeschaut werden sowie (3) das diese beiden Komponenten verknüpfende Erkenntnisurteil aufgrund der aktuellen Anwesenheit von Wahrnehmungen und Begriffen vollzogen werden.

Ist irgendeine dieser drei Aktualitäten nicht erfüllt, so handelt es sich nicht um Erkenntnis, sondern um Vor- oder Nachbereitungen von Erkenntnisprozessen, um gedankliche Verarbeitungen von bereits abgeschlossenen Erkenntnisvorgängen und Überlieferungen, um Spekulationen, Hypothesenbildungen etc.

Eine Begriffsintuition, die im Rahmen eines Erkenntnisvorgangs gebildet wird, heißt *epistemische Intuition* oder *erkenntnisleitende Intuition* (sie könnte auch theoretische Intuition oder Erkenntnisintuition genannt werden). Es ist eine Intuition, die durch den Erkenntnisprozess auf die Aufklärung, auf die ideelle Ordnung eines Komplexes von Wahrnehmungen ausgerichtet ist. Mit anderen Worten: *Eine Intuition ist dann und nur dann epistemisch, wenn sie in einem Erkenntnisurteil aktuell und ideell auf Wahrnehmungen bezogen wird.* Sie hat also weder vor noch nach einem solchen Bezug epistemische Qualität. Das Resultat des ideellen Bezugs heißt *Erkenntnisurteil*.

Die wesentlichen Komponenten des Gesetzes des Erkennens sind demzufolge: Wahrnehmung, Begriff und Erkenntnisurteil.

Alle drei Komponenten sind durch Erfahrung gegeben. Auch im Erkenntnisurteil werden die begrifflichen Zusammenhänge mit den konkreten Wahrnehmungen auf der Grundlage der Erfahrung zusammengebracht. Der Begriffsinhalt wird gemäß den vorliegenden Sachverhalten im Erkenntnisurteil individualisiert. Die Urteilstätigkeit hat nur die Funktion, ein (aktives) Feld zur Verfügung zu stellen, innerhalb dessen die individualisierten begrifflichen Zusammenhänge der entsprechenden Erfahrungsinhalte angeschaut werden können. Liegen einmal die gesetzmäßigen Zusammenhänge und die Wahrnehmungen vor, so hat diese Tätigkeit an keiner Stelle einen unmittelbaren Einfluss auf diese Inhalte: Sie sind innerhalb der Tätigkeit gegeben, vorliegend. Die bereitgestellten Begriffszusammenhänge werden mittels ihrer Individualisierung in allen Einzelheiten mit den gegebenen Wahrnehmungen verknüpft und hierdurch mit denselben in *Zusammenstimmung* gebracht.

Beispiel: Die gedankliche Verknüpfung verschiedener mathematischer Begriffe (Kreisscheibe, Kugel, Rotationsellipsoid, abgeflachtes Ellipsoid, Geoid) mit Erfahrungen der Erdgestalt ergibt verschiedene Erkenntnisurteile. Sie setzen voraus, dass Klarheit darüber besteht, was die Begriffe beinhalten, diese also richtig (in sich stimmig und notwendig) gebildet wurden und somit ideelle Wahrheiten sind. Die Untersuchung darüber, welche der genannten Urteile tatsächlich zutreffen, soll abklären, ob es sich dabei um (reelle) Wahrheiten handelt oder nicht. Hier spielt es eine entscheidende Rolle, inwiefern man mit seinen tatsächlichen Wahrnehmungen in der Lage ist, die von den Gedankeninhalten geforderten begrifflichen Zusammenhänge in spezialisierter Form zu erkennen. Eine Krümmung der Erdoberfläche wird unter anderem nahegelegt durch Erfahrungen der Erweiterung des Horizontes beim Ersteigen eines Berges, der unterschiedlichen Sichtbarkeit von sich entfernenden oder

9.2 Struktur des Erkennens

sich nähernden Schiffen auf dem Meer oder in großen Seen (von genügend weit entfernten Schiffen sieht man nur den Mast oder den Oberbau, nicht aber den Rumpf). Die Unterscheidung, ob es sich bei der Erdgestalt um eine Kugel, ein Rotationsellipsoid oder einen noch komplizierteren Körper handelt, bedarf schon weit umfangreicherer und komplexerer Beobachtungen, die auch astronomische und geophysikalische Phänomene und Begriffe mit einbeziehen.

Erkennen muss von *Verstehen* unterschieden werden. Liegen für ein bestimmtes Weltgebiet keine aktuellen individuellen Wahrnehmungen vor, oder ist eine individuelle Begriffs- und Urteilsbildung anhand von Wahrnehmungen nicht möglich, so kann keine Erkenntnis stattfinden. Liegen überlieferte Erkenntnis*ergebnisse* vor – von einem selbst oder von anderen Menschen – so lassen sich diese gedanklich verarbeiten. Eine Begriffsbildung anhand überlieferter Erkenntnisergebnisse mit Hilfe des reinen Denkens ohne entsprechende Wahrnehmungsgrundlage heißt *Verstehen*. Dabei kann im günstigsten Falle in die Gesetzmäßigkeiten des entsprechenden Gebietes eingedrungen werden; solange jedoch (noch) keine aktuellen Wahrnehmungen vorliegen, lässt sich die Wirklichkeits- oder Erfahrungsgemäßheit der entsprechenden Gesetze nicht prüfen (siehe dazu die Anmerkungen in Kapitel 15).

Beispiele: (1) Der Inhalt eines Physikbuches lässt sich verstehen, auch ohne dass irgendein Experiment selbst durchgeführt oder mit angesehen wird. Zur erkennenden Einsicht in physikalische Gesetzmäßigkeiten kommt es erst dann, wenn man selbst sowohl experimentierend, denkend als auch urteilend aktiv wird. – (2) Der Inhalt eines Buches wie *Die Geheimwissenschaft im Umriss* von Rudolf Steiner lässt sich verstehen, ohne die spezifischen übersinnlichen Fähigkeiten zur Verfügung zu haben, mit denen die dort behandelten Gegenstände und Vorgänge selbst erfahren werden können. Dieser Prozess des Verstehens führt anhand der Begriffsintuition (bestenfalls) zur Einsicht in die den geschilderten Phänomenen zugrundeliegenden Gesetzmäßigkeiten. Die Wahrheit der dargestellten Erkenntnisergebnisse lässt sich auf diesem Wege jedoch nicht beurteilen und prüfen, wohl aber ihre innere Konsistenz (Widerspruchslosigkeit) und logische Folgerichtigkeit.

Bei genügender Unbefangenheit kann die Vorbereitung und Übung des eigenen Denkens anhand der Bearbeitung der Erkenntnisergebnisse anderer Menschen helfen, in den eigenen Erkenntnisschritten rascher vorwärts zu kommen.

9.3 Epistemische Intuition und wahres Erkenntnisurteil

Der ideelle epistemische Bezug, das *Erkenntnisurteil*, hat zwei Aspekte, einen formalen und einen materialen (siehe dazu Tabelle 9.1). Der *formale Aspekt des Erkenntnisurteils* betrifft nur den ideellen Bezug als solchen, unter Absehung von den beteiligten Inhalten. Er ist im wesentlichen identisch mit der epistemischen Qualität der dem Erkennen zugrunde liegenden ideellen Intuition (im Unterschied zur moralischen Qualität der dem freien Handeln zugrundeliegenden Begriffsintuition).

Der *materiale Aspekt des Erkenntnisurteils* betrifft zunächst das Zusammenstimmen von Wahrnehmungsinhalt und Begriffsinhalt innerhalb eines Erkenntnisurteils. Er bezieht sich darüber hinaus auch auf die Frage nach der *Konstitution* des Wahrnehmungsinhaltes, also auf die Frage, ob derselbe aus einem Vorgange heraus entstanden ist, welchem die in begrifflicher Form erfasste Gesetzmäßigkeit wirksam zugrunde lag oder noch liegt.

Beispiel eines Erkenntnisvorgangs: Ich zeichne in bewusster (kritischer) Weise freihändig, ohne Hilfskonstruktionen, auf eine Wandtafel mit Kreide eine Ellipse mit kleiner Exzentrizität, also so, dass sie nahezu wie ein Kreis aussieht und von einem solchen kaum zu unterscheiden ist. Später, zum Beispiel am nächsten Tag, wird diese Zeichnung durch Drittpersonen wahrgenommen und mit Begriffen verknüpft. Ohne direkte oder indirekte Kenntnisse des Entstehungsprozesses kommen verschiedene Begriffe in Betracht: Kreis, Ellipse, Cassinisches Oval, freies Oval. Mit allen diesen Begriffen kann es zu einem Erkenntnisurteil kommen, und damit zu einem zutreffenden Zusammenhang von Wahrnehmung und Begriff. Und in allen Fällen wird deutlich, dass (aufgrund der Unzulänglichkeit meiner Zeichenkünste sowie des relativ groben Materials der Tafelkreide und der Tafeloberfläche) das Zusammenstimmen nicht perfekt sein kann. Wird dem Erkenntnisurteil der Kreisbegriff zugrunde gelegt, so wird die eventuell feststellbare Abweichung der Tafelfigur von einem idealen Kreis der Unvollkommenheit der Kreis*darstellung*, der Erscheinung des Kreises im Medium der Tafel, zugeschrieben. Wird dem Erkenntnisurteil der Begriff der Ellipse zugrunde gelegt, so wird auch hier aufgrund der Zeichenungenauigkeit das Zusammenstimmen an manchen Stellen nicht vollkommen sein. Vor allem lässt sich anhand des (sinnlich) vorliegenden Materials ohne zusätzliche Informationen nicht entscheiden, ob nun der Entstehung der Figur auf der Tafel tatsächlich der Begriff einer Ellipse oder einer anderen Art von Oval oder gar eines Kreises zugrunde gelegen hat. Fazit: Es treffen verschiedene Begriffe auf die gegebenen Wahrnehmungen zu, das heißt mit den vorliegenden sinnlichen Wahrnehmungsmaterialien lassen sich verschiedene Begriffe in mehr oder weniger gutes Zusammenstimmen bringen. Eine eindeutige Entscheidung für oder gegen irgendeinen dieser Begriffe als den «wahren» Begriff oder als einen der «unwahren» Begriffe ist aufgrund dieser graduellen Unterschiede nicht möglich. Auf der anderen Seite ist gemäß Voraussetzung klar, dass dem Bildeprozess der vorliegenden Tafelfigur eine eindeutig bestimmte Gesetzmäßigkeit zugrunde gelegen hat.

Anhand dieses Beispiels wird offenbar, dass das mehr oder weniger zutreffende Zusammenstimmen von Wahrnehmung und Begriff in der Regel nur eine *notwendige* aber keine *hinreichende* Bedingung ist für die Klärung der Frage nach der der *Konstitution* des Wahrnehmungsinhaltes zugrunde liegenden Gesetzmäßigkeit.

In einem ersten Schritt zur Verwirklichung des materialen Aspektes eines Erkenntnisurteils geht es demnach um das inhaltliche Zusammenstimmen von Gesetzmäßigkeit und Wahrnehmungsinhalt: Ein Erkenntnisurteil ist *zutreffend* oder *nicht zutreffend*, je nachdem ob die aktuell gedachte Gesetzmäßigkeit mit dem aktuell erlebten Wahrnehmungsinhalt zusammenstimmt oder nicht. Mit Zusammenstsimmung ist hier gemeint, dass die Komponenten der Gesetzmäßigkeit in individualisierter Form im Wahrnehmungsinhalt aufgefunden werden können und umgekehrt, dass den Wahrnehmungskomponenten ein Platz im Zusammenhangsgefüge der Gesetzmäßigkeit zukommt.

Der zweite Schritt zur vollständigen Verwirklichung des materialen Aspekts eines Erkenntnisurteils führt auf das Problem der *Wahrheit* des Erkenntnisurteils im Sinne einer Bestimmung der Gesetzmäßigkeit, welche für die *reelle Hervorbringung* des Wahrnehmungsinhaltes verantwortlich war oder ist. Damit ist die eigentliche Wirkursache dieser Wahrnehmung gemeint, die selbst auf keine andere Wirkung zurückführbar ist, sondern aus sich heraus gerade diese Wahrnehmungssituation, eventuell im Zusammenwirken mit anderen diesem Prozess untergeordneten Wirkursachen, hervorgebracht hat oder hervorbringt.

Erkenntnisurteile können demnach *wahr* oder *unwahr* sein, unabhängig von dem vorhandenen Zusammenstimmen von Wahrnehmung und Gesetzmäßigkeit, das heißt unabhängig davon, ob die Gesetzmäßigkeit auf den Wahrnehmungsinhalt zutrifft oder nicht. Genauer: Zutreffende Erkenntnisurteile müssen nicht notwendigerweise wahr sein und nicht zutreffende Erkenntnisurteile nicht notwendigerweise unwahr. Falls jedoch ein Erkenntnisurteil wahr ist, muss es auch zutreffend sein. Die Wahrheit von Erkenntnisurteilen ist also neben ihrem Zutreffen eine zusätzliche Eigenschaft, die solchen Urteilen zukommen muss, damit es sich um sach- oder wirklichkeitsgemäße Urteile handelt (siehe dazu die Anmerkungen in Kapitel 15).

Eine Erkenntnis ist genau dann wahr, wenn erstens der Wahrnehmungsinhalt und der Inhalt der Gesetzmäßigkeit vollkommen Zusammenstimmen, das heißt die Gesetzmäßigkeit auf die Wahrnehmung zutrifft, und zweitens der Wahrnehmungsinhalt Ausdruck, Erscheinung der Gesetzmäßigkeit und diese das reell und ideell ordnende Prinzip desselben ist.

Gehört die Erfahrung der wirksamen (lebendigen) Quellen der Hervorbringung, der Entstehung gewisser Wahrnehmungsinhalte mit zum Erlebnishorizont des erkennenden Menschen, so kann die Herstellung des Zusammenstimmens von Wahrnehmung und Begriff für die Wahrheit des entsprechenden Erkenntnisurteils auch hinreichend sein. Es hängt demzufolge vom Erkenntnishorizont des individuellen Menschen und nicht von den Prinzipien des Erkennens oder der Wahrheit ab, innerhalb welcher Weltbereiche es zu wahren Erkenntnisurteilen kommen kann. Dass es möglich ist, zu den lebendigen Quellen der geordneten Hervorbringung von Weltvorgängen vorzustoßen, weiß man zumindest aus der individuellen intuitiven Bewusstwerdung des Denkens, insbesondere aus der Weiterführung zur intuitiven Bewusstwerdung des Ich (siehe dazu Kapitel 6 und 7). Bewusstwerdung des Denkens und des Ich werden auf diese Weise zu Schlüsseln der Welterkenntnis.

Man beachte, dass die Prädikate «wahr» und «unwahr» *nicht* die epistemische *Intuition* als solche betreffen, weder deren Inhalt noch deren Form, sondern das konkrete Verhältnis derselben zur Wahrnehmung. In diesem Sinne sind Intuitionen jenseits von Wahr und Unwahr.

Entscheidend für die bewusste Handhabung der individuellen Erkenntnisentwicklung ist die Einsicht in den systematischen Rang von Erkenntnis und Wahrheit. Die wirklichkeitsgemäße Bestimmung der Wahrheit einer Erkenntnis hat nur einen Sinn *innerhalb* eines tatsächlichen, das heißt aktuellen Erkenntnisurteils. Stellt sich ein Erkenntnisurteil aus anderen Gründen (zum Beispiel aufgrund eines Widerspruchs mit bereits vollzogenen Erkenntnisakten) als unwahr heraus, so kann der Irrtum nur eingesehen, aufgeklärt und aufgelöst werden, wenn die Erkenntnissituation aufrechterhalten wird oder wieder hergestellt werden kann. Mit anderen Worten, eine aktuelle *Erkenntnis* muss nicht wahr sein, um eine *aktuelle* Erkenntnis zu sein, aber eine *wahre Erkenntnis* kann nur eine *aktuelle Erkenntnis* sein.

Wahre Erkenntnis ist nur gegenwärtig zu haben. Einmal als wahr bestimmte Erkenntnisinhalte, auch *Wahrheiten* genannt, betreffen die *damals* aktuelle Situation, und verlieren für diese ihren Wahrheitscharakter nicht. Allerdings handelt es sich dabei um (auf irgendeine) Weise überlieferte Wahrheiten, um tradierte wahre Erkenntnisinhalte. Sie können, falls die damaligen Weltinhalte auf keine Weise mehr aktuell anwesend oder unwiederbringlich verändert sind, nicht neu vollzogen und damit nicht aktuell überprüft werden: Sie können nur als fertige Einsichten zu Kenntnis genommen werden. Und damit erfüllen überlieferte Wahrheiten nicht die Form der wahren Erkenntnis im Sinne einer aktuellen Bildung eines Erkenntnisurteils.

In diesem Sinne muss das primäre Ziel des wahren Erkennens die *Herstellung der Erkenntnissituation* sein, das heißt die Realisierung der dreifachen Aktualität von Wahrnehmung, Begriff und Erkenntnisurteil als Grundlage für zutreffende Urteile, und das sekundäre Ziel die Wahrheit dieser Erkenntnis. Man beachte: die Prädikate «primär» und «sekundär» kennzeichnen nur die systematische Ordnung von Erkenntnis und Wahrheit, sie beinhalten weder eine Wertung noch notwendigerweise eine zeitliche Folge. Es wird sich weiter unten herausstellen (Abschnitt 11.5), dass das *Streben nach Wahrheit* innerhalb des Erkenntnisaktes ein integraler Bestandteil des Erkennens ist und keine Forderung, die an das Erkennen von außen herangetragen werden muss.

Die Verwandtschaft der wahren Wesenserkenntnis mit der Bewusstwerdung des Denkens und des Ich wirft ein klares Licht auf die Bedeutung der letzteren für ein selbstbestimmtes Erkenntnisleben. Sie macht zudem die Wesenserfahrung, das heißt die wahre Erkenntnis einer Erscheinung, zu einer Wesensbegegnung, zu einer Wesensvereinigung in mehrfachem Sinne. Nehme ich erkennend teil am Werdeprozess einer Erscheinung und komme ich durch diese Teilnahme zu einer wahren Erkenntnis über die Natur dieser Erscheinung, so bin ich dem schaffenden Wesen so nah wie irgend möglich: ich erkenne es unmittelbar in seinem Schaffensprozess. Zugleich erkenne ich die Verwandtschaft meines eigenen Schaffens (im

Erkennen und Handeln) mit diesem Schaffensprozess und die Verwandtschaft der Einsicht in die Struktur meines eigenen Selbst mit der Einsicht in die Konstitution anderer Wesen. Das Streben nach Wahrheit ist demzufolge nichts anderes als die Vereinigung meines erkennenden Ich mit anderen schaffenden Wesen, und damit ist Wesensvereinigung das Ziel aller Erkenntnis.

Ein Blick auf das alltägliche oder auch systematische wissenschaftliche Erkenntnisgeschehen zeigt, dass die Herstellung einer strengen Erkenntnissituation mit ihrer dreifachen Aktualität relativ selten stattfindet, da sie nicht immer ohne weiteres realisierbar ist. Daraus kann entnommen werden, dass in vielen Fällen bereits der Vollzug des Erkennens, und damit zutreffender Erkenntnisurteile, große Schwierigkeiten bereitet – ganz zu schweigen vom selbstständigen Finden einer Wahrheit. Wahrheit kann jedoch sachgemäß nur gefunden werden, wenn aktuell Erkennen stattfindet. Alles andere gehört in den Bereich der Vorbereitung oder Nachbereitung einer Erkenntnissituation und kann eine solche nicht ersetzen.

Im Sinne einer Maxime für die Erkenntnispraxis könnte man dem erkennenden Individuum die Empfehlung mit auf den Weg geben, anhand möglichst vieler *aktueller Erkenntnissituationen* zutreffende Erkenntnisurteile anzustreben, und dabei das Risiko von unwahren Erkenntnissen auf sich zu nehmen, da es sich ohnehin nicht ein für allemal vermeiden lässt. Die konsequent fortgesetzte Erkenntnisbildung gewährleistet, dass unwahre Erkenntnisurteile im Laufe der Zeit korrigiert werden können.

9.4 Methodik des Erkennens: epistemische Phantasie und epistemische Technik

Soviel zur *Struktur* von Erkenntnis und Wahrheit. Im folgenden geht es um methodische Fragen, das heißt um Fragen der Umsetzung dieser Strukturen in der Praxis des Erkennens und der Wahrheitsfindung (siehe dazu Tabelle 9.1).

Es wird von einer aktuellen Erkenntnissituation ausgegangen und die Frage untersucht, auf welche Weise die Zusammenstimmung der beteiligten Inhalte konkret erarbeitet werden kann. Zunächst muss der durch die epistemische Intuition erfasste universelle Begriffszusammenhang anhand der Wahrnehmungsinhalte so spezialisiert werden, dass er diejenigen Bestimmungen in konkreter Form enthält, welche er in allgemeiner Form als Begriff umfasst. Unter Umständen stellt sich dann heraus, dass zu einseitig spezialisiert wurde und man sich neu am Begriff orientieren und ihn wieder auf andere Weise spezialisieren muss – oder dass keine konkrete Zusammenstimmung möglich ist und man einen neuen Begriff intuieren muss. Dieser Vorgang der variierenden Individualisierung des universellen epistemischen Intuitionsinhaltes sowie die Variation und Neubildung von epistemischen Intuitionen hinsichtlich weiterer Individualisierungen soll mit *epistemischer Phantasie* und das Resultat mit *epistemischer Phantasievorstellung* bezeichnet werden.

Die epistemische Phantasie hat zwei Teilfunktionen: die variierende Spezialisierung eines allgemeinen Begriffs zu einer konkreten Vorstellung anhand der Wahrnehmung sowie die (intuitive) Erfassung von neuen Begriffen hinsichtlich einer solchen Spezialisierung.

Die erste Funktion der epistemischen Phantasie ist ein Spezialfall der *exakten Phantasie* (im Kontrast zur assoziativen

9. Epistemische Intuition

Prinzipien	**Primäres Ziel: dreifache Aktualität**	*Aktuelle Erkenntnis:* Aktuelles Urteil aufgrund aktueller Wahrnehmung und aktueller Begriffsbildung
	Ideelle Intuition	*Begriffsbildung:* Durch Wahrnehmung (Erkenntnisgegenstand) veranlasste ideelle Intuition
	Formaler Bezug auf Wirklichkeit	Formaler Aspekt des Erkenntnisurteils: *Epistemische Intuition:* Durch ideelles Urteil (epistemischer Bezug) formal auf Wahrnehmung bezogene ideelle Intuition.
	Materialer Bezug des Intuitionsinhaltes auf Wirklichkeit	Der materiale Aspekt des Erkenntnisurteils umfasst zutreffende Zusammenstimmung *und* konstitutive Beziehung der Inhalte von Wahrnehmung und Begriff:
		1. Schritt: Zutreffendes Erkenntnisurteil ODER nicht zutreffendes Erkenntnisurteil
		2. Schritt: Wahres, wirklichkeitsgemäßes Erkenntnisurteil ODER unwahres, unsachgemäßes Erkenntnisurteil
	Sekundäres Ziel	*Wahre Erkenntnis:* Einsicht in die Konstitution des Wahrnehmungsinhalts durch den Begriffsinhalt

Tabelle 9.1:

Prinzipien und Methoden des Erkennens

9.4 Methodik des Erkennens

Methodik	Exakte Phantasie	*Epistemische Phantasievorstellungen:* Variierende Individualisierungen eines universellen Intuitionsinhaltes hinsichtlich einer konkreten Wahrnehmung; Auswahl, Variation und Neubildung eines Intuitionsinhaltes hinsichtlich eines wahren Erkenntnisurteils
	Sachgemäße Technik	*Epistemische Technik:* Konkrete Auseinandersetzung mit der Erfahrungswelt und Integration von Erkenntnisergebnissen früherer Erkenntnisse in gegenwärtigen Erkenntnisakt
Resultat	Individualisierung der ideellen Intuition	*Epistemisches Vorstellen, aktuelles Erkenntnisurteil, aktuelle Erkenntnisvorstellung*: Ideeller und materialer Bezug (formales *und* materiales Erkenntnisurteil) einer ideellen Intuition auf einen Wahrnehmungsinhalt; als Resultat erscheint eine epistemische Vorstellung, ein individualisierter Begriff, eine Gegenwartsvorstellung.
	Bewusstwerdung	Erkenntnis
Ziel	Aktualität, Geistesgegenwart	*Fähigkeitsausbildung zur dreifachen Erkenntnisaktualität:* geistesgegenwärtiger Vollzug einer epistemischen Intuition und eines Erkenntnisurteils bei aktueller Präsenz eines Wahrnehmungsinhaltes
	Wissenschaft	*Wissenschaft der gewordenen Welt:* ideelle und materiale Einheit der in aktuell vollzogenen Erkenntnisakten hervorgebrachten epistemischen Intuitionen

Phantasie), in welcher in bewusster Weise ausgehend von einem reinen Begriff anhand einer ideellen Neuordnung des inneren Erfahrungsmaterials (Erinnerungen, gegebene Vorstellungen) exakte Abbilder des im Denken erfassten reinen Gesetzes entwickelt werden können.

Die zweite Funktion der epistemischen Phantasie ist ein Teilprozess der epistemischen Intuition. Sie hat die Aufgabe, aus der Vielfalt möglicher Intuitionsinhalte einen oder mehrere auszuwählen.

Charakteristisch für die durch das Denken geleitete epistemische Phantasie ist ihre Ausrichtung und Orientierung an Teilbereichen des gewordenen, gegebenen Weltinhalts. Sie dient der individuellen Auffassung der bisher entstandenen Welt, sie muss dieselbe als Vorbedingung ihrer Tätigkeit hinnehmen und darf kein davon unabhängiges Eigenleben entwickeln.

Der Prozess der epistemischen Phantasie wird hier ausgehend von einer bereits aktuell anwesenden Begriffsintuition entwickelt. Die epistemische Phantasie dient dann einer Brückenbildung von der Intuitionstätigkeit zur gewordenen Welt. Dieser Gesichtspunkt ist eine denkgemäße Fortsetzung der Untersuchungen zum Gesetz und zur Wirklichkeit der Begriffsintuition in den vorangehenden Kapiteln. Für die Praxis des Erkennens spielt jedoch auch der umgekehrte Prozess eine wichtige Rolle: Wie können auf der Grundlage eines reichhaltigen Erfahrungslebens überhaupt erst sachgemäße Intuitionen erarbeitet werden? Darauf wird in den Anmerkungen in Kapitel 15 und dort in der 1. Ergänzung zu Kapitel 10 eingegangen.

Zur epistemischen Phantasie muss die *epistemische Technik* hinzutreten. Sie umfasst auf der einen Seite eine direkte Auseinandersetzung mit der Erfahrungswelt, das heißt die

9.4 Methodik des Erkennens

Fähigkeit des konkreten und liebevollen Umgangs mit allen Facetten des unmittelbaren Erlebens und Erfahrens, angefangen von einer instrumentenfreien und systematischen Beobachtungstechnik (Beobachtungsreihen, Beobachtungen über lange Zeiträume etc.) über Versuchsreihen anhand von Variationen der Versuchsbedingungen bis hin zur ausgefeilten Versuchstechnik und Messtechnik. Auf der anderen Seite gehört zur epistemischen Technik auch eine sachgemäße Auseinandersetzung mit den Ergebnissen früherer Erkenntnisakte in Begriffs- oder Vorstellungsform. Solche Ergebnisse sind entweder bereits als unwillkürliches Wissen (Kenntnis, Vorurteil, Vorwissen) zusammen mit den Wahrnehmungsinhalten in der Form von Gegenwartsvorstellungen (siehe dazu Kapitel 10), präsent oder sie treten als Erinnerungen und als Ergebnisse von Literaturrecherchen auf. Diese Kenntnisse können in einer neuen Erkenntnissituation berücksichtigt, in diese integriert und unter Umständen neu geprüft werden.

Das letztendliche Resultat der wechselseitig sich ergänzenden Prozesse der epistemischen Phantasie und der epistemischen Technik durch das *aktuelle Erkenntnisurteil* oder das *epistemische Vorstellen* (auch *aktuelle* oder *produktive Erkenntnisvorstellung* genannt), ist eine konkrete Verknüpfung der vorliegenden Wahrnehmungsinhalte mit dem intuitiv erfassten Begriffszusammenhang. Dieses Resultat wird hier *epistemische Vorstellung* oder *Erkenntnisvorstellung* genannt. Im Kapitel 10 wird es auch *Gegenwartsvorstellung* genannt werden. Es handelt sich dabei um das Resultat des in den Abschnitten 9.2 und 9.3 betrachteten (formalen *und* materialen) Erkenntnisurteils, das man auch als *inhaltlich individualisierten Begriff** bezeichnen kann. In einem ersten Schritt wird genau geprüft, ob ein solches Erkenntnisurteil zutreffend ist oder nicht, im letzteren Fall muss es noch einmal neu angegangen werden.

Erst im zweiten Schritt, der je nach Umständen erst sehr viel später vollzogen werden kann, wird sich herausstellen, ob das Erkenntnisresultat wahr, das heißt wirklichkeitsgemäß, oder unwahr (gewesen) ist.

Auf jeden Fall ist eine mit einem Urteil abgeschlossene Erkenntnis der Form nach keine Erkenntnis mehr, sobald die dreifache Aktualität der Erkenntnissituation nicht mehr zutrifft. Dann ist das Erkenntnisurteil in ein *Nachurteil* beziehungsweise ein *Vorurteil* für weitere Erkenntnissituationen übergegangen und muss mit der epistemischen Technik an seinen sachgemäßen Platz gerückt werden.

Das eigentliche *Ziel des erkennenden Menschen* besteht somit nicht in der Sammlung von Erkenntnissen, das heißt von Erkenntnis*resultaten* in der Form von Erkenntnisvorstellungen: Diese können im Nachhinein nur noch dem Inhalt, jedoch nicht mehr der Form nach als Erkenntnisse gelten. Das bedeutet, dass sie nur noch zur Kenntnis genommen und nicht mehr selbstständig durchschaut werden können; bestenfalls können sie zur Ausbildung weiterer epistemischer Intuitionen anregen. Das Ziel des erkennenden Menschen kann demnach nur die Steigerung der *Fähigkeit zur Aktualität* sein, der Fähigkeit, angesichts aktueller Wahrnehmungen Begriffe bilden und Urteile vollziehen zu können.

Das Ziel des erkennenden Menschen ist die Ausbildung der Fähigkeit zur Erkenntnisaktualität, zur Geistesgegenwart in jeder Situation, in der Erkenntnis stattfinden kann.

Vom Ziel des Erkennens ist das *Ziel der Wissenschaft* oder die Ziele der Wissenschaften, oder genauer: das Ziel des wissenschaftlich arbeitenden Menschen zu unterscheiden. In der Wissenschaft geht es um die gedankliche Verarbeitung der ideellen Anteile der vollzogenen Erkenntnisurteile zu einem oder mehreren umfassenden Begriffssystemen, zu einer oder mehreren wirklichkeitsgemäßen Theorien, zu einem Gedankenkosmos. Wissenschaft ist eine in der Natur des Erkennens liegende Fortentwicklung des Erkenntnisprozesses.

9.5 Drama der Erkenntnis

Neben den im Drama der Bewusstwerdung (Abschnitt 7.5) geschilderten Gefahren, die zu einem Verlust der wahren Wirklichkeit und des Entwicklungsweges der Bewusstwerdung führen können, ist der Erkenntnisprozess, sofern er denn zustande kommt, nach zwei weiteren Seiten hin von einer Abirrung bedroht. Er kann nach zwei Extremen hin verführt werden, wenn ein Hang zu Schwärmerei und Illusionen auf der einen Seite und zu Bequemlichkeit und Gewohnheit auf der anderen Seite besteht: Die epistemische Phantasie kann zur *epistemischen Phantastik* ausarten und die epistemische Technik zum *epistemischen Automatismus* oder Mechanismus.*

Wenn in der epistemischen Phantasie die Verbindung zur Ideenwelt abbricht (oder gar nicht zustande gekommen ist), wenn sie ihre Ordnung nicht mehr (oder noch nicht) vom Inhalt der epistemischen Intuition erhält, so kommt der epistemischen Phantasie der Charakter einer willkürlichen oder assoziativen Phantasie zu. Sie unterliegt dann nicht mehr durch das Denken kontrollierbaren (exakten) Einflüssen, es kommt zu ungeordneten Illusionen und willkürlichen Vorstellungen, mit denen unter Umständen die Ansprüche verbunden sind oder vorgegaukelt werden, zu neuen Ufern der Erkenntnis hinzuführen. Der erkennende Mensch wird dadurch zum Spielball seiner Illusionen und Wunsch- oder Wahnvorstellungen, die ihn weit weg von der gegenwärtigen Welt führen können. Als Folge davon verliert der Mensch auch den Kontakt zur *unmittelbaren* Erfahrungswelt. Kurz, aus der epistemischen Phantasie wird eine *epistemische Phantastik*.

Auf der anderen Seite unterliegt die epistemische Technik der Gefahr einer bloßen Fortschreibung, einer bloßen Neukombination bisheriger Erkenntnisvorstellungen (Vorurteile). Dies ist insbesondere dann der Fall, wenn der Kontakt zur unmittelbaren Erfahrung, die Auseinandersetzung mit der gewordenen und der werdenden Welt abbricht, so dass keine Orientierung des Erkennens an der tatsächlichen und gegenwärtigen Welt mehr stattfindet. Die Konsequenzen sind für das Erkenntnisleben gravierend: Wenn es zu keiner vorurteilsfreien Hinwendung zur Wahrnehmungswelt mehr kommt, so kann man sich nur noch auf das Bisherige, auf Tradition, auf Schlussfolgerungen aus feststehenden Prämissen, auf ein Fortrollen reiner Denkgewohnheiten stützen. Als Konsequenz verliert der Mensch auch den *aktuellen* Bezug zur Ideenwelt. Aus der epistemischen Technik wird ein *epistemischer Automatismus*. Im Extremfall wird der erkennende Mensch dann zum Erkenntnisautomat, der jeden Kontakt mit der Welt- und Geistesgegenwart verliert.

Beiden Abirrungen, der epistemischen Technik und dem epistemischen Automatismus, liegt die Tendenz zugrunde, sich eine eigene, in sich abgeschlossene Erlebniswelt zu schaffen, sich sowohl von der Ideenwelt als auch von der unmittelbaren Erfahrungswelt abzukoppeln. In diesem Sinne arbeiten sich diese Tendenzen, trotz ihrer gegensätzlichen Ausrichtungen, gegenseitig in die Hände: Sie erschweren und/oder verunmöglichen dem erkennenden Menschen Selbständigkeit und individuelle Sicherheit.

Zur Überwindung dieser extremen Einseitigkeiten ist der Ausgleich der einen Abirrung durch einen unmittelbaren Übergang zur gegensätzlichen Abirrung wenig geeignet: Auf diese Weise würde man nur die Abkopplung von Ideenwelt *und* Erfahrungswelt weiter vertiefen. Was hier sachgemäß weiterhelfen kann, ist die konsequente Entwicklung derjenigen Fähigkeiten, die einerseits der epistemischen Phantasie und andererseits der epistemischen Technik zugrundeliegen. Mit anderen Worten: Die verführerische Allianz der beiden Abirrungen muss erst entflochten werden, bevor sie selbst zurechtgerückt werden können. Nur dadurch kommt es zum entwicklungsnotwendigen direkten Bezug zur Ideenwelt auf der einen Seite *und* zur unmittelbaren Erfahrungswelt auf der anderen Seite.

Auch wenn jedoch die beiden notwendigen methodischen Komponenten des Erkennens in möglichst idealer Form verwirklicht werden, so führt das Vorherrschen der einen oder der anderen Seite ebenso zu Verzerrungen und Einseitigkeiten. Die übermäßige Betonung der epistemischen Phantasie bis hin zur Ausbildung verschiedenster Ideenzusammenhänge führt tendenziell zu weltfremden Theorien, die weit weg von der konkreten Wirklichkeit und damit nur mit vielen Kompromissen mit der vorliegenden Wahrnehmung in Zusammenstimmung gebracht werden können. Auf der anderen Seite hat die Überbetonung einer soliden epistemischen Technik die Tendenz, zum einen in einem reichhaltigen empirischen Material zu versinken und zum anderen die bisherigen Erkenntnisse in Form von Vorurteilen einfach nur fortzuschreiben, sie bloß mit neuen Inhalten zu ergänzen. Beides kann einer durch epistemische Intuitionen veranlassten radikalen erkennenden Neustrukturierung des Wahrnehmungsmaterials entgegenstehen.

Im Gegensatz zu den weiter oben geschilderten Abirrungen kann die Überwindung dieser Einseitigkeiten sowohl der epistemischen Phantasie wie der epistemischen Technik durch die ausgleichende Funktion, welche jeweils die eine Tätigkeit auf die andere auszuüben in der Lage ist, bewerkstelligt werden. Es ist keine Frage: Es bedarf *beider* Fähigkeiten für ein sachgemäßes Erkennen. Das Ziel muss aber im Herstellen eines Gleichgewichts, eines harmonischen Wechselspiels zwischen epistemischer Phantasie und epistemischer Technik liegen, damit diese sich einerseits in ihren spezifischen Eigenarten entwickeln und andererseits ergänzen können.

Genau das ist jedoch die Funktion der *aktuellen* Erkenntnis, der dreifachen Aktualität des Erkenntnisprozesses (Abschnitte 9.2 und 9.3). In diesem wird auf der Grundlage einer aktuell anwesenden epistemischen Intuition und eines gegenwärtig erlebten Wahrnehmungsinhaltes ein aktuelles Erkenntnisurteil vollzogen. Dem Erkenntnisprozess liegt also in Wahrheit ein *Gleichgewichtsimpuls* zugrunde, der sich in Ich-getragener liebender Zuwendung zur Welt auslebt (siehe dazu Abschnitt 11.5).

Gelingt der Ausgleich, die Herstellung des Gleichgewichts zunächst nicht auf individueller Ebene, so kann dieser entwicklungsbedingte Mangel ins Positive gewendet werden, indem er zur Grundlage für eine fruchtbare Zusammenarbeit verschieden veranlagter Menschen gemacht wird (siehe dazu Abschnitt 12.5).

10. Vorstellung und Wahrnehmung

Die Vorstellungslehre erscheint hier als eigenes Kapitel, da sie sich mit den psychischen Repräsentationen des Denkens und Erkennens, nicht mit diesen selbst beschäftigt. Ihre systematische Grundlage hat sie jedoch in der Erkenntnislehre (Kapitel 9), an welche mit dem Abschnitt 10.1 direkt angeknüpft wird. Die Vorstellungslehre ist Teil der Psychologie, der Lehre des seelischen Erlebens im Sinne einer Lehre von den unwillkürlichen Reaktionen auf sinnliche und geistige Erlebnisinhalte sowie deren Bewahrung über den aktuellen Erlebniszustand hinaus. Sie kann ohne Verlust der Kontinuität beim ersten Lesen übergangen werden.

Vorblick und Zusammenfassung: Das Gesetz der Vorstellung muss da entwickelt werden, wo der Bildungsprozess einer Vorstellung vollumfänglich zugänglich ist: bei der Bildung eines Erkenntnisurteils. Das Vorstellen findet hier im Rahmen einer unmittelbaren Auseinandersetzung von Begriffsintuitionen mit aktuellen Beobachtungen (Wahrnehmungen) statt. Beim Resultat dieses Prozesses, einer Erkenntnisvorstellung (Gegenwartsvorstellung, inhärente Vorstellung), wird erst die aktive Begriffsbildung verlassen und beim Übergang zur Nacherkenntnisvorstellung (Nachgegenwartsvorstellung) auch die Präsenz der entsprechenden Beobachtungen. Wird letztendlich der ganze Prozess, einschließlich seiner psychischen Nachbilder, vergessen, so kann später eine Erinnerung daran auftauchen, die noch davon kündet, dass etwas mehr oder weniger Bestimmtes in vergangener Zeit erlebt wurde. Die andere bewusste Quelle des Vorstellens ist die Phantasie; ihr Material stammt aus der Vergangenheit, sie wird in der Gegenwart gebildet und ihr Inhalt weist in die Zukunft. – Mit dem am

Erkenntnisprozess abgelesenen Gesetz des Vorstellens und des Produkts dieses Prozesses, der Vorstellung, lassen sich andere konkrete und bloß gegebene Erfahrungsinhalte ebenfalls als Vorstellungen identifizieren, wie etwa Erinnerungen, Einfälle, Assoziationen und insbesondere die Beobachtungen selbst. Damit eröffnet sich die Perspektive, bei Beobachtungen, insbesondere bei Sinnesbeobachtungen, eine scharfe Unterscheidung des reinen Vorstellungsanteils vom reinen Wahrnehmungsanteil vorzunehmen und dadurch auf empirischer Grundlage das Vorurteil aufzulösen, dass man es in seinen Erfahrungen *nur* mit seinen Vorstellungen zu tun hätte.

10.1 Erkenntnisvorstellungen

Für die Untersuchung des Gesetzes von Vorstellungen muss da angeknüpft werden, wo deren Bildeprozess vollständig offenliegt: im Vollzug eines Erkenntnisurteils (Kapitel 9). Deshalb wird hier vom bewussten Hervorbringen eines Erkenntnisurteils auf der Grundlage einer Begriffsintuition ausgegangen. Tritt eine Vorstellung nur als fertiges Produkt auf, ohne jeden unmittelbaren Hinweis auf ihren Ursprung, so kann keine verlässliche Einsicht in ihre Struktur zustandekommen, da wesentliche Erfahrungskomponenten fehlen. Ist jedoch einmal diese Struktur anhand aktueller Erfahrung ihres Bildeprozesses aufgeklärt, so kann sie auch in fertig gegebenen Vorstellungen aufgefunden werden.

In einem Erkenntnisurteil werden Beobachtungen und durch diese angeregte Begriffe miteinander verknüpft. *Beobachtungen* sind ohne unmittelbares Zutun des denkenden und erkennenden Individuums gegebene außer-ideale Erfahrungen, das heißt solche Erfahrungen, die nicht schon in ihrem ersten Auftreten als in sich ruhend und in sich notwendig und zusammenhängend erlebt werden (siehe dazu die Anmerkungen in Kapitel 15). Die beiden Erkenntniskomponenten stehen einander zunächst unvermittelt und unversöhnlich gegenüber. Es liegt jedoch in der Natur der Begriffe (Gesetze), dass ihr ideeller Inhalt bezüglich des gegebenen, einzelnen Beobachtungsinhaltes universell ist. Sie können der Möglichkeit nach durch die mannigfaltigsten, ihrem Inhalt äußeren Bedingungen spezialisiert werden, das heißt, ihr universelles Beziehungsgeflecht kann in verschiedenster Weise individualisiert, in ein besonderes Beziehungsgefüge ausgestaltet werden.

Beispiele: (1) Eine als Kreis erkannte gegebene geometrische Figur auf einem Blatt Papier hat eine bestimmte Größe, einen bestimmten Ort auf dem Papier, und das Papier eine bestimmte Lage im Raum. Alle diese Bestimmungen sind dem Gesetz des Kreises äußerlich: Sie sind in diesem nur der Möglichkeit nach enthalten. Sie müssen von außen an das Kreisgesetz herangetragen werden, damit sich dieses zu einer konkreten Vorstellung, einem Kreis bestimmter Größe und Lage individualisieren oder spezialisieren lässt. Farbe und Material des gezeichneten Kreises sind weitere Komponenten der Individualisierung, die bis in die physisch-mineralische Erscheinung reichen. (2) Ein Regenbogen erscheint in jeder Situation, insbesondere je nach Sonnenstand, Größe und Verteilung der Regentröpfchen anders. Einmal erscheint ein ganzer Kreis, einmal erscheint ein zweiter Bogen, einmal treten andere, seltenere Modifikationen hinzu. Dabei bleibt sich das grundlegende Gesetz der Farbverteilung des Hauptbogens (von innen nach außen: blauviolett, blau, grün, gelb, orange, rot, rotviolett) sowie die geometrische Anordnung relativ zum Sonnenstand und zum Beobachter immer gleich. Die Gesetzmäßigkeiten erscheinen nur gemäß den jeweiligen

Bedingungen individualisiert. (3) Die Stellung des in der Nacht sichtbaren Gürtels von Fixsternen in der Nähe der Sonnenbahn, das heißt die Stellung des Tierkreises, hängt vom Jahreslauf der Sonne und von der Tageszeit ab. Das allgemeine Bewegungsgesetz erscheint zu jedem Beobachtungszeitpunkt in eine besondere Stellung individualisiert.

Ein reiner Begriff als solcher enthält keinerlei Anhaltspunkte für eine spezifische Individualisierung. Er enthält nur die Idealmöglichkeit aller seiner Individualisierungen. Damit es zu einer Individualisierung kommen kann, bedarf es der Gegenwart von außer-ideellen Elementen, eben von Beobachtungen. Vermöge des tatsächlichen Bezugs individueller Beobachtungen auf einen universellen Begriffszusammenhang (Gesetz) erscheinen dann einerseits die Elemente der Beobachtung in einem ihre Unterschiede und Gemeinsamkeiten umfassenden universellen Beziehungsgefüge, und andererseits erscheint der universelle Begriff in einer auf die gegebene Erscheinungswelt hin individualisierten Form.

Eine aktuelle Erkenntnisvorstellung ist der Form nach ein durch die erkennende Tätigkeit (Urteilstätigkeit) hervorgebrachter Inhalt, der nicht von selbst auftritt, der keine unmittelbare, jedoch eine mittelbare Folge des Auftretens von Beobachtung und Begriff (Gesetz) ist. Sie kann auch *produktive Gegenwartsvorstellung* genannt werden.

Dem Inhalt nach sind solche Vorstellungen keine Produkte der erkennenden Tätigkeit, sondern in eindeutiger Weise bedingt durch die konkreten Begriffszusammenhänge sowie die gegebenen Beobachtungsinhalte. Im aktuellen Zustand, das heißt während des Bildungsprozesses einer Erkenntnisvorstellung, hat diese einen reellen (gegenwärtigen) Bezug sowohl zum Begriffszusammenhang (Gesetz) als auch zur Beobachtung. Sie ist jederzeit von den bei diesem Bildungsprozess beteiligten reinen Begriffen und bloßen Beobachtungen zu unterscheiden. Die Verknüpfung umfasst ein einzelne Beobachtungen verbindendes individualisiertes *Beziehungsgefüge* (Begriffskomponenten) sowie einen durch dieses Gefüge geordneten Komplex von *Beobachtungsinhalten* (Wahrnehmungs- oder Beobachtungskomponenten). Erkenntnisvorstellungen sind also eine Art «Gemisch», sie bilden ein Zwischenreich zwischen Beobachtung und Denken.

Gesetz der aktuellen Erkenntnisvorstellung: Aktuelle produktive Erkenntnisvorstellungen sind durch die tätige Urteilskraft zum Dasein gebrachte Erfahrungsinhalte, deren Beobachtungselemente durch die Komponenten des individualisierten Begriffs geordnet sind.

Von diesem Prozess des Vorstellens ist das Produkt, die fertige *Vorstellung*, zu unterscheiden. Das Resultat des durch Vorstellen hergestellten Bezugs, ermöglicht durch epistemische Phantasie und epistemische Technik, wurde im Abschnitt 9.4 *individualisierter Begriff* oder *Erkenntnisvorstellung* genannt. Solange die für die Herstellung der Vorstellung notwendigen Beobachtungen (Wahrnehmungen) präsent bleiben, kann unmittelbar der Weg zurück zur produktiven Vorstellungsbildung gegangen werden, da dieser Prozess nur vom individuellen Menschen abhängt. Deshalb wird diese Vorstellung auch kurz *Gegenwartsvorstellung* oder *inhärente Vorstellung* genannt, da mit ihr die entsprechenden Beobachtungen noch gegenwärtig sind. Es handelt sich um eine *erste Stufe der Entfernung* einer Vorstellung von ihrem Ursprungszustand, der aktuellen Vorstellungsbildung.

Gesetz der Gegenwartsvorstellung oder inhärenten Vorstellung: Gegenwartsvorstellungen sind Endprodukte des Vorstellens, der aktuellen oder produktiven Bildung von Erkenntnisvorstellungen unter fortdauernder Präsenz der Beobachtungsgrundlage.

Durch den Verlust der Aktualität des gesetzmäßig ordnenden Denkens sind Gegenwartsvorstellungen um eine Stufe von der aktuellen Erkenntnisbildung entfernt (erste Stufe der Entfernung).

Beispiele: (1) Im Zustand der Gegenwartsvorstellung eines Kreises ist der Vorstellungsprozess abgeschlossen, es liegt eine fertige Kreisvorstellung vor, und es findet kein *aktiver* Vergleich der inneren Vorstellung mit dem tatsächlich gegebenen Kreis mehr statt. Insbesondere ist das Gesetz des Kreises nicht mehr präsent, welches die Grundlage für eine fortgesetzte aktive Auseinandersetzung mit dem Beobachtungsinhalt wäre. Was die rezeptive Gegenwartsvorstellung auszeichnet, ist ihr an den Augenblick des Abschlusses der Vorstellungsbildung gebundener Charakter. Sie spiegelt sowohl den momentanen Beobachtungsinhalt als auch die momentan verfügbaren Begriffe wider. Sie ist eine Momentaufnahme, welche den Augenblick für eine gewisse Dauer festhält. (2) Im Falle des Regenbogens stellt man vielleicht noch fest, dass sich der Beobachtungsinhalt verändert, unternimmt aber keine Anstrengungen mehr, die fertige Vorstellung an die neue Beobachtungssituation anzupassen. Damit findet aber bereits der Übergang zur Nacherkenntnisvorstellung statt. (3) Die Gegenwartsvorstellung des Tierkreises in der Nacht umfasst eine fixe Stellung eines Ausschnittes des Tierkreises, die genau diesem Moment zukommt und bereits im nächsten Moment streng genommen nicht mehr mit dem Wahrnehmungsinhalt übereinstimmt.

10.2 Nacherkenntnisvorstellungen und Erinnerungsvorstellungen

Bei Vorstellungen, die durch den individuellen Prozess der Erkenntnis gebildet werden, kennt man deren Herkunft und Struktur: Es bleibt hinsichtlich ihrer Konstitution nichts offen oder willkürlich. Ist der Bildungsprozess einer Vorstellung abgeschlossen *und* sind die Beobachtungen (Wahrnehmungen) vergangen, nicht mehr präsent, so liegt die Vorstellung als fertige Tatsache vor; sie ist um eine weitere Stufe von der aktuellen Erkenntnisvorstellung entfernt. Sie hat keinen reellen (gegenwärtigen) Bezug mehr sowohl auf die bei der Bildung beteiligten Begriffszusammenhänge als auch auf die beim Bildungsprozess anwesenden Beobachtungen. Somit gehört sie nun zum Bestand der bloß gegebenen Beobachtungen (Vorstellungen), insbesondere zu den *Nachurteilen*. Solange sie noch in der Bewusstwerdung präsent ist, also noch nicht vergessen ist, handelt es sich um eine Beobachtung, die einen ideellen, jedoch nicht mehr reellen Bezug auf die bei ihrer Bildung präsenten Begriffszusammenhänge und Beobachtungen hat. Man weiß noch, woher sie stammt. Fertig gebildete Vorstellungen überdauern sowohl die Präsenz der aktuellen Erkenntnisvorstellung als auch diejenige der Beobachtungen (Wahrnehmungen), sie bewahren deren Inhalte über den Moment der Aktualität hinaus. Es sind *psychische Nachbilder* oder Abbilder der unmittelbaren Denk- und Beobachtungserlebnisse, der Erkenntnisurbilder. Wird ihr Inhalt ins Auge gefasst, so können sie *Erkenntnisnachbilder, Nacherkenntnisvorstellungen* oder *Nachgegenwartsvorstellungen* genannt werden (Tabelle 10.1). Es handelt sich um eine *zweite Stufe der Entfernung* einer Vorstellung von ihrem Ursprungszustand, der aktuellen Vorstellungsbildung.

Beispiele: Im Zustand der Nacherkenntnisvorstellung liegt die noch mit einer Gegenwartsvorstellung gegebene Beobachtung nicht mehr vor: Es wird kein Kreis oder kein Regenbogen oder kein Tierkreis mehr gesehen, sie sind aus dem Blickfeld verschwunden oder es wurde der Blick abgewendet. Damit bleibt nur noch ein im Innern erlebbares Nachbild übrig, von dem man zwar weiß, woher es stammt (ideeller Bezug), für das aber kein erkennender Zugriff mehr möglich ist. Das Erkenntnisnachbild steht alleine da und kann nicht mehr an etwas korrigiert oder an den neuesten Stand angepasst werden. Entscheidend für den Übergang von der Gegenwartsvorstellung zur Nachgegenwartsvorstellung ist, dass die Aufmerksamkeit inzwischen nicht anderem zugewendet wurde, also keine Unterbrechung der Kontinuität der Zuwendung zum Vorstellungsinhalt stattgefunden hat (keine Kaffeepause, kein Mittags- oder Nachtschlaf). Andernfalls verschwindet die Nacherkenntnisvorstellung ganz aus der Bewusstwerdung, und es tritt der Fall der Erinnerung ein.

Im Gegensatz zu Erkenntnisvorstellungen im Sinne von Gegenwartsvorstellungen ist bei Nacherkenntnisvorstellungen ein Weg zurück zur Vorstellungsbildung nicht mehr unmittelbar möglich. Es müssten erst die Bedingung für das Eintreten der entsprechenden Beobachtungen wieder hergestellt werden – falls es sich überhaupt um ein wiederholbares Ereignis handelt.

Die Nachbilder von Erkenntnisvorstellungen haben, wie man aus ihrem Entstehungsprozess weiß, ebenso wie das Original zwei Komponenten. Sie sind eine untrennbare, aber in sich differenzierbare Einheit zweier Bestandteile, des zur *Kenntnis*, zum *Wissen* oder zur *Interpretation* geronnenen individualisierten begrifflichen Beziehungsgefüges sowie der durch dieses Gefüge geordneten, zu bloßen Abbildern verblassten Beobachtungen. Da sich der Prozess, der Übergang vom *Urbild* zum *Abbild*, lückenlos verfolgen lässt, ist es berechtigt und sachgemäß, die der platonischen Tradition entstammenden Begriffe von Urbild und Abbild hier anzuwenden, ohne sich in die Gefahr der Spekulation zu begeben.

Gemäß dem Gesetz des Erkennens (Abschnitt 9.2) haben in der Vergangenheit gebildete Erkenntnisvorstellungen keinerlei unmittelbar bestimmende Funktion für ein gegenwärtig zu vollziehendes Erkenntnisurteil. Sie gehören zur Seite der bloß gegebenen Erfahrungen, den Beobachtungen, es sind *Vorurteile* ohne bestimmende Bedeutung für einen aktuellen Erkenntnisvollzug. Vorurteile haben selbstverständlich auch die positive Funktion einer inhaltlichen Brückenbildung von der vergangenen zur gegenwärtigen Erkenntnis. Durch sie lässt sich inhaltlich an frühere Erkenntnisergebnisse anknüpfen, durch sie kann man den früher liegengelassenen Erkenntnisfaden wieder aufgreifen, reaktualisieren und weiterbilden. Gemäss ihrem Charakter als gegebene Beobachtungsinhalte haben sie jedoch gegenüber dem aktuellen Begriffsbilden nur eine veranlassende und anregende, keinerlei bestimmende Funktion.

Gesetz der Nacherkenntnisvorstellung: Inhalte von Erkenntnisnachbildern sind Nacherkenntnisvorstellungen, also psychische Nachbilder aktueller Erkenntnis, welche die für die Hervorbringung von aktuellen Erkenntnisvorstellungen verantwortliche dreifache Aktualität der Begriffsbildung, der Beobachtung sowie der Urteilsbildung überdauern. Sie entbehren einen konkreten Bezug sowohl zum gegenwärtigen gesetzmäßig ordnenden Denken als auch zur aktuellen Beobachtung (zweite Stufe der Entfernung).

Erinnerungen heben sich von anderen Vorstellungen und Erlebnisinhalten dadurch ab, dass sie erstens ohne individuelles

Zutun auftreten und zweitens mit dem unmittelbaren Wissen ausgestattet sind, dass man die im Erinnerungsbild auftauchenden Situationen früher einmal erlebt hat. Es handelt sich um *Vorstellungen*, da man es weder mit reinen Begriffen noch mit bloßen unzusammenhängenden Erfahrungstatsachen zu tun hat. Erinnerungsvorstellungen sind Gesamtkompositionen, welche die Kriterien eines individualisierten Begriffs erfüllen: Sie bilden einen *spezifischen* Zusammenhang.

Damit eine Erinnerung an eine einmal erlebte Situation auftauchen kann, bedarf es einer *dritten Stufe der Entfernung* vom ursprünglichen Erlebniszustand der aktiven Vorstellungsbildung. Es muss ein *Vergessen* eintreten und damit ein Verlust der aus dem ursprünglichen Erleben (Vorstellungsbildung) hervorgegangenen Erlebnisse, das heißt insbesondere der Gegenwarts- und der Nachgegenwartsvorstellungen.

Beispiele: Für das Auftreten einer Erinnerung bedarf es nicht nur eines Verschwindens der Beobachtungsgrundlage des gegebenen Kreises oder des Regenbogens oder des Tierkreises, wie bei der Nacherkenntnisvorstellung, sondern es muss auch diese Vorstellung selbst verschwinden, damit ein wirkliches Vergessen eintritt. Es darf kein direkter reeller oder ideeller Bezug mehr auf das Erlebnis präsent bleiben. Erst wenn das der Fall ist, sind die Vorbedingungen des Auftretens einer Erinnerungsvorstellung gegeben, die nicht bloß eine fortgesetzte Nacherkenntnisvorstellung ist, sondern eine neue Vorstellung, die vom Gesichtspunkt des unmittelbaren Erlebens aus keinen kontinuierlichen Zusammenhang mit der ursprünglichen Vorstellung mehr hat.

Für dieses Wissen des Früher-Erlebt-habens im Rahmen einer Erinnerungsvorstellung braucht es weder ein Nachdenken noch eine andere zusätzliche Bestätigung. Es ist unmittelbarer Bestandteil der Erinnerungsvorstellung. Es hat selbst Vorstel-

10.2 Nacherkenntnis- und Erinnerungsvorstellungen

lungscharakter: Es handelt sich um ein ohne individuelles Zutun gegebenes Wissen über eine Beziehung des Erinnerungsbildes zu einem früheren *Erleben* – *nicht* zu einem früheren Erlebnis*inhalt*. Ob es auch tatsächlich stimmt, dass die so auftretende Erinnerungsvorstellung von einem früheren Erlebnis kündet oder seine Quelle woanders hat, kann aus der Erinnerungsvorstellung selbst nicht entnommen werden. Das tut aber für die Qualität der Erinnerungsvorstellung als solche nichts zur Sache: Sie ist von einer solchen eventuellen Unsicherheit nicht direkt betroffen – andernfalls würde sie gar nicht mit Sicherheit als eine Erinnerungsvorstellung identifiziert werden können (sondern zum Beispiel als Einfall oder Assoziation).

Erinnerungsvorstellungen können nicht direkt durch Eigenaktivität hervorgebracht werden. Es gibt in diesem Sinne keine bewusste Produktion von Erinnerungsvorstellungen. Man kann jedoch aktiv dafür sorgen, dass genügend Anlässe vorhanden sind, die das spontane Auftauchen von Erinnerungen begünstigen. Liegt etwa als Ausgangspunkt eine bereits gegebene Erinnerung vor und möchte man noch weiteres aus dem Umfeld dieses Erlebnisinhaltes erinnern, so kann man sich entweder, sofern vorhanden und zugänglich, an Orte begeben, von denen man weiß, dass sie mit dem gesuchten Erlebnis eng zusammenhingen oder -hängen, oder man ergänzt das gegebene Erinnerungsbild durch Phantasievorstellungen und baut es zu einer umfassenderen Komposition aus. In beiden Fällen tauchen bei genügender Aktivität weitere Erinnerungsbilder auf, mit denen sich im Hinblick auf eine Fortsetzung der Erinnerungserlebnisse die geschilderten Verfahren wiederholen lassen.

Für Erinnerungsvorstellungen ist weiterhin charakteristisch, dass sie als fertige Produkte auftauchen, als fertige Einheiten.

Sie haben keinen reellen, unmittelbaren Bezug mehr auf die für ihre Bildung notwendigen Erfahrungen und gesetzmäßigen Zusammenhänge.

Gesetz der Erinnerungsvorstellung: Erinnerungen sind ohne direktes individuelles Zutun auftauchende Vorstellungen, die mit der unmittelbaren Gewissheit ausgestattet sind, dass der gegenwärtige Erfahrungsinhalt früher einmal aktuell erlebt wurde.

10.3 Wesen und Erscheinung von Vorstellungen

Der zentrale Kern der Vorstellungsbildung, der im Bildungsprozess einer Erkenntnisvorstellung manifest ist, kann folgendermaßen festgehalten werden:

Allgemeines Gesetz des Vorstellens: Vorstellen ist ein Prozess der Individualisierung eines Begriffsinhaltes (Gesetz), das heißt der Herstellung einer Erscheinung eines Gesetzes anhand einer Verknüpfung eines Begriffsinhaltes mit außerbegrifflichen Erfahrungen (Beobachtungen, Wahrnehmungen).

In bewusster Weise können Vorstellungen auf zwei Arten hervorgebracht werden: durch Erkenntnis (Abschnitt 10.2) oder Phantasie (Abschnitt 10.4). Die unwillkürlichen, das heißt ohne individuelles Zutun auftauchenden Vorstellungen – sofern es sich nicht um Vorstellungen handelt, die direkt oder indirekt aus Erkenntnis- oder Phantasievorstellungen hervorgegangen sind (siehe unten) – umfassen ebenfalls zwei Klassen, die dem Erkenntnisbereich und dem Phantasiebereich zugeordnet werden können: Beobachtungen sowie Einfälle oder Assoziationen. Der Vorstellungscharakter von Beobachtungen wird nach einigen vorbereitenden Untersuchungen in den Abschnitten 10.5 und 10.6 in Abschnitt 10.7 behandelt und der Vorstellungscharakter von Einfällen und

Assoziationen im Abschnitt 10.8 nach einer Untersuchung der bewussten Bildung von Phantasievorstellungen in Abschnitt 10.4.

Im vorliegenden Abschnitt werden in Ergänzung zur Vorstellungsbildung, zum eigentlichen aktiven Vorstellen im Erkenntnis- und Phantasieprozess, drei *Vorstellungstypen* abgeleitet. Sie wurden anhand der Erkenntnisvorstellungen bereits besprochen und sollen hier noch einmal in ihren wesentlichen Komponenten festgehalten werden (siehe dazu Tabelle 10.1), damit sie weiter unten auch im Rahmen anderer Vorstellungssituationen wieder aufgefunden werden können.

Die sich an den bewussten Entstehungsprozess einer Vorstellung anschließenden Vorstellungstypen umfassen drei Stufen der Entfernung einer Vorstellung von ihrem Ursprung, der aktiven Vorstellungsbildung: die Gegenwartsvorstellung, die Nachgegenwartsvorstellung und die Erinnerungsvorstellung.

In der *ersten Stufe der Entfernung* findet der Übergang von der Vorstellungsbildung zum Produkt dieser Bildung statt. Und zwar entfällt als erstes die Tätigkeit der Begriffserfahrung, das heißt der aktive Kontakt zur Gesetzeswelt in Form der Intuition als Quelle der Beziehungen zwischen den Elementen des gegebenen Anschauungsmaterials. Dadurch «gefriert» der Vorstellungsprozess zu einer festen Vorstellung, einer *Gegenwartsvorstellung*. Die Gegenwärtigkeit dieser Vorstellung bezieht sich auf die fortdauernde Präsenz der Beobachtungen (Wahrnehmungen), des Anschauungsmaterials, anhand welcher die universellen begrifflichen Bezüge individualisiert wurden. Beim Übergang zum Produkt geht also der unmittelbare Kontakt mit dem bei der Bildung der Vorstellung anwesenden Begriff verloren, da dessen Präsenz an die Bildungstätigkeit geknüpft ist und mit dem Ende derselben ebenfalls in seinem Dasein endet. Anders ist es jedoch mit den

10. Vorstellung und Wahrnehmung

Vorstellungstyp	Bezug auf Beobachtungen (Wahrnehmungen)	Erscheinungen von Erkenntnisvorstellungen
Vorstellungsbildung, Vorstellen	Aktiver Bezug von Begriffsinhalten auf gegenwärtige Beobachtungen (Wahrnehmungen)	Vorstellen, Vorstellungsbildung anhand aktueller Begriffsinhalte *mit* reellem Bezug auf gegenwärtige Beobachtungen (Wahrnehmungen)
		Aktuelle Erkenntnis, Gegenwartsurteil, aktuelle Erkenntnisvorstellung, produktive Gegenwartsvorstellung
Gegenwartsvorstellung, inhärente Vorstellung	Erste Stufe der Entfernung (Verlust der aktuellen Begriffsanschauung): Gegebener reeller Bezug auf gegenwärtige Beobachtungen (Wahrnehmungen)	Abgeschlossenes Erkenntnisurteil bei gegenwärtig bleibenden Beobachtungen (Wahrnehmungen)
		Erkenntnisvorstellung
Nachgegenwartsvorstellung	Zweite Stufe der Entfernung (Verlust der aktuellen Beobachtung): Gegebener ideeller Bezug auf vergangene und noch nicht vergessene Beobachtungen (Wahrnehmungen)	Abgeschlossene Erkenntnis bei vergangenen Beobachtungen (Wahrnehmungen)
		Erkenntnisnachbild, Nacherkenntnisvorstellung, Nachurteil, Vorurteil
–	Dritte Stufe der Entfernung (Verlust der Gegenwärtigkeit der Vorstellung): Vergessen	–
Erinnerung	Wissen um ein früheres Erleben, kein direkter Bezug auf anderen Erlebnisinhalt	Erinnerungsvorstellung, erinnerte Erkenntnis

Tabelle 10.1: Erscheinungen von Erkenntnisvorstellungen

während des Bildungsprozesses anwesenden Beobachtungen (Wahrnehmungen). Diese können (aber müssen nicht) auch noch nach dem Abschluss dieses Prozesses anwesend sein. Wegen dieser Präsenz, dieses weiterhin im Erleben gegebenen reellen Bezugs der Vorstellung auf das ihrer Bildung zugrunde liegende Anschauungsmaterial, wird dieser Vorstellungstypus auch *inhärente Vorstellung* genannt.

Geht auch diese Präsenz verloren, verschwindet das Anschauungsmaterial aus dem Prozess der Bewusstwerdung und bleibt zugleich die Vorstellung ohne Unterbrechung der Aufmerksamkeit präsent, so handelt es sich um eine *zweite Stufe der Entfernung* der Vorstellung von ihrem Ursprungszustand. Es bleibt nur noch ein *psychisches Nachbild* übrig, das allen direkten (reellen) inhaltlichen Kontakt zu seinem Ursprung verloren hat. Dieses Nachbild wird *Nachgegenwartsvorstellung* genannt. Hatte die Vorstellung vorher noch einen gegenwärtigen Bezug auf die Beobachtungen, so ist dieser jetzt nur noch formell vorhanden.

In einer letzten Stufe der Entfernung vom Ursprungszustand bricht auch noch der Faden der kontinuierlichen Präsenz der Vorstellung von ihrem Ursprung über die Gegenwartsvorstellung bis hin zur Nachgegenwartsvorstellung ab: sie wird vergessen. Erst unter dieser Bedingung kann eine Erinnerung an das ursprüngliche Erlebnis auftauchen. Die Erinnerungsvorstellung geht nur noch indirekt aus dem ursprünglichen Erleben hervor, kündet nur noch indirekt von den ehemals anwesenden Beobachtungen: es tritt nur noch ein Wissen um ein früheres Erleben auf, *kein* Bezug auf einen früheren Erlebnis*inhalt*. Dabei gibt es für die Hypothese, Erinnerungsvorstellung seien bloß wiederaufgetauchte Gegenwarts- oder Nachgegenwartsvorstellungen, keinen Anlass in der Erfahrung.

Was allen diesen Typen von Vorstellungen gemeinsam ist, kann kurz im Gesetz der Vorstellung festgehalten werden.

Gesetz der Vorstellung: Vorstellungen sind individualisierte Begriffe.

Mit diesem Kriterium des individualisierten Begriffs können auch im Nachhinein, nach Abschluss eines Bildeprozesses, gegebene Erlebnisinhalte als Vorstellungen identifiziert werde, deren Bildeprozess nicht, oder nicht mehr, bewusst erlebt wurde oder wird. Das gilt zunächst für Gegenwartsvorstellungen und Nachgegenwartsvorstellungen von aktuellen Erkenntnisvorstellungen selbst, dann aber auch für andere Vorstellungen wie die Erinnerungsvorstellung und andere weiter unten besprochene Arten von Vorstellungen (siehe die Abschnitte 10.7 und 10.8).

Eine Verknüpfung der Vorstellungslehre mit dem Prozess der Abstraktion und Konkretion (Abschnitt 7.2) bringt die 2. Ergänzung zu Kapitel 10: «Vorstellungslehre und Abstraktionslehre».

10.4 Phantasievorstellungen

Im *exakten Phantasieren* wird vermittels eines reinen Begriffs oder Begriffszusammenhangs mit dem Anschauungsmaterial von Erinnerungsvorstellungen (oder Nachgegenwartsvorstellungen) eine Vorstellung komponiert, die sich direkt weder auf vergangene noch gegenwärtige Beobachtungen stützt, sondern auf *mögliche* Beobachtungen in der Zukunft hinweist (Tabelle 10.2).

Beispiel: (1) Vermöge einer denkenden Einsicht in das Gesetz des Kreises, etwa in der Form der Mittelpunktsdefinition, können Vorstellungen von Kreisen in verschiedener Größe,

10.4 Phantasievorstellungen

Vorstellungstyp	*Bezug auf Beobachtungen (Wahrnehmungen)*	*Erscheinungen von Phantasievorstellungen*
Vorstellungsbildung, Vorstellen	Aktive Gestaltung von Vorstellungen aus Bruchstücken gegebener Vorstellungen (Kompositionsmaterial) hinsichtlich möglicher zukünftiger Beobachtungen (Wahrnehmungen)	Aktive Vorstellungsbildung anhand aktueller Begriffsinhalte *ohne* Bezug auf gegenwärtige Beobachtungen (Wahrnehmungen), aber mit ideellem Bezug auf *mögliche* Beobachtungen in der Zukunft
		Aktuelle exakte Phantasievorstellung, produktive Phantasievorstellung
Gegenwartsvorstellung, inhärente Vorstellung	Verlust des aktuellen Begriffsinhaltes: Gegebener ideeller Bezug auf mögliche zukünftige Beobachtungen (Wahrnehmungen) und fortdauernder reeller Bezug auf Kompositionsmaterial und -varianten	abgeschlossenes Produkt des Phantasierens
Nachgegenwartsvorstellung	Verlust der Präsenz des Kompositionsmaterials	Phantasienachbild, Nachphantasievorstellung
–	Verlust der Gegenwärtigkeit der Vorstellung: Vergessen	–
Erinnerung	Wissen um ein früheres Erleben	Erinnerte Phantasievorstellung

Tabelle 10.2: Erscheinungen von Phantasievorstellungen

verschiedener Lage innerhalb einer Ebene oder in verschiedenen Ebenen hervorgebracht werden. Es können auch nach bestimmten Prinzipien bewegliche Kreisvorstellungen erzeugt werden, etwa größer oder kleiner werdende Kreise um einen festen Mittelpunkt, Wanderungen eines Kreises mit fester Größe entlang einer Kurve. (2) Aus einer Beschäftigung mit dem Gesetz des Regenbogens können Regenbögen für jede Lage des Sonnenstandes, für verschiedene Tröpfchengrößen etc. vorgestellt und durch kontinuierliche Variation der Bedingungen ineinander übergeführt werden. (3) Hat man sich die Gesetzmäßigkeit der Bewegung des Tierkreises im Tages- und Jahreslauf klar gemacht, so kann man sich ein inneres Bild einer Stellung zu einem beliebigen Zeitpunkt machen. Außerdem ist man dann auch nicht mehr gebunden an den über dem Horizont sichtbaren Teil, sondern kann auch die den sichtbaren Teil ergänzende Partie in das innere Bild mit einbeziehen. Man kann auch die verschiedenen Stellungen variieren und kontinuierlich ineinander überführen.

Der Bereich der *exakten Phantasie* umfasst demnach die Produktion von einzelnen Erscheinungen oder ganzen Erscheinungsreihen eines Begriffs im Bereich der Vorstellungen, aus der Einsicht in den ideellen Gehalt des Begriffs heraus. Als Resultate entstehen individualisierte Begriffe, das heißt in konkreter Weise geordnetes Anschauungsmaterial. Wegen der Anwesenheit des begrifflichen Elementes ist mit der exakten Phantasie eine individuelle Tätigkeit verbunden. Die exakte Phantasie ist also deutlich von einer «rezeptiven Phantasie» im Sinne von Einfällen und/oder Assoziationen («brainstorming») zu unterscheiden (siehe dazu Abschnitt 10.8). Der exakten Phantasie liegt einerseits das ordnende Prinzip des Begriffs zugrunde, und andererseits verwendet sie als zu ordnendes Anschauungsmaterial Elemente, Bruchstücke, aus dem Reich der gegebenen, fertigen Vorstellungen (Nachgegenwartsvorstellungen, Erinnerungsvorstellungen, Einfälle).

Gesetz des exakten Phantasierens: Exaktes Phantasieren, die Bildung produktiver Phantasievorstellungen in der Form individualisierter Begriffe, beruht auf der aktiven Verknüpfung von Erinnerungs- oder Nachgegenwartsvorstellungen, oder Teilen davon, mit reinen Begriffen (Gesetze) ohne Bezug auf gegenwärtige Beobachtungen (Wahrnehmungen).

Von der Produktion einzelner exakter Phantasievorstellungsbilder kann die Hervorbringung *beweglicher Vorstellungen* unterschieden werden. Dabei werden einerseits unter dem Gesichtspunkt des entsprechenden Gesetzes sowie andererseits nach bestimmten Prinzipien, die festlegen, was invariant bleibt und was variiert wird, kontinuierliche Vorstellungsreihen hervorgebracht. Diese Vorstellungsreihen können unter Umständen so geführt werden, dass eine Übersicht über das gesamte Spektrum der möglichen Vorstellungen und der Klassen von Vorstellungen eines bestimmten Begriffsinhaltes (Gesetz) vor dem inneren Blick entsteht.

Auch hier ist der eigentliche Kompositionsprozess, das Phantasieren, von dessen Produkt oder einer ersten Stufe der Entfernung vom Ursprungszustand, der *produktiven Phantasievorstellung*, zu unterscheiden. Im ersteren Fall ist der zur Bildung benötigte reine Begriff aktuell präsent, und im letzteren Fall erscheint er nur noch in der individualisierten Form der fertigen Phantasievorstellung, das heißt in Form einer *Gegenwartsvorstellung*.

Zum Typus der *Gegenwartsvorstellung* als Endprodukt des Phantasierens gehört die andauernde Gegenwärtigkeit des verwendeten Kompositionsmaterials, die bleibende Präsenz (einiger) erwogener und verworfener Varianten. Dem fertigen Phantasiebild bleibt (eventuell teilweise) das Umfeld des durchlaufenen Phantasieprozesses als direktes Begleitphänomen zugesellt. Der Kontakt zum aktuellen Denken, zum aktuellen Gestaltungs- und Auswahlprozess ist verloren: es wird nicht mehr komponiert, sondern nur noch das fertige Phantasieprodukt zur Kenntnis genommen. Verliert dieser Prozess auch noch sein Umfeld, das heißt geht er der Präsenz der Kompositionsmaterialien (zum Beispiel verschiedene Erinnerungen) und -varianten verlustig, so geht die Gegenwartsvorstellung in eine *Nachgegenwartsvorstellung* über.

Der Übergang zu einer allfälligen *Erinnerung an eine Phantasievorstellung* ist wieder klar gebunden an den Vorgang des Vergessens. Ohne den Unterbruch der Aufmerksamkeit auf die Phantasievorstellung im Vorgang des Vergessens bleibt diese in ihrer Gegenwärtigkeit erhalten und kann (und braucht) nicht erinnert zu werden. Auch hier gilt, dass es für die Hypothese, Erinnerungsvorstellungen seien bloß wiederaufgetauchte Gegenwarts- oder Nachgegenwartsvorstellungen, keinen Anlass in der Erfahrung gibt.

In der Erkenntnispraxis hat sowohl die exakte Phantasie als auch die naive Phantasie ihren sachgemäßen Platz. Dies ist Thema der 1. Ergänzung zu Kapitel 10: «Vorstellungslehre und Erkenntnispraxis» in Kapitel 15, wo die Anwendung der Vorstellungslehre auf die Methodik der Bildung von Erkenntnisurteilen demonstriert und der Begriff der naiven oder präintuitiven Phantasie erläutert wird.

10.5 Primär- und Sekundärbeobachtungen

In diesem und dem nächsten Abschnitt geht es um die Bereitstellung der Erfahrungsgrundlagen für die Klärung des Vorstellungscharakters von Beobachtungen im Abschnitt 10.7

10.5 PRIMÄR- UND SEKUNDÄRBEOBACHTUNGEN

und von Einfällen/Assoziationen im Abschnitt 10.8 sowie die Untersuchung des Verhältnisses von Vorstellung und Wahrnehmung im Abschnitt 10.9.

Die dem denkenden Erkennen vorliegenden, bloß gegebenen Erfahrungsinhalte wurden *Beobachtungen* genannt (Abschnitt 4.2 und 10.1). Sie sind der Form nach bloß auftretende, das heißt ohne unmittelbares Zutun des denkenden und erkennenden Individuums gegebene Inhalte. Sie können bloß zur Kenntnis genommen, in ihrem Inhalte und in ihrem Auftreten nicht beeinflusst werden. Im folgenden wird eine innere Strukturierung des gesamten Bereiches der Beobachtungen vorgenommen.

Mit *Primärbeobachtungen* werden solche Beobachtungen bezeichnet, die sich bezüglich ihres Daseins nicht unmittelbar auf andere Beobachtungen beziehen, denen insbesondere keine Beobachtungen vorangehen, mit welcher sie in einem direkten erlebnismäßigen Zusammenhang stehen. Primärbeobachtungen weisen erlebnismäßig nicht über sich hinaus: sie sind in sich ruhende, in sich abgeschlossene Erlebnisse.

Mit *Sekundärbeobachtungen* werden alle diejenigen Beobachtungen bezeichnet, die sich unmittelbar erlebnismäßig an Primärbeobachtungen anschließen, die durch Primärbeobachtungen veranlasst oder ausgelöst werden oder die sich mit Primärbeobachtungen direkt erlebnismäßig verbinden. Da es sich ebenfalls um Beobachtungen handelt, unterscheiden sie sich von Primärbeobachtungen nicht in der Form ihres Auftretens (insbesondere kommen als Sekundärbeobachtungen keinerlei durch Denken hervorgebrachte Inhalte in Betracht), sondern nur in der Abfolge des Auftretens. Man beachte auch, dass diese Unterscheidung nichts mit einer Wertung von verschiedenen Klassen von Beobachtungen zu tun hat.

Beispiel: Ein plötzlich herunterfallendes Blatt einer Birke im Spätsommer kann eine ganze Kette von Erlebnissen auslösen. Zunächst gehört die Beobachtung des Blattes und dessen Fallen und Schweben im Wind zum Strom der Primärbeobachtungen. Als Sekundärbeobachtungen können sich Erinnerungen (Herbsterlebnisse vergangener Jahre), Gefühle (Wehmut), spontane Willensimpulse (Garten in Ordnung bringen), Assoziationen (Sterbeprozess) und vieles andere mehr einstellen. Die sich eventuell daran anschließenden aktuellen Denkprozesse und bewussten Willensimpulse (freie Motivbildungen) werden hier nicht berücksichtigt, da es sich dabei weder um Primär- noch um Sekundärbeobachtungen handelt.

Sowohl Primärbeobachtungen wie Sekundärbeobachtungen treten nicht vereinzelt auf. Im Gegenteil: man muss von ineinander verschränkten Strömen von solchen Beobachtungen sprechen. An diese Beobachtungsströme schließen sich dann noch der Denk- und Erkenntnisstrom sowie der Motivbildungs- und Handlungsstrom an, sodass man am Schluss ein mehrschichtiges Strömen verschiedenartigst strukturierter Erfahrungsinhalte hat. An dieser Stelle wird jedoch nur auf die Beobachtungsströme eingegangen.

Am besten verfolgen lässt sich der Unterschied zwischen Primär- und Sekundärbeobachtungen anhand eines plötzlich eintretenden Ereignisses, das die Aufmerksamkeit fesselt. Dadurch wird man veranlasst, ein bestimmtes Ereignis (Primärbeobachtung) aus dem Strom der Beobachtungen herauszugreifen und es aufmerksam in seinem weiteren Verlauf, in seiner Ergänzung durch Sekundärbeobachtungen zu verfolgen.

Sekundärbeobachtungen weisen durch sich selbst auf die sie veranlassenden oder mit ihnen verbundenen Primärbeobachtungen hin. So ist etwa bei einem Gefühle bei genügender Aufmerksamkeit im allgemeinen klar, worauf es sich bezieht,

10.5 Primär- und Sekundärbeobachtungen

oder an welcher Beobachtung es sich entzündet hat. Ein Gefühl umfasst einen erlebnismäßigen (keinen ideell-denkerischen) Bezug des Beobachtungsinhaltes auf das Individuum. Desgleichen lässt sich erlebnismäßig verfolgen, durch welche Primärbeobachtung ein unwillkürlicher Willensimpuls ausgelöst wurde oder an welche Primärbeobachtung er sich angebunden hat. Ein Willensimpuls hat einen (gegenüber dem Gefühl umgekehrten) erlebnismäßigen Bezug des Individuums auf seinen Handlungskontext.

Ein weiteres Charakteristikum von Sekundärbeobachtungen ist, dass sie Primärbeobachtungen direkt (als Beobachtungsnachbilder, siehe Abschnitt 10.6) oder indirekt (zum Beispiel durch Gefühle) Dauer verleihen: Ihre Präsenz überdauert in der Regel die Anwesenheit der sie auslösenden oder mit ihnen direkt verbundenen Primärbeobachtungen.

Eine eventuelle Schwierigkeit, die immer wieder neuen Ausgangspunkte der mannigfachen Erlebnisströme von Primärbeobachtungen zu erkennen, liegt in der Tatsache, dass Sekundärbeobachtungen die individuelle Bewusstwerdung so stark gefangen nehmen, dass ihre Veranlassung durch oder ihre Anbindung an Primärbeobachtungen übersehen wird. Das kann insbesondere dann der Fall sein, wenn die sich an bestimmte Beobachtungen anschließenden Erinnerungen, Willensimpulse oder Gefühle sehr intensiv sind und man sich leicht in ihnen verliert. Damit tritt man in eine ganze Kette aufeinanderfolgender Erlebnisse ein, und die mit ihnen verbundenen Primärbeobachtungen werden aus den Augen verloren.

Dem Inhalt nach umfassen Primärbeobachtungen auf der einen Seite *Sinneserfahrungen*, das heißt Inhalte von Beobachtungen in Anwesenheit von aktuellen Erfahrungen der Sinne, *Sinneswahrnehmungen* oder *Sinnesempfindungen* genannt, und auf der anderen Seite elementare Bedürfnisse des Leibes

(Triebe, Begierden). Sekundärbeobachtungen umfassen die sich daran anschließenden *psychischen* oder *seelischen Erfahrungen*.

Gesetz der Beobachtung: Beobachtungen sind bloß auftretende, ohne bewusste Beteiligung des Individuums daseiende Erfahrungsinhalte; Primärbeobachtungen sind Beobachtungen, die am Anfang einer ganzen Kette von durch sie ausgelösten oder angeregten weiteren Beobachtungen, den Sekundärbeobachtungen, stehen. Die Primärbeobachtungen umfassen Sinnesbeobachtungen, das heißt Beobachtungen in Anwesenheit von aktuellen Erfahrungen der Sinne und elementare Bedürfnisse des Leibes, und die Sekundärbeobachtungen die sich daran anschließenden seelischen Erfahrungen.

10.6 Beobachtungsnachbilder

Die vorangehenden Untersuchungen dienten in erster Linie dazu, Primärbeobachtungen im Unterschied zu Sekundärbeobachtungen ins Auge fassen zu können, um sie einer genaueren Analyse zu unterwerfen. Es soll im Abschnitt 10.7 gezeigt werden, dass Primärbeobachtungen selbst schon zusammengesetzter Natur, also letztlich Vorstellungen sind. Dazu muss erst noch genauer auf die Erfahrung von Primärbeobachtungen und deren psychischen Nachbildern eingegangen werden.

Es ist auffällig, dass in Primärbeobachtungen Komponenten vorhanden sind, die eine mehr oder weniger umfangreiche Kenntnis, eine unwillkürliche Interpretation oder Orientierung beinhalten. Sie sind keineswegs reine Empfindungen in dem Sinne, dass mit ihnen keinerlei Wissen oder Kenntnis über den Charakter des Empfindungsinhaltes vorliegt. Man beachte, dass es bei diesen Wissensinhalten um Erlebniskomponenten geht, die in und mit Primärbeobachtungen direkt *zusammen* auftauchen, also weder um neu hinzukommende Sekundärbeobachtungen noch um durch das denkende Erkennen hinzugefügte Elemente. Die in Primärbeobachtungen mit anwesenden unwillkürlichen Wissenskomponenten, die Kenntnisse oder gegebenen Interpretationen, welche unter anderem Inhalte aus vergangenen Erkenntnissen umfassen können, sind je nach Erlebnisinhalt von sehr unterschiedlicher Natur: von differenziert und präzis bis allgemein und diffus. Es spielt hier weder eine Rolle, ob dieses Wissen zutreffend oder wahr ist, noch ist es im Moment von Belang, warum und wodurch es auftritt. Es soll nur darauf aufmerksam gemacht werden, *dass* ein solches in jedem Falle vorhanden ist.

Es gibt keine Erfahrung, bei der nicht in irgendeiner Weise ein Wissen, eine gewisse Kenntnis schon mit präsent ist – und sei es nur, dass man bei einer konkreten Beobachtung weiß, ob es sich um ein Tasterlebnis im Gegensatz zu einem Hör- oder Seherlebnis handelt. Eine Kenntnis muss eben nicht spezifisch sein um eine Kenntnis zu sein: Sie kennzeichnet nicht in erster Linie dasjenige, was man gerne spezifisch wissen möchte, sondern nur die Tatsache, dass überhaupt ein Wissen irgendeiner Art vorliegt.

Beispiele: (1) Wenn man in der Dämmerung einen Waldspaziergang macht und in der Ferne ein Geräusch hört und gleichzeitig eine diffuse Bewegung wahrnimmt, so ist man sich des konkreten Charakters der Ursache dieser Vorgänge nicht im klaren (und hat deswegen möglicherweise Angst). Man ist jedoch auf keinen Fall völlig kenntnis- oder orientierungslos: Man weiß zumindest, dass man im Wald spaziert (und nicht träumt) und dass man etwas hört und sieht (und nicht etwas riecht und/oder tastet). Man weiß nur nicht das, was man wissen möchte (die wahre Ursache des Geräusches und des Schattens) und hat deshalb den Eindruck der Unwissenheit oder Orientierungslosigkeit, die jedoch keine totale, sondern nur eine relative ist. (2) Ein anderes in diesem Zusammenhang immer wieder zitiertes Fallbeispiel ist das Aufwachen am Morgen nach einer Reise und einer Übernachtung an einen fremden Ort. Man kann im ersten Moment ganz orientierungslos darüber sein, wo man ist und wie man dahin gekommen ist. Auf der anderen Seite weiß man aber zum Beispiel genau, dass man in einem Bett liegt, dass man etwas hört, riecht, sieht oder tastet. Von einer *totalen* Orientierungslosigkeit kann wieder keine Rede sein, sondern wieder nur von einer relativen Unwissenheit gegenüber dem, was man gerne genauer durchschauen möchte.

Nun besteht die Hauptschwierigkeit darin, sich klar zu machen, dass dieses Wissen zwar grundsätzlich in jeder Primärbeobachtung des Menschen enthalten ist, und nicht von ihr abtrennbar ist, aber dennoch ein psychisches Element darstellt, das von der Wahrnehmungskomponente der Beobachtung unterscheidbar ist. Um dies zu klären, muss man ein *psychisches Experiment* veranstalten, das zeigt, dass die Wissens- oder Kenntniskomponente einer Primärbeobachtung den Charakter eines Bestandteils des *psychischen Nachbildes* (Abschnitt 10.3) hat. Dazu fasst man eine Primärbeobachtung ins Auge, etwa ein Seh- oder Tasterlebnis. Wird der Seh- oder Tastvorgang ohne Unterbrechung der Aufmerksamkeit unterbunden, durch Schließen der Augen beziehungsweise Zurückziehen der Hand, so bleibt ein Eindruck zurück, der die vorher im Primärbeobachtungszustand enthaltene Kenntnis mitumfasst. Dieses psychische Nachbild der Primärbeobachtung, das *Beobachtungsnachbild*, überdauert die Präsenz der Primärbeobachtung, enthält Elemente, die schon im Zustand der Primärbeobachtung präsent waren, aber erst jetzt deutlich, für sich selbst zutage treten. Das Beobachtungsnachbild ermangelt jedoch eines wesentlichen Elementes der Primärbeobachtung, das mit der Aktualität der Sinneserfahrung steht und fällt, nämlich der *Wahrnehmung* (siehe dazu Abschnitt 10.9). Durch diesen Prozess von der Beobachtung zum Beobachtungsnachbild wird aus der Primärbeobachtung eine mit der ursprünglichen Beobachtung verbundene Sekundärbeobachtung,

Für das Auftreten von Beobachtungsnachbildern ist es entscheidend, dass beim Übergang von Primärbeobachtungen zu Beobachtungsnachbildern die Aufmerksamkeit nicht unterbrochen wird. Ansonsten handelt es sich nicht um eigentliche, unmittelbare Beobachtungsnachbilder, sondern um Erinnerungen, die ein zeitweiliges Vergessen der Primärbeobachtungen zur Vorbedingung haben.

Gesetz des Beobachtungsnachbildes: Beobachtungsnachbilder sind psychische Nachbilder (und damit Sekundärbeobachtungen) von aktuellen Primärbeobachtungen, welche die Aktualität der unmittelbaren Erfahrungsinhalte, der Wahrnehmungen, überdauern und die in den Primärbeobachtungen bereits gegenwärtigen Komponenten der unwillkürlichen Kenntnisse nachgegenwärtig enthalten.

Zur Erläuterung, Abgrenzung und Klärung des Gesetzes des Beobachtungsnachbildes wird das *physiologische Seh-Nachbild* kurz besprochen. Blickt man mit entspannten Augen für ungefähr vierzig Sekunden auf eine intensiv rote Fläche und lässt anschließend den Blick auf einer hellen neutralen Fläche ruhen, so sieht man dort eine hellgrüne Fläche etwa derselben Form wie die ursprüngliche rote Fläche, welche die Bewegungen der Augen mitmacht. Genauere Aufmerksamkeit zeigt, dass schon während des Blickes auf die anfänglich tiefrote Fläche diese an Intensität verliert, und dumpfer wird. Zusätzlich blitzen am Rand der roten Fläche bei leichten Augenbewegungen grüne Farbstreifen auf. Dies weist darauf hin, dass die Gegenfarbe schon von Anfang an präsent ist, sich aber in ihrer Reinheit erst nach dem Ausblenden des Ursprungseindruckes für sich zeigt.

Physiologisches Nachbild und Beobachtungsnachbild teilen die Eigenschaften, dass in der ursprünglichen Situation eine aus zwei Komponenten zusammengesetzte Erfahrung vorliegt, deren eine Komponente im Nachbild von der anderen isoliert werden kann. Die andere Komponente, die ursprüngliche (Farb-)Empfindung, kann weder im einen noch im anderen Falle isoliert für sich betrachtet werden: es schiebt sich unter allen Umständen der im Nachhinein als reines Nachbild auftauchende Eindruck schon während der Gegenwart des Urbildes dazwischen. Was die beiden Nachbilder wesentlich unterscheidet, ist die Tatsache, dass das physiologische Nachbild selbst wieder eine ursprüngliche Erfahrung, eine Primärbeobachtung ist, von der es ein Beobachtungsnachbild etc. geben kann, während das Beobachtungsnachbild, das psychische Nachbild, selbst ein reines Abbild einer ursprünglichen Erfahrung (Beobachtung) ist.

10.7 Vorstellungscharakter von Beobachtungen

Der im aktuellen Erkenntnisprozess hervorgebrachte Inhalt wurde weiter oben *gegenwärtige* oder *aktuelle Erkenntnisvorstellung* genannt, und der Inhalt des fertigen Produktes, welches die Aktualität der Begriffsbildung, der Beobachtung und der Urteilsbildung überdauert, Erkenntnisnachbild oder *Nacherkenntnisvorstellung* (siehe Tabelle 10.1).

Primärbeobachtungen haben nun dieselbe Struktur wie *Gegenwartsvorstellungen*, mit dem entscheidenden Unterschied, dass kein individuell erlebter Bewusstwerdungsprozess nachweisbar ist, der ihrer Bildung zugrunde gelegen hat; sie treten als fertige Tatsachen auf, deren Gehalt vom bewussten Individuum weder hervorgebracht noch mitgestaltet wird. Es handelt sich um *inhärente Vorstellungen*, da der Inhalt, wie sich an der Existenz und Qualität der Beobachtungsnachbilder zeigt, auf der einen Seite individualisierte Ordnungen (Kenntnisse, Wissen) umfasst, also individualisierte Begriffe, und auf der anderen Seite einen reellen Bezug auf eine Erfahrung (Wahrnehmung) hat, die im Nachbild nicht mehr präsent ist.

Die als Vorstellungen identifizierten Primärbeobachtungen gehören also zum Typus der *Gegenwartsvorstellungen*. Ihr Ursprung soll wegen ihres unwillkürlichen Auftretens *rezeptive Vorstellungsbildung* genannt werden, um sie von den tätig hervorgebrachten aktuellen Erkenntnisvorstellungen vermöge der *produktiven Vorstellungsbildung* abzugrenzen (siehe Tabelle 10.3).

Beobachtungsnachbilder haben mittels des individualisierten Wissens- oder Kenntniselementes und der dadurch als verbunden erlebten Erfahrungskomponenten Vorstellungscharakter. Sie gehören zum Typus der Nachgegenwartsvorstellungen. Es handelt sich um individualisierte Begriffe ohne reellen Bezug auf Wahrnehmungen. Gerade dieses individualisierte Wissens- oder Kenntniselement des Beobachtungs*nachbildes*, das von seinem Ursprung, der Beobachtung, ablösbar ist, ist der Schlüssel, welcher den Vorstellungscharakter sowohl der gegenwärtigen Beobachtung (Gegenwartsvorstellung) als auch ihres Nachbildes (Nachgegenwartsvorstellung) verrät.

Man beachte, dass hier keine Behauptungen über die Herkunft der Kenntnis- oder Wissenselemente in den Vorstel-

10. Vorstellung und Wahrnehmung

Vorstellungstyp	Bezug auf Wahrnehmungen	Erscheinungen von Beobachtungsvorstellungen
Vorstellungsbildung	–	rezeptive Vorstellungsbildung
Gegenwartsvorstellung, inhärente Vorstellung	Gegebener reeller Bezug auf gegenwärtige Wahrnehmungen Primärbeobachtung	Gegenwartsvorstellung, Kenntnisvorstellung
Nachgegenwartsvorstellung	Verlust der aktuellen Beobachtung: Gegebener ideeller Bezug auf vergangene und noch nicht vergessene Wahrnehmungen	Beobachtungsnachbild, psychisches Nachbild, Nachbeobachtungsvorstellung
–	Verlust der Gegenwärtigkeit der Vorstellung: Vergessen	–
Erinnerung	Wissen um früheres Erleben	Erinnerungsvorstellung

Tabelle 10.3: Erscheinungen von Beobachtungsvorstellungen

lungskomponenten von Beobachtungen gemacht werden. Es sind unwillkürliche Reaktionen der individuellen leiblich-seelischen Organisation (Abschnitt 6.8). Wie man aus Erfahrung weiß, führt eine intensive Beschäftigung mit bestimmten Gegenständen oder Fachgebieten, zum Beispiel mit Bäumen oder astronomischen und meteorologischen Erscheinungen, zu einem differenzierteren und umfangreichen Inhalt von rezeptiven Vorstellungen (Gegenwartsvorstellungen) bei Anwesenheit der entsprechenden Naturphänomene, das heißt es treten vermehrt unmittelbare Kenntnisse oder Wissensinhalte auf, die ohne direkte Beteiligung des Denkens präsent sind. Man findet sich auf diese Weise schneller und besser zurecht in der Fülle der Erfahrungen. Ob diese vergangenen

Lernprozesse die einzige Quelle gegenwärtiger rezeptiver Vorstellungsbildungen sind, und wie es genau zu deren Auftreten kommt, muss hier jedoch offen gelassen werden.

10.8 Vorstellungscharakter von Einfällen und Assoziationen

Es war bisher nur vom Vorstellungscharakter der Primärbeobachtungen die Rede und vom Vorstellungscharakter derjenigen Sekundärbeobachtungen, die psychische Nachbilder oder Erinnerungen von Primärbeobachtungen sind. Dieser Vorstellungscharakter trifft jedoch für die meisten Sekundärbeobachtungen ebenfalls zu, wie etwa für Gefühle, Einfälle und Assoziationen. Denn zum Beispiel auch in Gefühlserlebnissen ist mit deren Auftreten ein Element präsent, das eine erste (unwillkürliche) Interpretation des Gefühlsinhaltes umfasst. Ob diese gegebene Interpretation dem Gefühlserlebnis gerecht wird oder nicht, tut hier nichts zur Sache: Es soll nur auf deren Dasein aufmerksam gemacht werden. Vorbedingung einer wahren Erkenntnis dieses Gehaltes wäre eine aktuelle Begriffsbildung und eine sich daran anschließende aktuelle Urteilsbildung.

Einfälle und Assoziationen unterscheiden sich von anderen Beobachtungen zunächst durch ihren sekundären Charakter (Abschnitt 10.5). Insbesondere jedoch hat ihr Inhalt unmittelbar weder mit einem gegenwärtigen oder vergangenen Erlebnis zu tun, noch bringt er eine bestimmte unmittelbar erlebbare Beziehung von mir zur Umgebung zum Ausdruck. Letzteres unterscheidet Einfälle und Assoziationen von Gefühlen und bloß auftretenden Willensimpulsen, ersteres unterscheidet sie von Nachgegenwartsvorstellungen und Erinnerungen. Da ihnen jeder direkt erlebbare Bezug auf gegenwärtige oder vergangene Erfahrungen fehlt, müssen sie zum Bereich der Phantasievorstellungen gezählt werden. Allerdings mit dem entscheidenden Kennzeichen, dass sie *nicht* aus einem bewussten Phantasieren hervorgegangen sind, sondern eben «eingefallen» sind. Deshalb kann man hier auch von *rezeptiver Phantasie* sprechen.

Der Vorstellungscharakter eines Einfalls – im Gegensatz zum Intuitionscharakter eines aktiv angeschauten Begriffsinhaltes – kann auch daran gesehen werden, dass Einfälle ein allenfalls anstehendes Problem nicht unmittelbar lösen, sondern «nur» eine Anregung geben, wie zu einer Lösung fortgeschritten werden kann. Sie sind nicht durch sich selbst klar, sondern müssen durch aktives Denken erst einer solchen Klarheit zugeführt werden.

Es muss an dieser Stelle wieder offen gelassen werden, aus welcher Quelle Einfälle und Assoziationen stammen. Die Erfahrung zeigt, dass fruchtbare Einfälle oft das nicht direkt steuerbare mittelbare Ergebnis einer intensiven Beschäftigung mit bestimmten Fach- oder Lebensgebieten sind. Ob diese vergangenen Auseinandersetzungen wiederum die einzige und hinreichende Quelle von gegenwärtigen Einfällen und Assoziationen sind und wie der konkrete Weg von der Vergangenheit in die Gegenwart genau verläuft, kann hier nicht weiter untersucht werden.

10.9 Reine Wahrnehmungen

Wie kann der reine Wahrnehmungsgehalt von dem reinen Vorstellungsanteil einer Primärbeobachtung unterschieden werden? Welche Merkmale zeichnen eine Wahrnehmung aus? Der im Beobachtungsnachbild aufweisbare Charakter des reinen Vorstellungsanteils einer Gegenwartsvorstellung umfasst in erster Linie deren individualisierten Kenntnis- oder Wissensgehalt. Es gehört jedoch mit zum Charakter dieses in der Nachgegenwartsvorstellung, im Nachbild manifest werdenden Vorstellungsanteils, dass dieser, oder Teile davon, in eine exakte Phantasievorstellung integrierbar ist, dass er als Element einer Phantasiekomposition verwendbar ist. Der reine Vorstellungsanteil ist zwar nicht beliebig veränderbar, kann jedoch als Ganzes oder in Bruchstücken als Element eines geordneten Zusammenhangs in eine exakte Phantasievorstellung eingearbeitet werden.

Am aktuellen reinen Sinneswahrnehmungsinhalt im Rahmen einer Primärbeobachtung lassen sich folgende Erfahrungen machen. Um diesen Inhalt überhaupt ins innere Auge zu fassen, muss durch den reinen Vorstellungsanteil der Primärbeobachtung «hindurchgeschaut» werden. Die Wahrnehmung muss vom Vorstellungsanteil durch Fokussierung der Aufmerksamkeit «gereinigt» werden. Dieser Vorstellungsanteil kann nicht tatsächlich (reell) entfernt werden, er kann nur im Rahmen der Bewusstwerdung (ideell) ausgeblendet, in den Hintergrund versetzt, suspendiert werden. Das methodische Mittel eines solchen fokussierenden oder reinigenden Blickes ist ein Denken, das seine reinen Begriffe nicht direkt als Urteilsinstrumente für spezifische Wahrnehmungs*inhalte* verwendet, sondern als blickrichtende Werkzeuge für die Erkenntnis der *Daseinsform* dieser Inhalte.

Es soll der Denkblick zunächst auf die aktuelle Gesamtwahrnehmung gerichtet werden, um sie in ihrer Reinheit begrifflich zu bestimmen. Die ersten Eindrücke, welche auf diese Weise anhand des Gesamtwahrnehmungsinhaltes bewusst werden, sind die *Vielheit* der Komponenten, das Konglomerat verschiedenster Inhalte, der fortgesetzte Wechsel, das *Sich-*

Verwandeln, das *Kommen und Gehen* einzelner Inhalte relativ zu anderen (mehr oder weniger) konstant bleibenden Inhalten (Tabelle 10.4).

Diese Veränderlichkeiten unterliegen zwei Abhängigkeiten, die auf den mittelbaren Einfluss des wahrnehmenden Individuums zurückführbar sind.* Alle übrigen Veränderungen hängen weder mittelbar noch unmittelbar vom Individuum ab.

Die erste Abhängigkeit der aktuellen reinen Wahrnehmungsinhalte betrifft deren Bindung an den räumlichen und zeitlichen Standpunkt des wahrnehmenden Individuums, *raum-zeitliche Abhängigkeit* genannt. Die Abhängigkeiten vom räumlichen Standpunkt sind direkt überprüfbar durch Veränderungen der räumlichen Position des wahrnehmenden Individuums und der Beobachtung der entsprechenden Folgen für die Wahrnehmungsinhalte. Die Abhängigkeit vom zeitlichen Standpunkt kann durch einen Vergleich der gegenwärtig erfahrenen mit früher erfahrenen Inhalten zu verschiedenen Zeitpunkten rekonstruiert werden.

Die zweite Abhängigkeit betrifft die Veränderung des reinen Wahrnehmungsinhaltes mittels Veränderungen der Wahrnehmungsorgane, *organische Abhängigkeit* genannt. Diese kann streng genommen nur von einem solchen Individuum bestimmt werden, das aufgrund eigener Erfahrungen solche Veränderungen bemerkt und erkannt hat, zum Beispiel bei fortschreitender Einschränkung oder endgültigem Verlust der Seh- oder Hörfähigkeit oder bei Veränderungen in der Farbigkeit des Sehens. Es finden sich jedoch auch im normal funktionierenden Organismus Hinweise auf diese organischen Abhängigkeiten: Unterschiedlichkeit der Seheindrücke bei ermüdeten oder frischen und entspannten Augen; Einfluss des physiologischen Nachbildes auf den aktuellen Wahrnehmungsinhalt (Abschnitt 10.6); Unterschiedlichkeit der Empfindsamkeit verschiedener Organe desselben Sinnes (manchmal abhängig von der unmittelbaren Vorgeschichte der Verwendung dieses Organs), wie unterschiedliche Tastfähigkeit und Wärmeempfindlichkeit der rechten und linken Hand sowie unterschiedliche Farbnuancen der Sehwahrnehmungen durch das linke und rechte Auge.

Wird der Blick vom gesamten zugänglichen reinen Wahrnehmungsinhalt auf *einzelne Komponenten des Wahrnehmungsinhaltes* gerichtet, so zeigen diese jeweils denselben Charakter: sie sind gegeben und eigenseiend. Dies geht aus folgenden Erfahrungen hervor: Die spezifischen Inhalte sind einerseits durch das Individuum weder zur Erscheinung gebracht noch von diesem bewusst erzeugt und andererseits nicht unmittelbar veränderbar sowie unverfügbar als Elemente einer Phantasievorstellung, also unzerlegbar und nicht nach Belieben komponierbar (Tabelle 10.4). Dies bedeutet insbesondere, dass die durch vergleichende Betrachtungen erkannte Veränderlichkeit von reinen Wahrnehmungsinhalten mit ihren räumlichen, zeitlichen und organischen Abhängigkeiten nicht auf die einzelnen aktuell gegebenen reinen Wahrnehmungsinhalte übertragbar ist. Denn diese Veränderlichkeit hat die vorübergehende Präsenz verschiedenster Einzelinhalte zur Vorbedingung, und genau diese einzelnen Inhalte haben die Eigenschaft, jeweils, für sich selbst angeschaut, gegeben und eigenseiend zu sein.

Gesichtspunkt	Eigenschaften der aktuellen reinen Wahrnehmung
Gesamtwahrnehmungsinhalt, Wahrnehmungskomplex	Konglomerat, Vielzahl der Inhalte
	selbstveränderlich: Verwandlung, Kommen und Gehen einzelner Inhalte
	raum-zeitliche Abhängigkeiten vom Standort/-punkt des wahrnehmenden Individuums
	organische Abhängigkeiten von der leiblichen Organisation des wahrnehmenden Individuums
einzelner Wahrnehmungsinhalt	*gegeben*: ungezeugt, nicht zur Erscheinung gebracht
	eigenseiend: nicht veränderbar, unverfügbar, unzerlegbar, nicht in Phantasievorstellung integrierbar

Tabelle 10.4: Eigenschaften der aktuellen reinen Wahrnehmung

Von diesem Gesichtspunkt aus gibt es keine Sinnestäuschungen und keine organisch bedingten «Fehlsichtigkeiten» oder ähnliches. Denn jede einzelne Wahrnehmung ist für das wahrnehmende und erkennende Individuum so, wie sie ist, gegeben und eigenseiend, weder «subjektiv» noch «objektiv», weder «echt» noch «täuschend». Welche Bedeutung im Weltganzen, welchen Zusammenhang mit anderen Wahrnehmungen und mit dem denkenden und erkennenden Individuum gerade diese einzelne Wahrnehmung hat, darüber gibt sie selbst keine direkte Auskunft. Hier kann nur das denkende Erkennen (im Prinzip) Aufklärung verschaffen. Erst durch dieses kann sich herausstellen, in welchem Sinne allenfalls diese Wahrnehmung relativ zu anderen Wahrnehmungen als «Täuschung» bestimmt werden muss oder nicht. Es kann jedenfalls *vor* einer aktuellen Erkenntnis keine ernstzunehmende Vorentscheidung darüber geben, welche Bedeutung, welchen Stellenwert eine einzelne Wahrnehmung, ein ganzer Wahrnehmungskomplex oder gar die gesamte Wahrnehmungswelt hat. Denn Wahrnehmungen sind Vorbedingungen des Erkennens, weder Voraus*setzungen* noch Ergebnisse desselben.

Gesetz der reinen Wahrnehmung: Der reine Wahrnehmungsinhalt bildet als Gesamtes ein Konglomerat von selbstveränderlichen Inhalten mit zusätzlichen, durch das wahrnehmende Individuum bedingten räumlichen, zeitlichen und organischen Abhängigkeiten; die jeweiligen Inhalte sind gegeben und eigenseiend.

Dies ist zugleich der Kern der empirischen Widerlegung der Behauptung, die Erfahrungswelt des Menschen bestünde nur aus Vorstellungen. (Von einer Diskussion des selbstwidersprüchlichen Einwandes einer unbewussten, bloß erschlossenen *Erzeugung* des Wahrnehmungsinhaltes durch das Individuum wird hier abgesehen.) Positiv ausgedrückt handelt es sich um nichts Geringeres als einen empirischen Nachweis der Realität der erfahrbaren, wahrnehmbaren Welt, der sogenannten «Außenwelt». Die Existenz einer solchen ist weder eine Illusion noch eine zwar unabdingbare, aber metaphysische Annahme, sondern Ergebnis einer differenzierten Erfassung des Denk- und Vorstellungsprozesses in deren Auseinandersetzung mit gegebenen Erfahrungsinhalten.

11. Moralische Intuition

Vorblick und Zusammenfassung: Durch moralische Intuitionen wird reines Denken für das Handeln fruchtbar. Es sorgt für die Befreiung von Fremdeinflüssen und zugleich für die autonome Ergreifung eines konkreten Handlungszieles. Zur konkreten Umsetzung dienen die methodischen Fähigkeiten der moralischen Phantasie und der moralischen Technik. Mit denselben wird das Zielideal in Form der moralischen Intuition in Verbindung mit der vorliegenden Weltwirklichkeit gebracht. Gelingt dies auf harmonische, die individuelle Entwicklung zur Bewusstwerdung von Geistesgegenwart fördernde Weise, so ist die freie Handlung «gut», andernfalls «böse». «Böse» Taten offenbaren sich auf diese Weise als *relativ* zur gegebenen Weltwirklichkeit «quer» stehende, diese in ihrer bewusstseinsbildenden und freien Geistesgegenwart behindernde Handlungen, nicht als Ausfluss irgendwelcher «absolut» böser Wesenheiten. – Moralische Phantastik und moralischer Automatismus sind einseitige Verhaltensweisen, die das freie Handlungsgeschehen verfälschen und verhindern. Diese Abirrungen der moralischen Phantasie sowie der moralischen Technik können nur durch die Aufrechterhaltung und/oder immer wieder neu hergestellte dreifache Aktualität, oder Geistesgegenwart, des freien Handelns überwunden werden, die dafür sorgt, dass der in der Natur von aktuellen freien Handlungen liegende Gleichgewichtsimpuls zum Ausdruck kommen kann. – Künstlerische Schaffensprozesse sind Spezialfälle freier Handlungen, in denen nach Vollkommenheit und Abgerundetheit im Hier und Jetzt gestrebt wird. Die drei möglichen Gesichtspunkte zur Untersuchung freier Handlungen, die epistemische, moralische und ästhetische Beurteilung, können auf alle Arten von Handlungen angewendet werden, insbesondere auch auf künstlerische Schaffensprozesse.

11.1 Struktur der Freiheit: moralische Intuition

Ein Motivbildungsvorgang und mit diesem eine Handlung wird durch eine sinnliche, seelische und/oder geistige Wahrnehmung (Handlungssituation, Handlungskontext) veranlasst. Der Anlass bei einer freien Handlung ist weder hinreichend für das Auftreten der Motivbildung noch hinreichend für die Bestimmung des Motivinhalts. Im Motivbildungsvorgang für eine freie Handlung wird im Rahmen der hingebungsvollen Zuwendung zur Welt (Handlungskontext) ein Begriff durch reines intuitives Denken (Begriffsintuition) gebildet, der dadurch *reell* mit der Erfahrungswelt verknüpft wird (im Gegensatz zur *ideellen* Verknüpfung durch ein Erkenntnisurteil). Im Falle einer *freien* Handlung wird dieser Begriff durch *ideelle Intuition* gewonnen, mit anderen Worten, auf einem von der veranlassenden Situation grundsätzlich unabhängigen und in andere Erfahrungsbereiche, die Ideen- oder Gesetzeswelt, führenden Wege. Dadurch ist auch bei gegebenem Handlungskontext grundsätzlich offen, welchen Intuitionsinhalt ein Individuum seinen freien Handlung zugrunde legen wird.

Charakteristisch und hinreichend für die Freiheit einer Handlung ist deren *Geistesgegenwart* oder deren *dreifache Aktualität*: für den Vollzug einer freien Handlung muss (1) die zu bearbeitende Weltwirklichkeit, der Handlungskontext oder die Situation, aktuell anwesend sein, (2) das durch Intuition gebildete Handlungsziel, hier *Motiv* genannt, unmittelbar aktuell angeschaut werden sowie (3) der *reelle* Bezug des Motivinhaltes auf die Weltwirklichkeit durch tätige liebende Hingabe den umfassenden Rahmen für die aktuelle Anwesenheit beider Komponenten bilden.

Ist irgendeine dieser drei Aktualitäten nicht erfüllt, so handelt es sich nicht um eine freie Handlung, sondern allenfalls um eine Vorbereitung oder Nachbereitung einer solchen (siehe dazu die Anmerkungen in Kapitel 15).

Eine Intuition, die im Rahmen der Motivbildung für eine freie Handlung gebildet wird, heißt *moralische Intuition* oder *handlungsleitende Intuition* (sie könnte auch ethische, sittliche oder praktische Intuition oder Handlungsintuition genannt werden). Es ist eine Intuition, die durch den Handlungsprozess auf die reelle Neuordnung der gewordenen und werdenden Welt, auf die Teilnahme am reellen Umordnungsprozess der Wirklichkeit ausgerichtet ist. Mit anderen Worten: *Eine Intuition ist dann und nur dann moralisch, wenn sie in einem Motivbildungs- und Handlungsprozess aktuell und reell auf die Weltwirklichkeit bezogen wird.*

Durch die Einbettung einer Idee in einen aktuellen Handlungsprozess im Sinne eines Handlungszieles wird diese Idee aktuell praktisch, ethisch, sittlich oder moralisch und dadurch zum *Motiv* oder *Ideal*. Die *moralische Qualität* einer intuitiven Idee hat also *nichts* mit dem konkreten ideellen Inhalt der Intuition und *alles* mit deren aktuellem und reellem Bezug auf die Wirklichkeit zu tun. Sie hat also weder vor noch nach einem solchen Bezug moralische Qualität. *Nicht moralisch* sind genau alle diejenigen Intuitionen, die aktuell nicht Teil eines Motivbildungsprozesses einer freien Handlung sind, insbesondere die epistemischen Intuitionen (Abschnitt 9.2).

Die Quelle für die Inhalte der moralischen Intuitionen ist dieselbe Gesetzeswelt wie diejenige für die epistemischen Intuitionen, da es sich in beiden Fällen um Intuitionen handelt. Für die *Freiheit* der *Handlung* ist es hinreichend, dass die moralische Intuition, das intuitive Ziel, den gesamten Handlungsprozess aktuell und kontinuierlich begleitet. Denn nur der intuitive Charakter der Zielbildung garantiert die Selbstständigkeit und Klarheit der Handlung. Der Freiheitscharakter der Intuition selbst (Abschnitt 7.4) begründet die Freiheit der Handlung. Denn die sich einerseits von der gewöhnlichen Erfahrungswelt sowie der leiblich-seelischen Organisation vollständig emanzipierende Form der moralischen Intuition lässt andererseits auch völlig offen, welcher konkrete Zielinhalt der Handlung zugrunde gelegt werden wird. Ist die konkrete Intuition jedoch einmal aktuell anwesend, so garantiert die *fortgesetzte* aktuelle Anwesenheit des intuitiv erfassten Motivs die *fortgesetzte* Unabhängigkeit des freien Handlungsprozesses von der leiblich-seelischen Organisation, da das intuitiv gebildete Ziel selbst von Anfang an diese Unabhängigkeit besitzt (Abschnitt 6.7).

Der eigentliche Grund, der «letzte Grund», weshalb eine freie Handlung vollzogen wird, ist nicht das Ziel in Form der Intuition: dieses gibt nur die Richtung an, gemäß welcher gehandelt wird, nicht jedoch den reellen Grund. Im Sinne eines ideellen Inhaltes kann es einen solchen letzten Grund auch gar nicht geben: Denn auch der müsste noch ideell begründet werden und damit würde ein infiniter Regress einer Begründung der Begründung etc. unvermeidlich. Der letzte (oder besser: erste) reelle Grund liegt in der individuellen liebenden Hingabe an die Situation, an die gegebene Wirklichkeit. Sie ist von allem Anfang der freien Motivbildung an da. Sie ist die aus dem Zentrum des Ich fließende begründende und treibende Kraft des Handelns, die den Motivinhalt, das ideelle Ziel, reell zur Verwirklichung drängt.

Daraus wird deutlich, dass die tätige Liebe nicht mit einem Liebesgefühl, einem unter Umständen intensiven Sympathieerlebnis zu verwechseln ist. Letzteres, die seelische Liebe, kann ohne individuelles Zutun auftreten, veranlasst durch eine äußere oder innere Erfahrung. Die tätige Liebe, die tätige Hingabe dagegen ist eine aus dem aktuellen Ich selbst entspringende Kraft, die eine freie Handlung dadurch zu *meiner* Handlung macht, dass *ich* mich mit *meiner* Hingabekraft, fokussiert durch die individuell hervorgebrachte universelle Intuition, der Welt handelnd zuwende (siehe dazu in Kapitel 15 die Anmerkung zu Abschnitt 5.5).

Die wesentlichen Komponenten des Gesetzes einer freien Handlung sind: Situation, Intuition und reeller moralischer Bezug durch die tätige Liebe.

Aufgrund der ganz im Individuum zentrierten Freiheitsauffassung und damit einer am Individuum und seinen Zielen und Fähigkeiten orientierten Ethik wird die entsprechende Menschen- und Weltanschauung auch *ethischer Individualismus* genannt.*

Freiheit des Handelns muss von *Wahlfreiheit* oder *Befreiung* unterschieden werden. Befreiung ist eine notwendige, aber keine hinreichende Bedingung für Freiheit. Sie bedeutet, dass der Mensch sich Situationen schaffen kann, in denen er weder von außen noch von innen zu irgendwelchen bestimmten Handlungszielen gedrängt oder gezwungen ist, er sich also von allen ihn bestimmenden Faktoren befreien kann. Mit anderen Worten: Die in Frage kommenden Handlungsoptionen oder möglichen Ziele bedrängen ihn nicht, nehmen ihn nicht gefangen, sondern überlassen es ihm, eine davon frei auszuwählen. Diese Art von Wahlfreiheit enthält jedoch keinerlei Anhaltspunkte, auf welche Weise die Wahl getroffen werden kann, warum und wie es zu einer Entscheidung kommen kann. Sie sagt nur, dass der Mensch sich unbeeinflusst von allen Wahlmöglichkeiten entscheiden kann. Was darüber hinaus geschieht, ist eine andere Geschichte. Die eigentliche Wahl des Motives als Grundlage einer Handlung kann dann auf freie oder unfreie Weise zustande kommen, ohne dass die vorangegangene Wahlfreiheit davon in irgendeiner Weise betroffen wäre.

Ein Spezialfall der Wahlfreiheit besteht darin, dass man sich sagt, es gäbe Situationen, in denen ein einmal gewähltes Ziel auch wieder fallen gelassen werden könne, da man nicht an dessen Verwirklichung gebunden sei, mit anderen Worten, dass man das Ziel entweder verwirklichen oder auch nicht verwirklichen könne. Diese Situationen haben jedoch ebenfalls mit Freiheit noch nichts zu tun, sondern bestenfalls mit der Vorbereitung einer freien Handlung im Sinne einer vorgängigen Abwägung *möglicher* Ziele. Denn es bleibt wiederum offen, auf welche (freie oder unfreie) Weise der Entscheid für ein bestimmtes Handlungsziel nun tatsächlich zustande kommt.

11.2 Moralische Intuition und «gute» freie Handlung

Der reelle moralische Bezug hat zwei Aspekte, einen formalen und einen materialen. Der *formale Aspekt des reellen Bezugs* betrifft den reellen *moralischen* Bezug als solchen, unter Absehung von den beteiligten Inhalten. Er ist im wesentlichen identisch mit der *moralischen* Qualität der dem Handeln zugrunde liegenden Begriffsintuition.

Der *materiale Aspekt des reellen Bezugs* betrifft zunächst die konkrete Verbindung von (erkanntem) Situationsinhalt und Intuitionsinhalt innerhalb eines Handlungsprozesses. Er bezieht sich darüber hinaus auch auf das Problem der «*guten*» freien Handlung. Freie Handlungen im obigen Sinne können «gut» oder «böse» sein, je nachdem diese Verbindung sich nach allen Seiten hin harmonisch in die gegebene oder werdende Welt einordnet oder nicht.

Beispiel: In einem Übungsseminar zur Bewusstwerdung des reinen Denkens und zur Entwicklung der Geistesgegenwart möchte ein Dozent zur Illustration eines Gedankenganges einen Kreis zeichnen. Er fasst die Idee des Kreises und schaut sich nach einem geeigneten Erscheinungsmedium um. Er bemerkt, dass es eine Tafel gibt und dass Kreiden bereitgestellt worden sind. Er bedient sich derselben und zeichnet einen Kreis. Der Kreis gelingt, erfüllt seinen didaktischen Zweck und das Seminar nimmt seinen weiteren Verlauf. Soweit hat das Zeichnen des Kreises in die Situation und in den Ablauf des Seminars hineingepasst. Erst am Ende des Seminars, beim Aufräumen, wird bemerkt, dass die gezeichneten Spuren des Kreises nicht vollständig von der Tafel entfernt werden können. Es bleibt ein unauslöschlicher Rest auf der Tafel stehen. Die bereitgestellten Kreiden sind offenbar für diesen Tafeltyp nicht geeignet gewesen. Falls die Behebung dieses Schadens den dafür verantwortlichen Menschen definitiv davon abhält oder es ihm erschwert, seine eigenen Aufgaben zur Förderung der individuellen Bewusstwerdung von Geistesgegenwart seiner selbst und anderer Menschen zu fördern, so ist das Zeichnen des Kreises keine «gute» Handlung gewesen. Falls dieses Ereignis jedoch einen der beteiligten Menschen dazu bringt (inklusive den Dozenten), aufzuwachen und eine Unachtsamkeit hinsichtlich angemessener Tafelkreiden zu überwinden, ist die Handlung – soweit bis dahin überschaubar – auch in diesem erweiterten Sinne «gut» gewesen.

Anhand dieses Beispiels wird deutlich, dass die konkrete

Verbindung von Situationsinhalt (Handlungskontext) und moralischem Intuitionsinhalt eine notwendige, aber keine hinreichende Bedingung für eine «gute» freie Handlung ist. In einem ersten Schritt zur Verwirklichung des materialen Aspektes des reellen moralischen Bezugs, das heißt zur konkreten Verwirklichung der reell auf den Handlungskontext bezogenen Handlungsidee, geht es um die situationsgemäße Einordnung des Handlungszieles in den gegebenen Erfahrungszusammenhang. Ein solcher moralischer Bezug, mit anderen Worten eine freie Handlung, kann *passend* oder *nicht passend* genannt werden, je nachdem ob das aktuell verfolgte intuitive Ziel mit dem aktuell erkannten Erfahrungsinhalt zusammenstimmt oder nicht. Mit Zusammenstimmung ist hier gemeint, dass das Ziel mit den zur Verfügung stehenden Mittel so verwirklicht werden kann, dass seine ideellen Komponenten konkret (individualisiert) zur Erscheinung kommen und dass umgekehrt die benutzten Mittel und Stoffe in ihren eigenen Funktionen (soweit diese erkannt sind) in den Gesamtzusammenhang eingebettet werden können.

Der zweite Schritt zur vollständigen Verwirklichung des materialen Aspektes des reellen moralischen Bezugs einer freien Handlung führt auf das Problem, ob eine freie Handlung nach allen Seiten hin harmonisch im Weltzusammenhang drin steht, oder nicht, ob also eine Handlung als «gut» oder «böse» bestimmt werden kann. Ein *harmonische* oder «gute» Einordnung einer freien Handlung in den Weltzusammenhang bedeutet hier an erster Stelle, dass die in Frage stehende freie Handlung letztlich die Entwicklung aller betroffenen Wesen zur individuellen Bewusstwerdung von Geistesgegenwart fördert oder zumindest nicht behindert oder gar verunmöglicht.

Freie Handlungen können demnach «gut» oder «böse» sein unabhängig vom aktuellen und passenden Vollzug dieser konkreten Verbindung. Mit anderen Worten, moralische Bezüge, das heißt freie Handlungen, die passend sind, müssen nicht notwendigerweise «gut» sein und wenn sie nicht passend sind, müssen sie nicht notwendigerweise «böse» sein. Falls jedoch ein moralischer Bezug «gut» ist, muss er auch passend sein. Wenn eine freie Handlung «gut» sein soll, so muss sie demnach neben der Freiheit zwei zusätzliche Eigenschaften erfüllen: sie muss die Qualität einer sowohl zum Handlungskontext passenden als auch einer allseits harmonisch im Weltzusammenhang stehenden Handlung haben.

Eine freie Handlung ist genau dann «gut», wenn erstens der Inhalt der moralischen Intuition mit dem erkannten Situationsinhalt oder Handlungskontext zusammenstimmt, das heißt in eine passende Verbindung gebracht wird, und zweitens die Weltwirklichkeit sich nach allen Seiten hin in harmonischer Weise reell durch die moralische Intuition neu ordnen lässt.

Man beachte, dass die Prädikate «gut» und «böse» *nicht* die moralische *Intuition* als solche betreffen, sondern deren konkretes Verhältnis zur gegenwärtigen Welt. In diesem Sinne sind Intuitionen jenseits von «Gut» und «Böse». Im weiteren muss darauf geachtet werden, dass die Prädikate «gut» und «böse» für *freie* Handlungen nicht mit den Prädikaten «frei» und «unfrei» für Handlungen verwechselt werden. Das Entscheidende ist hier gerade, dass freie Handlungen einen «guten» oder «bösen» Charakter haben können. Bei unfreien Handlungen kommen in der Regel andere Kriterien in Betracht (siehe Abschnitt 12.1).

Der systematische Rang von *freien* Handlungen und «guten» freien Handlungen ergibt sich aus der Einsicht, dass das Problem der *«guten»* freien Handlung nur auf der Grundlage des begonnenen Vollzugs einer *freien* Handlung entsteht. Die Untersuchung und Feststellung, ob eine Handlung «gut» ist oder nicht, setzt den reellen (formalen) Bezug der Intuition auf die Situation voraus. Erst wenn eine freie Handlung stattfindet oder stattgefunden hat, kann auch eine Beurteilung, ob sie «gut» ist beziehungsweise gewesen ist oder nicht, stattfinden, nicht vorher.

Das sachgemäße Verhältnis des Prinzips einer freien Handlung und des Prinzips einer «guten» freien Handlung folgt auch aus der Beziehung von Motivbildung und Handlung. Die Freiheit einer Handlung steht und fällt mit dem intuitiven Charakter der Motivbildung. Denn die Gesetzmäßigkeit der moralischen Intuition garantiert die Unabhängigkeit der Intuition und lässt zugleich völlig offen, welche konkrete Intuition einer Handlung zugrunde gelegt wird. Die moralische Intuition garantiert insbesondere dann die *Freiheit* der *Handlung*, wenn sie während der *ganzen* Handlung aktuell anwesend bleibt. In der intuitiven Motivbildung tritt jedoch der Aspekt der *konkreten* Verbindung und Eingliederung in die gewordene und werdende Welt noch gar nicht auf: Die Freiheit einer Handlung beruht allein auf der Tatsache des reellen (formalen) Bezugs der Intuition auf die Situation vermöge der tätigen Liebe. Mit anderen Worten: Eine freie *Handlung* muss nicht «gut» sein, um eine *freie* Handlung zu sein, aber eine individuell-bewusste *«gute» Handlung* kann nur eine *freie Handlung* sein.

Auf der anderen Seite wird gerade die Hingabekraft in ihrer Liebesqualität dafür Sorge tragen, dass es zumindest zu einer konkreten und passenden Verbindung des Intuitionsinhaltes mit der Wirklichkeit kommt (siehe dazu auch Abschnitt 11.3). In diesem Sinne gehört das *Streben nach einer passenden und «guten» Handlung* innerhalb eines freien Handlungsaktes zur Natur dieses Aktes, nicht jedoch notwendigerweise das Erreichen einer «guten» freien Handlung.

Das primäre Ziel des Handelns ist demnach die Freiheit, das heißt die Realisierung der dreifachen Aktualität von Situation, ideeller Intuition und reellem moralischem Bezug (Liebe) als Grundlage für passende freie Handlungen, und das sekundäre Ziel eine «gute» freie Handlung. Man beachte auch hier: die Prädikate «primär» und «sekundär» kennzeichnen nur die systematische Ordnung von freier Handlung und «guter» freier Handlung, sie umfassen weder eine Wertung noch notwendigerweise eine zeitliche Abfolge.

Das Streben nach «guten» freien Handlungen auf der Grundlage des freien Handelns ist jedoch ein rein formales, oder prinzipielles, Streben nach einer Harmonie der konkreten Verbindung der moralischer Intuition und des erkannten Handlungskontextes mit der gewordenen und werdenden Welt. Dieses Streben nach individueller Verwirklichung von Geistesgegenwart kann sich an keinen vorgegebenem Inhalt halten – andernfalls fiele die freie Handlung in Unfreiheit zurück im Sinne einer Fremdbestimmung durch eine von außen gegebene Handlungsmaxime.

Die Möglichkeit des sachgemäßen Strebens nach «guten» freien Handlungen hängt einerseits über das Erkennen der gewordenen Welt vom individuellen Erkenntnishorizont des handelnden Individuums und andererseits über die noch werdenden Bestandteile der Welt (wie etwa die freien Handlungen anderer Menschen) von prinzipiell nicht vorhersehbaren Einflüssen ab. Beide Faktoren haben zur Folge, dass eine endgültige Abwägung, ob eine freie und bestenfalls passende Handlung auch «gut» ist oder «gut» gewesen ist oder nicht, weitgehend (praktisch) unmöglich ist. Damit muss unter Umständen auf (sehr) lange Sicht offen bleiben, ob (m)eine freie Handlung nun tatsächlich «gut» gewesen ist oder nicht.

Dies legt wiederum nahe, das Hauptaugenmerk beim Handeln auf die Verwirklichung der Freiheitssituation zu legen, eine Bedingung, die dem Streben nach passenden und auch «guten» freien Handlungen ohnehin zugrunde liegen muss.

Im Sinne einer Maxime für die Handlungspraxis könnte man dem handelnden Individuum die Empfehlung mit auf den Weg geben, anhand möglichst vieler Freiheitssituationen passende freie Handlungen anzustreben, und dabei das Risiko von «bösen» freien Handlungen auf sich zu nehmen, da sich dies ohnehin nicht ein für alle mal vermeiden lässt. Das konsequent fortgesetzte freie Handeln, insbesondere die Ausbildung der moralischen Phantasie sowie die stetige Erweiterung des Erkenntnishorizontes zugunsten der moralischen Technik gewährleistet, dass «böse» Taten im Laufe der Zeit durch «gute» Taten ausgeglichen werden können (siehe dazu Abschnitt 12.1).

11.3 Methodik der Freiheit: moralische Phantasie und moralische Technik

Die Verwirklichung einer Gesetzmäßigkeit, hier der dreifachen Aktualität von Situation, ideeller Intuition und reellem moralischem Bezug der Intuition auf die Situation durch die tätige Liebe, bedarf zu ihrer konkreten Verwirklichung bestimmter Methoden. Insbesondere geht es um die Frage, wie bei einer aktuell vorliegenden freien Handlung die konkrete Verbindung des Intuitionsinhaltes mit dem Situationsgehalt so realisiert werden kann, dass sie sich möglichst passend und harmonisch in die gewordene und werdende Welt einbettet.

Beispiel: Hat man sich als Ziel die Verwirklichung der Idee des Tisches vorgenommen, so weiß man nur, dass man eine aktuell einsetzbare Ablagefläche für Artefakte (durch Menschen geschaffene und/oder bearbeitete Gegenstände wie Blumensträuße, Teller, Tassen etc.) schaffen will, die dem Zusammensein von Menschen, dem Zusammen-Arbeiten oder -Essen etc. dient. Für die konkrete Durchführung dieser Idee gibt es eine große Variationsbreite an Möglichkeiten, die durch die Phantasie in ihren Grundzügen vergegenwärtigt werden kann: frei stehende Tische, eingebaute Tische, Tische mit einem oder mehreren Füssen, Tische mit oder ohne Schubladen, ausziehbare Tische, mit anderen Tischen kombinierbare Tische etc. Darüber hinaus kommen auch noch verschiedene Materialien und Dimensionen etc. in Frage. Ist die allgemeine Idee einmal gefasst, so spielt für die Auswahl einer dieser Möglichkeiten der Handlungskontext eine entscheidende Rolle: Für welchen Raum und wofür soll der Tisch geschaffen werden? Aufgrund der verfügbaren Ressourcen, Räumlichkeiten, Materialien, Bearbeitungsfähigkeiten etc. schränken sich die Möglichkeiten ein. Bis zum Schluss, das heißt bis zur Umsetzung der Handlungsidee, müssen aber mannigfache Entscheide für die Wege der konkreten Individualisierung der allgemeinen Gesetzmäßigkeit des Tisches getroffen werden. – Hier kann es sich herausstellen, dass schließlich der Tisch zu teuer, oder zu groß, oder zu wenig tragfähig, oder aufgrund der veränderten Lebensverhältnisse gar nicht mehr notwendig ist. In den ersten Fällen muss nach anderen Richtungen der Individualisierungen gesucht werden, und im letzten Falle wird nur eine neue moralische Intuition weiterhelfen, die dann einem weiteren Individualisierungsprozess mit Hilfe der Phantasie unterzogen werden muss.

An erster Stelle muss der allgemeine Intuitionsinhalt mit

Hilfe der Phantasie zu einem oder mehreren Vorstellungsinhalten ideell individualisiert oder spezialisiert werden, um überhaupt konkret ausführbar zu sein. Dabei kann es sich herausstellen, dass ein einst gefasster Individualisierungsschritt, also eine konkrete Vorstellung, nicht zur gegebenen Situation passt. Dann muss eine neue Individualisierung, von der Quelle der Intuition her, in Arbeit genommen werden. Es kann jedoch auch der Fall eintreten, dass mit der gegebenen moralischen Intuition keine solche konkrete Verbindung möglich scheint – dann kann nach einer anderen Intuition tätig Ausschau gehalten werden. Diese neue Intuition orientiert sich ebenfalls rein an der Ideenwelt und wird zunächst ohne jeglichen konkreten Bezug auf die Handlungssituation hervorgebracht, bevor sie einem weiteren Individualisierungsprozess zugrunde gelegt wird. Denn vom Prinzip der moralischen Intuition her ist es völlig offen, welchem Intuitionsinhalt sich das Individuum zuwendet. Dieser Vorgang wird mit *moralische Phantasie* und das Resultat mit *moralische Phantasievorstellung* bezeichnet.

Die moralische Phantasie hat zwei Teilfunktionen: die ideelle Spezialisierung eines allgemeinen Begriffs (moralische Intuition) zu einer oder mehreren konkreten moralischen Phantasie-Vorstellungen anhand des erkannten Handlungskontextes sowie die intuitive Erfassung von neuen Handlungszielen als kontextfreie Ausgangspunkte weiterer Individualisierungstätigkeiten hinsichtlich der konkreten Handlungssituation.

Die erste Funktion der moralischen Phantasie ist ein Spezialfall der *exakten Phantasie*, wie sie im Abschnitt 9.4 eingeführt wurde. Die zweite Funktion der moralischen Phantasie ist ein Teilprozess der moralischen Intuition. Sie hat die Aufgabe, aus der Vielfalt möglicher Intuitionsinhalte einen auszuwählen.

Die moralische Phantasie wird hier aus systematischen Gründen als ein durch die moralische Intuition geleiteter Prozess dargestellt, hat also die Aktualität dieses Intuierens zur Voraussetzung. Die moralische Phantasie bildet die Brücke von der moralischen Intuition zur gegebenen Welt. Das Streben nach einer passenden und auch «guten» Handlung ist dann Ausdruck der anhaltenden Hingabe an das Handlungsumfeld während des Verlaufs des Handlungsaktes. Von praktischer Bedeutung ist jedoch auch der umgekehrte Weg: die Vorbereitung und indirekte Förderung einer moralischen Intuition auf der Grundlage einer konkreten Auseinandersetzung mit der gegebenen Lebenssituation, dem Handlungskontext, und möglichen Handlungszielen (siehe dazu die Anmerkungen im Kapitel 15). Dadurch kann insbesondere auch die Harmonie eines frei gebildeten Handlungszieles in der Form einer moralischen Intuition mit der gegebenen Welt in die Wege geleitet werden.

Zur moralischen Phantasie muss die *moralische Technik* hinzutreten. Sie umfasst die aktuell erkennende Auseinandersetzung mit dem Handlungskontext, mit der Situation, mit der gewordenen und werdenden Welt, mit überlieferten Erkenntnissen, sowie mit den individuellen Fähigkeiten und den aktuellen technischen Geschicklichkeiten des handelnden Individuums und seiner Mitarbeiterinnen und Mitarbeiter. Die moralische Technik liefert das Material, an dem sich die moralische Phantasie in ihrer ideellen Individualisierungstätigkeit orientieren kann.

Die wechselseitig sich ergänzenden Prozesse der moralischen Phantasie und der moralischen Technik müssen solange weitergeführt werden, bis es zu einer Integration *beider* Seiten in *eine* konkret umsetzbare Vorstellung kommt. Hier ist die Stelle, wo bereits anhand des dem Denken und Vorstellen vorliegenden Materials mit Hilfe der moralischen Phantasie und der moralischen Technik in vorausschauender, und damit bloß vorläufiger (hypothetischer) Weise untersucht werden kann, ob die angestrebte Handlung zumindest in den gegebenen Handlungskontext passt oder nicht und weitergehend vielleicht auch «gut» werden kann oder nicht. Entsprechend dem Ergebnis dieser Voruntersuchungen wird man die weitere Handhabung der moralischen Phantasie und Technik gestalten. Dies bedingt, dass auf der einen Seite die moralische Intuition als Quelle der moralischen Phantasie nicht aus dem Auge verloren wird und auf der anderen Seite der aktuelle Umgang mit der gegenwärtigen Situation als Grundlage der moralischen Technik nicht abbricht.

Die konkrete Verbindung von Handlungsintuition und Handlungskontext ist das Resultat des Zusammenwirkens von moralischer Phantasie und moralischer Technik und kann *moralische Vorstellung*, *handlungsleitende Vorstellung* oder *Handlungsvorstellung* genannt werden. Sie ist die Vorbedingung für die Verwirklichung des Handlungsaktes und ein Teilschritt in der Verwirklichung des Motivs auf der Grundlage der tätigen Hingabe an die Situation. Sie ist das Resultat einer Zusammenführung der ideellen Individualisierung der moralischen Intuition auf der einen Seite und einer erkenntnismäßigen Ergreifung der (gegebenen) gegenwärtigen Wirklichkeit auf der anderen Seite. Sie ist ein ideeller Bezug dieser Intuition auf den Handlungs*kontext*.

Erst nachdem dieser Schritt bis hin zur Handlungsvorstellung vollzogen worden ist, kann es zur *reellen Individualisierung*, zum konkreten Vollzug des Handlungsprozesses in der gegebenen Welt kommen. Dann erst kann sich in einem ersten Schritt zeigen, ob der in der freien Handlung verwirklichte reelle Bezug zum Handlungskontext passt oder nicht; im ersteren Fall wird der Verwirklichungsprozess noch einmal angegangen werden müssen. Erst im zweiten Schritt kann sich (unter Umständen erst nach längerer Zeit) zeigen und im Prinzip beurteilt werden, ob die Handlung in der realen Wirklichkeit – und nicht nur auf der Ebene der Handlungsvorstellung – «gut» oder «böse» wird beziehungsweise geworden ist.

Das eigentliche Ziel des frei handelnden Menschen ist nicht eine «gute» freie Handlung, sondern die Steigerung der Fähigkeit zur geistesgegenwärtigen moralischen Intuition, zur moralischen Phantasie und zur produktiven, technisch kompetenten Hingabe an die gegebene und werdende Welt. «Gute» freie Handlungen sind dann Ergebnis, Folge der tätigen Liebe zur Welt.

Die mehr oder weniger gute Beherrschung der moralischen Technik, des Handwerks, wird in einer mehr oder weniger vollkommenen oder stümperhaften freien Handlung ihren Ausdruck finden. Diese handwerkliche Seite einer Handlung, bei der vorhandene oder nicht vorhandene, vernachlässigte oder gepflegte sowie erworbene Geschicklichkeiten und Fähigkeiten eine große Rolle spielen, darf nicht mit den Qualitäten «gut» und «böse» einer freien Handlung verwechselt werden. Auch aufgrund mangelnder Fähigkeiten schlecht durchgeführte freie Handlungen können «gut» sein und handwerklich brillant realisierte freie Handlungen «böse» – oder umgekehrt. Eine abgeschlossene freie Handlung wird Teil der gewordenen Welt und damit potentiell zum Gegenstand der moralischen Technik weiterer freier Handlungen.

Vom Ziel des individuellen freien Handelns ist das Ziel der Bildung einer konkreten *Gemeinschaft freier Individuen* zu unterscheiden. In der Verwirklichung einer solchen Gemeinschaft geht es um das durch die Natur der Freiheit veranlagte Zusammenwirken verschiedener Individuen mit unterschiedlichen Zielen und Fähigkeiten. Die Bildung von Gemeinschaften freier Individuen ist eine im Prinzip der Freiheit veranlagte Weiterentwicklung freier Individuen (siehe dazu Kapitel 12).

11.4 Verhältnis des «Bösen» zur Freiheit

In welchem Sinne kann es zu disharmonischen Verhältnissen bezüglich Motivinhalt und Handlungssituation kommen? Bezieht man nur die reinen Intuitionen, die Inhalte der moralischen Intuitionen und der Erkenntnisintuitionen der Situation, im Sinne von ideellen Intuitionen aufeinander, so kann es keine Disharmonien oder Widersprüche geben, da alle Intuitionen in einen harmonisch-ideellen Zusammenhang eingebettet sind vermöge der prinzipiellen Einheit der Gesetzeswelt (Abschnitt 8.2). Mit anderen Worten: Es können immer ideelle Gesichtspunkte gefunden werden, unter denen sich die gegebenen Intuitionen zu einem konkreten ideellen, in sich notwendigen Ganzen zusammenschließen lassen.

Hier treffen jedoch nicht bloß Intuitionen aufeinander: Eine noch nicht verwirklichte Intuition, die moralische Intuition, trifft auf eine oder mehrere *verwirklichte* Gesetzmäßigkeiten, der gewordenen und werdenden Welt. Die Erscheinungen von Gesetzmäßigkeiten unterliegen in der Regel einer Entwicklung, das heißt einer Verwandlung ihrer konkreten Bestimmtheiten bei gleichzeitiger Invarianz ihrer wesentlichen charakteristischen Eigenschaften. Demzufolge ergeben sich bei Beziehungen einzelner Erscheinungen oder Teilen von denselben zueinander räumliche und/oder zeitliche Strukturen. Auf dieser Ebene der *Erscheinungen* können die beiden Sphären einander disharmonisch begegnen: Ein freier Handlungsimpuls kann einen oder mehrere Entwicklungsprozesse entweder am unpassenden Ort oder zum unpassenden Zeitpunkt treffen. In beiden Fällen wird die Handlung «böse», andernfalls «gut».

Daraus lässt sich eine weitreichende Konsequenz bezüglich der *relativen* Natur des «Bösen» ziehen. «Böses» entsteht nicht durch von Natur aus «böse Wesen», sondern ist das Ergebnis von disharmonischen Beziehungen, von gestörten Relationen eines Wesens zu den Taten anderer Wesen. Es kann genau so wenig dem Kern nach «böse Wesen» geben wie es «böse Gesetze» oder «böse Ideen» gibt. Nur Taten, Erscheinungen, Willensimpulse von Wesen können «böse» sein, nicht diese selbst. Damit soll nicht gesagt werden, dass es keine realwirksamen Kräfte des «Bösen» geben könne. Im Gegenteil, so lange ein Wesen als «böse» im obigen Sinne wirkt, ist es ein «böses Wesen», genauer, ein «böse wirkendes Wesen». Seine «Bösartigkeit» betrifft nicht seinen Wesenskern, sondern einen zeitlich mehr oder weniger begrenzten Bereich seiner Erscheinungen (siehe dazu die Anmerkungen in Kapitel 15).

Kann man durch einen freien Entschluss eine konkrete «böse» Tat begehen, kann man sich in Freiheit «dem Bösen verschreiben»? Dies würde voraussetzen, dass konkret bekannt ist, was zur gegenwärtigen Zeit eine «böse» Tat bedeutet. Dieses Wissen orientiert sich notwendigerweise an den gegenwärtigen Weltverhältnissen, da es keine zeit- und kontextunabhängigen konkreten «bösen» Taten gibt. Folglich müsste dieses Wissen einen Bestandteil der entsprechenden Zielbildung ausmachen. In diesem Falle ist jedoch das Freiheitsprinzip verletzt: Einer solchen Zielbildung mangelte die Befreiung vom Handlungskontext, sie richtete sich *expressis verbis* nach demselben – ansonsten könnte das handelnde Individuum nicht mit Sicherheit wissen, dass es eine «böse» Tat vollbrächte. Ob eine derart intendierte und durchgeführte Tat auch tatsächlich «böse» Folgen hätte oder nicht, ist wiederum ein anderes Problem. Auf jeden Fall kann ihr kein freier Entschluss zugrunde liegen.

Das Problem des freien Entschlusses zu einer «bösen» Tat ist ein Spezialfall des Problems eines freien Entschlusses zu einer unfreien Tat oder zur Unfreiheit überhaupt. Da jeder

II.4 Verhältnis des «Bösen» zur Freiheit

konkreten freien Handlung das allgemeine Motiv der Freiheit übergeordnet ist, kommt es in diesem Falle zu einem Widerspruch des konkreten Zielinhaltes (Unfreiheit, unfreie Handlung) mit dem Freiheitsprinzip, und damit ist ein solcher Gedankeninhalt als autonomes Ziel nicht möglich. Denn das Gesetz der Unfreiheit kann man zwar *denken*, aber nicht als Motiv in einer *freien* Handlung verwirklichen. Mit anderen Worten: Man kann sich nicht *frei* dazu entschließen, für eine gewisse Zeit ausschließlich Fremdeinflüssen ausgesetzt zu sein. So etwas kann einem nur zustoßen in Momenten, in denen der Freiheitsimpuls nicht aktuell anwesend ist.

Das in Abschnitt 6.8 besprochene Problem einer freiwilligen Beendigung eines reinen Denkaktes ist ebenfalls ein Spezialfall des Problems eines freien Entschlusses zur Unfreiheit. Eine freie Beendigung eines reinen Denkakts hat sich gleichfalls als nicht durchführbar herausgestellt: Das individuelle reine Denken kann nicht in freier Weise «aufgegeben» werden.

Diesen Betrachtungen kann man entgegenhalten, dass es sehr wohl möglich sei, sich gewissen unfreien Impulsen zu überlassen. Man könne sich doch manchmal selbst zuschauen, wie man sich von fremden Impulsen treiben lasse. – Natürlich ist so etwas möglich, und damit gibt es auch ein *partielles* Zulassen von Unfreiheit. Geschieht dies aber mit einer aufmerksamen Begleitung durch einen freien Willensimpuls, so kann von totaler Unfreiheit nicht die Rede sein. Man kann jederzeit diesen unfreien Zustand beenden, solange man nicht ganz im Treiben der Fremdeinflüsse versinkt und damit wirklich unfrei *wird*. Im letzteren Falle entschließt man sich aber nicht zur Unfreiheit, sondern die individuelle Entschlusskraft wird von äußeren Einflüssen überrollt und damit unfrei.

Prinzipien	Primäres Ziel: dreifache Aktualität	*Freie Handlung*: Aktuelle Verwirklichung aufgrund aktueller Situation und aktueller Motivbildung
	Ideelle Intuition	*Motivbildung*: Durch Wahrnehmung (Situation, Handlungskontext) veranlasste ideelle Intuition
	Formaler Bezug auf Wirklichkeit	Formaler Aspekt des reellen Bezugs: *Moralische Intuition*: Durch reelle liebende Hingabekraft (moralischer Bezug) formal auf Situation bezogene ideelle Intuition
	Materialer Bezug des Intuitionsinhaltes auf Wirklichkeit	Der materiale Aspekt des reellen Bezugs umfasst passende Zusammenstimmung *und* weltgerechte (harmonische) Verbindung der beteiligten Inhalte:
		1. Schritt: Passende freie Handlung ODER nicht passende freie Handlung
		2. Schritt: «Gute» freie Handlung ODER «böse» freie Handlung
	Sekundäres Ziel	*«Gute» freie Handlung*: Harmonische, weltgerechte Verbindung von ideeller Intuition mit gewordener und werdender Welt

Tabelle 11.1: Prinzipien und Methoden des Handelns

11.4 Verhältnis des «Bösen» zur Freiheit

Methodik	Exakte Phantasie	*Moralische Phantasie*: Variierende Spezialisierungen (Individualisierungen) eines universellen Intuitionsinhaltes hinsichtlich einer konkreten Situation; Variation und Neubildung eines Intuitionsinhaltes hinsichtlich einer passenden und auch «guten» freien Handlung
	Sachgemäße Technik	*Moralische Technik*: Integration von aktuellen Erkenntnissen und überlieferten Erkenntnisergebnissen der gewordenen und werdenden Welt in eine aktuelle freie Handlung
Resultat	Individualisierung der ideellen Intuition	(1) *Moralische Vorstellung als ideelle Individualisierung:* Ideeller und materialer Bezug (formales *und* materiales Handlungsurteil) einer ideellen Intuition auf einen Situationsinhalt. Als Resultat erscheint eine Handlungsvorstellung, eine handlungsleitende Vorstellung, ein individualisierter Begriff (2) *Handlungsakt als reelle Individualisierung:* Verwirklichung einer freien Handlung gemäß einer konkreten moralischen Vorstellung
	Bewusstwerdung	Bewusstwerdung der Handlung
Ziel	Aktualität, Geistesgegenwart	*Fähigkeitsausbildung zur dreifachen Aktualität in einer freien Handlung*: Geistesgegenwärtiger Vollzug einer moralischen Intuition und ihrer Verwirklichung in einer freien Handlung bei aktueller Anwesenheit eines Handlungskontextes
	Gemeinschaft freier Individuen	Freie Zusammenarbeit verschiedener freier Individuen mit unterschiedlichen Zielen und Fähigkeiten

11.5 Erkennen und Handeln

Die Untersuchung der Strukturverwandtschaft von aktuellem Erkennen (Tabelle 9.1) und freiem Handeln (Tabelle 11.1) geschieht auf der Grundlage, dass es sich hierbei um zwei unterschiedliche, jedoch gleichwertige (nebengeordnete) Arten der Weltzuwendung handelt.

Zwei Aspekte sollen noch einmal besonders hervorgehoben werden:

(1) Erkennen und Handeln sind zwei einander ergänzende gegensätzliche Weisen der Weltzuwendung auf der Grundlage der ideellen Intuition (Begriffsintuition). Im konkreten Leben pendelt der Mensch zwischen beiden Lebensweisen. Die ideelle Intuition tritt dabei in gegensätzlichen Funktionen auf: Beim aktuellen Erkennen werden für das Individuum gesondert erlebte individuelle Teile der Welt zu einer universellen Einheit emporgehoben, und im freien Handeln wird eine konkrete Welttatsache durch Herabindividualisierung aus derselben Sphäre der Universalität geschaffen.

(2) Die gegensätzlichen Funktionen, in welche die ideelle Intuition durch das Erkennen und Handeln hineingestellt wird und durch welche sie zur epistemischen beziehungsweise moralischen Intuition differenziert wird, speisen sich aus derselben Quelle: aus der tätigen Anschauung der Gesetzeswelt. Diese Gesetzeswelt gibt die Grundlage ab für die ideelle beziehungsweise reelle Art der Weltzuwendung durch das tätige Ich des Menschen (siehe dazu die Anmerkungen in Kapitel 15).

Erkennen tritt in einer doppelten Rolle auf: Es ist einerseits eine Teilfunktion des Handelns im Rahmen der moralischen Technik, andererseits ist es selbst ein Handlungsakt. Wird Erkennen selbst als freier Handlungsakt aufgefasst, so tritt man

11.5 Erkennen und Handeln

streng genommen aus der *Gegenüberstellung* von Erkennen und Handeln gemäß den Tabellen 9.1 und 11.1 heraus, da Erkennen nun als ein *besonderer* Fall des freien Handelns angesehen werden muss. Der Sache nach wird Erkennen natürlich seine wesentlichen Eigenschaften gemäß Tabelle 9.1 beibehalten, es treten jedoch neue Gesichtspunkte hinzu.

Erkennen erweist sich im Sinne einer freien Handlung als eine spezifische Art der Weltzuwendung, wo ich etwas zum Ausdruck bringe, was *mein* Anliegen betrifft: Ich möchte die Weltwirklichkeit *erkennen*, im Gegensatz zum unmittelbaren *handelnden* Eingreifen in diese Welt. Es offenbart durchaus etwas von der Artung meines Individuums, welchen Teilen der Welt ich mich erkennend zuwende und welchen nicht, und wie ich dies tue.

Man beachte, dass sich die Freiheit des Erkennens auf die im Erkennen realisierte Art der Weltzuwendung bezieht und nicht auf eine Art von «Freiheit» hinsichtlich der *Wahl* der epistemischen Intuition und deren Verhältnis zur Wahrnehmung (Erkenntnisgegenstand). Mit anderen Worten: die epistemische Intuition muss ihrem Inhalt nach auf den gegebenen Erkenntnisgegenstand ausgerichtet, an ihm orientiert und entwickelt werden; die zugehörige moralische Intuition des Erkennens ist nur Ausdruck *meines* Wollens und nicht Konsequenz der gegebenen Weltverhältnisse.

Vom Gesichtspunkt des Erkennens als freier Handlung zeigt sich auch das naturgemäße *Verhältnis von Erkenntnis und Wahrheit*. Die in Liebe getauchte erkennende Zuwendung zur Wirklichkeit bleibt nicht bei der Herstellung der dreifachen Aktualität des Bezugs der ideellen Intuition auf die Wahrnehmungsinhalte stehen, sondern strebt weiter nach einem inhaltlich zutreffenden und konstitutiven Zusammenstimmen, nach einem wahren Erkenntnisurteil (Abschnitt 9.3). In diesem Sinne gehört das *Streben nach Wahrheit* zur Natur des Erkenntnisaktes. Ob und wann dieses Ziel erreicht werden wird, hängt von weiteren Faktoren ab, die über das Streben nach Erkenntnis und Wahrheit hinausgehen.

Handlungen, genauer: abgeschlossene Handlungen, können auch vom Gesichtspunkt des Erkennens und der Wissenschaft aus angesehen werden. Daraus ergibt sich eine *Wissenschaft des gewordenen Individuums*. Sie besteht in der Herstellung einer ideellen Einheit der in freien Handlungen *hervorgebrachten* moralischen Intuitionen. Dies führt zu einer Naturlehre der Sittlichkeit im Sinne einer Wissenschaft von in der Vergangenheit verwendeten *sittlichen Normen*. Diese Wissenschaften sind naturgemäß rein an der Vergangenheit orientiert und haben keinerlei bestimmende, sondern bestenfalls eine anregende Funktion für zukünftige freie Handlungen (siehe dazu Abschnitt 11.7).

11.6 Freies Handeln und künstlerisches Schaffen: moralische und ästhetische Intuition

Eine freie Handlung ist ein bewusster Schaffens- oder Gestaltungsprozess. In ihr wird mit eigenständiger und klarer Zielgebung Stoffliches im umfassendsten Sinne umgestaltet, neu geordnet. Die beiden Pole, Intuition auf der einen Seite und gewordene und werdende Welt auf der anderen Seite, werden auf der Grundlage der tätigen Liebe konkret verschmolzen, zu einer Einheit verarbeitet, anhand von moralischer Phantasie und moralischer Technik.

Eine freie Handlung hat keinen anderen Zweck als sich selbst. Mit anderen Worten: Der Zweck einer freien Handlung ist die mit Hingabe gewollte Verwirklichung einer individuell hervorgebrachten (angeschauten) Intuition. Einen über den Vollzug einer freien Handlung hinausgehenden, sie «begründenden» oder «rechtfertigenden» Zweck gibt es nicht; sie wird nicht deshalb vollzogen, weil dieses oder jenes damit indirekt erreicht werden soll (was selbst nicht unmittelbares Ziel der Handlung ist), sondern sie verfolgt nur ihre eigenen direkten Zwecke. Alles andere gehört nicht zur Freiheit, sondern zur Pflichterfüllung, zur Konvention, zur Verfolgung vorgegebener Richtlinien etc. Der letzte Grund des freien Handelns ist nicht irgendein übergeordneter Inhalt, ein übergeordnetes Ziel (und sei es «das Gute»), sondern allein die Liebe zur Handlung, die gewollte und freie Hingabe an die Verwirklichung von Intuitionen in der werdenden und gewordenen Welt (Abschnitte 11.1 und 11.2).

Der im Rahmen eines freien Willensaktes sachlich berechtigte Bereich des zweckgebundenen Handelns liegt in den einem freien Handlungsprozess zu- und untergeordneten «Teilhandlungen». Wenn in freier Weise ein umfassendes Ziel verfolgt wird, so bedarf es mannigfachster «Teilhandlungen», die im Dienste dieses Gesamtziels stehen, die alle dem Zweck dienen, dieses Ziel zu verwirklichen. Dabei ist entscheidend, dass die Teilhandlungen tatsächlich unmittelbarer Ausdruck der übergeordneten und aktuell gehaltenen Zielsetzung bleiben und nicht von dieser abgekoppelt werden oder von selbst abfallen. Die konkreten Zielsetzungen solcher Teilhandlungen gehen dann aus dem sich ständig gegenseitig befruchtenden Wechselspiel von moralischer Phantasie und moralischer Technik hervor, geleitet durch das umfassende Ziel in Form der Intuition und die konkreten Weltverhältnisse am Ort der Handlung.

Beispiele: (1) Es wird ein Holzbrett gehobelt (Zweck), damit es für den Bau eines Tisches (Ziel) verwendet werden kann.

(2) Es wird Arnika angebaut (Zweck) im Rahmen eines Forschungsprojektes zur Untersuchung von Arnika als Heilmittel (Ziel).

Ein frei handelnder Mensch muss damit leben, dass vieles, was er unternimmt, unvollkommen ist, wird oder bleibt, aufgrund seiner nur eingeschränkten erkenntnismäßigen Erfassung des Handlungskontextes und/oder seiner mangelnden Beherrschung der notwendigen Fähigkeiten. Zudem sind oft die Folgen der unternommenen Initiativen nur schwer durchschaubar und damit die realen Auswirkungen kaum zu beurteilen. Vollkommenheit oder restlose Befriedigung durch ein frei intendiertes Handlungsergebnis scheint in weiter Ferne zu liegen.

Auf dieser Grundlage kann das Bedürfnis erwachsen, in einem kleinen, mehr oder weniger überschaubaren Bereich etwas zu schaffen, etwas zu verwirklichen, was der Vollkommenheit nahe kommt. Dies bedeutet, etwas zu schaffen, für das sowohl die Verwirklichungsziele klar präsent als auch die Fähigkeiten zur Verwandlung des Stoffes vorhanden und einsetzbar sind. Dieses Schaffen findet seinen Zweck in sich, es ist in sich abgerundet, es soll und will nichts über sich selbst hinaus erreichen oder bewirken: Es ist, wie es gewollt ist, und es wird, wie es gewollt wird. In seiner Überschaubarkeit und Einfachheit, in seiner Vollkommenheit und Abgerundetheit ist es weit entfernt von jedem Naturprozess und jedem gewöhnlichen Handlungsprozess, welche beide in mannigfaltigste Einflüsse und Beschränkungen eingebettet sind und so kaum Vollkommenes zur Erscheinung bringen können. Mit anderen Worten: Es handelt sich um ein «künstliches» Produzieren, um einen «künstlichen» Prozess, kurz, um ein *ästhetisches* oder *künstlerisches Schaffen*.

Damit wird das bewusste ästhetische oder künstlerische

II.6 Freies Handeln und künstlerisches Schaffen

Schaffen als ein freier Handlungsprozess aufgefasst: Jedes *bewusste* Kunstschaffen, jedes *bewusste* ästhetische Schaffen ist ein *freies* Schaffen. Damit können die für freies Handeln entwickelten Begriffe sowie die entsprechenden Bezeichnungen auf das künstlerische oder ästhetische Schaffen übertragen werden: die moralische Intuition wird zur *ästhetischen Intuition*, die moralische Phantasie und Technik zur *ästhetischen Phantasie* und *ästhetischen Technik*.

Die umgekehrte Behauptung, dass nämlich jede freie Handlung auch ein künstlerisches Schaffen sei, kann nur unter der Aufgabe eines Unterschieds zwischen freiem Handeln und künstlerischem Schaffen aufrecht erhalten werden. Als Horizont eines langfristigen Prozesses kann folgendes ins Auge gefasst werden: Jede freie Handlung kann bei fortschreitender Entwicklung die Vollkommenheit und Abgerundetheit eines Kunstwerkes erreichen. In diesem Sinne ist der Unterschied von freiem Handeln und künstlerischem oder ästhetischem Schaffen nur gradueller und nicht prinzipieller Natur. (Man beachte, dass daraus zunächst keine unmittelbaren Konsequenzen für die künstlerische Qualität unfreier Handlungen gezogen werden können.)

Aber bis es so weit ist, ist das bewusste künstlerische Schaffen ein ideales Übungsfeld des freien Handelns, wo auf kleinem Raum und in überschaubarer Weise etwas (mehr oder weniger) Abgerundetes und Vollkommenes schon im Hier und Jetzt geschaffen werden kann. Mit Vollkommenheit ist hier nicht technische Perfektion in der Durchführung gemeint, sondern das Anstreben eines harmonischen Zusammenwirkens des bearbeiteten Stoffes mit der künstlerischen Idee, der ästhetischen Intuition. Was für das freie Handeln im allgemeinen «gut» oder «böse» ist, das ist für das künstlerische Schaffen im besonderen «schön» oder «hässlich». Hier steht die Verarbeitung, die Veredelung, die Gestaltung eines bestimmten Stoffes durch die ästhetische Phantasie und ästhetische Technik im Vordergrund, bei welcher die Gestaltungsprinzipien (ästhetische Intuition) dem Stoff gerecht werden können oder auch nicht. Im letzteren Fall überformt der Gestaltungswille den Stoff, missbraucht ihn für seine Zwecke, bringt ihn nicht in seiner Eigenart zum Ausdruck – oder die Gestaltungsidee ist zu kümmerlich, zu stofffremd, um diesen angemessen formen zu können, sodass die Stoffqualitäten vorherrschen, den künstlerischen Prozess bestimmen und überwuchern.

Die technische Perfektion ist nicht an die «Schönheit», die Stümperhaftigkeit nicht an die «Hässlichkeit» eines Kunstwerkes gebunden: Diese beiden Paare von Qualitäten des bewussten künstlerischen Schaffens sind unabhängig voneinander. Genau so wenig, wie eine freie Handlung notwendigerweise eine «gute» Handlung wird, führt ein bewusstes künstlerisches Schaffen notwendigerweise zu einem «schönen» Kunstprodukte. Allerdings wirkt sich die für das freie Handeln charakterisierte Tendenz zum «guten» Handeln (Abschnitt 11.2) auch im bewussten künstlerischen Prozess aus: Ihm wohnt ein Streben nach dem «Schönen» inne. Auch wenn dadurch das Erreichen der «Schönheit» nicht garantiert ist, so ist es wegen der (prinzipiellen) Überschaubarkeit der Elemente des künstlerischen oder ästhetischen Schaffensprozesses doch naheliegend, dass eine *bewusste* Handhabung dieses Prozesses (im Sinne einer freien Handlung) zu einem «schönen» Kunstwerke führen wird. Daraus kann entnommen werden, dass «hässliche» Kunstwerke in der Regel nicht einem *bewussten* künstlerischen Schaffen und damit auch keinem freien Handeln entstammen können. Die Umkehrung gilt allerdings nicht: Unfreiem Handeln müssen nicht notwendigerweise «hässliche» Kunstwerke entspringen.

II.6 Freies Handeln und künstlerisches Schaffen

Man beachte, dass hier nicht einer ideen-zentrierten Ästhetik das Wort geredet wird. Obwohl künstlerisches Schaffen im Sinne einer freien Handlung in einer moralischen Intuition urständet, sind das Kunstschaffen und seine Produkte, die Kunstwerke, nicht allein daran zu messen, wie gut oder wie schlecht sie diese Intuition zum Ausdruck, zur Erscheinung bringen, wie gut oder wie schlecht das Ideelle durch das Kunstmaterial hindurchscheint. Denn der ästhetische Aspekt einer freien Handlung und die ästhetische Beurteilung einer solchen orientieren sich, wie oben ausgeführt, gerade *nicht* allein an dieser Idee, sondern am Zusammenspiel dieser Idee mit dem für ihre Verwirklichung verwendeten Material. Entscheidend für diese ästhetischen Aspekte sind die nicht aus der Idee (moralische Intuition) ableitbaren spezifischen Individualisierungen des allgemeinen Prinzips auf der einen Seite und die nicht im Material explizit präsenten, anhand der leitenden künstlerischen Idee herausgearbeiteten Formgestaltungen.*

Zum Schluss sei noch darauf hingewiesen, dass es einen Prozess gibt, der wie im Keim charakteristische Merkmale des künstlerischen Schaffens umfasst: das reine Denken. In seiner intuitiven Form ist es ein bewusster Schaffensprozess, in welchem Gesetze in Begriffsform zur Erscheinung gebracht und damit ein Teilbereich der Gesetzeswelt im Medium des Denkens dargestellt wird. Die (prinzipielle) Überschaubarkeit dieses Prozesses ermöglicht seine Vollkommenheit, Abgerundetheit und Geschlossenheit.*

11.7 Epistemische, moralische und ästhetische Beurteilung menschlicher Handlungen

Die Handlungen eines Menschen können nach drei Gesichtspunkten beurteilt werden: epistemisch, moralisch und ästhetisch. In der *epistemischen Beurteilung* geht es um die Untersuchung der Verknüpfung der Gesetzmäßigkeit einer Handlung mit deren Verwirklichung in der Welt hinsichtlich der Bewahrheitung dieser Gesetzmäßigkeit an der Erfahrung. Mit anderen Worten, durch die epistemische Beurteilung soll untersucht werden, ob diese Gesetzmäßigkeit tatsächlich die gestaltende Ursache, die Formursache der in Frage stehenden Handlung ist oder gewesen ist. Denn gemäß der Erkenntnislehre (Kapitel 9) liegt überhaupt jedem Weltprozess, also auch jeder Handlung eines menschlichen Individuums, eine Gesetzmäßigkeit zugrunde.

Für ein *frei* handelndes Individuum besteht bezüglich seiner *eigenen* Handlungen keine sachgemäße Notwendigkeit für eine epistemische Beurteilung: Es ist sich der Gesetzmäßigkeiten *seines* Handelns bereits bewusst. Für *andere* Individuen ist die Untersuchung der Gesetzmäßigkeiten seiner freien Handlungen im Prinzip ein Erkenntnisproblem wie für jeden anderen Weltprozess auch. Es existiert hier allerdings die Möglichkeit, das frei handelnde Individuum nach den Gesetzmäßigkeiten, die es seinen Handlungen zugrunde gelegt hat, zu befragen. Kann und will das befragte Individuum Auskunft geben, so eröffnet sich für *andere* Individuen ein direkter Weg zu den Gesetzmäßigkeiten *seiner* freien Handlungen (Abschnitt 12.3), auf deren Grundlage dann eine epistemische Beurteilung vollzogen werden kann. Ist ein erkennendes Individuum bei der Verwirklichung der entsprechenden freien Handlungen (des anderen Individuums) aktuell anwesend, er-

11.7 Epistemische, moralische und ästhetische Beurteilung

lebt es also nicht nur das fertige Produkt dieser Handlungen, so sind zumindest die Vorbedingungen einer wahren Erkenntnis gegeben, was natürlich nicht bedeutet, dass es tatsächlich zu einer solchen kommen muss (siehe dazu Kapitel 9).

Bei *unfreien Handlungen* sind sowohl das handelnde wie das erkennende Individuum im wesentlichen in derselben Lage. Beiden ist ein direkter Zugang zur konkreten Gesetzmäßigkeit des Handelns nicht gegeben. Mit anderen Worten: *Beide* Individuen müssen erst einen Erkenntnisprozess vollziehen, wenn sie die Gesetzmäßigkeiten solcher Handlungen erfassen wollen.

	Inhalt	Zeithorizont
Epistemische Beurteilung	Charakteristik des allgemeinen Gesetzes im besonderen Fall	Vergangenheit in der Gegenwart: Gegenwart als Abschluss der Vergangenheit
Moralische Beurteilung	Zusammenspiel von allgemeinem Gesetz, Verwirklichung des Gesetzes und gegebener Welt	Zukunft in der Gegenwart: Gegenwart als Keim der Zukunft
	Einbezug von Folgen und Fähigkeiten	
Ästhetische Beurteilung	Charakteristik der besonderen Situation	Gegenwart in der Gegenwart: Gegenwart als sich selbst Genügendes

Tabelle 11.2: Epistemische, moralische und ästhetische Beurteilung von freien und unfreien Handlungen

Die espistemische Beurteilung einer Handlung geht letztlich auf die der Handlung zugrunde gelegte konkrete Gesetzmäßigkeit, die im Falle einer freien Handlung in der Form der

Intuition anwesend (gewesen) ist (siehe Tabelle 11.2). Für sie ist eine Handlung nur ein Spezialfall einer Gesetzmäßigkeit in Form eines allgemeinen Prinzips. Der Erkenntnisprozess ist abgeschlossen, wenn dieses Prinzip als dasjenige erkannt worden ist, welches der Handlung tatsächlich zugrunde liegt, oder genauer: zugrunde gelegen hat. Für die epistemische Beurteilung ist das Besondere der Handlung nicht für sich selbst, sondern nur als spezielle Erscheinung des Allgemeinen interessant. Ihrer Aufmerksamkeit entgeht das Charakteristische der Gegenwärtigkeit, das heißt das Spezielle, das Situative, das Atmosphärische, das bis in die Erscheinung sich ausdrückende Individuelle einer Handlung als Manifestation des einzelnen Menschen. Sie sieht die Handlung nur als spezifisches Produkt, als konkreten Abschluss eines in der Vergangenheit angelegten Prozesses zur Verwirklichung einer universellen Gesetzmäßigkeit. *Für die epistemische Beurteilung einer Handlung ist die Gegenwart der Abschluss der Vergangenheit.*

Die epistemische Beurteilung menschlicher Handlungen ist sowohl Grundlage einer Naturlehre oder Wissenschaft des menschlichen Handelns als auch Grundlage einer Auseinandersetzung mit den Zielen anderer Menschen. Im ersten Fall geht es um eine gesetzmäßige Synthese der in der Vergangenheit vollzogenen Akte menschlichen Handelns – nicht als Vorgaben für die Zukunft, sondern als Ergebnisse der Vergangenheit. Im zweiten Falle dient die epistemische Beurteilung einer Kenntnisnahme der Ziele anderer frei handelnder Menschen als Vorbedingung eines fruchtbaren Zusammenwirkens (siehe dazu die Abschnitte 12.3 und 12.4).

Anders ist es bei der *moralischen Beurteilung*. Hier geht es zunächst auch um die Erfassung der Gesetzmäßigkeit, welche im Falle der freien Handlung derselben in Form der Intuition zugrunde gelegt wurde. Diese im Erkenntnisprozess intuitiv erfasste Gesetzmäßigkeit ist jedoch nur der Ausgangspunkt, die Richtschnur, gemäß welcher weiter verfolgt wird, wie und mit welchen Mitteln die Handlung realisiert wurde, welche konkreten Möglichkeiten aus dem Spektrum aller Möglichkeiten gewählt wurden. Zum moralischen Urteil gehört insbesondere auch die Untersuchung, auf welche Weise der Weltenstoff umgewandelt wurde, ob und wie die Verwirklichung mit dem Weltprozess in Harmonie steht, ob also die Handlung als passend oder unpassend, oder gar bereits als «gut» oder «böse» bestimmt werden kann oder ob dafür erst weitere Handlungsfolgen abgewartet werden müssen. Charakteristisch für die moralische Beurteilung ist ihre in die Zukunft weisende Funktion (Tabelle 11.2): *Für die moralische Beurteilung einer Handlung ist die Gegenwart der Keim der Zukunft.* Diese Beurteilung schaut auf die möglichen und tatsächlichen Folgen einer Handlung für das handelnde Individuum *und* für die betroffene Welt, insbesondere auf die dabei angelegten, geförderten und neu angeeigneten Fähigkeiten des handelnden Individuums sowie der direkt betroffenen weiteren Individuen und ihre möglichen Früchte in der Zukunft.

Für den Gesichtspunkt der *ästhetischen Beurteilung* zählt nur die Gegenwart, es wird auf das geschaut, was präsent ist, auf die konkrete Einheit der Gesetzmäßigkeit einer Handlung mit ihrer Verwirklichung (Tabelle 11.2). Keiner der beiden Komponenten, das ordnende Gesetz und der bearbeitete Stoff, haben Vorrang. Was allein interessiert, ist deren konkrete Verarbeitung ineinander. Dies bedingt die aktuelle Gegenwart einer entsprechenden Handlung oder zumindest des Produktes derselben. Dies gilt insbesondere für die Beurteilung ästhetischer Handlungen oder künstlerischer Prozesse sowie für die Beurteilung von deren Produkten, den Kunstwerken. Abbildungen oder andersartige Reproduktionen davon sowie Erinnerungen daran sind für eine ästhetische Beurteilung nicht hinreichend.*

Im ästhetischen Urteil wird demnach untersucht, ob im Hier und Jetzt eine Zusammenstimmung von Form und Stoff stattfindet, eine Vollkommenheit und Abgerundetheit vorhanden ist oder angestrebt wird, vermöge welcher das gegenwärtige Handlungsprodukt als «schön» gelten kann; oder ob einer der beiden Komponenten überwiegt, ob also die Form den Stoff einzwängt oder der Stoff die Form überwuchert und damit das Produkt «hässlich» erscheint. Die Charakterisierung einer Handlung als «schön» oder «hässlich» ist zu unterscheiden von der Beurteilung der Gediegenheit ihrer handwerklichen Seite, wo mit mehr oder weniger geschickter Beherrschung der notwendigen Fähigkeiten ein perfektes oder stümperhaftes Werk geschaffen wurde.

Gegenüber der moralischen Beurteilung kümmert sich die ästhetische Beurteilung nicht um größere Zusammenhänge, ihr Anliegen ist in erster Linie räumlich und zeitlich lokaler Natur.

Beispiel: Es gehört nicht zum Bereich der *ästhetischen* Beurteilung einer Handlung, zu untersuchen, ob die verwendeten Materialien (zum Beispiel für ein Kunstwerk oder einen Gebrauchsgegenstand) aus gefährdeten Beständen, wie Tropenholz etc., stammen oder nicht, und in welcher biographischen Situation sich der handelnde Mensch befindet – beides kann jedoch Gegenstand einer *moralischen* Beurteilung sein.

In diesem Sinne handelt es sich bei der epistemischen, moralischen und ästhetischen Beurteilung einer Handlung nicht um einander ausschließende Formen der Zuwendung zu Prozessen menschlichen Handelns, sondern um einander ergänzende Gesichtspunkte, die alle etwas zum Gesamtbild beitragen.

Obwohl die Gesichtspunkte der epistemischen, moralischen und ästhetischen Beurteilung natürlich auf jede Art von Handlung angewendet werden können, ist es naheliegend, Produktionen aus künstlerischem Schaffen (Abschnitt 11.6) in erster Linie von ästhetischen Gesichtspunkten aus zu beurteilen.

Mit einer etwas anderen Gewichtung der jeweiligen Komponenten könnte man auch die *moralische Beurteilung* als umfassendste Form der Beurteilung von menschlichen Handlungen in den Vordergrund stellen. In der moralischen Beurteilung kommen alle auch in den anderen Formen der Beurteilung besprochenen Eigenschaften zum Ausdruck. Unter diesem Gesichtspunkt sind dann die epistemische und die ästhetische Beurteilung einseitig ausgerichtete Spezialfälle der moralischen Beurteilung: In der epistemischen Beurteilung geht es in erster Linie um das allgemeine Prinzip der Handlung und in der ästhetischen Beurteilung um die Besonderheiten der Situation. Diese Sichtweise ändert jedoch nichts an der grundsätzlichen Charakteristik, an der spezifischen Tendenz der drei Formen der Beurteilung (siehe Tabelle 11.2).

Die drei Gesichtspunkte der epistemischen, moralischen und ästhetischen Beurteilung sind sowohl auf freie Handlungen als auch auf unfreie Handlungen und deren Produkte anwendbar, und mit ihnen kann auf eigene wie auf fremde Handlungen geblickt werden. So können sie insbesondere im Zuge der Bewusstwerdung eigener Handlungen, in der langfristig angelegten Entwicklung zur Ausweitung des freien Handelns als Instrumente einer differenzierten Selbsterkenntnis eingesetzt werden.

Die zunächst nur für die Beurteilung des *menschlichen* Handelns entwickelten drei Gesichtspunkte können auch auf solche Weltprozesse und -tatsachen erweitert werden, die nicht aus menschlichen Handlungen hervorgegangen sind. Dies hat jedoch zur Vorbedingung, dass man bereit ist, solche Prozesse und Tatsachen aus der Perspektive von Tätigkeiten konkreter außermenschlicher Wesenheiten aufzufassen.

11.8 Drama der Freiheit

Neben den bereits im Drama der Bewusstwerdung geschilderten Gefahren (Abschnitt 7.5), die zu einem Verlust der wahren Wirklichkeit und des Entwicklungsweges zur Bewusstwerdung von Geistesgegenwart führen können, unterliegt die aktuelle Verwirklichung der Freiheit zwei weiteren Gefährdungen, zwei Abirrungen, die sie verhindern oder in die Irre führen.*

Auf der einen Seite kann die moralische Phantasie zur *moralischen Phantastik* werden, wenn sie den aktuellen Bezug zur moralischen Intuition verliert (oder diesen gar nie erst eingegangen ist) und damit die Exaktheit des Phantasieprozesses verloren geht (oder nicht vorhanden ist). Kommt es unter diesen Bedingungen zu einer Handlung, so unterliegt die Führung der Phantasie notwendigerweise anderen wirksamen Gesetzmäßigkeiten als derjenigen der Hingabe an die intuitiv erfahrbare Ideenwelt. Hier kann es zu weltfremden, illusionären und verworrenen Handlungsvorstellungen kommen. Als Folge davon wird der handelnde Mensch auch den Kontakt zum Handlungskontext, das heißt zur gegebenen Weltwirklichkeit verlieren, welche durch die Handlung sachgemäße umgestaltet werden soll. Er wird dadurch zum Spielball seiner Illusionen, seiner Wunsch- und Wahnvorstellungen, die ihn weit weg von den gegenwärtigen Lebens- und Weltverhältnissen führen können.

Auf der anderen Seite kann die moralische Technik zum *moralischen Automatismus* verkommen, wenn die an der vergangenen Welt erlernten Fähigkeiten und Einsichten zu nicht mehr in Frage gestellten Gewohnheiten verkommen beziehungsweise in Konventionen erstarren, wenn der Kontakt zur *gegenwärtigen* Erfahrungswelt abbricht und keine neuen Fähigkeiten mehr erlernt werden. Dies hat zur Folge, dass im wesentlichen durch die gewordenen Weltverhältnisse festgelegt ist, mit welchen Zielen und in welcher Weise gehandelt werden kann. Hier dient dann die moralische Technik nicht nur der Umsetzung von moralischen Intuitionen, sondern nimmt selbst auf den Zielbildungsprozess, zumindest im einschränkenden Sinne, Einfluss. Damit besteht die Gefahr, dass die entsprechenden Handlungen zu bloßen Fortsetzungen, zu bloßen Konsequenzen bisheriger Weltprozesse werden. Als Folge davon verliert der handelnde Mensch auch den aktuellen Bezug zur Ideenwelt. Im Extremfall wird das handelnde Individuum dann zum Werkzeug, zum automatischen Vollstrecker und Vollender bereits vorhandener Weltkonfigurationen.

Wie schon im Abschnitt 9.5 für das Drama der Erkenntnis festgestellt wurde, so muss auch hier bemerkt werden, dass bei beiden Abirrungen, der moralischen Phantastik und dem moralischen Automatismus, eine Tendenz vorhanden ist, sich jeweils eine eigene, in sich abgeschlossene Erlebniswelt zu schaffen, die sich sowohl von der Ideenwelt als auch von der unmittelbaren gegebenen Erfahrungswelt abkoppelt. Beide Tendenzen arbeiten sich demnach, trotz ihrer gegensätzlichen Ausrichtungen, gegenseitig in die Hände: Sie behindern oder verunmöglichen die Entfaltung der Freiheit des handelnden Menschen.

Auf der Grundlage dieser Einsicht erscheint es nicht sinnvoll, die eine Einseitigkeit durch die andere ergänzen und damit überwinden zu wollen. Ein solches Vorgehen würde nur die Abkopplung von der universellen Ideenwelt und dem konkreten gegebenen Weltzusammenhang noch weiter vorantreiben. Es muss notwendigerweise sowohl auf die der moralischen Phantasie als auch der moralischen Technik zugrundeliegenden Fähigkeiten zurückgegriffen werden, um diese Abirrungen erst zu entflechten und dann wirklich zu überwinden. Nur dadurch kommt es zu einem sachgemäßen und direkten Bezug zur Ideenwelt *und* zur unmittelbaren Erfahrungswelt als Grundlage einer Fortentwicklung der Freiheitsfähigkeit.

Die Tendenz zur Vereinseitigung, zur Abirrung, liegt jedoch schon der an sich idealen Form der Verwirklichung der beiden methodischen Prinzipien zugrunde, sobald das eine über das andere dominiert. Die übermäßige Betonung der moralischen Phantasie bis hin zur Produktion immer neuer moralischer Intuitionen führt tendenziell zu weltfremden moralischen Postulaten, die in der Regel weit entfernt von der konkreten Wirklichkeit im Ansatz ihrer Verwirklichung stecken bleiben. Auf der anderen Seite hat das Beherrschen und damit das Vorherrschen der moralischen Technik die Tendenz, von vornherein nur auf das auf den ersten Blick gegenwärtig Machbare zu starren und damit Innovationen und neue Perspektiven zu verhindern.

Im Gegensatz zu den weiter oben geschilderten Abirrungen kann die Überwindung der Einseitigkeiten sowohl der moralischen Phantasie als auch der moralischen Technik durch die ausgleichende Funktion, welche jeweils die eine Tätigkeit für die andere zur Verfügung stellen kann, in Arbeit genommen werden. Es steht nicht grundsätzlich in Frage, ob es beider Aktivitäten bedarf: Für ein freies, in die Welt konkret eingreifendes Handeln bedarf es der einen wie der anderen Fähigkeit

11.8 Drama der Freiheit

und insbesondere eines harmonisierenden Pendelschlags zwischen beiden.

Dies ist jedoch gerade eine Konsequenz der dreifachen Aktualität des freien Handelns (siehe Abschnitte 11.1 und 11.2): In diesem wendet sich der Mensch mittels einer aktuell präsenten und in Liebe zur Welt getragenen moralischen Intuition dem gegenwärtig erfahrenen Weltgeschehen zu. Dem aktuellen Freiheitsprozess, dem in Liebe getauchten weisheitsvollen Handeln, liegt also in Wahrheit – wie schon dem Erkenntnisprozess – ein *Gleichgewichtsimpuls*, ein notwendigerweise zwei Gegensätze benötigender und zugleich aufhebender Ausgleichsimpuls zugrunde, der sich in ich-getragener Liebe der Welt wirkend zuwendet.

Dem Ausgleich auf individueller Ebene kann ein Ausgleich auf sozialer Ebene zur Seite gestellt werden: Die in verschiedenen Menschen entwicklungsbedingt auf unterschiedliche Weise ausgeprägten Fähigkeiten können durch Zusammenarbeit sowohl für die soziale Gemeinschaft wie für die individuelle Entwicklung fruchtbar gemacht werden (siehe Abschnitt 12.5).

Die Abirrungen des Erkennens (epistemische Phantastik und epistemischer Automatismus – siehe Abschnitt 9.5) und Handelns (moralische Phantastik und moralischer Automatismus) behindern, verunmöglichen oder lähmen das autonome wirklichkeitsgemäße Erkennen und das freie, sich liebevoll der gewordenen und werdenden Welt zuwendende Handeln. Sie stehen den Zielen eines sich zur intuitiven Bewusstwerdung entwickelnden Menschen entgegen. Es sind Abirrungen, die der individuelle Mensch weder selbsttätig sucht noch bewusst verwirklicht: Er unterliegt ihnen, er ist ihnen ausgesetzt, er wird dazu verführt. In diesem Sinne handelt es sich um «böse» Impulse, da sie seinen von ihm selbst frei gewollten Entwicklungsrichtungen entgegenwirken. Auf der anderen Seite besteht die Möglichkeit, dass er gerade durch solche Abirrungen an sich selbst und bei anderen Menschen immer wieder wachgerüttelt und angeregt wird, um sich mit neuen Kräften wieder auf den verlassenen Pfad zurückzubegeben und die Zügel selbst in die Hand zu nehmen. Daran zeigt sich wieder die relative Natur des «Bösen»: Es steht einer bestimmten Entwicklung entgegen, behindert und lähmt sie, um auf der anderen Seite gerade Gelegenheiten zur Überwindung der Hindernisse, zur Erstarkung der Erkenntnis- und Willenskraft, zu verschaffen und damit die Entwicklung des individuellen Menschen um so stärker zu fördern, zu intensivieren und zu beschleunigen.

11.9 Freiheit, Mündigkeit, Würde

Der Begriff der Freiheit bezieht sich auf individuelle Handlungen des Menschen: Nicht der Mensch ist frei oder unfrei, sondern seine Handlungen. Die Möglichkeit der Freiheit ist in jedem Menschen veranlagt. Jeder Mensch kann zur Bewusstwerdung dieser Möglichkeit gelangen und dementsprechend seine Fähigkeiten entwickeln, auch wenn er sich zunächst selten oder gar nicht in der Lage sieht, freie Handlungen zu verwirklichen. Ein Mensch kann sich auch vorläufig oder vorübergehend in einer Lage befinden, wo eine Bewusstwerdung seiner Freiheitsmöglichkeit sowie deren Verwirklichung in einem freien Akt wesentlich eingeschränkt oder gar unmöglich ist. Auf dieser Grundlage können folgende Bestimmungen, im Sinne von kurz oder lang andauernden Entwicklungszuständen, vorgenommen werden.

Die *Freiheit* eines Menschen liegt in der gegenwärtigen

11.9 Freiheit, Mündigkeit, Würde

Aktualisierung seiner Freiheitsmöglichkeit, in der individuellen Verwirklichung freier Handlungen. Die *Mündigkeit* eines Menschen liegt in der Realisierung seiner Befreiung oder Wahlfreiheit (Abschnitt 11.1) und in der Bewusstwerdung der Möglichkeit seiner Freiheit sowie in dem bewussten Streben zur Verwirklichung dieser Möglichkeit. Die *Würde* eines Menschen liegt in seiner bloßen Potenz zur Befreiung und zur Freiheit, auch ohne dass er hinsichtlich seiner Wahl- oder Freiheitsmöglichkeit in den Prozess der Bewusstwerdung einsteigt.*

In diesem Sinne hat auch der aktuell unfreie Mensch Würde. Würde muss vorbehaltlos und uneingeschränkt jedem Menschenindividuum zuerkannt werden: dies macht einen zentralen Aspekt seines Menschentums aus. Die Mündigkeit von Menschen muss darüber hinaus durch die erzieherischen, sozialen, politischen und ökonomischen Bedingungen ermöglicht und gefördert werden. Freiheit kann nur individuell verwirklicht werden.

Jeder mündige Mensch hat auch Würde und jeder freie Mensch ist auch mündig. Ein kleines Kind, ein gehirnverletzter Mensch im Koma, ein schwer psychisch kranker Mensch hat Würde, ist aber weder mündig noch frei. Mit anderen Worten: je nach Lebenslage und Entwicklungszustand kann einem in anderen Zuständen im Prinzip freien Menschen nur noch Mündigkeit oder Würde zuerkannt werden. Alle drei Zustände können in beiden Richtungen bei ein- und demselben Menschen ineinander übergehen: Es handelt sich nicht um absolute oder fixe Lebenszustände, sondern um Entwicklungszustände. Auch wenn es so aussehen mag, wie wenn der gegenwärtige Zustand eines Menschen für alle Zukunft derselbe bleiben wird, muss prinzipiell *immer* davon ausgegangen werden, dass sich etwa sein Zustand der Würde zum Zustand der Mündigkeit bis hin zum Zustand der Freiheit weiterentwickeln kann. Andernfalls nimmt man ihn nicht als *Menschen* ernst.

Im weiteren muss gegenüber Freiheit, Mündigkeit und Würde zwischen dem *ontologischen*, *epistemologischen* und *intentionalen* Aspekt unterschieden werden. Beim ontologischen Aspekt geht es um die Bestimmung des Wesens von Freiheit, Mündigkeit und Würde (siehe oben), beim epistemologischen Aspekt um die Frage, ob jemand tatsächlich im Zustand der Freiheit, Mündigkeit oder Würde ist, und wie das festgestellt werden kann, und beim intentionalen Aspekt geht es um das Problem, ob jemand so behandelt wird, wie wenn er im Zustand der Freiheit oder «bloß» im Zustand der Mündigkeit oder «bloß» im Zustand der Würde wäre. In den letzteren Fällen wird seine Freiheitsfähigkeit beziehungsweise seine Mündigkeit ignoriert und damit in den jeweiligen Untersuchungen nicht berücksichtigt, obwohl sie faktisch vorhanden sein kann (siehe dazu auch Abschnitt 12.6).

Das *berechtigte* Vertrauen in die Würde jedes Menschen beruht auf der individuellen Erfahrung und Einsicht in die Bewusstwerdung und schließliche Verwirklichung der eigenen Freiheitspotenz. Verkommt die Idee der Freiheit zur bloßen Theorie, zu einem politischen, sozialen oder ethischen Programm, so wird das Vertrauen *fiktiv* und konsequenterweise dogmatisch oder verhandelbar, da es keine empirische Basis mehr besitzt. Im letzteren Fall kann die Wahrung der Würde des Menschen je nach Situation gegenüber der Wahrung anderer «Güter» vorbehaltlos «abgewogen» werden. Im ersteren Falle kann es (in Schule, Ausbildung, Beruf, Gemeinschaft, Gesellschaft etc.) zu keiner sachgemäßen und fruchtbaren Förderung der Entwicklung zur Bewusstwerdung und Verwirklichung der individuellen Freiheit kommen; es bleibt bei Bevormundung und durch Vorschriften gelenkte Machtentfaltung unter Beibehaltung von Lippenbekenntnissen zur «Freiheit».

Würde, Mündigkeit und Freiheit sind also Entwicklungszustände, die von jedem Menschen durchlaufen werden. Die *Würde* des Menschen liegt in seiner Potenz zur Befreiung und Freiheit, seine *Mündigkeit* in der Realisierung seiner Befreiung (Wahlfreiheit) und in der Bewusstwerdung seiner Möglichkeit zur Freiheit und die *Freiheit* selbst in der Aktualisierung seiner individuellen Geistesgegenwart. Die Berechtigung der Zuschreibung von Würde und die Bedingungen der Mündigkeit eines Menschen beruhen auf der Erfahrung der individuellen Freiheit. Die Würde muss Menschen universell zuerkannt werden, die Mündigkeit muss durch die sozialen Bedingungen ermöglicht und gefördert und die Freiheit individuell verwirklicht werden.

12. Verantwortung und Gemeinschaft

Vorblick und Zusammenfassung: Die ganz auf den individuellen Menschen ausgerichtete Bewusstwerdung des Erkennens und freien Handelns hat weitreichende Konsequenzen für sein Verhältnis zur Welt, insbesondere zu seinen Mitmenschen. Dies belegt, dass der hier entwickelte Freiheitsgedanke mit Willkür, Egoismus oder reiner Selbsterlösung nichts zu tun hat. Sozusagen an jeder Ecke des Erkennens und Handelns zeigt sich die in der Natur dieser Tätigkeiten liegende aufmerksame Zuwendung zur Welt und zu den Mitmenschen sowie die Notwendigkeit zur gegenseitigen Förderung der individuellen Erkenntnis- und Freiheitsentwicklung. Daraus kann nicht abgeleitet werden, dass sich dies schon in *jedem* Erkenntnis- und Handlungsprozess manifestieren müsste. Es ist aber klar, dass diesen Fähigkeiten das Ziel innewohnt, es zu einem harmonischen und sich entwickelnden Zusammenklang von Welt und Mensch zu bringen. Dies beginnt mit dem von freien auf unfreie Taten erweiterbaren Prinzip der individuellen Verantwortung und geht weiter über die konkrete Auseinandersetzung mit den Zielen anderer Menschen im Hinblick auf die Verwirklichung sozialer Gemeinschaften als Ausdruck gemeinsam erarbeiteter Ziele bis hin zur fruchtbaren Zusammenarbeit verschiedener Individuen aufgrund unterschiedlicher Begabungen und Fähigkeiten. Im Kern läuft alles hinaus auf eine sich gegenseitig fördernde, die entwicklungsbedingten Einseitigkeiten und Abirrungen fruchtbar machende und ausgleichende Gemeinschaft freier Geister, welche sowohl die individuelle Entwicklung als auch die Weltentwicklung zum Ausdruck bringt.

12.1 Individuelle freie Verantwortung

Freie Handlungen beruhen auf selbstständiger Motivbildung und einer durch die Aufrechterhaltung der moralischen Intuition begleiteten Verwirklichung des Motivinhaltes. Eine freie Handlung ist von Anfang bis Ende vom handelnden Ich gewollt. Es ist dem frei handelnden Individuum klar, dass alle Konsequenzen einer solchen Handlung unmittelbar mit ihm in einem Zusammenhang stehen und demzufolge mit auf seine Veranlassung zurückzuführen sind. Es steht dem Individuum frei, diese Folgen aufzugreifen oder nicht: Es kann sich aktiv am Aufsuchen dieser Folgen und an einer Auseinandersetzung mit denselben beteiligen, also deren *individuelle freie Verantwortung* übernehmen, oder sich nicht explizit um dieselben kümmern. Es liegt jedoch in der Natur der Freiheit, die Folgen früherer Handlungen in die individuelle erkennende Bewusstwerdung aufzunehmen und sie so zum Bestandteil der moralischen Technik zukünftiger Handlungen zu machen.

Damit kann die Übernahme der individuellen freien Verantwortung für die Folgen des eigenen Tuns als eine unmittelbare Konsequenz der Selbstgestaltung des frei handelnden Menschen aufgefasst werden: Es ist für einen solchen Menschen letztlich keine Frage, ob er sich um die Folgen seines Handelns kümmern soll oder nicht, sondern er strebt es an und tut es, weil es in der konsequenten Fortführung des ursprünglich selbst gewollten Impulses liegt. Er tut es nicht deshalb, weil er irgendeiner inneren oder äußeren Verpflichtung zur individuellen freien Verantwortung folgt, sondern weil es Ausdruck seines autonomen Willens zur Gestaltung der Welt ist.

Für unfreie Handlungen ist die Situation anders. Hier ist es letztlich nicht der Kern des Individuums, der gehandelt hat, oder der die Motive des Handelns gebildet hat. Deren

Beurteilung nach «gut» und «böse» ist demzufolge nicht so ohne weiteres möglich, da das ihnen zugrunde liegende, sie initiierende Motiv dem Denken während des Handelns nicht in einer klar durchschaubaren Form vorliegt oder gar nicht bekannt ist. Die wahre Verantwortung für unfreie Handlungen und deren Folgen kann demzufolge nicht dem Wesenskern des so handelnden Individuums zugerechnet werden, sondern muss denjenigen Umständen, oder konkreter: denjenigen Wesenheiten, welche diesem Individuum die Handlungsziele und/oder Triebfedern eingegeben haben, zugeordnet werden. Damit trägt ein Individuum für seine unfreien Handlungen *keine* direkte individuelle Verantwortung. (Man beachte, dass hier nur von *(freier) individueller Verantwortung* und *nicht* von *juristischer Verantwortlichkeit* die Rede ist; siehe dazu die 1. Ergänzung zu Kapitel 12 in Kapitel 15.)

Von einer *Teilverantwortung* kann man sprechen, wenn eine unfreie Handlung als Teilaspekt, als untergeordnete Handlung im Rahmen einer ihr übergeordneten freien Handlung auftritt, das heißt, wenn das Individuum die Möglichkeit zur Freiheit in diesem Falle *nicht* aufgegriffen und dadurch Raum gelassen hat für Einflüsse anderer Wesen. Dieses *partielle* Zulassen von externen Einflüssen (siehe dazu Abschnitt 11.4) muss jedoch deutlich von unfreien Handlungsakten unterschieden werden, die durch eine totale Abwesenheit des individuellen Willens charakterisiert sind und für welche dieses Individuum keine direkte individuelle freie Verantwortung zu tragen hat.

Das Konzept einer direkten Verantwortung für unfreie Handlungen und damit einer Art automatischer Belastung des Individuums mit einem «schlechten Gewissen» für seine unfreien Handlungen ist nicht sinnvoll. Die *Folgen* unfreier Handlungen treffen auf jeden Fall ein und prägen den Handlungskontext, die Handlungssituation zukünftiger

Handlungen – auch des unfrei handelnden Menschen. Die *individuelle Verantwortung* für seine unfreien Handlungen und deren Folgen *muss* das freie Individuum jedoch *nicht* übernehmen – aber es *kann* dies in Freiheit tun, aus Einsicht in die Notwendigkeit der individuellen Verarbeitung solcher Taten.

Der Grund für das Aufgreifen der Folgen freier Handlungen ist jedoch ein ganz anderer als der Grund für das Aufgreifen der Folgen unfreier Handlungen: Im ersten Fall gehört es zu den sachgemäßen Konsequenzen des ursprünglichen Handlungsimpulses. Im zweiten Fall geschieht dies aus Einsicht in die Entwicklungsbedingungen des Menschen auf dem Wege von der Unfreiheit über die Befreiung zur Freiheit. Unfreie Taten lassen sich nicht ab sofort ein für allemal vermeiden, sondern bilden zunächst einen integralen Bestandteil des menschlichen Daseins mit seinen verschiedenen Extremen und Abirrungen (siehe die Abschnitte 9.5 und 11.8). Ohne diese Grundlage gäbe es keinen Weg zur Freiheit; also liegt es nahe, dass man sich dazu bringen kann, die auf diesem Wege hinterlassenen Spuren freiwillig aufzunehmen und weiter zu verfolgen. Zugleich nimmt man dadurch etwas von der Last der Verantwortung der unfreie Handlungen bewirkenden Wesen auf sich, das heißt man hilft denselben auf dem Wege zur «Erlösung» von den Folgen ihrer Taten und erleichtert deren eigene Entwicklung zu (wieder) harmonisch im Weltenganzen wirkenden Wesenheiten.

Die Verantwortung für das Weltgeschehen, insofern dieses direkt oder indirekt von der eigenen Persönlichkeit geprägt ist, kann auf immer weitere Bereiche ausgedehnt werden. Denn ist einmal die Einsicht gereift, dass man die Verantwortung für seine eigenen unfreien Handlungen und deren Folgen übernehmen *kann*, so kann die Einsicht hinzutreten, dass man dies auch für unfreie Handlungen anderer Menschen tun *kann*, die entweder nicht in der Lage oder nicht willens sind, dies zu tun. Dies ist der Übergang von der freien Eigenverantwortung zur umfassenden freien Mitverantwortung am Weltgeschehen. Dies ist kein für die *eigene* Entwicklung, für das eigene Weiterkommen notwendiger Schritt: er dient allein dem Weiterkommen, dem Fortschritt anderer Menschen und Wesenheiten. Damit arbeitet man mit an der Verwandlung der gesamten Welt hinsichtlich einer bewussten Mitgestaltung durch autonome Menschen-Individuen und deren frei gebildete Gemeinschaften.*

12.2 Freiheitsgemäße Gemeinschaftsbildung

Aus den bisherigen Ausführungen könnte der Eindruck entstanden sein, dass freies Handeln etwas sei, was ein Mensch nur mit sich selbst auszumachen habe, dass man im Prozess des freien Handeln keines anderen Menschen bedürfe. Das Gegenteil ist der Fall. Das allfällige Missverständnis beruht auf einer Reduktion des freien Handelns auf einen Teilprozess desselben, die Willensbildung oder Zielfindung im engeren Sinne. Hier ist es in der Tat ein allein vom Individuum geleisteter Akt, die moralische Intuition, durch welche autonom, das heißt dem Inhalt und der Tätigkeit nach unabhängig von aktiven Fremdeinflüssen ein Ziel gebildet, das heißt intuitiv angeschaut wird. Selbstverständlich spielen schon hier im Sinne einer Anregung, einer Förderung, einer Ermöglichung intuitiven Denkens Mitmenschen eine mittelbare und nicht zu vernachlässigende Rolle (siehe dazu Abschnitt 12.5). Dieses Einleben in und das Erleben von möglichen zukünftigen Handlungskontexten gehört zu den eine moralische Intuition vorbereitenden Prozessen und wird wesentlich ermöglicht, mitgetragen und mitgestaltet von dem sozialen Umfeld, in welches das Individuum eingebettet ist und in dem es sich entfaltet. Dort wird der Grund, der Boden bereitet, welcher einen verbindlichen Bezug auf den Handlungskontext im Rahmen einer freien Handlung ermöglichen kann (siehe dazu in Kapitel 15 die Anmerkung zu Abschnitt 11.3).

Der Motivbildung durch moralische Intuition, das heißt der ersten Phase des *freien* Handelns folgt mittels weiterfließender liebender Hingabe an die Wirklichkeit die zweite Phase der Handlung (Abschnitt 11.1). In dieser spielen die moralische Phantasie und die moralische Technik (Abschnitt 11.3) eine fundamentale Rolle. Und hier kommt der Mensch aufgrund seines individuellen Wollens notwendigerweise (wieder) in den Kreis des Wirkens von und mit anderen Menschen. Denn hier bedarf er – je nach Ziel und Situation – der bewussten Auseinandersetzung mit ihm zur Verfügung stehenden Produkten des Handelns anderer Menschen und der unmittelbaren Zusammenarbeit mit weiteren Menschenindividuen für die Verwirklichung *seiner* Ziele.

Jede freie Handlung gibt in diesem Sinne bereits im Keim Anlass zur Bildung einer Menschengemeinschaft. So wird es auch dem *seine* Ziele bildenden und verwirklichenden Individuen ein Anliegen sein können, mit *seinen* Handlungen der Verwirklichung freien Handelns *anderer* Menschen dienen zu können. Damit wird die Menschengemeinschaft zu einer *sozialen Gemeinschaft*. Diese Einsicht macht eine konkrete Auseinandersetzung mit dem Verhältnis individueller moralischer Intuitionen mit den Zielen und der Konstitution einer Menschengemeinschaft notwendig. Das ist Inhalt der folgenden Abschnitte.

Die individuelle moralische Intuition ist die höchste moralische Instanz, sie ist der Ursprung der moralischen Impulse des freien Individuums. Zugleich ist die Quelle dieser Intuitionen, die Gesetzeswelt, allen Menschen gemeinsam: Alle schöpfen aus demselben Fundus. Die prinzipielle Gemeinsamkeit der Gesetzeswelt für alle denkenden Individuen ergibt sich aus der von der seelischen Persönlichkeit und dem individuellen Ich unabhängigen Natur dieser Gesetze, wie sie in Form der Inhalte (Gesetze, Ideen) des reinen intuitiven Denkens erlebt werden (Abschnitte 5.4, 8.2 und 8.4). Widersprüche bezüglich individueller Handlungsziele verschiedener Menschen in der Form moralischer Intuitionen sind überwindbar, wenn es gelingt, sich auf der Ebene des intuitiven Denkens auszutauschen und sich über das Verhältnis der individuellen Ziele zueinander und zu den Zielen einer Gemeinschaft zu verständigen.

Das Problem des Verhältnisses von individuellen Intuitionen und Zielen einer Gemeinschaft hat demnach drei Teilprobleme: (1) die erfahrungsgemäße Zugänglichkeit der Ziele anderer Menschen, (2) das Verhältnis der individuellen Ziele zueinander und (3) das Verhältnis der Ziele einzelner Individuen zu den Zielen einer Gemeinschaft. Die Teilprobleme (1) und (3) werden in den Abschnitten 12.3 bzw. 12.4 näher beleuchtet. Findet ein Austausch über die verschiedenen individuellen Ziele statt, so kann im Rahmen desselben das Teilproblem (2) mit den Methoden des formalen Begriffsurteils und des ideellen Intuitionsurteils (Abschnitt 8.3) angegangen werden. Dabei muss gewährleistet sein, dass der Austausch der beteiligten Individuen über die jeweiligen Intuitionsinhalte nicht abbricht, andernfalls kann es zu einem nicht alle Seiten sachgemäß repräsentierenden Urteil kommen.

12.3 Erfahren und Verstehen der Ziele anderer Menschen

Die individuell erlebte Einsicht in die *Einheit der Ideenwelt* ist ein Ergebnis der ideellen Intuition: Sie ist für ein sich der Qualität der Denkinhalte bewusstes individuelles Denken offenbar. Sie ergibt sich unmittelbar aus dem in sich notwendigen und seienden Zusammenhang der Begriffe und Ideen (Abschnitte 5.4, 8.2). Daraus lässt sich jedoch nur *im Prinzip* entnehmen, dass alle intuierenden Menschen ihre Ziele derselben Sphäre entnehmen können. Die *konkreten* Ziele einzelner Menschen können auf dieser Grundlage nicht abgeleitet werden. Meine eigenen Ziele kenne ich aufgrund meiner eigenen Intuitionen. Von den Zielen anderer Menschen muss mich die nicht auf meinen individuellen Intuitionen beruhende Welterfahrung belehren, das heißt ich kann von ihnen nur durch unmittelbare *Erfahrung* Kenntnis erlangen. Ihre konkrete Einheit mit meinen Zielen kann deshalb nur ein *Ergebnis* und keine Vorbedingung dieser Welterfahrung sein. Es gibt keine Möglichkeit, diese *konkrete* Einheit aus übergeordneten Prinzipien abzuleiten, da es solche vorgegebenen Handlungsziele oder verbindliche Prinzipien für einen freien Geist nicht gibt. Sie muss anhand einer denkenden Verarbeitung der individuellen Erfahrungen an und mit anderen Menschen errungen werden.

Die Auseinandersetzung mit den *Zielen* anderer Menschen im Sinne einer in erster Linie epistemischen (erkenntnismäßigen) Beurteilung von deren Handlungen (Abschnitt 11.7) ist ein zentraler Bereich der moralischen Technik, welcher der *Gemeinschaftsbildung* der Menschen untereinander dient. Sie erfordert eine Aufmerksamkeit gegenüber gedankenartigen Erfahrungen am anderen Menschen. Wenn eine unvoreingenommene Anteilnahme am Gedankenleben eines anderen Menschen stattfinden soll, so müssen dessen aktuell mitgeteilte Gedanken wirklich erlebt werden, und nicht bloß anhand äußerer Fakten und tradierter Berichte erschlossen, rekonstruiert oder aus dem eigenen individuellen Denken hinzugedacht werden. Es kann sich demnach in erster Linie *nicht* darum handeln, durch individuelles Begriffsbilden und Urteilen die Erfahrungen am und mit dem anderen Menschen mittelbar durchschaubar zu machen, sondern um ein unmittelbares anschauendes Aufgreifen des gedankenartigen Anteils an diesen Erfahrungen selbst – *bevor* in eine denkende Verarbeitung und individuelle Beurteilung von deren Gehalt eingetreten wird.

Das wirkliche Verstehen der individuellen Ziele einer anderen freien Individualität (epistemische Beurteilung einer Handlung) ist nur möglich, wenn diese ihre Beweggründe aktuell mitteilt und zudem diese Mitteilung unmittelbar erfahrend selbst aufgegriffen wird, und zwar zunächst ohne Beteiligung des eigenen Denkens und Urteilens.

Dieses hingebungsvolle Anschauen der fremden Gedanken ist ein Beobachtungsprozess, welcher der denkenden Bearbeitung genauso vorangehen muss wie eine Sinneswahrnehmung ihrer begrifflichen Durchdringung (siehe dazu die Anmerkungen in Kapitel 15).

Hier offenbart sich ein Gegensatz, der für das Verhältnis von Individuum und Gemeinschaft von fundamentaler Bedeutung ist: Während sich der Mensch im individuellen Denken ganz von seiner äußeren Umgebung abgrenzt, sich ganz auf sein aktives Innenleben zurückzieht, bedarf es für die Aufnahme der Gedanken anderer Menschen einer hingebungsvollen Aufmerksamkeit, die sich aller abgrenzenden Aktivitäten enthält und dadurch zu einer konkreten, das Gedankenleben betreffenden Einheit mit dem anderen Menschen kommt.

12.3 Erfahren und Verstehen der Ziele anderer Menschen

Man muss sich wie durch die Offenbarungen des anderen Menschen in seinen eigenen begriffsbildenden und urteilenden Aktivitäten (und nur in diesen) einschläfern lassen, damit sich dessen Inneres, insbesondere sein Gedankenleben, offenbaren kann. Damit sich aber dieses partielle Einschlafen nicht zu einem totalen Einschlafen auswächst, muss diese Hingabe immer wieder durch Phasen individuellen Tätigseins unterbrochen werden, sodass es schließlich zu einem Pendelschlag von hingebungsvollem Aufnehmen und aktiver Begriffs- und Urteilsbildung kommt.

Wenn es gelingt, in diesen Prozess der hingebungsvollen Aufmerksamkeit für eine gewisse Zeit einzusteigen, hat man den Eindruck, die Gedanken eines anderen Menschen unmittelbar einzusehen, ihnen folgen zu können, ohne dass man in diesem Moment für den Gehalt dieser Gedanken einer Begründung bedarf oder nach einer solchen verlangt. Charakteristisch für das Gelingen dieses Einsteigens ist die Tatsache, dass man oft im Nachhinein, nach Abschluss der gedanklichen Mitteilungen durch einen anderen Menschen, nur schwer rekonstruieren kann, was man genau eingesehen hat und vor allem, warum man alles dies «fraglos» mitvollziehen konnte. Man stellt sich dann Fragen, bei denen man sich wundert, wieso sie nicht schon während des Zuhörens aufgetaucht sind. Das Ausbleiben von Fragen während des aktuellen Aufnehmens ist aber eines der sicheren Kennzeichen für eine nicht sofort in ein individuelles Begreifen und Urteilen auslaufende Hingabe an die Beobachtungen der Gedanken eines anderen Menschen.

Die Erlebnisform der Gedanken anderer Menschen kann genauer bestimmt werden. Da es sich um Beobachtungen handelt, kommt dieser Erfahrung keine Eigenlebendigkeit zu. Es handelt sich zwar dem Inhalt nach um gedankenartige

Erfahrungen, der Form nach aber nicht um ein Denken. Das Gewahrwerden solcher gedankenartiger Erfahrungen kennt man auch im Bereich des eigenen Denkens: Sobald ein aktiv hervorgebrachter Denkinhalt als abgeschlossenes Produkt, als Gedanke, vorliegt, so hat das dazugehörige Denken seinen unmittelbaren Kontakt mit der Gesetzeswelt verloren und hat nur noch eine post-aktuelle Erfahrung davon übrig. Ein solcher *Gedanke* ist zwar dem Inhalt nach rein, aber nicht mehr der Form nach, da er nun auch ohne individuelle Eigentätigkeit präsent bleiben kann. Er ist auch nicht mehr unmittelbar durch eine individuelle Eigentätigkeit durchschaut, sondern nur noch mittelbar bekannt und vertraut aufgrund der Kenntnis über seine aktuelle Herkunft und seiner dort präsent gewesenen Erfahrung der inneren Notwendigkeit. (Im Sinne des Abschnittes 10.2 könnte man solche Gedanken «Denknachbilder» nennen.) Das gilt aber nur, solange der Gedanke nicht vergessen wird, also solange zwischen dem aktuellem Denken und dem Auftreten der post-aktuellen Gedanken kein Unterbruch der Bewusstwerdung, der Aufmerksamkeit stattfindet. Andernfalls ist die Ursprünglichkeit und Reinheit des post-aktuellen Gedankeninhalts nicht mehr gewährleistet.

Das unmittelbare Erleben der Gedanken anderer Menschen führt auf Erfahrungsinhalte derselben Natur. Es handelt sich nicht um einen direkten Blick in die aktuelle Bildewerkstatt des fremden Denkens, sondern um einen Blick auf die fertige Präsentation der «gefrorenen» Produkte des fremden Denkens, die dem Inhalt nach noch rein, der Form nach jedoch bereits fixiert sind. Auch hier ist entscheidend, dass man beim Prozess der Produktion der fremden Gedanken als Produkte des Denkens anwesend ist, damit die Form der Unmittelbarkeit des Erlebens sowie die der Reinheit der Produkte erhalten bleibt. Ginge der fremde Gedanke erst durch das Vergessen hindurch – ob nun beim denkenden Individuum selbst oder beim aufnehmenden Gegenüber – wäre seine inhaltliche Reinheit und Ursprünglichkeit nicht mehr gewährleistet. Und damit könnte er nicht mehr vom aktuellen Gedankenleben des Mitmenschen künden.

Ein weiteres wichtiges Merkmal (neben dem Ausbleiben von Fragen) des tatsächlichen Erlebens der Gedankeninhalte anderer Menschen ist die Tatsache, dass dieses Erleben mit keinerlei Beobachtungen und Erfahrungen des *eigenen* Ich (des diese fremden Gedanken erlebenden Menschen) verbunden ist. Nur wenn diese Bedingung erfüllt ist und sich auch in einer eventuell nachfolgenden Reflexion der Beobachtungen des eigenen Denkens bestätigt, liegt ein reines Aufnehmen der Gedanken eines anderen Menschen ohne Vermischung mit eigenen Gedanken vor.

Selbstverständlich kann und soll es auch in der Auseinandersetzung mit dem Gedankenleben eines anderen Menschen nicht dabei bleiben, dessen Gedanken bloß aufzunehmen. Die Überzeugung von deren sachlicher Richtigkeit (oder Fehlerhaftigkeit) kann nur aus dem individuellen Denken entspringen. Darüber hinaus erweist sich die Fruchtbarkeit einer Bereicherung durch fremde Gedanken erst im aktiven Aufgreifen dieser Gedanken und in deren Integration in das eigene Denkerleben. Ohne den vorangehenden Prozess der unvoreingenommenen Hingabe an die Gedanken eines anderen Menschen hätte man es allerdings nur mit seinen eigenen Gedanken zu tun. Jetzt können auch die Gedanken anderer Menschen wirklich in mein eigenes Denken eingearbeitet werden.

So wie in den Beobachtungen des eigenen Denkens, insbesondere in den Gedanken, die Beobachtungen des eigenen Ich mit enthalten sind (Abschnitt 6.2), so sind auch in der aktuellen Beobachtung der Gedanken eines anderen Menschen die Beobachtungen des fremden Ich mit enthalten. Auch hier bedarf es sowohl einer aktuellen Erfahrungssituation, wie sie oben für die Gedankenwahrnehmung gekennzeichnet wurde, als auch einer (zunächst) begriffs- und urteilsfreien Hingabe an den entsprechenden Erfahrungsinhalt. Ansonsten wird das im Erleben der fremden Gedanken anwesende Ich nicht bemerkt und dieses Ich bloß erschlossen oder aus anderen Indizien hergeleitet.

Was für das Beobachten der eigenen Gedanken und des eigenen Ich gilt, gilt in erhöhtem Maße für die Beobachtung der Gedanken und des Ich anderer Menschen: Diese Beobachtungen treten zwar von selbst auf, gehören aber zunächst nicht zu den mit großer Aufmerksamkeit verfolgten Welterfahrungen. Zur Bewusstmachung dieser Inhalte ist die systematische Bewusstmachung der Beobachtungen des eigenen Denkens eine sachgemäße Vorbereitung. Wie für letztere jedoch die Tatsächlichkeit vergangener Denkakte eine notwendige Bedingung ist und das gegenwärtige aktive Denken Material zur Beobachtung des Denkens in der Zukunft schafft, so muss für die Realisierung der Intention der Beobachtung der Gedanken und des Ich anderer Menschen auch ein denkender und sich äußernder Mensch unvermittelt und gegenwärtig zur Verfügung stehen, andernfalls tritt das notwendige Erfahrungsmaterial gar nicht auf. Dies begründet die Notwendigkeit von aktuellen und durch keine technischen Medien vermittelten direkten Gesprächen zwischen denkenden Individuen.

12.4 Individuelle Intuitionen und Ziele einer Gemeinschaft

Sind die Vorbedingungen eines aktuellen Austausches individuell denkender Menschen geschaffen (Abschnitt 12.3), so kann an den gemeinsamen Zielen gearbeitet werden. Da sich ein freier Geist in seinen Zielbildungen an nichts weiter orientiert als an individuell erfassten moralischen Intuitionen, können die Ziele einer Gemeinschaft freier Geister, der er angehören will, nur die *Folgen* seiner und der Ziele der anderen Individualitäten dieser Gemeinschaft sein. Die Willensimpulse einzelner Menschen müssen konkret durch gemeinsame Verstehensarbeit und intuitive Begriffs- und Urteilsbildung zu einer Einheit verarbeitet werden, die dann Ausdruck (nicht Vorbedingung oder Voraussetzung) des Wirkens dieser Individuen in der Gemeinschaft ist.*

Die Ziele einer Gemeinschaft freier Geister sind tätig erarbeitete Konsequenzen der individuellen Willensimpulse (moralische Intuitionen) der Mitglieder dieser Gemeinschaft.

Für das Zusammenleben ist es von Bedeutung, dass ich die Ziele der anderen Menschen im berechtigten *Vertrauen* darauf aufnehmen kann, dass sie aus *freien* Impulsen heraus gefasst worden sind – ob das nun der Realität entspricht oder nicht. Die *Berechtigung* dieses Vertrauens liegt in meiner eigenen Erfahrung und Einsicht in den Prozess der freien Zielbildung und Handlung; die Möglichkeit dazu muss ich meinen Mitmenschen vorbehaltlos zugestehen.

An dieser Stelle hat Vertrauen einen sachgemäßen Sinn, im Gegensatz zur aktuellen Erkenntnissphäre, wo Vertrauen letztlich nichts zu suchen hat. Vertrauen in die *Erkenntnisse* anderer Menschen hat bestenfalls nur Sinn als Übergangszustand, als Vorbereitung und Anregung für den individuellen

Erkenntnisvollzug. Davon zu unterscheiden ist ein durch die individuelle Erfahrung und Einsicht in den Erkenntnisprozess berechtigtes Vertrauen in die *Erkenntnisfähigkeit* anderer Menschen. Dies ist jedoch ein Spezialfall des oben erwähnten berechtigten Vertrauens in die selbsttätige Zielbildung und Verwirklichung freier Handlungen, hier von Erkenntnisakten, meiner Mitmenschen.

Für die Sphäre des individuellen Handelns gilt, dass ich streng genommen nicht aufgrund eigener unmittelbarer Beobachtungen beurteilen kann, ob die Willensbildung meines Mitmenschen nun eine freie ist oder war, oder nicht. Das kann auch nicht meine Aufgabe sein, da dies in die alleinige Zuständigkeit dieses Mitmenschen fällt. Dies wäre nur möglich, wenn mir die Stätte der intuitiven Gedankenbildung, und nicht nur deren Produkte, in der Erfahrung zugänglich wäre. Dies ist jedoch nicht der Fall (zumindest nicht für den gegenwärtig zugänglichen Erfahrungshorizont). Ich kann jedoch für die Freiheit meiner eigenen Impulse Sorge tragen, das berechtigte Vertrauen in dieselbe Intention meiner Mitmenschen entwickeln sowie an der Herstellung eines Umfeldes mitarbeiten, das die Entwicklung freier Handlungsimpulse für meine Mitmenschen und mich selbst erleichtert und fördert.

Von der Sphäre der Zielbildungen verschiedener Individuen ist die Sphäre der Verwirklichungen dieser Ziele in konkreten Handlungen, die in die Wirklichkeit eingreifen, zu unterscheiden. In der ersteren Sphäre haben Kompromisse und Zugeständnisse nichts zu suchen. Hier muss jedes Individuum radikal und vorbehaltlos seine eigenen Impulse finden und seinen Handlungen zugrunde legen, ohne nach links und rechts zu schielen, wie es die anderen machen oder wie sie es einem allenfalls vorschreiben wollen. Aber sobald man die Sphäre der Verwirklichung mit der Betätigung der moralischen Phantasie und der moralischen Technik betritt, ist es an der Zeit, sich unter Aufrechterhaltung der individuellen Zielsetzungen an die gegebenen Weltverhältnisse anzupassen und gegebenenfalls geeignete Kompromisse, Angleichungen, Anpassungen, Abstriche etc. vorzunehmen.

Aus der Bildung einer Gemeinschaft freier Geister als Ergebnis der konkreten Verbindung der individuell erlebten Ziele der Teilnehmer an dieser Gemeinschaft erwächst auch die Möglichkeit einer erweiterten Verantwortung, einer freien *Mitverantwortung* für die Folgen des Tuns anderer der Gemeinschaft angehöriger Individuen. Mein eigenes Handeln ist durch den tatsächlichen Prozess der Gemeinschaftsbildung hinsichtlich der gemeinsamen Ziele untrennbar verbunden mit Handlungen anderer Individuen dieser Gemeinschaft – die Handlungen dieser Gemeinschaft sind *Ergebnisse* der Handlungen aller Teilnehmer an dieser Gemeinschaft. Damit bin ich als freier Mensch bezüglich der Folgen von Handlungen dieser Gemeinschaft in einer ähnlichen Lage wie bezüglich der Folgen meiner eigenen Handlungen: erstere verantworte ich mit, letztere verantworte ich selbst. Selbstverständlich besteht wiederum kein Zwang, diese erweiterte Verantwortung aufzugreifen. Es liegt jedoch in der sachgemäßen Weiterführung der *individuellen freien Verantwortung* (Abschnitt 12.1), auch die *erweiterte Verantwortung,* die *freie Mitverantwortung* für die Folgen der Handlungen einer konkreten Gemeinschaft freier Geister, der man sich tätig als zugehörig erlebt, zu übernehmen und diese mit Hilfe der moralischen Technik in zukünftige Handlungen zu integrieren. Daraus kann dann eine freie *Verantwortungsgemeinschaft* auf der Grundlage einer Gemeinschaft freier Geister erwachsen. (In der 2. Ergänzung zu Kapitel 12 über «Ideelle und reelle Gemeinschaftsbildung» in Kapitel 15 wird auf noch darüber hinausgehende Aspekte einer Gemeinschaftsbildung aufmerksam gemacht.)

Bisher stand die epistemische Beurteilung von (freien) Handlungen im Vordergrund, da es um die Ziele einer sozialen Gemeinschaft ging. Selbstverständlich wird der Blick allein auf die Ziele weder dem individuellen Menschen im besonderen noch der sozialen Gemeinschaft im allgemeinen gerecht. Hier müssen ebenso die moralische und die ästhetischen Beurteilung (Abschnitt 11.7) in ihre Rechte treten, damit es zu einer umfassenden Auseinandersetzung mit und Wertschätzung von einzelnen Menschen und ihren Taten kommt. Darüber hinaus bedarf es dieser Urteilsinstrumente, um sowohl der Konstitution, dem bisher Gewordenen und noch Werdenden, als auch den in die Zukunft weisenden Zielen einer sozialen Gemeinschaft als Ganzem gerecht zu werden. Das ist die Aufgabe des *sozialen Urteils* (Abschnitt 12.6).

12.5 Individuelle Begabungen und sozialer Ausgleich durch Zusammenarbeit

In diesem und dem nächsten Abschnitt sollen noch zwei weitere soziale Konsequenzen aus den individuellen Tätigkeiten des Erkennens und Handelns gezogen werden.* Auf der einen Seite legen es die unterschiedlichen Fähigkeiten und Begabungen der Menschen für die verschiedenen Komponenten des Erkenntnis- und Freiheitsprozesses nahe, dass durch Zusammenarbeit die Verwirklichung individueller Ziele und die Fortentwicklung einer sozialen Gemeinschaft gefördert werden können. Auf der anderen Seite macht es das Zusammenleben von Menschen in unterschiedlichen Stadien der Befreiung und Freiheit (Abschnitt 11.9) notwendig, Bedingungen zur Förderung der Freiheitsentwicklung zu schaffen (Abschnitt 12.6).

Unterschiedliche Begabungen zeigen sich schon im Hinblick auf Erkennen und Handeln im allgemeinen. Während der eine Mensch mehr dem Erkennen der gegebenen Erfahrung und ihrer begrifflichen Durchdringung zuneigt, schöpft ein anderer Mensch seine Befriedigung aus dem tätigen Ergreifen der Welt. Beide Fähigkeiten ergänzen und bedingen einander: Der handelnde Mensch benötigt den erkennenden Menschen zur erkenntnisgerechten Einbettung seiner Handlung in die aktuellen Weltverhältnisse, und der erkennende Mensch bedarf des handelnden Menschen zur Umsetzung seiner Ziele zur Gestaltung und Weiterentwicklung der Welt.

Was sich hier im Großen im Verhältnis von Erkennen und Handeln zeigt, spiegelt sich im Kleinen innerhalb des Erkenntnisprozesses auf der einen Seite und innerhalb des Handlungsprozesses auf der anderen Seite. Im Rahmen des *Erkennens* zeigen sich manche Menschen mehr begabt für Ideenentwürfe, für die Aufstellung von Theorien oder gedanklichen Modellen (epistemische Phantasie), und andere mehr für die sorgfältige Beobachtung, das hingebungsvolle Aufgreifen der Erfahrungsfülle und/oder das geschickte Experimentieren (epistemische Technik). Zur Produktion sachgemäßer Erkenntnisurteile bedarf es beider Fähigkeiten, sodass auch hier zum Erreichen des bestmöglichen Resultats sowie zum Ausgleich von Einseitigkeiten (Abschnitt 9.5) eine Zusammenarbeit verschieden begabter Menschen unabdingbar ist. Aus Einsicht in die Natur des Erkennens und die entwicklungsbedingten Unterschiede individueller Menschenwesen kann man sich zur Mitarbeit am Gleichgewichtsimpuls entschließen, wodurch Gegensätze überwunden und zugleich fruchtbar gemacht werden. Als vermittelndes Instrument kann die Phantasie wertvolle Dienste leisten: Als exakte epistemische Phantasie individualisiert sie auf der einen Seite hochfliegende Ideenentwürfe zu konkret nachprüfbaren Konsequenzen anhand der Welterfahrung und macht damit umfassende Ideen und Theorien für die aktuelle Erkenntnis fruchtbar. Auf der anderen Seite vermag sie als naive epistemische Phantasie mannigfache ordnende Gesichtspunkte zu finden, um sich in der Detailfülle der angesammelten Erfahrungen vorläufig zurechtzufinden und dieselben einer fruchtbaren Erkenntnistätigkeit zuzuführen.

Dies sind keine für die ferne Zukunft gedachten Perspektiven, sondern für den Erkenntnisalltag jederzeit umsetzbare Einsichten. Man müsste sich den gegebenen Tatsachen verschließen, wollte man nicht die offen und teilweise weit auseinanderliegenden Fähigkeiten einzelner Menschen zur Kenntnis nehmen. Dies ist sowohl eine Herausforderung für die Selbsterkenntnis wie die Einschätzung anderer Menschen. Manche sozialen Spannungen ließen sich mildern, wenn man die verschiedenen individuellen Möglichkeiten sachgerechter einsetzen und die Menschen in erster Linie da zum Einsatz bringen und auch respektieren würde, wo sie ihre Fähigkeiten in den Gesamtklang einer Gemeinschaft einbringen können.

Für den *Handlungsprozess* ließe sich ganz Entsprechendes sagen. Sachlich stehen sich hier die moralische Intuition und die moralische Technik gegenüber. Auch diese werden von einzelnen Menschen in unterschiedlichster Weise gehandhabt. Den einen stehen Ideen, was man alles tun könnte, in großer Fülle zur Verfügung, während andere aufgrund ihrer Kenntnisse und praktischen Fähigkeiten sofort sehen, ob und wie etwas umsetzbar ist und wie nicht. Die Ideenfülle auf der einen Seite bleibt unfruchtbar, wenn sie nicht weltgerecht umgesetzt werden kann, und die praktischen Fähigkeiten bleiben auf der anderen Seite orientierungslos, wenn sie nicht im Dienste umfassender Perspektiven zum Einsatz kommen können. Auch hier liegt es nahe, durch Zusammenarbeit die jeweiligen Einseitigkeiten (Abschnitt 11.8) sowohl zugunsten einer Steigerung der individuellen Ausdrucksfähigkeiten als auch im Hinblick auf eine Weiterentwicklung der sozialen Gemeinschaft auszugleichen. Wiederum ist es die Einsicht in die Natur des Handelns und des sich entwickelnden individuellen Menschen, die einen dazu bringen kann, den Gleichgewichtsimpuls aufzugreifen und für einen fruchtbaren Ausgleich der individuellen Gegensätze zu sorgen. Hier kann die Phantasie ebenso in ihrer Doppelfunktion als Fähigkeit zur Individualisierung und Konkretisierung allgemeiner Ideenzusammenhänge und als Instrument zur Flexibilisierung und Aufweichung engumgrenzter Fähigkeiten und Perspektiven eine fruchtbar vermittelnde Rolle spielen.

12.6 Gemeinschaftsbildung freier, mündiger und würdiger Menschen

Unterschiedliche Fähigkeiten sind meist auch verbunden mit unterschiedlichen Möglichkeiten zur Realisierung *freien* Handelns. In einer Gemeinschaft von Menschen wird man es deshalb selten mit einer Gemeinschaft ausschließlich freier Geister im idealen Sinne zu tun haben. Wie im Abschnitt 12.4 ausgeführt, ist es eine Sache des berechtigten Vertrauens in die Freiheitsfähigkeit des anderen Menschen, davon auszugehen, dass er frei handelt oder zumindest frei handeln könnte und möchte. Dabei kann man es aber nicht bewenden lassen, denn es ist jedem handelnden Individuum aus seinem eigenen Entwicklungsweg bekannt, dass es Bedingungen gibt, welche die Befreiung und das autonome Denken und Handeln fördern und solche, welche diese zumindest hemmen. Man weiß zudem sehr genau aus eigener Erfahrung, dass es verschiedenartigster Anregungen bedurfte, um die Entwicklung eines sich dem reinen Denken annähernden Denkens als notwendig zu erachten, das reine Denken in seiner Tragweite zu erkennen, es zu entfalten und weiter zu pflegen.

Alles dies legt nahe, solche Bedingungen auch in die Gestaltung sozialer Gemeinschaften einzubringen, damit das freie Handeln der Mitmenschen nicht nur vertrauensvoll erwartet, sondern auch direkt und indirekt gefördert wird. Man müsste sich eigentlich bei jeder sozial oder pädagogisch relevanten Entscheidung fragen: Fördert dies die Entwicklung zum freien Individuum, oder wird die Entwicklung zur Freiheit davon nicht betroffen (also wozu das Ganze?), oder wird sie dadurch gar gehemmt oder verunmöglicht? Diese Grundhaltung hat weittragende Konsequenzen für die konkrete Gestaltung sozialer und pädagogischer Zusammenhänge, auf die hier nicht weiter eingegangen werden kann.

Auf der Grundlage der in Abschnitt 11.9 eingeführten Beziehungen zwischen Freiheit, Mündigkeit und Würde kann das Verhältnis von Menschen in verschiedenen Entwicklungszuständen im Rahmen einer Gemeinschaft noch weiter differenziert werden.*

Die Grundstruktur des Verhältnisses zweier oder mehrerer Menschen ist das *Freiheitsverhältnis*, das heißt das Verhältnis zweier oder mehrerer freiheitsfähiger und freiheitsaktueller Menschen, die in symmetrischem Austausch ihre jeweiligen individuellen Ziele zu gemeinsamen Zielen verarbeiten (Abschnitte 12.2, 12.3 und 12.4). Die Erkenntnis und Einschätzung der jeweiligen individuellen Fähigkeiten sind Gegenstand der moralischen Technik, durch welche zusammen mit der moralischen Phantasie die Vereinbarkeit der individuellen und gemeinsamen Handlungsziele mit der konkreten Situation untersucht und eine Lösung ausgearbeitet wird. Eine zentrale Rolle spielt dabei auf der einen Seite die genaue Kenntnis von konkreten Handlungsalternativen, deren jeweiligen Vorteilen, Risiken und Einflüssen auf die Handlungssituation, auf der anderen Seite die weitgehende Klärung der übergeordneten individuellen Lebensziele – die Lebensgestaltung im allgemeinen, die individuelle Entwicklung sowie den allgemeinen Umgang mit der Handlungssituation betreffend – aus der Sicht aller beteiligten Personen.

Für die weitere Betrachtung der an einem solchen Verhältnis, an einer solchen Gemeinschaft im Hinblick auf eine Zusammenarbeit beteiligten Individuen muss davon ausgegangen werden, dass es sich um ein zeitlich begrenztes Verhältnis handelt, das sich über einige Wochen oder auch einige Jahre hinziehen kann. Und je nach Lebenslage und allgemeinem Entwicklungszustand befindet sich ein individueller Mensch während (Teilen) dieser Zeit im Zustand der Freiheit, der Mündigkeit oder der Würde. (Man beachte: Wenn hier vom Zustand der Mündigkeit oder vom Zustand der Würde gesprochen wird, so ist der «bloße» Zustand der Mündigkeit, mit Ausschluss der Freiheit, bzw. der «bloße» Zustand der Würde, mit Ausschluss der Mündigkeit und Freiheit, gemeint.)

Zunächst kann der Fall eintreten, dass es sich bei allen Menschen der betrachteten Gemeinschaft um mündige Personen handelt (oder um Personen, die sich intentional nur auf der Ebene der Mündigkeit begegnen). Daraus ergibt sich ein *Partnerschaftsverhältnis*, in dem alle Seiten aus Respekt vor den Möglichkeiten der Selbstbestimmung der Partner – im Sinne einer Wahrung der Wahlfreiheit – keinen Einfluss auf die Entscheidungswege und -inhalte nehmen.

Die weiteren zwischenmenschlichen Verhältnisse lassen

sich in zwei hauptsächliche Gruppen einteilen. Der Einfachheit halber wird zunächst nur von einer Gemeinschaft zweier Menschen ausgegangen. Im *Mündigkeitsverhältnis* ist der eine Mensch im Zustand der Mündigkeit (oder wird intentional als in diesem Zustand befindlich behandelt) und der andere im Zustand der Freiheit. Es wird davon ausgegangen, dass sich beide Partner zusammen über die momentane Situation und das weitere Vorgehen auseinandersetzen wollen. Neben der konkreten Zusammenarbeit bedarf der mündige Mensch einer konkreten Anregung und Zuwendung im Hinblick auf seine Weiterentwicklung von der Wahlfreiheit zur Freiheitsfähigkeit. Hinsichtlich übergeordneter Ziele ist der mündige Mensch hier der Geführte, aber auf der Grundlage einer intensiven Auseinandersetzung mit dem anderen Menschen; der freie Mensch trägt bezüglich der Entscheidungen die ethische Hauptverantwortung, der andere hat im Dienste der gewollten Zusammenarbeit (naives) Vertrauen in dessen Fähigkeiten und Fürsorge.

Im *Würdeverhältnis* befindet sich der eine Partner im Zustand der Würde (oder wird intentional als in diesem Zustand befindlich behandelt) und der andere im Zustand der Freiheit oder der Mündigkeit. Der würdige Mensch ist, aus welchen Gründen auch immer, im Rahmen der angestrebten Zusammenarbeit nicht in der Lage oder nicht willens, sich bewusst und kompetent mit der Situation auseinanderzusetzen, weder allein noch mit dem anderen Menschen zusammen. Sein Zustand erlaubt ihm weder eine Einsicht in noch einen unmittelbaren Zugriff auf seine Wahlfreiheit oder Freiheitsfähigkeit. Hier kommt dem freien Menschen eine besondere Rolle zu: Er kann sich dazu entschließen, den würdigen Menschen durch die Situation und die damit zusammenhängenden Lebensentwicklungen zu führen und immer darauf bedacht zu sein, dass der Zustand der Mündigkeit und Freiheit (wieder) eintreten kann; zudem kann er Sorge tragen, dass dies durch entsprechende Förderung tatsächlich der Fall sein wird.

Zusammenfassend ergibt sich daraus folgendes: Das Freiheitsverhältnis bildet die Grundstruktur des Verhältnisses von Mensch zu Mensch. Im Mündigkeitsverhältnis übernimmt der eine Mensch die Führung in intensiver Auseinandersetzung mit dem anderen. Im Würdeverhältnis ist der eine Mensch ganz auf die Führung des anderen angewiesen. Die Wahrung der Würde und der Mündigkeit eines Mitmenschen besteht in der Fürsorge für und in der Anregung zur Entwicklung der Freiheitsfähigkeit desselben. Die Achtung dieser Zustände und ihrer Entwicklungsmöglichkeiten bilden die ethische Grundlage des Verhältnisses von Mensch zu Mensch und sind damit ethische Vorbedingungen jeder menschengemäßen Gemeinschaftsbildung auf der Grundlage des ethischen Individualismus.

Aus der Grundstruktur des Verhältnisses zweier oder mehrerer Menschen einer Gemeinschaft im Sinne eines *Freiheitsverhältnisses* (Abschnitte 12.2, 12.3 und 12.4), aber auch im Sinne eines *Partnerschaftsverhältnisses*, folgt unmittelbar, dass das bewusste Einverständnis eines individuellen Menschen zur Teilnahme an dieser Gemeinschaft nicht die alleinige Angelegenheit dieses Menschen sein kann, sondern in gleichem Maße von allen übrigen beteiligten Personen mitvollzogen werden muss. Unter dieser Prämisse sind alle beteiligten Personen zumindest im Prinzip in der Lage, die Vollständigkeit, Sachgemäßheit und individuelle Freiheit des bewussten Einverständnisses dieses Menschen zu beurteilen. Eine Vertretung oder Zustimmung durch Drittpersonen ist unmöglich: Der Entschluss zur Teilnahme an einem Freiheits- oder Partnerschaftsverhältnis ist nicht durch unbeteiligte Personen vertretbar oder verhandelbar. In diesem Sinne handelt es sich um eine Gemeinschaft freier und selbstverantwortlicher beziehungsweise mündiger Menschen, um die Teilnahme an einer *Verantwortungsgemeinschaft* (Abschnitt 12.4). Aus dieser Perspektive ist die immer vorhandene Option des Abbruchs der Teilnahme an einer solchen Gemeinschaft zwar ein notwendiger Bestandteil jeder Zustimmung zur Mitarbeit in einer Gemeinschaft, aber kein hinreichendes Kriterium für die Freiwilligkeit der Teilnahmeentscheidung. Denn der Entscheid erfolgte mit voller aktiver Beteiligung und mit voller Hingabe an die vorgesehenen Aufgaben der Gemeinschaft, er ist *individuell verbindlich*. Ein Abbruch kommt demzufolge nur in Frage, wenn es gewichtige Gründe für einen solchen Schritt heraus aus der freien Verantwortungsgemeinschaft gibt.

Für das *Mündigkeitsverhältnis* sieht die Sache bereits anders aus. Hier müssen in erster Linie die frei handelnden Menschen dafür sorgen, dass mündige Menschen in sachgemäßer Weise in die Gemeinschaft eingeführt werden. Aufgrund von möglichen Unterschieden in der Fachkompetenz und von Unterschieden in der Entscheidungsautonomie müssen die freien Individuen darauf achten, dass den mündigen Teilnehmern keine Bevormundung widerfährt, sie also in ihren Entscheidungen nicht beeinflusst werden (Wahrung der Wahlfreiheit). Hier kann man von einer Gemeinschaft von Menschen sprechen, deren Mitglieder sich gegenseitig verstehen und respektieren, einer *Gemeinschaft auf der Grundlage von gegenseitigem Verstehen und Respekt*.

Im Falle des *Würdeverhältnisses* sind die würdigen Teilnehmer an einer Gemeinschaft nicht in der Lage, die relevanten Informationen zur Teilnahme an der Gemeinschaft selbst aufzusuchen oder aufzunehmen und zu einer selbstständigen Entscheidung zu kommen. Hier können die freien und/oder mündigen Individuen den möglichen Willen dieser Menschen erkunden, in erster Linie, sofern verfügbar, auf der Grundlage schriftlicher Äußerungen der betroffenen Menschen, anhand von Gesprächen mit gesetzlichen Vertretern und Angehörigen (im Falle von kleinen Kindern oder schwer psychisch kranken Personen) sowie im Einklang mit ihren Erfahrungen im Umgang mit diesen Menschen und ihrer allgemeinen Menschenkenntnis. Im Zentrum des Würdeverhältnisses steht die Wahrung der Würde durch mündige und/oder freie Menschen. Diese Aufgabe kann jedoch auch von Drittpersonen in Vertretung übernommen werden, entsprechend ist auch eine Vertretung der Zustimmung durch Drittpersonen möglich und der Sachlage angemessen. In diesem Sinne ist die Zustimmung würdiger Menschen weder voll bewusst noch ethisch verbindlich. Demzufolge handelt es sich in einem solchen Falle um eine nicht bewusste, indirekte und formale, kurz um eine *unverbindliche* Einwilligung. Man kann in diesem Zusammenhang von einer *formalen Einwilligungs- oder Zustimmungsgemeinschaft* sprechen.

In der Beurteilung der Art des Verhältnisses von Mensch zu Mensch in einer Gemeinschaft muss zwischen dem *ontologischen*, dem *epistemologischen* und dem *intentionalen Aspekt* unterschieden werden. Unter dem ontologischen Aspekt muss das Wesen dieses Verhältnisses im Rahmen der bewussten Zustimmung geklärt werden, was weiter oben in diesem Abschnitt erfolgte; unter dem zweiten, dem epistemologischen Aspekt muss geklärt werden, ob die betroffenen Personen in der gegebenen Situation tatsächlich frei, bloß mündig oder bloß würdig sind; und unter dem dritten, dem intentionalen Aspekt muss geklärt werden, ob diese Menschen bloß als mündig oder bloß als würdig behandelt werden wollen oder ob die mündigen und freien Menschen sie nur als mündig oder würdig behandeln können oder wollen – unabhängig davon, in welchem Zustand diese Menschen sich tatsächlich befinden. Mit anderen Worten: Ein an sich mündiger oder freier Mensch kann sich zum Beispiel so behandeln lassen, oder so von einem anderen Menschen behandelt werden, als ob er bloß würdig wäre, also weder mündig noch frei.

Tritt anstelle des Freiheits- oder Partnerschaftsverhältnisses im bewussten Einverständnis zur Teilnahme an einer Gemeinschaft das Mündigkeits- oder Würdeverhältnis, so können spezifische *ethische Prinzipien* (Normen) herangezogen werden, sodass sich das Kompetenz- und Autonomiegefälle von freien und mündigen Menschen zu (bloß) würdigen Menschen nicht zuungunsten der letzteren auswirkt. Hier kommen zum Beispiel folgende ethische Prinzipien in Betracht: *Schutz der Wahlfreiheit* oder *Schutz der Selbstbestimmung (Mündigkeit, Würde)*, *Vermeidung von Übel* und *Fürsorge*. Der Schutz der Wahlfreiheit impliziert insbesondere, dass der Entschluss zur Teilnahme an einer Gemeinschaft jederzeit und ohne Angabe von Gründen abgebrochen werden kann. Vom Gesichtspunkt der Wahlfreiheit aus ist diese uneingeschränkte Möglichkeit des nicht zu begründenden Abbruchs ein hinreichendes Kriterium für die Freiwilligkeit der Teilnahme.

12.7 Soziales Urteil

Das im Abschnitt 9.2 entwickelte Erkenntnisurteil ist radikal auf das individuelle Erkennen zugeschnitten. Es gibt in diesem Sinne kein aktuelles Erkennen, das dem letzten Grund nach nicht ausschließlich auf *individuelle* Einsicht gegründet ist. Das Erkennen in dieser strengen Form trifft nur auf momentan abgeschlossene, gegenwärtig nicht mehr im Werden oder Erscheinen, im Vergehen oder Entscheinen befindliche Vorgänge zu. Nur wenn diese zu einem vorläufigen Ende ihres Erscheinens gekommen sind, liegen sie der Erfahrung tatsächlich vor und können auf dieser Grundlage in ihrem gegenwärtigen Gesetz erkannt werden. Von Werdendem liegt in der Regel zu wenig Erfahrbares, noch nicht oder nicht mehr genügend Erfassbares und Begreifbares vor, das sich zudem noch beständig wandelt, um einen hinreichenden Ausgangspunkt für ein Erkennen des entsprechenden Erfahrungsfeldes zu bieten. Für ein solchen Situationen gerecht werdendes Erkennen müssen weitere Faktoren berücksichtigt werden, die das erkennende Individuum in den Stand versetzen, ihre nicht direkt zugänglichen Entwicklungs- oder Erscheinungsformen in die Bewusstwerdung zu heben.

Diese Situation trifft insbesondere für den Umgang mit aktuellen sozialen Gemeinschaften zu (Abschnitt 12.2). Zunächst kann man sich über die *Ziele* einzelner anderer Mitglieder einer solchen Gemeinschaft nur über eine direkte Kenntnisnahme, eine direkte Auseinandersetzung mit denselben orientieren. Man muss sich für die epistemische, moralische und ästhetische Beurteilung (Abschnitt 11.7) der *Handlungen* seiner Mitmenschen einen aktuell erfahrbaren Zugang schaffen, und diese Menschen müssen auch bereit sein, ihre Ziele zum aktuellen Ausdruck zu bringen. Auf der anderen Seite kann man sich selbst nur dann in fruchtbarer Weise in eine solche Gemeinschaft einbringen und sich darin bewegen, wenn man bereit ist, seine eigenen Anliegen und Unternehmungen explizit und aktuell einzelnen Mitgliedern dieser Gemeinschaft mitzuteilen, so nahe zu bringen, dass diese zu einer sachgemäßen epistemischen, moralischen und ästhetischen Beurteilung des eigenen individuellen Beitrags in der Lage sind (siehe dazu die Abschnitte 12.2, 12.3 und 12.4).

Durch das Zusammenwirken mehrerer Menschenindividuen entsteht eine höhere Organisationsform, die sich in der Konstitution einer solchen Gemeinschaft, das heißt in den Gesetzmäßigkeiten des bisher Gewordenen und des noch Werdenden, zum Ausdruck zu bringen. Es gehört zu den umfassenden Aufgaben der moralischen Technik, die grundlegenden Strukturen sozialer Gemeinschaften herauszuarbeiten und im konkreten Falle zu berücksichtigen.

Es ist nun aus pragmatischen wie aus prinzipiellen Gründen nicht möglich, als einzelner Mensch zu einem sachgemäßen Urteil über die Konstitution, das heißt über das bisher Gewordene und noch Werdende sowie über die Ziele einer sozialen Gemeinschaft zu kommen. Denn auf der einen Seite stehen dem individuellen Austausch *aller* Individuen untereinander mannigfache Hindernisse persönlicher und praktischer Natur entgegen. Auf der anderen Seite befindet sich die soziale Gemeinschaft aufgrund der individuellen Fähigkeitsentwicklungen und Metamorphosen der Ziele einzelner Individuen in fortwährender Umwandlung. Eine aktuelle Bestandsaufnahme von Konstitution und Zielen einer solchen Gemeinschaft muss aus sachgemäßen Gründen selbst ein sozialer Akt sein, das heißt ein gemeinsam und aktuell vollzogener Austausch der betreffenden Individuen.

Der gemeinsam durchgeführte Prozess der Bewusstwerdung über die Gestalt (Konstitution) und die sich aus den individuellen Zielen der Mitglieder ergebenden Gesamtziele einer sozialen Gemeinschaft soll *soziales Urteil* genannt werden. *Der soziale Charakter betrifft also sowohl die Form als auch den Inhalt des sozialen Urteils.* Es wird in aktueller Gemeinsamkeit getroffen und betrifft das Soziale, das Gemeinsame einer Gemeinschaft.* Die Instrumente des sozialen

Urteils sind die epistemische, moralische und ästhetische Beurteilung menschlicher Handlungen (Abschnitt 11.7).

Das soziale Urteil als sachgemäßes Instrument zur Bewusstwerdung der Konstitution und der Ziele einer sozialen Gemeinschaft ist Ausdruck des Werdens dieser Gemeinschaft als Folge des Werdens der individuellen Mitglieder dieser Gemeinschaft.

Die Notwendigkeit eines *sozialen* Urteils liegt nicht in einer eventuell vorübergehenden Unzulänglichkeit des individuellen Menschen, sie ist auch kein Eingeständnis der Existenz von prinzipiellen Erkenntnisgrenzen des Menschen. Erst durch ein Absterben oder Vertrocknen der individuellen Entwicklungsimpulse und/oder durch die Aussetzung der Fortbildung der individuellen Ziele zu Zielen der Gemeinschaft sowie durch die Beendigung der Prozesse zur sozialen Urteilsbildung kommt es zu einem Absterben dieser Gemeinschaft als solcher. Damit wird die *Gemeinschaft* zum bloßen historischen Faktum und dann ist sie auch allein auf individueller Basis erkennbar.

Insbesondere hört eine soziale Gemeinschaft auf, eine solche zu sein, wenn einzelne Mitglieder oder Gruppen von Mitgliedern derselben aus eigenem Gutdünken unter Umgehung des gemeinsamen Zielbildungsprozesses und des sozialen Urteils zur Meinung kommen, die ganze Gemeinschaft repräsentieren zu können, das heißt deren Konstitution und deren Ziele *allein* zum Ausdruck bringen und vertreten zu können.

13. Bewusstwerdung und Entwicklung

Vorblick und Zusammenfassung: Die ganz auf das individuelle Tun ausgerichtete Betrachtung des intuitiven Denkens, Erkennens und Handelns führt naturgemäß auf die Frage nach den konkreten Kennzeichen einer Individualität, insbesondere eines Menschen-Ich. Dabei stellt sich heraus, dass sich diese Frage aufgliedert in die Frage nach dem individuellen Wesenskern sowie in die Frage nach dem Sinn und den konkreten Bedingungen einer Entwicklung des erscheinenden Wesens. Auf der Grundlage einer Untersuchung der Kategorien Zeit und Ewigkeit im Zusammenhang der Denkentwicklung zeigt sich, dass allein mit einem Blick auf die Erscheinungsvielfalt im Verhältnis zum wirksamen Wesenskern (Ich) des Menschen weder das Problem der Entwicklung noch das Problem der Individualität sachgerecht ins Auge gefasst werden kann. Der Begriff des Wesens muss durch die Kennzeichen der Bewusstwerdung erweitert werden. Dazu bedarf es einer Konkretisierung des Bewusstwerdungsbegriffs in die Komponenten der Begegnung, der Fähigkeit und der Perspektive, um den invarianten Wesenskern mit seiner ihn fortwährend verändernden Entwicklung zu versöhnen.

13.1 Individuelles und universelles Ich

Das in den Abschnitten 6.3 und 6.4 entwickelte Ich-Prinzip ist universeller Natur: es trifft auf jedes Ich zu, es trägt keine individuellen Komponenten, mit denen ein Ich von anderen Ichen unterschieden werden könnte.

Im Abschnitt 6.4 wurde darauf hingewiesen, dass durch die

Verknüpfung dieses universellen Ich-Prinzips mit der konkreten eigenen Ich-Erfahrung das Ich individualisiert wird zu meinem Ich. Dies trifft selbstverständlich auch auf die intuitive Form der Ich-Bewusstwerdung zu. Ich werde mir der Einheit von individuellem Kraftquell und universellem Ich-Prinzip bewusst (Abschnitt 6.5). Damit wird mir zugleich deutlich, dass ich bezüglich des Ich-Gesetzes an einem universellen Prinzip teilhabe, das mir für meine eigene Verwirklichung zur Verfügung steht und sich nicht eigentätig in mir zum Ausdruck bringt (siehe dazu die Anmerkungen in Kapitel 15).

Hier ist der Ort, um die bereits früher gestellte Frage aufzugreifen, ob jedem Menschen ein eigenes Gesetz zukommt, ob also das Individuelle eines Menschen in seiner Konstitution durch ein bestimmtes Gesetz mit einem für jeden einzelnen Menschen spezifischen Inhalt gegründet ist (Abschnitt 6.6). Die Erfahrungen, die am intuitiven Denken gemacht werden können, weisen nicht in die Richtung eines solchen individuellen Ich-*Gesetzes* hin. Im Gegenteil, sowohl das Denkgesetz selbst als auch das Ich-Gesetz erweisen sich als universelle Prinzipien, die keine individuellen Kennzeichen tragen und deshalb grundsätzlich *allen* menschlichen Wesen zur Verfügung stehen. Aus dieser Einsicht ergibt sich die Konsequenz, dass die nur individuell erlebbare Ich-Kraft die eigentliche *Quelle des Individuellen eines Menschenwesens* ist und nicht irgendeine inhaltlich bestimmte Besonderheit seines Ich-Gesetzes. Zwar hat jedes Individuum im selben Sinne eine solche Quelle (universelles Gesetz oder Prinzip des Ich), aber diese Quellen sind untereinander verschieden, sie sind nicht von *einer* Zentralquelle aus unmittelbar gespeiste Nebenquellen und nicht auf einen Hauptstrom reduzierbare Nebenströme. Andernfalls erlebte man sein eigenes Ich nicht als autonome Kraftquelle, sondern bloß als Instrument eines umfassenderen wirksamen Wesens. Dies widerspricht der Ich-Erfahrung im Rahmen der intuitiven Denkerfahrung.

Dieses Ergebnis hat nicht zur Folge, dass man das universelle Denkgesetz und das universelle Ich-Gesetz generell als kraftlose Prinzipien auffassen muss. Vom Gesichtspunkt der individuellen Denk- und Ich-Erfahrung aus kann man nur sagen, dass sich beide Gesetze dem Menschen, seiner individuellen Kraftquelle, zur Verfügung halten, und es ihm so ermöglichen, ein konkretes Ich zu werden. Dies legt weitere Gedanken nahe: Sowohl dem Denkprinzip als auch dem Ich-Prinzip, aufgefasst als wirksame Wesen, kommt die Eigenschaft zu, auch außerhalb der Sphäre des menschlichen Wollens selbst wirksam auftreten zu können; sie haben sich also womöglich nur hinsichtlich des Menschenwillens ihrer Eigenaktivität begeben. Vom Gesichtspunkt der allgemeinen Entwicklung könnte dies jedoch bedeuten, dass die einzelnen Menschenquellen nicht von vornherein in der jetzigen Form mit den Wesensprinzipien des Denkens und des Ich verbunden gewesen sind, sondern erst zu dieser Art der Vereinigung hingeführt werden mussten. Wenn dies zutrifft, dann haben diese Wesensprinzipien für die Entwicklung dahin zunächst eine wegbereitende und dann eine wegbegleitende Rolle übernommen.

Neben der konkreten Verknüpfung des Ich-Prinzips mit der individuellen Ich-Erfahrung, die wiederum der Art nach für jedes Ich in gleicher Weise stattfinden kann, gibt es noch andere, nur dem individuellen Ich zukommende Eigenschaften. Sie hängen mit der Verwirklichung des Ich-Prinzips in Form von Intuitionen und freien Handlungen zusammen. Es folgen einige Hinweise auf solche Prozesse, die von einem umfassenderen Gesichtspunkt aus und in systematischerer Weise im Abschnitt 13.4 wieder aufgegriffen werden.

Die *Möglichkeit* zur Intuition ist jedem Menschen-Ich eigen. Die konkrete *Fähigkeit* zur Intuition ist jedoch von Ich zu Ich sehr verschieden. Sie zeugt von der unterschiedlichen Art und Intensität der reellen Verbindung des Ich zur Gesetzeswelt, oder genauer, zu bestimmten Bereichen der Gesetzeswelt. Ob ich überhaupt Intuitionen, und wenn ja, welche, in mir für das Erkennen oder Handeln präsent sein lassen kann, hängt von meinem konkreten Verhältnis zu und meiner konkreten Hingabe an diese oder jene Bereiche der Gesetzeswelt ab. Der Hinweis auf die universelle Quelle der Intuitionen, die Gesetzeswelt, gibt keinen Anhaltspunkt für die Beantwortung der Frage, weshalb ich zu welchen Intuitionen komme. Hier kommt eine ganz andere Blickrichtung ins Spiel, die nach individuellen Ausprägungen eines gemäß universellen Prinzipien bestimmten Prozesses sucht. Charakteristisch dafür ist die Tatsache, dass für mich Intuitionen auch bei mehr oder weniger ausgebildeter Fähigkeit nicht in jedem Falle zur Anschauung kommen. Man muss also davon ausgehen, dass für die Ermöglichung eines solchen konkreten reellen Verhältnisses von mir zur Gesetzeswelt in der Form der Intuition auch Faktoren außerhalb meines Ich-Wesens eine Rolle spielen. Mit anderen Worten: Es hängt auch von anderen Wesen ab, zu welchen Intuitionen ich konkret Zugang habe und zu welchen nicht. (Dies kann als ein Ausdruck von «Gnade» aufgefasst werden.) Dies tut der selbsttätigen Autonomie des Intuitionsprozesses keinen Abbruch: Diese garantiert nur die Selbständigkeit der *Art* der intuitiven Anschauung, nicht aber den Zugriff auf bestimmte *Inhalte* dieser Anschauung.

Darüber hinaus ist es Ausdruck der konkreten reellen Verbindung meines Ich-Wesens zur umgebenden Welt, *welche* konkreten Intuitionen ich im moralischen (handlungsleitenden) und welche ich im epistemischen (erkenntnisleitenden) Sinne verwende. Für die *Erscheinung* des individuellen Ich ist es charakteristisch, wie sich das Ideelle im Rahmen seiner leiblich-seelischen Organisation auslebt, auf welche Weise die universellen Ideen im Erkennen und Handeln individualisiert werden.

Der Begriff des freien Geistes ist ebenso universell wie der weiter oben entwickelte Ich-Begriff. Er umfasst die Tatsache der autonomen Motivbildung und freien Verwirklichung als Kern des Menschenwesens. Dies ist jedoch letztlich nichts anderes als die Verwirklichung des Ich im reinen Denken und dessen Fortführung bis in die konkrete Erscheinungswelt. Aus dem Begriff des freien Geistes kann nicht abgeleitet werden, welche Intuitionen er zu fassen hat; das kann er nur selbst bestimmen.

Der konkrete freie Geist ist keine von vornherein feststehende Tatsache, er existiert nur, wenn er sich verwirklicht. Und er wird erst durch diese Verwirklichung im konkreten Sinne individuell: *Durch die ideengeleitete reelle Verbindung mit anderen Wesen wird der freie Geist zu einem besonderen, sich von anderen Geistern unterscheidenden Wesen.*

Worauf gründet sich nun konkret das Besondere einer Individualität? Was sind deren charakteristische Eigenschaften oder Kennzeichen? Eine Vorbereitung zur Klärung dieser Fragen kann durch einen Blick auf das Verhältnis des ewigen Wesenskernes eines Menschen zu dessen Erscheinungen im Erkennen und Handeln auf der Grundlage des intuitiven Denkens gewonnen werden (Abschnitt 13.2).

13.2 Zeit und Ewigkeit

Eine besondere Rolle in meinem Verhältnis zur Welt und zu mir selbst spielt das intuitive Denken: Es ist sowohl das Tor zum Ideenkosmos (Gesetzeswelt) wie zum individuellen Ich. Ohne dieses Denken wären weder universelle Ideen präsent noch meine eigene Ich-Kraft erlebbar. Zugleich ist es an der Brückenbildung zur übrigen Erfahrungswelt beteiligt. Es initiiert und begleitet jeden Schritt, welchen ein freier Geist, ein individuelles Menschenwesen, für ihre eigene Erscheinung und damit auch für die Gestaltung der Welt tun.

In diesem und dem nächsten Abschnitt werden anhand der Erfahrungen, die am Denken gemacht werden können, einige Begriffe entwickelt, die weit über den Bereich des Denkens hinaus Bedeutung haben. Im Prozess des Denkens kommen Weltstrukturen (Gesetze, Kategorien) zur Erscheinung, die man sonst an keiner anderen Stelle des Daseins in so offenbarer und unmittelbarer Weise erfahren und erkennen kann.

In der individuellen Entwicklung der Bewusstwerdung des intuitiven Denkens und des Ich von der naiven Denk- und Ich-Erfahrung über die Erkenntnis des beobachteten Denkens und des Ich bis hin zum bewussten Mitvollzug des denkenden Ich bewegt man sich erlebend und begreifend von der Zeitlichkeit der Erscheinungen zur Ewigkeit des Wesens (Abschnitt 7.2). Dies bedeutet auf der einen Seite, dass innerhalb der Erscheinungsformen der zeitgebundenen Geistesgegenwart des intuitiven Denkens ewiges Sein (Gesetzeswelt) und ewiges Leben (individuelle Ich-Kraft) aufleuchten. Dies eröffnet auf der anderen Seite die Aussicht, den Zeitcharakter des Denkens und des Ich von deren ewigen Aspekten her zu untersuchen und damit deren Erscheinungen als spezifischen Ausdruck ihres ewigen Wesens zu begreifen.

Im Bereich des intuitiven Denkens lernt man demzufolge zwei Aspekte der Ewigkeit kennen: Die Ewigkeit der Ideen oder Gesetzmäßigkeiten und die Ewigkeit des Willenspotentials. Die erste Zugangsweise zur Ewigkeit ergibt sich aus einer konkreten Untersuchung des Daseins und der Konstitution von Gesetzmäßigkeiten in Intuitionsform. Gesetzmäßigkeiten erscheinen zeitlich begrenzt in aktueller Intuitionsform, sind aber durch diese ihre Form des Auftretens weder erzeugt noch veränderbar, noch weisen sie selbst Kennzeichen einer eigenen Veränderlichkeit auf (Abschnitt 5.4). Zweitens offenbart sich der Ewigkeitsaspekt eines Willenspotentials dem individuellen Erleben anhand der Erscheinungen des eigenen Ich im intuitiven Denken (Abschnitte 6.5 und 6.9).

Im erlebenden Verfolgen der Initiierung eines Denkakts kann die Geburt eines zeitlichen Prozesses aus dem Reich der Dauer, aus dem Reich der Ewigkeit verfolgt werden. Denn jeder einzelne Akt hat einen Anfang und ein Ende und steht mit anderen solchen Akten in einem zeitlichen Verhältnis, das heißt das Dasein des einen Aktes schließt das Dasein eines anderen Aktes aus. In den Übergängen vom aktuellen Denken zum post-aktuellen Gedankenhaben und umgekehrt findet eine *Formveränderung* statt: Das Dasein des Denkens geht von einer Erscheinungsform zu einer prinzipiell (und nicht bloß graduell) anderen Erscheinungsform über.

Innerhalb eines solchen Aktes der Geistesgegenwart sind keine zeitlichen Prozesse erfahrbar. Denn es finden keine Formveränderungen, sondern bloß graduelle Veränderungen und Erweiterungen der Intensität und der Richtung der Aufmerksamkeit statt. Solche Bewegungen im Bereich des aktuellen intuitiven Denkens, insbesondere bezüglich der Gesetzeswelt (aber auch hinsichtlich der Bewusstwerdung des individuellen Denkens) haben nicht den Charakter von Vorgängen des Entstehens und Vergehens, sondern den Charakter von Aufmerksamkeitsverschiebungen und Perspektivenwechseln in einem Erlebnisraum ohne äußeren Zeitverlauf.*

Damit wird der (abstrakte) Gegensatz von Zeit und Ewigkeit aufgehoben, das heißt überwunden, und zugleich auf eine höhere Stufe gehoben: In der lebendigen Zeit offenbart sich die Ewigkeit und aus dem Sein der Ewigkeit wird die Zeit geboren. Im ewigen Leben der Bewusstwerdung der Geistesgegenwart eines individuellen Menschen zeigen sich Zeit und Ewigkeit als zwei Seiten ein und derselben Wirklichkeit.

Damit es zu einem einzelnen Ich-Denk-Akt eines Ich kommen kann, bedarf es verschiedener Bedingungen: (1) Es existiert ein Willenspotential, ein ewig kraftender Urgrund des Ich. (2) Es gibt einen Verwirklichungsfonds, einen Hingabewillen, der sich über das in sich selbst kraftende Ruhen des Ich hinaus auf andere Weltbereiche erstrecken kann. (3) Es gibt einen außerhalb des Ich liegenden Weltbereich, der sich einer Verwirklichung des Ich zur Verfügung stellt. (4) Das Ich kann den Beginn einer konkreten Verwirklichung initiieren.

Bedingung (1) ist Vorbedingung von (2), das heißt ohne ein in sich ruhendes und bleibendes Kraften könnte es kein sich nach außen richtendes Wirken des Ich geben. Dies ist aber gerade die Charakteristik des ewigen Willenspotentials des Ich, wie sie im Kapitel 6, insbesondere im Abschnitt 6.9, entwickelt wurde. Bedingung (3) ist Vorbedingung eines konkreten Ich-Denk-Aktes (4). Hier kommen auf der einen Seite die durch intuitives Denken erfassbare Welt der Gesetze und auf der anderen Seite die leiblich-seelische Organisation des Menschen (Abschnitte 6.7 und 6.8) und die wahrnehmbare Wirklichkeit in Betracht. Sie stellen sich einer Verwirklichung des Ich zur Verfügung, in ihnen und mit ihnen kann sich das Ich tatsächlich zur Erscheinung bringen.

Wie im Abschnitt 6.8 ausgeführt wurde, kommt ein solcher Ich-Denk-Akt nicht durch einen autonomen Entschluss zu einem Ende, sondern erlahmt aufgrund des Überhandnehmens anderer (fremder) Einflüsse, bis es zur Initiierung eines neuen Aktes, das heißt zur Auferstehung oder Entlähmung des denkenden Ich kommt. Das den Akt zu einem Ende bringende Agens, hier insbesondere die leiblich-seelische Organisation, hat zwei Funktionen: Erstens bringt diese Organisation dem Eingreifen eines Aktes, je nach ihrer Konstitution, mehr oder weniger Widerstand entgegen und ist somit indirekt an der unterschiedlichen Qualität und Quantität von Ich-Denk-Akten beteiligt, und zweitens bewahrt sie, je nach ihrer Konstitution mehr oder weniger gut, die Auswirkungen dieser Akte als Produkte des Denkens (Gedanken, Beobachtungen des Denkens) und stellt sie weiteren solchen Akten zur Verfügung.

Sowohl die erste wie die zweite Funktion hat zur Folge, dass es zu unterschiedlichen Entwicklungsgeschwindigkeiten des denkenden Ich allein aufgrund unterschiedlicher Gestaltungen der leiblich-seelischen Organisationen kommen kann.

Die zweite Funktion der leiblich-seelischen Organisation ist die der Basis für einen Strom von Ereignissen und Erlebnissen der außer-ideellen Wirklichkeit, welche den einzelnen Akten entgegenkommen, ihnen zur Verfügung stehen und von ihnen ergriffen werden können. Dieser Strom von Ereignissen enthält jedoch auch die Produkte bereits beendeter Denkakte, die zur Anknüpfung an und Fortsetzung von abgeschlossenen Denkvorgängen durch neu aktualisiertes Denken unabdingbar sind. Im gegenwärtig stattfindenden Denkakt treffen demzufolge die im lebendigen Akt intuitiv angeschauten Gesetze auf die gegebenen Produkte aus abgeschlossenen Denkakten. Man kann deshalb bezüglich des Denkens von *zwei Zeitströmen* sprechen, dem *Vergangenheitsstrom*, der die Produkte vergangener Akte dem gegenwärtigen Akt entgegenbringt, und dem *Zukunftsstrom*, der aus dem Reich der Ewigkeit (Gesetzeswelt und Kraftpotential) die Gegenwart befruchtet.

13.3 Evolution und Involution

Der den vorangehenden Betrachtungen zugrunde liegende Ich-Wesensbegriff umfasst zunächst zwei Hauptaspekte, die Gesetzmäßigkeit und die Wirksamkeit. Sie erlauben, die Ewigkeit des Seins sowie die Prozesse des Daseins eines Ich-Wesens in ihren Grundstrukturen zu erkennen. Mit ihnen kann *Entwicklung* begriffen werden als Ergebnis der fortgesetzten Auseinandersetzung eines dem Kern nach ewigen Wesens mit einem oder mehreren ihm zur Verfügung stehenden Erscheinungsbereichen, das heißt als Ergebnis einer fortgesetzten Produktion von Erscheinungen durch das Wesen innerhalb von gegebenen und sich ebenfalls verändernden Weltbereichen. Entwicklung eines Ich-Wesens ist aus dieser Perspektive die Einheit der Abfolge aller Metamorphosen der Erscheinungen dieses Wesens.

Daran lassen sich folgende Begriffsbestimmungen aufzeigen: Ein *Ich-Wesen* kann vermöge seiner Eigenwirksamkeit die in seiner Gesetzmäßigkeit liegenden Möglichkeiten in einem Weltbereich (*Medium*) zur Verwirklichung, zur *Erscheinung* bringen, falls sich ein solcher Weltbereich findet beziehungsweise zur Verfügung stellt. Eine Erscheinung ist demnach in ihrem Charakter bestimmt durch die Gesetzmäßigkeit und die Eigenwirksamkeit des dazugehörigen Wesens sowie die Gesetzmäßigkeit und die Eigenwirksamkeit des entsprechenden Mediums. *Entwicklung* ist die totale zeitliche und räumliche Ordnung der gesamten Folge der ins Dasein getretenen Erscheinungen eines Wesens; *Evolution* umfasst das Hervorgehen der Erscheinungen aus dem Wesen hinein in das Medium und *Involution* das sich Zurückziehen, das Entscheinen der Erscheinungen aus dem Medium in das Wesen. Der Aspekt der *Metamorphose* einer Entwicklung umfasst die Verwandlung der Elemente der einen Erscheinung eines Wesens in die Elemente einer anderen Erscheinung desselben Wesens sowie die zeitliche und räumliche Komposition des Daseins dieser Komponenten der Erscheinungen, ihr Auftreten, ihre Variation, ihr Verschwinden und ihr Neuauftreten. Der Aspekt der *Umstülpung* einer Entwicklung umfasst das konkrete Verhältnis eines Wesens zu zwei auseinander hervorgehenden Erscheinungen dieses Wesens, von denen die eine die notwendige, durch die erste Erscheinung bedingte Folge der anderen ist; sie umfasst den Weg der einen Erscheinung von ihrem Erscheinen (Evolution), ihrem Dasein, über ihr Entscheinen, ihren Rückgang in ihr Wesen (Involution), in ihr Sein, bis hin zur Neubildung einer anderen Erscheinung, welche das Ergebnis, die Frucht der ersten Erscheinung ist. Mit anderen Begriffen: Die *Umstülpung* ist der Prozess, der von der Evolution bis hin zur Erscheinung und weiter über die Entscheinung in der Involution bis hin zu einer neuen Erscheinung führt.

Vom Gesichtspunkt des Zeitlichen, aus der Perspektive der Erscheinungswelt, ist die Entstehung von etwas Neuem aus dem Bereich der Ewigkeit, dem Bereich der Gesetzeswelt, eine *Schöpfung aus dem Nichts**. Es entsteht etwas, das aus dem Bisherigen nicht ableitbar, nicht vorhersehbar ist und seinen Inhalt nicht aus dieser Sphäre hat. Vom Gesichtspunkt der Ewigkeit aus gesehen müsste man dagegen von einer *Schöpfung aus der Fülle* sprechen, da zur gesetzmäßigen Gestaltung eines konkreten Schöpfungsaktes (Handlungsakt) im Prinzip die totale Hingabe- und Gestaltungskraft des individuellen Ich sowie der gesamte Umfang der Gesetzeswelt zur Verfügung steht.

Damit die Dimension der Entwicklung auch im Begriff (Gesetz) eines Wesens selbst zum Ausdruck kommen kann, kann man diesen erweitern um die Folge von Erscheinungen, das heißt man fasst alle entstandenen und neu entstehenden Erscheinungen eines Ich-Wesens als zum Ich-Wesen dazugehörige Komponenten auf. Damit wird ein Wesen zu einer Einheit von ewigen und zeitlichen Aspekten. Zugleich eröffnet sich die Perspektive einer fortgesetzten Entwicklung, die zu einer nicht endenden Bereicherung des Wesens durch immer wieder neue Erscheinungen führt. Ein Ich-Wesen in diesem Sinne verändert, entwickelt sich immer, es bleibt nie sich selbst gleich.

Diese Auffassung eines Ich-Wesens und seiner Entwicklung bietet verschiedene Schwierigkeiten, die eine weitere Vertiefung der charakteristischen Merkmale eines Wesens nahe legen. Zunächst hat die oben dargestellte Auffassung der Entwicklung eines Wesens einen bloß kumulativen Charakter: Es werden die Ergebnisse der Auseinandersetzung des Wesens mit einem oder mehreren Erscheinungsbereichen, das heißt alle Erscheinungen, einfach aufgesammelt oder addiert, ohne dass der Kern des Ich-Wesens davon selbst betroffen wäre. Abgesehen davon ist zweitens nicht klar, in welcher Weise vergangene, abgeschlossene Erscheinungen aufbewahrt werden sollen. Drittens setzt diese Auffassung voraus, dass das sich entwickelnde Ich-Wesen in irgendeiner Weise immer mit seinen Erscheinungsbereichen konkret verbunden bleibt.

Es stellt sich jedoch die Frage, was an Früchten der Entwicklung übrig bleiben kann, wenn sich ein Wesen von (fast) allen Erscheinungsmedien zurückzieht? Kann es die Früchte in sich selbst bewahren oder nur im Sinne einer Sammlung wie in einem Rucksack mit sich herumtragen? Der Versuch einer Antwort auf diese Frage und damit zugleich auf die Frage nach der konkreten Konstitution einer Individualität wird im nächsten Abschnitt gegeben.

13.4 Bewusstwerdung von Geistesgegenwart und Entwicklung

Ein Licht auf die tiefere Bedeutung der Bewusstwerdung und der Entwicklung für die *individuelle* Konstitution des Ich kann durch einen Blick auf die in den vorangehenden Kapiteln geschilderten Erfahrungen von Zuständen und Prozessen des intuitiven Denkens geworfen werden.

Es wurde dabei mehrmals explizit und implizit auf den engen Zusammenhang von Bewusstwerdung und Geistesgegenwart aufmerksam gemacht. Grundlegend dafür ist die Bestimmung der Bewusstwerdung nicht als Zustand, sondern als Prozess, als Tätigkeit (Abschnitte 4.3, 5.1), weshalb der sonst übliche Ausdruck «Bewusstsein» veworfen wurde. Denn *was* bewusst wird, ist jeweils der geistige Grund, der aktuelle geistige Kern des Denkens und des Ich und das gegenwärtige geistige Fundament der übrigen Erfahrungswelt; und *wie* etwas bewusst wird, ist durch die geistigen Kräfte und Gesetze des Denkens in Verbindung mit dem Ich bewirkt. Sowohl der Akt wie der Inhalt der Bewusstwerdung sind gegenwärtig-geistiger Natur. Um diese enge Verbindung von Bewusstwerdung und Geistesgegenwart zum Ausdruck zu bringen, wurde schon früher im Text gelentlich und wird im folgenden konsequent von *Bewusstwerdung von Geistesgegenwart* anstatt bloß von Bewusstwerdung die Rede sein.

13.4 Bewusstwerdung von Geistesgegenwart und Entwicklung

In einem ersten Schritt zur Einführung des Begriffs der *Bewusstwerdung von Geistesgegenwart* wurde Bewusstwerdung als «Ort» der gewollten Begegnung, des aktiven Aufeinandertreffens von Begriffen und Ideen auf der einen Seite mit gegebenen Erfahrungen auf der anderen Seite bestimmt. Dies wurde als *Beobachtungsbewusstwerdung* bezeichnet (Abschnitt 4.3). Eine fundamentale Komponente dieses Bewusstwerdens von Geistesegegenwart ist demnach eine *aktive Begegnung*, eine aktive Gestaltung des Zusammentreffens. Die Pflege und Ausbildung dieser Beobachtungsbewusstwerdung ist eine unabdingbare Grundlage für die Vorbereitung und weitere Entwicklung der intuitiven Bewusstwerdung (Kapitel 4 bis 7). Diese Art der Bewusstwerdung von Geistesgegenwart ist charakterisiert durch eine Begegnung der Beobachtungen des Denkens oder des Ich mit der begriffs- und urteilsbildenden Tätigkeit des Denkens, die auf einer *Differenz* von Formzuständen beruht, hier der aus der Vergangenheit bewahrten Rückstände des Denkens, der Spuren früherer Denkakte, und der Zustände des aktuellen Denkens. Diese Differenz wiederum beruht im gegebenen Falle auf der *Verdichtung* durch ein drittes Element, die leiblich-seelische Organisation (siehe Abschnitte 6.7 und 6.8), welche dafür sorgt, dass die aufbewahrten Denkzustände von anderem Formcharakter sind als das aktuelle Denken.

Was nun insbesondere die Komponente der Begegnung betrifft, so zeigt sich eine ähnliche Signatur der Bewusstwerdung von Geistesgegenwart auch auf der nächsthöheren Stufe der Intuition. Die intuitive Bewusstwerdung der Geistesgegenwart des Denkens hat zwei Aspekte, die auseinander gehalten werden müssen: die intuitive Bewusstwerdung der Denkinhalte und die intuitive Bewusstwerdung der Denktätigkeit (Abschnitt 5.7). Im ersteren findet eine *aktive Begegnung*, ein

Zusammentreffen des aktuellen Individuums mit Erfahrungsinhalten statt, die einen von diesem Individuum verschiedenen Charakter haben: Das aus individueller Tätigkeit entspringende reine Denken begegnet Weltgesetzmäßigkeiten, welche ihm einen Einblick in andere Weltbereiche und zugleich eine Auseinandersetzung mit diesen ermöglichen.

Im anderen Aspekt der intuitiven Bewusstwerdung der Geistesgegenwart des Denkens, in der Bewusstwerdung der Denktätigkeit, wird eine Gesetzmäßigkeit, diejenige des Denkens, in Aktivität erlebt, wobei allerdings diese Aktivität, wie sich in der intuitiven Bewusstwerdung des Ich herausstellt, nicht im Denken selbst, sondern im Ich ihren Ursprung hat. In der Bewusstwerdung der Denktätigkeit findet demnach auch eine Begegnung und Vereinigung statt, nämlich diejenige des Denkgesetzes mit der aus dem Ich stammenden Tätigkeit. Die Differenz der sich begegnenden Anteile liegt hier im aktiv wollenden Ich und dem sich zur Verfügung stellenden Denkgesetz.

In der intuitiven Bewusstwerdung der Geistesgegenwart des Ich ist die Situation ähnlich: Auch hier begegnen und vereinen sich zwei Seinsbereiche, nämlich derjenige des universellen Ich-Gesetzes mit dem der individuellen Willensquelle. Diese Tatsache muss auf der einen Seite darauf zurückgeführt werden, dass sich das universelle Ich-Gesetz und das universelle Denkgesetz einer Verwirklichung durch eine individuelle Ich-Willensquelle zur Verfügung stellen können, ohne dass andere Verwirklichungen derselben Gesetze miteinander in einen unmittelbaren Konflikt geraten müssen. Auf der anderen Seite bedarf es einer über die Selbstverwirklichung im Sinne einer Selbsterhaltung hinausgehende, sich der Weltverwirklichung hingebenden Kraft des Ich, die nicht nur im Ich selbst wirkt, sondern über dieses hinaus in anderem zu wirken vermag.

Ein erlebendes Begegnen mit anderen Wesen, insbesondere mit anderen Menschen-Ichen, *innerhalb* des Erlebnisbereiches der Intuition, gehört nicht zum Umfang der ideellen Intuition (Begriffsintuition). Es kann jedoch aufgrund der bisherigen Entwicklungswege des bewussten Erlebens erwartet werden, dass solche Erfahrungen im Bereich der *allgemeinen Intuitionen* (Abschnitt 5.6) einmal eintreten werden.

Ein weiterer Faktor der *individuellen* Bewusstwerdung von Geistesgegenwart ist die konkrete *Fähigkeit*, die Intensität, mit der eine *bestimmte* Art der Begegnung stattfindet. Fähigkeit wird hier verstanden als konkreter und spezifischer Realbezug des individuellen Kraftpotentials, der individuellen Hingabekraft, auf einen ausgewählten Weltbereich vermöge einer bestimmten Zielgesetzmäßigkeit. Dies ist nichts anderes als der durch die moralische Intuition vollzogene konkrete und reelle Weltbezug. Er umfasst zugleich die besondere Art der Erfahrung der Individualität innerhalb dieses konkreten Bezugs: ich erlebe mich in aktueller Einheit mit einem *bestimmten* Weltbereich. Im besonderen beruhen die konkrete und spezifische Fähigkeit zum reinen Denken darauf, wie intensiv und wie konkret der Realbezug der Ich-Tätigkeit vermöge des Gesetzes des reinen Denkens auf die Gesetzeswelt (Ideenwelt) selbst ist.

Charakteristisch sind schließlich für das *individuelle* Bewusstwerden von Geistesgegenwart auch die konkreten gesetzlichen Zusammenhänge, mit denen eine Begegnung stattfindet und die den Standort, die spezifische *Perspektive* dieses Bewusstwerdens von Geistesgegenwart kennzeichnen, seine konkrete Form der «Weltanschauung». So unterscheiden sich individuelle Entwicklungszustände sowohl den Ideenbereichen als auch dem Ideenumfange nach, man neigt in verschiedenen Lebensperioden zu verschiedenen Ideenkonstellationen in unterschiedlicher Intensität. Darüber hinaus gibt es auch Unterschiede in Bezug auf das Ideenvermögen hinsichtlich der Verwendung von Intuitionen für Erkenntnisurteile oder für Zielbildungen für das Handeln in der Welt.*

Richtet man den Blick auf die *Früchte* der Auseinandersetzung des individuellen Ich mit der Erscheinungswelt, indem es sich in Denk-, Erkenntnis- und Handlungsakten verschiedenster Art verwirklicht, so zeigt sich, dass auf der Wesensebene – auf der Ebene des individuellen Ich jenseits seiner Erscheinungen – Entwicklung nichts anderes als Entwicklung der Bewusstwerdung von Geistesgegenwart ist. Schaut man nur auf die einzelnen Akte und deren Verhältnis untereinander, sowie auf das Verhältnis dieser Akte mit dem die Akte hervorbringenden Wesen, so kommt man «nur» auf diejenigen Eigenschaften von Entwicklungen, wie sie unter anderem in den vorangehenden Abschnitten 13.2 und 13.3 angeführt wurden. Dabei zeigte sich, dass man auf diese Weise keinen Zugang zum sich entwickelnden *individuellen* Ich erhält: Sieht man von diesen Erscheinungen ab, so bleibt nichts übrig, was man als Frucht der Entwicklung bestimmen könnte.

Zur Verdeutlichung der Einsicht, dass die Entwicklung eines individuellen Ich letztlich Entwicklung der Bewusstwerdung von Geistesgegenwart ist, werden die wichtigsten Komponenten einer solchen Bewusstwerdung von Geistesgegenwart noch einmal in ihrem Kern zusammengefasst.

Komponenten der Bewusstwerdung von Geistesgegenwart: Die Bewusstwerdung von Geistesgegenwart für ein Ich-Wesen lässt sich charakterisieren durch die Faktoren der Begegnung, der Fähigkeit und der Perspektive.

(1) Die Begegnung beruht sowohl auf einer Differenz des Ich mit den ihm begegnenden Seinsbereichen (andere Wesen und

13.4 Bewusstwerdung von Geistesgegenwart und Entwicklung

Weltbereiche) als auch auf einer Hingabe des Ich an das ihm Begegnende.

(2) Die Fähigkeit umfasst den konkreten Realbezug des Ich zu seinem Gegenüber, das heißt die konkrete Ausgestaltung der Hingabekraft oder Liebe in geistiger Art.

(3) Die Perspektive umfasst den geistigen Standort, den geistigen Horizont, die spezifische «Weltanschauung», das heißt diejenigen Weltbereiche, mit denen das Ich in einem besonders intensiven Austausch steht und die dadurch sein Verhältnis zur übrigen Welt mitprägen.

Aus diesen Faktoren der Bewusstwerdung von Geistesgegenwart ergibt sich eine Einsicht in die einem Ich-Wesen zukommende Form von Entwicklung im Sinne einer Entwicklung der Bewusstwerdung von Geistesgegenwart. Der entscheidende Faktor ist das Stattfinden von Begegnungen mit anderen Wesen, im Bereich des intuitiven Denkens insbesondere die Begegnung mit bestimmten Bereichen der Gesetzeswelt (Ideenwelt). Die konkreten Begegnungen hängen dabei sowohl von der konkreten Fähigkeit zur Hingabe an andere Weltbereiche, insbesondere die Ideenwelt, ab, als auch von der jenseits des individuellen Einflusses liegenden Möglichkeit und Bereitschaft dieser Weltbereiche, sich für eine solche Begegnung zur Verfügung zu stellen, sich auf ein individuelles Verhältnis mit einem Menschen-Ich einzulassen. Denn man kann auch beim besten Willen, bei den besten Fähigkeiten, das Anschauen bestimmter Ideenkonstellationen nicht erzwingen. Aus der Konstellation konkreter Begegnungen ergibt sich dann eine besondere Verortung des Individuums in der Welt, sein Standort und damit seine Perspektive(n), die sich mit Veränderungen und Erweiterungen der Begegnungskonstellationen jeweils mittransformieren.

Aus diesen Gesichtspunkten für die Entwicklung der Bewusstwerdung von Geistesgegenwart für ein Menschen-Ich ergeben sich Hinweise für die Beantwortung der Frage nach der konkreten Individualität eines Menschen, der sich vermöge des universellen Ich-Gesetzes verwirklicht. Zur individuellen Kraftquelle und zur universellen Form des Ich ist nun der Faktor der Bewusstwerdung von Geistesgegenwart hinzugekommen, mit seinen drei Komponenten der Begegnung, der Fähigkeit und der Perspektive. Damit lässt sich das Besondere, das Einzigartige eines individuellen Menschen-Ich nicht nur an der Abfolge seiner Erscheinungen, sondern auch an Eigenschaften des Wesenskernes und seinen Relationen zu anderen Weltbereichen festmachen: Die Individualität eines Menschenwesens drückt sich durch die bestimmte Art des aktuellen Weltbezugs im Rahmen seiner Bewusstwerdung von Geistesgegenwart aus.

Die Individualität des Wesenskernes des Ich zeigt sich in der konkreten Form seiner Bewusstwerdung von Geistesgegenwart, das heißt an der Art und dem Inhalt seiner Begegnungen, an den konkreten Fähigkeiten zum realen Weltbezugs und in seinem geistigen Standort.

14. Wiederverkörperung und Schicksal

Vorblick und Zusammenfassung: Wem die vorangehenden Untersuchungen einleuchten, der müsste sich wundern, wenn es *keine* Wiederverkörperung gäbe. Wiederverkörperung wird hier als sachgemäße Konsequenz der am reinen Denken erfahrbaren und erkennbaren individuellen Entwicklung der Bewusstwerdung von Geistesgegenwart eines Menschenwesens aufgefasst. Die aktuell erlebbare Spannung zwischen dem invarianten Wesenskern und dessen selbstständigen Drang zur Erscheinung auf der einen Seite und den zur Verfügung stehenden Erscheinungsbereichen in Form der leiblich-seelischen Organisation sowie der Erde und den Mitmenschen auf der anderen Seite, kann nur durch ein wiederholtes Verbinden dieses Wesenskernes mit der Weltwirklichkeit gelöst und letztlich überwunden werden. Aus der im intuitiven Denken erlebbaren ewigen Konstitution des individuellen Ich und der mit diesem Erleben verbundenen Entwicklung der Bewusstwerdung von Geistesgegenwart folgt sowohl die Ungeborenheit und Unsterblichkeit als auch die Notwendigkeit weiterer Verkörperungen des individuellen Menschen-Ich. Die Gesetze des Schicksals, das heißt die Gesetze der konkreten Auswirkungen einer Verkörperung auf nächste Verkörperungen, beeinträchtigen weder die Freiheit des Menschen, noch ermöglichen sie eine Relativierung der Bedeutung des gegenwärtigen Erlebens zugunsten bereits eingetretener oder noch zu erwartender Folgen.

14.1 Wiederverkörperung als Erkenntnisproblem

Im folgenden soll eine wissenschaftliche Rechtfertigung und Begründung der Wiederverkörperung auf der Grundlage der individuellen Einsicht in das intuitive Denken, Erkennen und Handeln entwickelt werden. Mit anderen Worten, es soll gezeigt werden, dass Unsterblichkeit und Wiederverkörperung wesensgemäße Fortsetzungen von Idee und Wirklichkeit der Freiheit sind. Selbstverständlich kann die Gesetzmäßigkeit der Wiederverkörperung nicht aus der Idee der Freiheit im Sinne einer formallogischen Deduktion abgeleitet werden, aber sie ist sowohl mit ihr nahtlos zu vereinbaren als auch eine sachgemäße Erweiterung derselben. Es wird hier also *nicht* an konkrete Erfahrungen individueller Wiederverkörperungen angeknüpft, und es werden auch keine diesbezüglichen Erkenntnisresultate vorausgesetzt, sondern bloß der konkrete Zusammenhang des Prinzips der Wiederverkörperung mit dem Freiheitsprozess entwickelt (siehe dazu die Anmerkungen in Kapitel 15).

Für dieses Ziel wird zunächst der Begriff der Wiederverkörperung detailliert entfaltet (Abschnitt 14.2) und sodann die Aufmerksamkeit auf Beobachtungen und Einsichten am verkörperten Menschen gelenkt, welche die Notwendigkeit und Tatsächlichkeit von Wiederverkörperungen des individuellen Menschen-Ich nahe legen (Abschnitt 14.3). Zum Schluss wird die Bedeutung des Schicksals für die Entwicklung der Bewusstwerdung von Geistesgegenwart für freie Menschenwesen beleuchtet (Abschnitt 14.4).

14.2 Ungeborenheit, Unsterblichkeit und Wiederverkörperung

Das allgemeine Gesetz der Wiederverkörperung für alle Menschen-Iche muss von seinen Erscheinungen in konkreten Individualitäten und deren spezifischen Entwicklungsbedingungen unterschieden werden. Zur Gewinnung dieses allgemeinen Gesetzes muss demnach von allen individuellen Bestimmungen einzelner konkreter Menschen-Iche, etwa anhand von deren individueller Entwicklung der Bewusstwerdung von Geistesgegenwart, abgesehen und nur das Grundsätzliche festgehalten werden.

Das *Gesetz der Wiederverkörperung* kann in verschiedene Komponenten gegliedert werden. (1) Mit der *Verkörperung* werden die Prinzipien des gegenwärtigen physischen, seelischen und geistigen Daseins eines Menschen-Ich umfasst, das im Hier und Jetzt seinen geistigen Wesenskern zum Ausdruck bringt. (2) Die *geistige Prä-Existenz* oder *Ungeborenheit* bedeutet, dass das individuelle Menschen-Ich als Wesenskern des verkörperten Menschen eine Existenz vor und unabhängig von dieser Verkörperung hat. (3) Die *geistige Post-Existenz* oder *Unsterblichkeit* bedeutet, dass die aktuelle Existenz des Menschen-Ich unabhängig ist von seiner gegenwärtigen physischen Existenz und damit seine Verkörperung überdauert. (4) Die *ewige geistige Existenz* des individuellen Menschen-Ich hält fest, dass das Ich als geistige Entelechie weder Anfang noch Ende hat, weder Entstehen noch Vergehen kennt, also ein ewiges Sein jenseits aller Daseinsformen hat. (5) Die *physische Prä-Existenz* des individuellen Menschen-Ich umfasst die Tatsache und die konkreten Konsequenzen einer oder mehrerer physischer Verkörperungen in der Vergangenheit, die der gegenwärtigen Verkörperung vorangegangen sind, für die gegenwärtige Existenz. (6) Die *physische Post-Existenz* des individuellen Menschen-Ich umfasst die in der gegenwärtigen Existenz aufweisbaren notwendigen Bedingungen für weitere, der gegenwärtigen Verkörperung folgende physische Verkörperungen in der Zukunft.

Die Komponenten des Wiederverkörperungsgesetzes sind nicht alle unabhängig voneinander. So folgt aus der ewigen geistigen Existenz sowohl die geistige Prä-Existenz als auch die geistige Post-Existenz. Darüber hinaus hat eine physische Prä- oder Post-Existenz nur Sinn auf der Grundlage einer geistigen Prä- beziehungsweise Post-Existenz.

Auf der anderen Seite kann die ewige geistige Existenz weder aus der (vorausgesetzten) Ungeborenheit noch aus der (vorausgesetzten) Unsterblichkeit abgeleitet werden. Im weiteren kann aus der gegenwärtigen physischen, seelischen und geistigen Existenz (Verkörperung) weder mit noch ohne Gewissheit einer physischen Prä-Existenz auf das unausweichliche Eintreten einer physischen Post-Existenz geschlossen werden. Mit anderen Worten, es kann aus der gegenwärtigen physischen, seelischen und geistigen Existenz allein nicht zwingend auf das Stattfinden von Wiederverkörperung geschlossen werden. Es kann nicht ausgeschlossen werden, dass Verkörperungen einmalige Ereignisse sein können. Dies gilt auch für den Beginn wie die Fortsetzung des Wiederverkörperungsgeschehens in der Vergangenheit beziehungsweise in der Zukunft. Aus dem hier dargelegten Wiederverkörperungsgesetz folgt weder, dass ein gegenwärtig verkörpertes Menschen-Ich sich bereits mehrmals verkörpert haben muss, noch dass ein solches sich bis in alle Ewigkeit *wieder* verkörpern muss. Dies bedeutet, dass *Wieder*verkörperung hier *nicht* als charakteristisches Kennzeichen des individuellen Wesenskernes, des Menschen-Ich, betrachtet wird, sondern als ein vorübergehendes Mittel für die Entwicklung der Fähigkeiten des Denkens, Erkennens und Handelns, insbesondere der Fortentwicklung der individuellen Bewusstwerdung von Geistesgegenwart.

Damit ist der Weg der folgenden Untersuchungen vorgezeichnet. Auf der Grundlage der gegenwärtigen physischen, seelischen und geistigen Existenz (Verkörperung) kann ein Weg zur Einsicht in die ewige geistige Existenz und damit in Ungeborenheit und Unsterblichkeit gewonnen werden. Auf derselben Grundlage können für die physische Prä-Existenz und/oder die physische Post-Existenz nur Plausibilitätsbetrachtungen angestellt werden, die solche Existenzformen nahelegen, aber nicht mit endgültiger Gewissheit bestimmen beziehungsweise voraussagen können.

14.3 Wirklichkeit des ewigen Lebens und Notwendigkeit der Wiederverkörperung

Die Wirklichkeit der gegenwärtigen physischen, seelischen und geistigen Existenz ist der Ausgangspunkt jeder Untersuchung zu Wesen und Erscheinung der Wiederverkörperung. Von ihr hängt alles Weitere ab, da sie die empirische Basis für das Verhältnis eines individuellen Wesenskernes zu seinen gegenwärtigen Erscheinungen ist. Es ist ein Hauptanliegen der vorangehenden Kapitel dieser Schrift zu zeigen, dass sich innerhalb der gegenwärtigen Existenz ein die Grenzen dieser Existenz überdauernder Horizont von Erfahrung und Einsicht eröffnen lässt. Der Schlüssel dazu ist das reine Denken, das bis zum intuitiv bewussten Denken weiterentwickelt werden kann. Hier offenbart sich auf der einen Seite der ewige Bereich der Gesetzeswelt (Abschnitte 5.4, 8.2) und auf der anderen Seite die ewige Qualität des universellen Ich-Gesetzes mit der ewigen Konstitution der individuellen Ich-Kraftquelle (Abschnitte 6.5, 6.9, 13.1) als Grundlagen der Entwicklung der Bewusstwerdung von Geistesgegenwart (Abschnitt 13.4). Damit ist auf empirischer Basis innerhalb des gegenwärtigen Erlebens sowohl ein ewiger geistiger Kern der Welt als auch ein ewiger geistiger Kern des Menschenwesens nachgewiesen. Für den individuellen Menschen bedeutet dies, dass er sich selbst seine eigene ewige geistige Existenz und damit seine Ungeborenheit und Unsterblichkeit anhand individueller und gegenwärtiger geistiger Erfahrungen nach- beziehungsweise vorweisen kann.

Damit erledigen sich aus empirischen – und nicht nur logischen – Gründen alle Einwände, die gegen eine solche ewige geistige Existenz vorgebracht werden können. Solche Einwände betreffen im wesentlichen die Bestreitung der geistigen Prä-Existenz (Ungeborenheit) und/oder der geistigen Postexistenz (Unsterblichkeit) oder der gegenwärtigen *geistigen* Existenz innerhalb der physisch-sinnlichen Existenz. Abgesehen davon, dass aus logischen Gründen das Bestreiten irgendeiner Art von Existenz inkonsistent ist, da das Bestrittene für eine solche Behauptung vorausgesetzt werden muss (Unmöglichkeit von negativen Existenzialurteilen), werden diese Einwände durch die individuelle Erfahrung direkt widerlegt.

Der schwierigste Punkt dabei ist die gegenwärtig erlebbare Einsicht in die *Ewigkeit des individuellen Ich*. Sie ist Bestandteil der aktuellen Ich-Erfahrung im reinen Denken. Sie umfasst dasjenige, was im individuellen Ich nicht nur das aktuell Wirkende, sondern dieses aktuelle Wirken Initiierende und weiter Anwesende ist. Diese Erfahrung liegt demzufolge schon innerhalb eines – von außen gesehen – zeitlich begrenzten Aktes vor, teilt jedoch die Zeitlichkeit nicht mit diesem Akte (siehe dazu die Abschnitte 6.5 und 6.9).

Damit lässt sich vom Gesichtspunkt des intuitiven Denkens aus das Wesen der Verkörperung als ein Zusammenwirken von aus der Ewigkeit gespeisten Tätigkeiten mit gegebenen endlichen Bedingungen zusammenfassen. Die individuelle Entwicklung der Bewusstwerdung von Geistesgegenwart geschieht anhand einer aktiv denkenden und handelnden Auseinandersetzung mit für dieses Denken und Handeln gegebenen Weltbestandteilen. Dabei ist die ewige geistige Aktualität, das ewige Leben, sowohl Vorbedingung der endlichen physischen und seelischen Existenz als auch ein Ziel der Bewusstwerdung von Geistesgegenwart, die ihren Ausgangspunkt gerade in den gegebenen Bestandteilen der gegenwärtigen Existenz hat (Kapitel 4 und 6). Nicht zu übersehen ist dabei das Bedürfnis, der autonome Drang nach Verwirklichung des individuellen Ich in der physischen und seelischen Erscheinungswelt. Solange ein autonomes Menschenwesen Möglichkeiten zu seiner weiteren Entfaltung sieht, wird es diese ergreifen wollen.*

Aus diesem Blickwinkel folgt aus der Analyse der physisch-leiblichen und seelischen Vorbedingungen der Bewusstwerdung (siehe die Abschnitt 6.7 und 6.8), dass eine rein geistige Existenz eine solche Entwicklung der Bewusstwerdung von Geistesgegenwart nicht ermöglicht hätte: Der Mensch wäre weder zu einer Bewusstwerdung seines Denkens, Erkennens und Handelns noch seines Wesenskernes, des Ich, gekommen. Dies belegt die Notwendigkeit einer physisch-leiblichen und seelischen Verkörperung aus der Erfahrung ihrer Wirklichkeit. Diese Erfahrung zeigt jedoch auch die Notwendigkeit einer fortgesetzten Auseinandersetzung des ewigen Wesenskernes mit der Erscheinungswelt, da das Bedürfnis zur Verwirklichung weiter besteht und die Fähigkeiten der Bewusstwerdung von Geistesgegenwart sich nur langfristig und durch Wiederholung ausbilden lassen.

Daraus ergibt sich sowohl die Plausibilität einer physischen Prä-Existenz als auch diejenige einer physischen Post-Existenz. Ersteres wird durch bereits vorhandene individuelle Fähigkeiten (Begabungen) nahegelegt, letzteres durch das Bedürfnis, den einmal begonnenen und erst am allerersten Anfang stehenden Bewusstwerdungsprozess fortzusetzen.

Die umfassende und auf Entwicklung der Bewusstwerdung von Geistesgegenwart hin veranlagte Natur des sich zum freien Geist durchringenden individuellen Menschenwesens ist nicht mit einem *grundsätzlich* nur auf *eine* Verkörperung beschränkten Leben zu vereinbaren. Die Bewusstwerdung über die Natur der Erkenntnis, der Welt- und Selbstbestimmung, und über die Natur der individuellen Freiheit, der Welt- und Selbstgestaltung, kann nicht schon das Ende einer Entwicklung bedeuten, sondern nur einen Anfang, der ein starkes Bedürfnis nach Fortsetzung und Entfaltung in sich trägt. Die Überführung der Früchte des verkörperten Lebens in das ewige Leben der Bewusstwerdung von Geistesgegenwart im Sinne der geistigen Begegnungen, der Fähigkeitssteigerungen und der Wandlung von Perspektiven (siehe Abschnitt 13.4) ist nur durch eine intensive und wiederholte Auseinandersetzung mit der Erscheinungswelt möglich.

Die stärksten Argumente für weitere Verkörperungen sind jedoch im Bereich des Handelns zu finden. Das individuelle Wirken des Menschen-Ich hat Folgen, in der Mitwelt und bei den Mitmenschen, die ein Bedürfnis danach wecken können, aufgegriffen zu werden, das heißt individuelle freie Verantwortung für sie zu übernehmen. Im Sinne der Ausführungen im Abschnitt 12.1 besteht dazu kein Zwang, aber es liegt in der Natur der Freiheit, dass sich ein frei handelndes Individuum den Folgen seiner freien *und* unfreien Handlungen zuwendet und diese in seine weitere Entwicklung integriert. Da die Auswirkungen oder gar das Auftreten dieser Folgen in der Regel ein einziges Leben überdauern oder sich einer unmittelbaren Bearbeitung innerhalb des gegenwärtigen Lebens entziehen können, liegt es nahe, davon auszugehen, dass daran in zukünftigen Verkörperungen weitergearbeitet, an die Folgen angeknüpft werden kann.

14.4 Schicksal im Spannungsfeld von Zufall, Notwendigkeit und Freiheit

Das Gesetz der Wiederverkörperung ist von den *Gesetzen des Schicksals* zu unterscheiden, welches die Prinzipien einer Morphologie sich verkörpernder Menschen-Iche umfasst. Schicksal hat demzufolge die Gesetzmäßigkeiten der Übergänge von einer Verkörperung in eine nächste sowie die Gesetzmäßigkeiten ganzer Serien von Verkörperungen von Menschen-Ichen zum Inhalt, also die Prinzipien, nach denen bestimmte Ereignisse, Entwicklungsschritte und Prozesse in einem Leben zu Folgen wie Veranlagungen, Ereignisse, Fähigkeiten etc. in einem nächsten Leben werden können. Im Einklang mit Abschnitt 14.1 geht es hier nicht um den konkreten Inhalt der Gesetze des Schicksals, sie werden an dieser Stelle rein hypothetisch aufgefasst. Es soll nur unter der Voraussetzung, dass es solche Gesetze tatsächlich gibt, untersucht werden, welche Stellung diese Schicksalsgesetze zur Freiheit haben, unabhängig davon, was die konkreten Inhalte dieser Gesetzmäßigkeiten, welche die Auswirkungen von Ereignissen einer Verkörperung bis hin zu einer nächsten Verkörperung im einzelnen regeln, genau umfassen.

Unter *Schicksal* wird also alles dasjenige gefasst, was die Vergangenheit faktisch in die Gegenwart hineinträgt sowie dasjenige, was aus der Gegenwart in die Zukunft hinein folgen wird und muss. Den folgenden Untersuchungen sollen die Schicksalsgesetze in ihrer strengsten Form zugrunde gelegt werden. Dies bedeutet, dass davon ausgegangen wird, dass *jede* vergangene Handlung spezifische Auswirkungen in Gegenwart und Zukunft und dass *jede* gegenwärtige Handlung spezifische Auswirkungen in der Zukunft hat. Mit anderen Worten, man denkt sich das Feld des menschlichen Handelns als einen Weltbereich, der durch Notwendigkeiten bestimmt ist: Aus spezifischen Ursachen erwachsen immer spezifische Wirkungen, und gewisse (nicht alle) gegenwärtige Ereignisse sind Wirkungen früherer Ereignisse.

Die strenge Fassung der Schicksalsgesetze steht nun mit der *Freiheit* des Handelns in keinerlei Widerspruch. Denn die Zielbildung einer freien Handlung, die moralische Intuition, ist davon nur indirekt betroffen. Als intuitiver Denkprozess ist sie völlig autonom von inneren und äußeren Wirkfaktoren (siehe die Abschnitte 6.7 und 11.1). Ihrem Inhalt nach hängt sie nur mittelbar von solchen Faktoren ab, im Sinne von Anregungen aus dem gegenwärtigen Leben sowie im Sinne von Fähigkeiten (insbesondere zur Intuition), die sich anhand vergangener Auseinandersetzungen mit der Welt ergeben haben. Die durch die Gesetze des Schicksals bedingten Notwendigkeiten (Ereignisse als «geschickte» Wirkungen früherer Ereignisse) können in direkter Weise nur im Bereich der *Verwirklichung* einer freien Motivbildung eine Rolle spielen: Sie ermöglichen und erleichtern oder beschränken und erschweren die *Umsetzung* bereits frei gebildeter Ziele. Auf diese selbst können sie keine nicht explizit selbst (frei) gewollten unmittelbaren Auswirkungen haben.

Damit wird die scheinbare Unausweichlichkeit der Schicksalsgesetze aufgehoben: Diese Gesetze liegen eben bloß den

Notwendigkeiten zugrunde, die einer *Verwirklichung* einer freien Zielbildung entgegenstehen und üben keinen Zwang auf diejenige Sphäre aus, in welcher die freie *Zielbildung* selbst stattfindet. Darüber hinaus ist nicht jedes gegenwärtige Ereignisse die Wirkung eines früheren Ereignisses, da es zu jedem Zeitpunkt Ereignisse, insbesondere freie Handlungen von Menschen geben kann, die keine bloße Fortsetzung (Wirkung) früherer Ereignisse sind: Sie bilden autonome Anfänge von neuen Ereignisketten (Ursache-Wirkung-Ketten). Sie haben ihren Grund allein in sich, nicht in für sie äußerlichen Ereignissen. Solche die Vergangenheit *nicht* fortsetzenden, sondern in die Zukunft weisenden gegenwärtigen Ereignisse können als *objektiv zufällig* bezeichnet werden. Sie sind nur *relativ* zur Vergangenheit der Gegenwart «zugefallen»; für sich selbst genommen gründen sie auf der Gegenwärtigkeit von freien, durch moralische Intuitionen getragenen Handlungen und sind damit gesetzmäßig bestimmt, also gerade nicht zufällig im Sinne von «gesetzlos».*

Es kann anhand von gegenwärtigen und vergangenen Handlungsereignissen aus zwei Gründen nicht mit bestimmten Wirkungen in der Zukunft gerechnet werden – trotz der eventuell vorhandenen streng gültigen Schicksalsgesetze. Erstens ist die Zukunft keine bloße Wirkung der Gegenwart, da jederzeit in Gegenwart und Zukunft neue Impulse (neue objektive Zufälle) durch freie Handlungen in die Welt eingebracht werden können, die keine Wirkung gegenwärtiger oder vergangener Ereignisse sind; diese können darüber hinaus die Wirkung gegenwärtiger Ereignisse modifizieren. Zweitens verunmöglichen es in der Regel die individuellen Erkenntnisgrenzen – trotz der grundsätzlichen uneingeschränkten Erkennbarkeit der Welt – dass die Auswirkungen gegenwärtigen Handelns bis in die letzten Ausläufer verfolgt werden können. In diesem

Sinne sind die genauen und konkreten Folgen gegenwärtigen und vergangenen Handelns subjektiv nicht vollständig verfügbar, nicht voraussehbar – also *subjektiv zufällig* – und damit nicht einforderbar oder erwartbar. Ein Handeln, das sich daran orientieren wollte, wäre sowohl unfrei wie illusionär.

Die Situation ist ähnlich wie bei «guten» freien Handlungen. Solche können ebenfalls weder direkt in freier Weise angestrebt noch mit Gewissheit aufgrund einer freien Handlung erwartet werden (Abschnitt 11.2). Die vorbehaltlose Konzentration auf die Aktualität, auf die Gegenwärtigkeit freien Handelns im Sinne einer Realisierung der dreifachen Aktualität von Situation, Intuition und tätiger Hingabe (Abschnitt 11.1) ist die beste Garantie für eine «gute» Zukunft von aus der gegenwärtigen Ewigkeit (moralische Intuition) entspringenden freien Handlungen.

Aktualität oder Gegenwärtigkeit ist nicht einforderbar, mit ihr kann nicht «gerechnet» werden, sie ist nicht durch etwas außer ihr Liegendes bedingt oder begründet. Sie tritt ein und hat Folgen; nicht: sie tritt ein wegen der Folgen.

Diese Art von Gegenwärtigkeit muss auch Ereignissen zugeschrieben werden, die einen betreffen, die einem «zufallen», sei es Freude und Glück oder Leid und Unglück. Sie *können* Folgen früherer eigener Handlungen sein, müssen es aber nicht. Mit ihnen kann ebenfalls nicht von vornherein «gerechnet» werden. Sie sind nicht notwendigerweise auf anderem als auf sich selbst gegründet. Sind es durch andere frei handelnde Wesen initiierte Handlungen, so sind sie in derselben Weise in sich selbst gegründet, einmalig, «unberechenbar» und autonom wie meine eigenen freien Handlungen. In diesem Sinne bieten die Gesetze des Schicksals keine Handhabe zu irgendeiner Art von umfassender, lückenloser Relativierung oder Rechtfertigung gegenwärtiger Ereignisse zugunsten ihrer

14.4 Schicksal im Spannungsfeld

«Erklärung» durch vergangene Ereignisse oder zu einer Erwartung ihres «Ausgleichs» im Sinne einer Belohnung oder Bestrafung durch zukünftige Ereignisse.

Zur Begründung der Eigenqualität gegenwärtiger Ereignisse, die für sich selbst erlebt und erlitten werden müssen, ohne sie als bloße Folgen vergangener Ereignisse zu rechtfertigen oder ihnen erst durch zukünftige Ereignisse Sinn zu verleihen, ist also *kein* Rückgriff auf «absolut zufällige Ereignisse» in irgendeinem Sinne notwendig. Aus der grundsätzlichen Erkennbarkeit der Wirklichkeit (Abschnitt 9.1) folgt, dass es nur relative («subjektive») und keine absoluten («objektiven») Erkenntnisgrenzen gibt. Daraus folgt weiter, dass es nur relativ zur bisherigen Vergangenheit zufällige Ereignisse, das heißt *objektiv zufällige Ereignisse,* oder relativ zum individuellen Erkenntnishorizont zufällige Ereignisse, das heißt *subjektiv zufällige Ereignisse,* gibt; damit sind «absolute» Zufälle ausgeschlossen, da ihre Existenz mit der Existenz von absoluten Erkenntnisgrenzen äquivalent ist.

Aus diesen Einsichten ergibt sich, dass *jedes* Ereignis seinen eigenen Sinn, seinen eigenen Grund hat. Daraus kann aber, wie eben gezeigt, nicht geschlossen werden, dass für den individuell betroffenen Menschen der Sinn, der Grund aller ihm «zufallenden» Ereignisse von vornherein verfügbar oder in allen Dimensionen offenbar sein *muss*. Er hat damit *keinen sicheren* Grund, sich deren vollem gegenwärtigen Erleben zu entziehen, dieses durch vergangene oder mögliche zukünftige Ereignisse zu rechtfertigen oder zu entschuldigen.

Die Gesetze des Schicksals, auch in ihrer strengsten Form der unabweichlichen zukünftigen Auswirkung aller gegenwärtigen Handlungen, tangiert weder die individuelle Autonomie, die Freiheit einer Handlung, noch die Eigenqualität gegenwärtiger Ereignisse.

Die Unterscheidung von Wiederverkörperung und Schicksal hat weitreichende Folgen. Es lässt sich denken, dass Wiederverkörperung stattfindet allein durch einen individuellen Entschluss zur Mitwirkung an der Weiterentwicklung von Menschen-Ichen, ohne dass durch die Gesetze des Schicksals dazu (noch) eine Notwendigkeit bestünde. Damit schließt sich der Kreis zum Ausgangspunkt dieser Ausführungen zu den Konsequenzen des ethischen Individualismus (Abschnitt 12.1): In diesem Falle entscheidet sich ein Menschen-Ich, Verantwortung für Taten mitzutragen, die es weder selbst initiiert noch bisher begleitet hat.

TEIL III

ERGÄNZUNGEN UND KOMMENTARE

15. Anmerkungen und Ergänzungen

Mit GA wird die Bibliographie-Nr. der Rudolf Steiner Gesamtausgabe im Rudolf Steiner Verlag in Dornach (Schweiz) bezeichnet. In eckigen Klammern stehen Hinweise auf die Absätze des Werkes *Die Philosophie der Freiheit* (zur Nummerierung dieser Absätze siehe die «Vorbemerkung» im Kapitel 16).

Zu Kapitel 1

Zu Abschnitt 1.1: Zu Steiners eigenem Verständnis der Darstellung seines Werkes *Die Philosophie der Freiheit* (GA 4, Dornach ^{16}1995) zur Zeit ihrer Entstehung gibt folgende Briefstelle einen interessanten Aufschluss: «Sie sagen mir: das Buch ist zu kurz; es hätte aus jedem Kapitel ein Buch gemacht werden sollen. Ich kann dieser Bemerkung, sofern sie objektiv gemeint ist, nicht widersprechen. Die Erklärung dafür ist aber in meiner Subjektivität gegeben. *Ich lehre* nicht; ich erzähle, was ich innerlich *durchlebt* habe. Ich erzähle es so, wie ich es gelebt habe. Es ist alles in meinem Buch persönlich gemeint. Auch die Form der Gedanken. Eine lehrhafte Natur könnte die Sache erweitern. Ich vielleicht auch zu seiner Zeit. Zunächst wollte ich die Biographie einer sich zur Freiheit emporringenden Seele zeigen. Man kann da nichts tun für jene, welche mit einem über Klippen und Abgründe wollen. Man muss selbst sehen, darüberzukommen. Stehenzubleiben und erst anderen klarmachen: wie sie am *leichtesten* darüberkommen, dazu brennt im Innern zu sehr die Sehnsucht nach dem Ziele. Ich glaube auch, ich wäre gestürzt: hätte ich versucht, die geeigneten Wege sogleich für andere zu suchen. Ich bin meinen gegangen, so gut *ich* konnte; hinterher habe ich *diesen* Weg beschrieben. Wie andere gehen sollen, dafür könnte ich vielleicht hinterher hundert Weisen finden. Zunächst wollte ich von diesen keine zu Papier bringen. Willkürlich, ganz individuell ist bei mir manche Klippe übersprungen, durch Dickicht habe ich mich in meiner nur mir eigenen Weise durchgearbeitet. Wenn man ans Ziel kommt, weiß man erst, dass man da ist. Vielleicht ist aber überhaupt die Zeit des Lehrens in Dingen, wie das meine, vorüber. Mich interessiert die Philosophie fast nur noch als Erlebnis des Einzelnen.» (Brief Steiners an Rosa Mayreder vom 4. November 1894. In *Briefe, Band II: 1890–1925*, GA 39, Dornach ²1987, Nr. 402, S. 232f.)

Es folgen einige Zitate aus dem Werk Steiners, welche das Verhältnis seines Werkes *Die Philosophie der Freiheit* (GA 4, Dornach ¹⁶1995) zur Anthroposophie nach seinem eigenen Verständnis klarlegen. Für weitere Belege zur Auffassung Steiners über die wissenschaftliche Grundlegung der Anthroposophie durch die philosophisch-anthroposophischen Grundlagenschriften siehe Peter Schneider, *Einführung in die Waldorfpädagogik* (Stuttgart ²1985).

«Wer noch auf einem anderen Weg die hier dargestellten Wahrheiten suchen will, der findet einen solchen in meiner *Philosophie der Freiheit*. In verschiedener Art streben diese beiden Bücher nach dem gleichen Ziele. Zum Verständnis des einen ist das andere durchaus nicht notwendig, wenn auch für manchen gewiss förderlich.» (*Theosophie*, GA 9, Dornach ³²2002, «Vorrede zur dritten Auflage [aus der Vorrede zur ersten Auflage]», S. 12f.)

«Indem ich in einer Besprechung dieses Urteils [Eduard von Hartmanns über *Die Philosophie der Freiheit*] die vorliegenden Ausführungen werde ausklingen lassen, wird es mir möglich sein, zu zeigen, wie ich vom Anfang meiner schriftstellerischen Laufbahn an die erkenntnistheoretische Grundlegung für dasjenige erstrebte, was ich später in einer Reihe von Schriften als «Geisteswissenschaft» oder Anthroposophie darzustellen versuchte und an dessen Ausbau ich bis heute arbeite.» («Die Geisteswissenschaft als Anthroposophie und die zeitgenössische Erkenntnistheorie». In *Philosophie und Anthroposophie: Gesammelte Aufsätze 1904–1923*, GA 35, Dornach ²1984, S. 309.)

«Nun möchte ich ausgehen von dem Fundamentalsten, von dem man gerade in der heutigen Zeit ausgehen kann, wenn man die anthroposophische Forschungsmethode charakterisieren will. Sie können im Grunde genommen schon alles, was erstes, sagen wir, Axiom, was erstes Elementarstes ist, um die anthroposophische Forschungsmethode zu durchschauen, in meiner *Philosophie der Freiheit*, ja, in noch älteren meiner Bücher finden. Diese *Philosophie der Freiheit* ist 1894 erschienen, und viel früher eigentlich geschrieben. Es wird manche, die dieses Buch kennen, vielleicht sogar überraschen, dass ich diese Behauptung tue, und dennoch ist es wahr: das elementarste Verständnis anthroposophischer Forschungsmethoden kann aus dieser *Philosophie der Freiheit* geholt werden. Es muss dann allerdings dasjenige, was man da als elementares Verständnis holt, weiter ausgebildet werden. Es ist eben nur das Elementarste in dieser *Philosophie der Freiheit* zu finden. Aber dieses Elementarste ist eben aufzufinden.» (Vortrag vom 10. April 1922 über «Die anthroposophische Forschungsmethode». In *Damit der Mensch ganz Mensch werde – Die Bedeutung der Anthroposophie im Geistesleben der Gegenwart*, GA 82, Dornach ²1994, S. 115f.)

«Wer will, wird eben die Grundprinzipien der Anthroposophie bereits finden in meiner *Philosophie der Freiheit*. Ich will heute nur das eine hervorheben, das ist das, dass ja diese *Philosophie der Freiheit* zunächst überall mit einer inneren Notwendigkeit auf ein geistiges Reich hinweist, aus dem zum Beispiel die moralischen Impulse genommen werden. So dass also im Sinne der *Philosophie der Freiheit* nicht stehengeblieben werden kann bei der Sinneswelt, sondern fortgeschritten werden muss zu einem in sich begründeten geistigen Reiche. Dieses Bestehen eines geistigen Reiches bekommt ja noch die ganz andere konkrete Form, dass der Mensch in seinem innersten Wesen, wenn er sich seines innersten Wesens bewusst wird, nicht mit der Sinneswelt zusammenhängt, sondern in diesem innersten Wesen mit der geistigen Welt zusammenhängt. – Diese zwei Dinge: erstens, dass es ein geistiges Reich gibt, zweitens, dass der Mensch mit dem innersten Ich seines Wesens mit diesem geistigen Reich zusammenhängt, sind ja die Fundamentalpunkte der *Philosophie der Freiheit*.» (Vortrag vom 11. Juni 1923. In *Die Geschichte und die Bedingungen der anthroposophischen Bewegung im Verhältnis zur anthroposophischen Gesellschaft*, GA 258, Dornach ³1981, S. 36.)

Zum Schluss noch zwei Berichte aus zweiter Hand: Anna Samweber übermittelte Rudolf Steiners Intentionen mit folgender Episode: Als er vor dem Erscheinen der Neuauflage der *Philosophie der Freiheit* 1918 vom Verlag den Blindband (mit leeren Seiten) erhalten hatte, blätterte er darin und sagte dazu: «So müsste die *Philosophie der Freiheit* eigentlich aussehen; jeder müsste sie individuell selber schreiben.» (1918 in Berlin. «Zuschrift von Ilse Jahn, Berlin» in *Mitteilungen aus der anthroposophischen Arbeit in Deutschland*, 49. Jahrgang 1995, Nr. 192, S. 194.)

Walter Johannes Stein berichtet: Ich fragte Rudolf Steiner: «Was wird nach Jahrtausenden von Ihrem Werk noch übrig bleiben?» Er antwortete: «Nichts als die *Philosophie der Freiheit*. Aber in ihr ist alles andere enthalten. Wenn jemand den dort geschilderten Freiheitsakt realisiert, findet er den ganzen Inhalt der Anthroposophie.» (Gespräch Walter Johannes Steins mit Rudolf Steiner während des Haager Hochschulkurses vom 7. bis 12 April 1922 [GA 82]. In «Das ‹Haager Gespräch›» in Thomas Meyer (Hg.), *W. J. Stein / Rudolf Steiner: Dokumentation eines wegweisenden Zusammenwirkens*, Dornach 1985, S. 299.)

Zu Abschnitt 1.2: Eine nach Sachthemen geordnete Zusammenstellung von Zitaten Rudolf Steiners zu seinem Werk *Die Philosophie der Freiheit* findet man bei Otto Palmer, *Rudolf Steiner über seine Philosophie der Freiheit*, Stuttgart ³1984. Weitere Materialien in R. Steiner, *Dokumente zur «Philosophie der Freiheit»* (GA 4a, Dornach 1994).

Zu Kapitel 2

Zu Abschnitt 2.1: Zu den philosophisch-anthroposophischen Grundschriften zähle ich neben dem Werk *Die Philosophie der Freiheit* (GA 4, Dornach ¹⁶1995) insbesondere die Werke *Einleitungen zu Goethes Naturwissenschaftlichen Schriften* (GA 1, Dornach ⁴1987), *Grundlinien einer Erkenntnistheorie der Goetheschen Weltanschauung* (GA 2, Dornach ⁸2002) und *Wahrheit und Wissenschaft* (GA 3, Dornach ⁵1980).

Zu Werner Moser siehe die Zusammenstellung von Erinnerungen und Würdigungen, zusammen mit einem Nachdruck seiner einzigen beiden veröffentlichten Schriften in Thomas Meyer (Hrsg.) «In memoriam Werner A. Moser, 15. Dezember 1924 – 22. Dezember 2003», (Basel: Perseus Verlag [März 2004; Beilage zu einer Teilauflage von *Der Europäer*, Jahrgang 8, Heft 5]). Siehe auch den Nachruf von Reinhardt Adam in *Anthroposophie,* Jahrgang 58, Heft 4/2004, Nr. 230, S. 320.

Zu Kapitel 3

Zur Einführung: Nach meinen eigenen Erfahrungen können unter anderem folgende Texte zur Erübung des reinen Denkens empfohlen werden: *Der Staat* (502c–535a) und *Siebter Brief* von Plato, *Metaphysik* und *Kategorien* von Aristoteles, *Einleitung in die Kategorien* von Porphyrius, *Die Wissenschaft der Logik* (Erstes Buch: Die Lehre vom Sein) von Hegel.

Die Einübung des reinen Denkens anhand mathematischer Denkinhalte kann besonders gut mit Lehrbüchern von Louis Locher erarbeitet werden: *Arithmetik und Algebra* (Dornach ²1984), *Geometrisieren im Bereich wichtigster Kurvenformen* (Dornach ²1988), *Urphänomene der Geometrie, 1. Teil* (Dornach ²1980), *Raum und Gegenraum* (Dornach ³1988).

Zu Abschnitt 3.3: Es ist hier nicht der Ort, das mathematische Denken im Allgemeinen und die geometrischen Beziehungen rund um den Kreisbegriff im Besonderen weiter zu entfalten und philosophisch zu durchleuchten, da dies bereits an anderer Stelle geschehen ist, siehe mein Buch *Mathematik und Geisteswissenschaft*, Dornach ²2000. Dort wird unter anderem gezeigt, dass mit der Variation von Vorstellungen notwendigerweise noch andere Gesetzmäßigkeiten verbunden sind als diejenigen, welche den einzelnen Vorstellungen als Invarianten zugrunde liegen. Es handelt sich dabei um Gesetze, welche die jeweiligen Übergänge konkret regeln.

Zu Abschnitt 3.4: Für die Beurteilung der vorliegenden Erlebnisberichte und Einsichten ist es wichtig festzuhalten, dass hier nur geschildert wird, was sich der *unmittelbaren* Denkerfahrung ergibt. Ist man nicht in der Lage oder nicht gewillt, sich auf diese Erfahrungen einzulassen, so mögen ganz andere Erlebnisse zustande kommen. Alle mir bekannten Einwände gegen obige Ausführungen entspringen nicht der unmittelbaren Denkerfahrung, sondern tragen Probleme und Schwierigkeiten in das (reine) Denken hinein, die ihren Erfahrungsgrund (und damit auch das Feld ihrer Auflösung) woanders haben. Ihnen liegt im wesentlichen eine Verwechslung der *Vorbereitungen* des reinen Denkens anhand der gewöhnlichen Form des Denkens im

Sinne von *Gedanken-Haben* (Einfälle, Vorstellungen, Erinnerungen, Assoziationen, Gewohnheiten, Anwendung bekannter Techniken, Brainstorming) mit diesem selbst vor.

Exemplarisch sei hier nur auf die Einwände gegen die beständige, ewige Natur von Gesetzmäßigkeiten in Form von Begriffen und Ideen hingewiesen: sie stammen sämtlich entweder aus der Sinneserfahrung oder aus davon abgeleiteten Erkenntnissen, oder aus historischen beziehungsweise psychologischen Gesichtspunkten, mit anderen Worten: aus Erfahrungen *außerhalb* des aktuellen reinen Denkens. Streng genommen sind deshalb solche Einwände für die Beurteilung des reinen Denkens gar nicht relevant. Eine ins Einzelne gehende Auseinandersetzung mit diesen Einwänden kann und muss demnach an dieser Stelle nicht geleistet werden. Eine Analyse der mir bekannten Einwände gegen das reine Denken findet sich im Aufsatz «Reines Denken und reine Begriffe: Einwände und Widerlegungen», in *Jahrbuch für anthroposophische Kritik 2004*, Band 12 (Novalis Verlag, edition trithemius, S. 71–118) und in dem Buch *Selbstreflexion – Studie zur Selbstbeziehbarkeit im Denken und Erkennen*, Dornach 1995. Dort sind auch Literaturangaben zu diesen Themen zusammengetragen.

Zu Kapitel 4

Zu Abschnitt 4.2: Eine genauere phänomenologische Untersuchung der *Spuren des reinen Denkens* übersteigt die Möglichkeiten dieser Darstellung. Hier kommt es nur auf einige charakteristische Merkmale dieser Spuren an. Weitere Einzelheiten müssen breiter angelegten, auch psychische Phänomene differenziert mit einbeziehenden Untersuchungen überlassen werden. An erster Stelle wäre hier der Unterschied zwischen sich unmittelbar an ein aktuelles Denkerleben anschließenden Nachgegenwartsvorstellungen und den sich erst nach einer Periode des Vergessens einstellenden Erinnerungen zu erwähnen (siehe dazu Kapitel 10). Weiteres dazu findet man in den Untersuchungen E. Husserls zur Phänomenologie der Zeit, wo auf den Unterschied zwischen Erinnerung, Retention und Protention aufmerksam gemacht wird. Siehe etwa *Vorlesungen zur Phänomenologie des inneren Zeitbewusstseins*,

Tübingen ³2000, *Texte zur Phänomenologie des inneren Zeitbewusstseins (1893–1917)*, Hamburg 1985 (aus Husserliana, Band X).

An dieser Stelle ist es wichtig zu bemerken, dass ich den Ausdruck «Beobachtung» nur im hier definierten Sinne verwende, insbesondere umfasst «Beobachtung» *nicht* die denkende Verarbeitung von Beobachtungsinhalten.

Die Ausdrücke «Erfahrung» und «Erlebnis» werden in einem umfassenderen Sinne als «Beobachtung» verwendet: Erfahrung umfasst sowohl die Gewahrwerdung von Beobachtungen wie die Gewahrwerdung aller Aspekte des Erlebens des Denkens.

Eine weitere scheinbare Schwierigkeit der obigen Definition der Beobachtung liegt darin, dass sie mit Bezug auf die denkende Betrachtung gefasst ist. Das betrifft aber nur die *Form* der Beobachtung: Diese ergibt sich aus der Charakterisierung als möglicher nicht-begrifflicher Denk-Gegenstand, welcher der denkenden Betrachtung (Beurteilung) vorangeht, ihre Vorbedingung ist und demzufolge der aktuellen denkenden Betrachtung noch nicht unterworfen wurde. Der Inhalt dieser Beobachtung, bei Steiner auch «Wahrnehmung» genannt [IV.13], hat seinen eigenen Erlebnisgehalt, unabhängig von der aktuellen denkenden Betrachtung, welche diesen Inhalt vermöge eines Bezugs auf Begriffe zu einem Erkenntnisurteil verarbeitet.

Weiter ist mit «Erfahrung des Denkens» hier keine dritte Form des Gewahrwerdens neben der Form der Beobachtung und der Form des Denkens gemeint [III.4]. Da es sich nicht um eine Beobachtung handelt, kommt nur die Form des Denkens in Frage: die Form der Anschauung von etwas durch Tätigkeit Hervorgebrachtem. Diese Form der Erfahrung ist eine Vorwegnahme dessen, was weiter unten (Abschnitt 4.5) als Intuition, das heißt als aktuelle Erfahrung des tätigen Denkens, eingeführt werden wird. Streng genommen handelt es sich an dieser Stelle bloß um einen denknotwendigen Rückschluss auf die Möglichkeit einer solchen auch nichtbegriffliche Inhalte umfassenden Denkerfahrung.

Zum träumenden oder ahnenden Miterleben der Denktätigkeit siehe R. Steiner, *Von Seelenrätseln* (GA 21, Dornach ⁵1983), Kapitel IV, Abschnitt 1 «Die philosophische Rechtfertigung der Anthroposophie».

Die Bezeichnung «Ausnahmezustand» geht auf das Werk *Die Philosophie der Freiheit* zurück [III.18].

15. Anmerkungen und Ergänzungen

Zu Abschnitt 4.3: Für die Auseinandersetzung mit Einwänden gegen die Existenz und die Gesetzmäßigkeiten des reinen Denkens ist es sinnvoll, zwischen *sachgemäßen* und *spekulativen* Hypothesen zu unterscheiden. Sachgemäße Hypothesen ergeben sich aus unmittelbar zugänglichen Beobachtungen und nicht nur aus bloßen Schlussfolgerungen. Spekulative Hypothesen orientieren sich an der bloßen Denkmöglichkeit im Sinne von «es könnte doch sein, dass ...» ohne unmittelbare Erfahrungsgrundlage. Strenggenommen muss sich eine nach empirisch fundierter Erkenntnis strebende Einsicht nicht auf spekulative Hypothesen einlassen. Deshalb werden diese im hier gegebenen Kontext auch als nicht gerechtfertigt behandelt und es wird nicht weiter auf sie eingegangen.

Für eine sich auch auf spekulative Hypothesen einlassende und mehr ins Detail gehende Auseinandersetzung mit verschiedensten Einwänden gegen die Existenz eines reinen Denkens, insbesondere auch für eine Diskussion von modernen naturalistisch oder physikalistisch orientierten Theorien des «Bewusstseins» siehe meinen Aufsatz «Reines Denken und reine Begriffe: Einwände und Widerlegungen», in *Jahrbuch für Anthroposophische Kritik 2004*, Band 12 (Schaffhausen: Novalis Verlag, edition trithemius, S. 71–118).

Zu Abschnitt 4.5: Die Verwendung des Ausdrucks «Intuition» kann eine große Quelle von Missverständnissen sein, wenn man die hier gegebene und in den folgenden Kapiteln präzisierte Definition aus dem Auge verliert und sich an die übliche Bedeutung hält im Sinne von Einfall, Geistesblitz, unmittelbar auftretendes gefühlsmäßiges Aha-Erlebnis etc. Allen diesen Bedeutungen ist gemeinsam, dass sie sich auf Erlebnisinhalte beziehen, die weder klar durchschaubar noch durch bewusste Tätigkeit hervorgebracht worden sind. Damit hat das hier Gemeinte nichts zu tun. Im Rahmen der philosophischen Grundlegung der anthroposophischen Geisteswissenschaft durch Rudolf Steiner ist Intuition jedoch ein sachlich präzis bestimmter *terminus technicus*, der zudem erlaubt, eine Verbindung zu den Darstellungen Steiners über höhere Stufen des übersinnlichen Wahrnehmens herzustellen (siehe dazu Kapitel 7 und die dortigen Anmerkungen). Deshalb wird er hier trotz berechtigter Bedenken gegenüber seiner missverständlichen Auffassung weiterhin verwendet.

Auf die Bedeutung von Grenzerfahrungen und deren Überwindung als Einstieg in die anthroposophische Geisteswissenschaft macht Steiner in den drei ersten Leitsätzen aus *Anthroposophische Leitsätze* (GA 26, Dornach ¹⁰1998, S. 14f.) aufmerksam. Siehe auch *Von Seelenrätseln* (GA 21, Dornach ⁵1983), Kapitel I und die dazugehörigen «Skizzenhaften Erweiterungen» im Kapitel IV.

In Anknüpfung an Aristoteles, Thomas von Aquino und Fichte schildert Steiner den Weg vom sinnlichen Leben zur Klarheit im Nadelöhr des reinen Denkens bis hin zu Erfahrungen geistigen Lebens in dem Aufsatz «Philosophie und Anthroposophie» (GA 35, *Philosophie und Anthroposophie: Gesammelte Aufsätze 1904–1923*, Dornach ²1984, S. 66–110).

Zu Kapitel 5

Zu Abschnitt 5.5: Die hier eingeführte Liebe oder Hingabe in geistiger Art ist von den seelischen Erscheinungsformen der Liebe deutlich zu unterscheiden. Beide können nur individuell *erlebt* werden.

Die *seelische Form der Liebe* ist durch drei Eigenschaften gekennzeichnet: (1) sie tritt von selbst auf, sie ist ohne individuelle Eigentätigkeit präsent (sie «überkommt», «berührt», «erfüllt», «überwältigt», «nimmt gefangen» etc.) und verschwindet auf dieselbe Weise, wie sie auftritt: unbeeinflussbar; (2) ihre Quellen bleiben unbestimmt, im gewöhnlichen Bewusstsein nicht erkennbar; (3) zu ihr gehört die Gegenwirksamkeit des Hasses, die Antipathie, des Ekels. – Auf direkte Weise sind Liebe und Hass nicht zu beeinflussen, wohl aber indirekt: Indem man sich einem geliebten oder gehassten Wesen, oder allgemeiner, einem sympathischen oder antipathischen Erfahrungsinhalt immer wieder aussetzt, oder sich davon gehaltvolle Phantasievorstellungen bildet, kann das entsprechende Gefühl von neuem angefacht werden, ohne dass man je auf dessen Auf- oder Abtreten unmittelbar einwirken kann.

Die *Liebe in geistiger Art* ist von ganz anderer Qualität. Ihre Kennzeichen umfassen: (1) sie tritt gegenüber gegebenen Erfahrungen nie von selbst auf, sie ist eine Tätigkeit, die aufgebracht werden muss, der eine Bahn geschaffen werden muss, wenn sie in reiner Form konkret präsent sein soll; (2) ihre Quelle ist wohlbestimmt und einzigartig, sie liegt im

Zentrum des denkenden Individuums (siehe dazu die Abschnitte 6.5, 6.9, 8.4, 13.4); (3) zu ihr gehört keinerlei Gegenwirksamkeit: sie kann nur mehr oder weniger zur Erscheinung, zum Ausdruck kommen; sie kann sich nie in ihr Gegenteil verkehren, da es ein solches nicht gibt. – Ob ich mich einer Sache konkret widme, hängt ganz von meiner individuellen Aktivität ab. Die Fähigkeit, das Potential zur Liebe in geistiger Art, ist zwar in mir vorhanden, das Hingabepotential ist Teil meines Individuums, aber ihr konkretes Ausfließen, ihr konkretes Zur-Erscheinung-Kommen muss individuell und intuitiv denkend und wollend in die Wege geleitet werden.

Zu Kapitel 6

Zur Vorbemerkung: Neben den Hinweisen auf eine Erfahrung des Selbst oder Ich im Rahmen des reinen Denkens gibt es innerhalb des Werkes *Die Philosophie der Freiheit* viele Hinweise auf die begriffliche Bedeutung von «Persönlichkeit» und «Individualität», die nur in einem mittelbaren Verhältnis zur Denkerfahrung stehen. Sie sollen hier kurz zusammengestellt werden, damit sie von den im folgenden zu besprechenden Ich-Erfahrungen als Teil der Denkerfahrung unterschieden werden können.

Wird über das Erleben eines Erfahrungsinhaltes in Beobachtungsform (sinnliche Wahrnehmung, Erinnerung, Vorstellung) hinaus eine gefühlsmäßige Wirkung dieses Inhaltes zum eigenen Selbst erlebt (Sympathie oder Antipathie), so drückt dies eine Qualität des Selbstes aus und nicht eine Qualität des erlebten Inhaltes. Ich erfahre etwas über meine Persönlichkeit, wenn ich weiß, anhand welcher Wahrnehmungen bei mir welche Gefühle (oder Wünsche) auftauchen [III.9–10].

Gefühle können sich aber nicht nur an sinnliche Erfahrungen anknüpfen, sondern auch an selbsttätig zur Erscheinung gebrachte Begriffe und Ideen. Dadurch erhält die Ideenwelt eines Menschen ihr «individuelles Gepräge»; durch die «besondere Färbung» des universellen Denkinhalts durch das individuelle Gefühlsleben unterscheiden sich denkende Individuen voneinander [V.18].

Bei der im VI. Kapitel behandelten «menschlichen Individualität» geht es um die seelische Ausgestaltung der Individualität und nicht um deren geistigen Wesenskern, das Ich. So wird unter anderem das Gefühl als Ausdruck eines realen «individuellen Bezugs» charakterisiert [VI.10], und erst indem man mit der Wahrnehmung «Lust und Schmerz» empfindet, lebt man als individuelles Wesen [VI.12]. Im weiteren wird als eine «wahrhafte Individualität» bezeichnet, wer «am weitesten hinaufreicht mit seinen Gefühlen in die Region des Ideellen» [VI.14].

Ein ähnliches Motiv klingt noch an bis [VIII.4], wo dann allerdings im Zusatz zu demselben Kapitel eine ganz andere Qualität des Fühlens aufgewiesen wird (siehe dazu Abschnitt 5.8). Dazu gehört, dass noch im letzten Satz des VI. Kapitels das Gefühl als das Mittel bezeichnet wird, «wodurch die Begriffe zunächst konkretes Leben gewinnen» [VI.18]. Das «zunächst» ist durchaus ernst zu nehmen: das hier gemeinte Leben kommt den Begriffen von außen, von außerhalb des Denkens zu, durch ein spontan auftauchendes seelisches Erleben. Dieses seelische Erleben oder Mitfühlen kann erübt werden, aber nur auf indirekte Weise, denn auch solche Erlebnisse können in ihrem unmittelbaren Erscheinen nicht beeinflusst werden. Man kann diesem Fühlen zwar durch reine Gedanken Anlässe schaffen, es selbst aber nicht unmittelbar hervorbringen.

Die Bewusstwerdung über eine neue Dimension des Lebens in Begriffen taucht erst ab dem Zusatz zum VIII. Kapitel auf, wo zum Leben durch das Gefühl ein im tätigen Denken selbst erfahrenes Leben hinzukommt: die Erfahrung der Dreieinigkeit des intuitiven Denkens (Abschnitt 5.8). – Die hier geschilderten individuellen Komponenten des Menschenwesens sind *seelische* Erscheinungsformen der Individualität. Es sind seelische Vorstufen zur Erfassung der wahren Individualität, des höheren Ich im reinen Denken im Sinne eines aktuell geistigen Erlebnisses. «Seelisch» heißen hier spontan in Beobachtungsform auftretende Erlebnisinhalte, die einen reellen (erlebbar wirksamen, kraftenden) und nicht nur ideellen (durch ein Urteil hergestellten) Bezug des Menschenwesens zu seinen Erlebnissen der Außenwelt beinhalten. «Geistig» sind solche Erlebnisse, in denen das Menschenwesen tätig steht, an deren Erscheinen das Wesen des Menschen unmittelbar beteiligt ist. Soll die geistige Dimension der Persönlichkeit oder des Individuums, das Ich, aufgesucht werden, so kann dies nur innerhalb eines Prozesses geschehen, der selbst geistiger Natur ist. Und dies ist das reine Denken [Konsequenzen des Monismus, 2. Zusatz].

Die Untersuchungen in Kapitel 6 weisen nach, dass die verschiedenen Stufen der Ich-Erfahrung und des Ich-Bewusstseins, oder der Ich-Bewusstwerdung, im Bereich des reinen Denkens mit den entsprechenden Stufen der Erfahrung und der Bewusstwerdung des reinen Denkens verwandt sind (siehe dazu Kapitel 7 und Tabelle 7.1). Der Ausdruck «Individuum» wird fortan synonym mit «Ich» verwendet, steht also für die *geistige* Dimension («höheres Ich») und nicht mehr für die seelische Konstitution («niederes Ich») des Menschen.

Das Problem des *individuellen* Charakters eines Ich wird sich auf dieser Grundlage dann neu stellen. Zur Individualisierung vermöge physisch-leiblicher und seelischer Qualitäten kann eine Individualisierung auf der Grundlage geistiger Fähigkeiten treten (siehe Kapitel 13).

Zu Abschnitt 6.3: An dieser Stelle kann ein mögliches *Missverständnis* aufgegriffen werden: Wenn hier wiederholt vom *Gesetz des reinen Denkens*, dem *Gesetz des Ich* oder anderen Gesetzen, Ideen oder Begriffen die Rede ist, so wird damit nicht impliziert, alle wesentlichen Aspekte und Differenzierungen des angesprochenen Tatsachenbereichs zu erfassen.

Worauf mit einer solchen Ausdrucksweise hingewiesen werden soll, ist, dass man bei derartigen weitreichenden Tatbeständen sich nicht nur Vorstellungen machen, sondern sich auch etwas Konkretes *denken* kann, und sei dies noch so anfänglich und elementar. Im Laufe der individuellen Entwicklung des Denkens und der Bewusstwerdung werden sich solche allenfalls bloß «holzschnittartigen» und «groben» begrifflichen Bestimmungen schon weiter differenzieren lassen. Eine solche Entwicklung kann aber nur dann in überschaubarer Weise selbst gestaltet werden, wenn sie sich auf einige bereits erarbeitete, durchdachte Beziehungen stützen kann, die immer wieder neu und aktuell überprüft werden. Erst auf einer derartigen Grundlage lassen sich präzise Erkenntnisfragen stellen und wird sich zeigen, inwiefern und an welcher konkreten Stelle weitergeschritten, wo die Erfahrung, Begriffs- und Urteilsbildung weiter vertieft und/oder neu gefasst werden muss. Es liegt in der Natur des Willens zum Denken und Erkennen, dass auch schon bekannte Tatbestände immer wieder neu angeschaut und begrifflich durchdrungen, und dadurch die bisherigen Erfahrungen und Einsichten fortwährend vertieft und weiter differenziert werden.

Auf der anderen Seite wird großer Wert darauf gelegt, dass alle hier entwickelten Begriffe ihre empirische Rechtfertigung haben, dass also nur dann ein neuer Begriff oder eine neue Hypothese eingeführt wird, wenn in der unmittelbaren Erfahrung ein Anlass dazu da ist. Nur in diesen Fällen handelt es sich um eine sachgemäße Hypothese, die einer weiteren Beachtung würdig ist. Bloß spekulative Konstruktionen ohne direkten empirischen Gehalt – wie die am Ende des Abschnitts erwähnte Hypothese eines meinem Ich übergeordneten Agens – sind wissenschaftlich nicht relevant (siehe dazu auch die Anmerkungen zu Abschnitt 4.3 und die dort angegebene Literatur).

Zu Abschnitt 6.7: Für die Selbstbestimmung des Denkens im allgemeinen ist die grundsätzliche Einsicht von Bedeutung, dass die Beurteilung einer Beeinflussung oder Abhängigkeit des Denkens von außergedanklichen Faktoren (etwa durch die leiblich-seelische Organisation, insbesondere das Gehirn) nur mit den Mitteln des Denkens selbst geleistet werden kann, dieses also in jedem Falle die Vorbedingung für ein Urteil über eine solche Abhängigkeit wäre. Damit wird klar, dass weder für die Bestimmung der in sich ruhenden Qualität der Denkinhalte noch für die Bestimmung des Denkens im Allgemeinen ein Bezug auf außerhalb des Denkens liegende Erfahrungen widerspruchsfrei möglich ist.

Zu Abschnitt 6.8: Der Inhalt dieses Abschnittes ist angeregt durch einen Vortrag R. Steiners vom 26. Oktober 1918 (*Geschichtliche Symptomatologie*, (GA 185, Dornach ³1982). Siehe dazu auch *Die Schwelle der geistigen Welt: Aphoristische Ausführungen* (GA 17, Dornach ⁷1987), S. 30–42.

Zu Abschnitt 6.9: In der in diesem Abschnitt besprochenen Dreiheit können die aus der Universalienlehre bekannten drei Daseinsformen eines universellen Wesens wiedergefunden werden (siehe dazu Steiner, *Philosophie und Anthroposophie*, 1918, GA 35, Dornach ²1984, S. 66–110). Eine Darstellung der Universalienlehre sowie eine nähere Untersuchung dieses Zusammenhangs findet sich auch in Peter Schneider, *Einführung in die Waldorfpädagogik* (Stuttgart ²1985, S. 96–129) oder in meinem Aufsatz «Einführung in die Universalienlehre» (in: C. Haid, M. Sam (Hg.), *Jahrbuch für Schöne Wissenschaften*, Band 2, Dornach 2005). Aus letzterem ist das folgende leicht verändert übernommen.

15. ANMERKUNGEN UND ERGÄNZUNGEN

Ergänzung zu Kapitel 6: Wesenslehre und Universalienlehre

Ein *Wesen* ist ein gesetzmäßiger Inhalt, der konkret und untrennbar vereint ist mit einer reellen Wirksamkeit. In diesem Sinne ist das für sich selbst in intuitiver Form betrachtete Gesetz des tätigen reinen Denkens kein Wesen, da es nur in einzelnen Akten, in Intervallen wirksam und ideell-geordnet in Erscheinung tritt und nicht mit einer Eigenwirksamkeit ausgestattet ist: Das reine Denken tritt nicht durch sich selbst auf, sondern durch das individuelle Ich, das denkt. Das Denken denkt sich nicht in mir, sondern ich bringe Begriffe und Ideen gemäß dem Gesetz des Denkens hervor. Das Ich ist demzufolge ein Wesen, welches sich im Medium des Denkens zur Erscheinung bringt. Wenn es denkt, ist es nicht nur tätiges Ich, sondern denktätiges Ich. Die resultierende Erscheinung, der Denkakt, ist in seiner Form nicht nur bedingt durch die Gesetzmäßigkeit des tätigen Ich, sondern auch durch diejenige des Denkens. Durch letztere wird der Ichakt zum Denkakt.

Das reell-wirksame und zugleich ideell-geordnete Wesen muss unterschieden werden von seiner Erscheinung in einem außerhalb seines Wesens existierenden Daseinsbereich. Für einen solchen Daseinsbereich wird hier und im folgenden der Ausdruck *Medium* verwendet. Ein Medium hat die Funktion, einen Weltbereich für die Erscheinung eines Wesens zur Verfügung zu stellen.

Eine spezielle und zugleich für das menschliche Erkennen fundamentale Erscheinung eines Wesens kommt zustande, wenn dieses in seiner ideellen Ordnung durch das individuelle reine Denken erfasst wird: Dann erscheint das Wesen durch die Denktätigkeit des Individuums (Medium) als *Wesensbegriff* oder *Wesensidee*.

Mit Hilfe von Bezeichnungen in Anlehnung an die mittelalterliche Philosophie lassen sich die oben dargestellten Begriffe weiter entwickeln (Tabelle 15.1). (Das Thema der Universalien wird schon seit der antiken Philosophie diskutiert. Die obige Terminologie stammt jedoch erst aus dem Mittelalter. Siehe dazu O. Willmann, *Geschichte des Idealismus*, 3 Bände, Braunschweig ²1907; V. Knauer, *Die Hauptprobleme der Philosophie*, Wien/Leipzig 1892; J. de Vries, *Grundbegriffe der Scholastik*, Darmstadt 1983. Für zeitgenössische Zugänge siehe etwa W. Stegmüller (Hg.), *Das Universalien-Problem*, Darmstadt 1978; W. Stegmüller, «Das Universalienproblem einst und jetzt», in *Archiv für Philosophie*, Band 6 (1956), S. 192–225 und Band 7 (1957), S. 45–81;

Hans-Ulrich Wöhler (Hrsg.), *Texte zum Universalienstreit*, 2 Bände, Berlin 1992/1994; S. Laurence / C. Macdonald (ed.), *Contemporary Readings in the Foundations of Metaphysics*, Oxford 1998.)

Bezeichnet man ein wirksames Wesen als *universale*, so kann man drei hauptsächliche Daseinsformen eines *universale* unterscheiden. Zunächst ist jedes *universale* ein gesetzmäßig geordnetes und zugleich reell-wirksames Wesen, eine Einheit von Gesetzmäßigkeit und Kraft. Im Hinblick auf sein mögliches Erscheinen wurde diese Daseinsform mit *universale ante rem* oder *universale ante multiplicitatem* bezeichnet. Es ist das universelle Prinzip, das relativ zu seinen *möglichen* Erscheinungen, vor dem Erscheinen in einem Medium, vor seinen Vervielfältigungen in der Stoffeswelt, sein Sein hat. Dabei ist «vor» nicht in erster Linie als zeitliches Verhältnis aufzufassen. Es soll damit auf den autonomen Charakter eines wirksamen Wesens hingewiesen werden. Ein Wesen ist etwas für sich, auch ohne jeden ideellen oder reellen Bezug auf die Erscheinungswelt.

Mit *universale in re* oder *universale in multiplicitate* wird das wirksam in der Stoffeswelt (*res*), in einem oder mehreren Medien, erscheinende Wesen bezeichnet. Das Wesen wird vermöge seiner Auseinandersetzung mit diesen Medien (oder nur einem Medium) material individualisiert: Es erscheint nicht mehr mit seinem ganzen Spektrum der Möglichkeiten, sondern individualisiert oder spezialisiert zu einer bestimmten Ausdrucksform, es ist ein Daseiendes.

Unter *universale post rem* oder *universale post multiplicitatem* wird das im menschlichen Denken als reiner Begriff oder reine Idee erfasste Wesen verstanden. Dieses ist dem ideellen Inhalt nach identisch mit dem Wesen, jedoch losgelöst von der dem Wesen ursprünglich zugehörigen Wirksamkeit. Das Wesen erscheint im menschlichen Denken formell individualisiert, bezüglich seiner Eigenkraft herabgelähmt: Ideen werden im reinen Denken zwar als ideell-notwendige und als seiende Erfahrungsinhalte erlebt, haben jedoch keine aktive reell-notwendige Wirksamkeit (mehr). Sie sind von ihrem Tätigkeitsquell abstrahiert, bloß abstrakte Ideen.

UNIVERSALIENLEHRE			
Äquivalente Bezeichnungen	Bedeutung	Beziehung zur Wesenslehre	Erkenntnis aus individueller Erfahrung
universale ante rem, universale ante multiplicitatem	Wirksames Wesen, wirkend in sich, reell-wirksam und gesetzmäßig geordnet	Wesen an sich	Wirksames, in sich selbst tätiges Ich
↓ Materiale Individualisierung des Wesens ↓			
universale in re, universale in multiplicitate	Wirksames Wesen in der Erscheinung, wirkend im Medium (*res*)	Erscheinung: Wesen im Medium wirkend	Seinen eigenen Begriff aktuell denkendes Ich
↓ Formelle Individualisierung des Wesens für das Ich (Herablähmung) ↓			
universale post rem, universale post multiplicitatem, universale in mente	Wirksames Wesen in Begriffsform, Wesensbegriff, reiner Begriff, reine Idee	Wesen im Medium des Denkens als reiner Begriff erscheinend	Reiner Begriff des Ich

Tabelle 15.1: Zusammenhang von Universalienlehre und Wesenslehre

Zur Unterscheidung des Zustandes eines Wesens vor oder relativ zu einer Erscheinung (*universale ante rem*) von dem Zustande eines Wesens ohne jeden Bezug auf eine Erscheinung kann für letzteren die Bezeichnung *universale sine re* eingeführt werden (mündlicher Hinweis von Karl-Martin Dietz, Friedrich von Hardenberg Institut, Heidelberg).

Diese ideell einsehbaren und nachvollziehbaren Unterscheidungen haben zunächst einen rein hypothetischen Charakter. Sie können jedoch, wie bereits angedeutet (siehe die rechte Spalte in Tabelle 15.1)

an der konkreten Denk- und Ich-Erfahrung exemplarisch bestätigt werden.

Zu Kapitel 7

Zu Abschnitt 7.1: Fichtes Aufforderung an seine Studenten, «Denken Sie die Wand und denken Sie dann denjenigen, der die Wand gedacht hat» findet sich in schriftlicher Fassung zum ersten Mal im «Versuch einer neuen Darstellung der Wissenschaftslehre» aus dem Jahre 1797 (*Philosophisches Journal*, Band 7, S. 1–20 = *Fichtes Werke*, herausgegeben von Immanuel Hermann Fichte [Reprint: Berlin 1971], Band I, Berlin 1845, S. 521–534). Erst im 20. Jahrhundert wurden ausführliche Nachschriften seiner Vorlesung von 1798/99 über die neue Wissenschaftslehre («Wissenschaftslehre *nova methodo*») gefunden, wo er das genannte Motiv aufgreift (siehe Fichte-Gesamtausgabe, *Kollegnachschriften, Band 2: 1796–1804*, Stuttgart 1978, S. 17–266, insbesondere S. 29f.; *Kollegnachschriften, Band 3: 1794–1799*, Stuttgart 2000, S. 323–523, insbesondere S. 345f. = Johann Gottlieb Fichte, *Wissenschaftslehre nova methodo*, Hamburg ²1994, S. 3–244, insbesondere S. 28ff.). Henrik Steffens (1773–1845) gibt in seinen Lebenserinnerungen *Was ich erlebte* (Breslau 1844) einen plastischen Eindruck von dieser Vorlesung (zitiert in der Fichte-Gesamtausgabe, *Kollegnachschriften, Band 3: 1794–1799*, Stuttgart 2000, S. 320).

Zu Abschnitt 7.2: Gemäß der hier vertretenen Version der Universalienlehre (siehe Ergänzung zu Kapitel 6: «Wesenslehre und Universalienlehre») kommt reinen Begriffen die Eigenschaft der *Abstraktheit* zu, nicht weil sie aus der Sinnenwelt, sondern weil sie aus der geistigen Welt «abgezogen» sind. Sie sind von ihrem geistig-lebendigen Ursprung entfremdet und abstrahiert, sie sind als ursprünglich tätige Wesen in ihrer Eigentätigkeit durch das individuelle Sinnes-Bewusstsein abgelähmt.

Diese Berichtigung der üblichen *Lehre von der Abstraktion* geht auf Rudolf Steiner zurück («Von der Abstraktheit der Begriffe», in *Von Seelenrätseln*, GA 21, Dornach ⁵1983, Kapitel IV.3).

Nach Steiner ist dieser Prozess der gewöhnlichen, das intuitive reine Denken mitumfassenden Bewusstwerdung nur in seinen Auswirkungen zugänglich, nicht jedoch in seinem aktuellen Verlauf. Er ist auch durch diese gewöhnliche Bewusstwerdung nicht beeinflussbar. Diese Situation ist bei dem in den Abschnitten 10.1 und 10.4 charakterisierten Individualisierungsprozess eines Begriffes in eine Vorstellung prinzipiell anders (siehe dazu auch die Anmerkungen und Ergänzungen zu Kapitel 10). Dieser Prozess kann in allen seinen Einzelheiten bewusst gesteuert und durchgeführt werden. Das gilt auch für dessen Umkehrung, die «Entlähmung» oder «Verlebendigung» von Vorstellungen. Diese Umkehrung kann als eine Vorstufe des Entlähmens von Begriffen und Ideen im Bereich der Auseinandersetzung mit Vorstellungen aufgefasst werden. Die Ausbildung beweglicher Vorstellungen vermöge des naiven reinen Denkens, wo feste Vorstellungen in einen Vorstellungsfluss gebracht werden (siehe Abschnitt 3.2), ist eine Art Entlähmung fixer Vorstellungen, eine Konkretion von Vorstellungen auf dem Wege zu einem reinen Begriff.

Zu Abschnitt 7.3: Dieser Abschnitt ist angeregt durch das II. Kapitel des von Thomas Meyer herausgegebenen Buches *Walter Johannes Stein und Rudolf Steiner: Dokumentation eines wegweisenden Zusammenwirkens* (Dornach 1985), einem Vortrag R. Steiners vom 9. Februar 1905 über «Ursprung und Ziel des Menschen» (*Ursprung und Ziel des Menschen*, GA 53, Dornach ²1983) sowie der Schrift *Die Stufen der höheren Erkenntnis* (GA 12, ⁷1993). Es ist ein Versuch, die höheren Erfahrungsstufen der dort geschilderten übersinnlichen Erkenntnis, die «Imagination», die «Inspiration» und die «Intuition», im Bereich der reinen Denk- und Ich-Erfahrung aufzufinden. – Ein Versuch, die Grundlagen der anthroposophischen Menschenkunde aus dem Werk *Die Philosophie der Freiheit* zu entwickeln, findet sich in meinem Aufsatz «Die Wesensglieder des Menschen – eine philosophische Annäherung an die anthroposophische Menschenkunde» (erscheint in: Thomas Kracht (Hrsg.), *Zum Studium der ‹Philosophie der Freiheit› Rudolf Steiners, Band 3* [in Vorbereitung]).

Zu Abschnitt 7.5: Der Inhalt dieses Abschnittes ist angeregt durch den Vortrag R. Steiners vom 22. März 1909 zum Thema der Bekämpfung der Bewusstseinsseele (*Geisteswissenschaftliche Menschenkunde*, GA 107, Dornach ⁵1988). – Meines Erachtens gibt es einen direkten Zusammenhang zwischen dem individuellen Verhältnis, das ein Mensch zu den in der «Vorrede zur Neuausgabe 1918» des Werkes *Die Philosophie der Freiheit* (GA 4, [16]1995, S. 7) erwähnten zwei Wurzelfragen hat, und der Charakterisierung eines die Anthroposophie suchenden Menschen in den drei ersten Leitsätzen aus *Anthroposophische Leitsätze* (GA 26, Dornach [10]1998, S. 14–15). Menschen, denen die beiden Wurzelfragen, das heißt die Frage nach der Sicherheit der Erkenntnis und der Realität der Freiheit, nicht existenzieller Natur sind wie Hunger und Durst, werden *Die Philosophie der Freiheit* entweder nur vorübergehend in die Hand nehmen oder sie nur während einer bestimmten Lebensperiode ernstnehmen. In beiden Fällen wird sich durch dieses Buch kein selbstständiger Zugang zur anthroposophischen Geisteswissenschaft eröffnen können. Denn dazu braucht es eine fortgesetzte, wiederholte und immer tiefer gehende Auseinandersetzung mit den Gedanken und Erfahrungen, welche durch dieses Werk angeregt werden können.

Zu Kapitel 9

Zu Abschnitt 9.1: Im Denken des Alltags und des Ausnahmezustandes findet das Denken unterschiedene Erfahrungen in Form von Beobachtungen (Vorstellungen) bereits vor. Diese werden nicht erst durch aktuelles Denken aus dem Erfahrungsbereich des Denkens herausgeschält, sondern treten bereits als mehr oder weniger isolierte Erfahrungsinhalte auf.

Entsprechendes gilt für die übrige Erfahrung: auch hier wird dem denkenden Erkennen durch das Vorstellungsleben eine breite Palette von bereits unterschiedenen Erfahrungsinhalten präsentiert, die durch Anwendung des Denkens weiter ausdifferenziert und insbesondere in einen sachgemäßen Zusammenhang gebracht werden können.

Zu Abschnitt 9.2: Im Kapitel 9 wird eine radikale Auffassung von Erkenntnis vertreten, die sich nicht in erster Linie an den alltäglichen tastenden Versuchen, Irrwegen, Täuschungen, Fehlern, Schwierigkeiten, Kompromissen etc. des gewöhnlichen und wissenschaftlichen Erkenntnislebens orientiert, sondern an der elementaren Grundstruktur des Erkennens. Damit soll keine weltfremde Theorie aufgestellt werden: Diese Grundstruktur findet sich bei genauerem Hinsehen in *allen* Erkenntnisbemühungen, wenn auch mehr oder weniger verborgen.

Meines Erachtens ist es gerade auf dem Gebiet des Erkennens (Kapitel 9) und Handelns (Kapitel 11) unabdingbar, dass man sich radikal am Kern der jeweiligen Sachverhalte orientiert. Nur so verliert man das grundsätzliche Ziel nicht aus den Augen und kann sich jederzeit darüber Rechenschaft geben, wo man sich mit seiner eigenen Position oder in der Untersuchung anderer Erkenntnispositionen gerade befindet. Dies hat unter anderem die weitreichende Konsequenz, dass jede andere Erkenntnisauffassung entweder ein Spezialfall der hier entwickelten Grundstruktur des Erkennens ist, oder aber mit Erkennen, zumindest in der hier vertretenen Auffassung, nichts zu tun hat.

Zu dieser radikalen Einstellung gehört auch, dass im Haupttext weder Vorstufen oder Vorbereitungen zur Realisierung eines Erkenntnisaktes beschrieben werden noch der Alltag des Erkennens mit seinen psychischen Aspekten genauer ins Auge gefasst wird (siehe dazu aber Kapitel 10). Auch dieses Vorgehen hat systematische Gründe: Ohne eine kompromisslose Aufklärung des Grundprinzips des Erkennens können weder dessen psychische Erscheinungsformen sachgemäß aufgeklärt noch konkrete alltagstaugliche Erkenntnismethoden *systematisch* entwickelt werden. Es müsste bei einer bloßen Beschreibung beziehungsweise einer reinen Rezeptsammlung bleiben, was kein Anliegen dieser Schrift ist.

Das eröffnet natürlich die Frage, wie ein Erkennen in dieser radikalen Form verwirklicht werden kann, wie man sich so entwickeln kann, dass es immer mehr in seiner reinsten Form zur Erscheinung kommt. Zunächst mag es so aussehen, wie wenn es nur wenig auserwählte Momente seien, in welchen dieses Prinzip in idealer Weise zur Erscheinung kommt. Ohne diese Momente, die sich vor allem im Bereich des intuitiven Denkens finden lassen, wäre natürlich auch dieses Prinzip *empirisch* (erfahrungsgemäß) nicht zu finden. Daran muss jedenfalls angeknüpft werden und diese Momente müssen dem weiteren Entwicklungsweg als Vorbilder dienen. Ich vertrete die Auffassung, dass ein solcher Weg nur dann *bewusst* gegangen werden kann, wenn das Ziel kristallklar, und damit in seiner radikalsten und reinsten Form bekannt ist. Mit diesem Ziel im Auge ist es dann leichter, Kompromisse zu schließen (z. B. sich auf die Erkenntnisergebnisse anderer Menschen zu stützen), da man genau weiß, worauf man sich einlässt und weiß, dass dann die entsprechenden Erkenntnisse nur vorläufigen (hypothetischen) Charakter haben. Man wird mit der Zeit Mittel und Wege finden, sich dem Ideal immer wieder und immer weiter anzunähern und es dadurch auch zu verwirklichen.

Man entdeckt dann zum Beispiel, dass vieles, was R. Steiner in seinem Vortragswerk an erkenntnis- und übungsmethodischen Anregungen gegeben hat, den Charakter einer *Hinführung* zur Realisierung des Erkenntnisaktes in seiner radikalsten, reinsten Form hat. Es sind damit Mittel und Wege angegeben, die *nicht* über den in den philosophisch-anthroposophischen Grundschriften (aus den 90er Jahren des 19. Jahrhunderts) entwickelten Erkenntnisbegriff hinausführen, sondern ihn (implizit) *voraussetzen* und dem sich entwickelnden Menschen auf mannigfache Weise zugänglich machen. Exemplarisch sei hier auf den Vortrag vom 18. Januar 1909 über die «Praktische Ausbildung des Denkens» (in *Die Beantwortung von Welt- und Lebensfragen durch Anthroposophie*, GA 108, Dornach ²1986, S. 256–275) sowie die Vorträge über *Die Welt der Sinne und die Welt des Geistes* (GA 134, Dornach ⁵1990) hingewiesen.

Eine gründliche Ausarbeitung einer Psychologie und Methodik des Erkennens auf der Grundlage des hier in Anknüpfung an R. Steiner entwickelten Erkenntnisbegriffs ist meines Erachtens bisher nicht geleistet worden. Dasselbe trifft für eine Psychologie des reinen Denkens, wie für die Psychologie im allgemeinen zu.

Da der *Verstehensprozess* selbst ein rein geistiger Prozess ist, und er natürlich sich selbst zum Inhalt haben kann, so führt er bei konsequenter Durchführung zu einem erkennenden Verhältnis zur geistigen Welt. Dabei muss man von der denkenden Kenntnisnahme der Erkenntnisergebnisse mittels des Verstehensprozesses zu einer denkenden Anschauung dieses Prozesses selbst kommen. Dies ist im wesentlichen der Ansatz der philosophisch-anthroposophischen Grundschriften Rudolf Steiners, wo man anhand einer Darstellung des Denk- und Freiheitsprozesses zunächst in das Verstehen und dann in die Erkenntnis aktuell geistiger Vorgänge im Rahmen der individuellen Bewusstwerdung des Denkens und des Ich hineingeführt wird. Es ist ebenfalls der Ansatz, der diesem Buche zugrunde liegt.

R. Steiner, *Die Geheimwissenschaft im Umriss* (GA 13, Dornach ³⁰1989).

Zu Abschnitt 9.3: Man könnte den hier eingeführten Wahrheitsbegriff *konstitutiv* oder *genetisch* nennen, um seinen spezifischen Charakter auch terminologisch zum Ausdruck zu bringen. Das wird nicht getan, da von anderen (hypothetisch möglichen) Wahrheitsbegriffen gar nicht die Rede ist. Man beachte, dass die zu diesem Wahrheitsbegriff führenden Überlegungen nicht die prinzipielle Frage betreffen, ob Begriffe (Ideen, Gesetze) überhaupt Wahrnehmungen konstitutiv zugrunde liegen oder nicht, sondern nur das Problem, unter welchen Bedingungen ein *bestimmter* Begriffszusammenhang einem *bestimmten* Wahrnehmungskomplex konstitutiv oder genetisch zugrunde liegt. Nur letzteres ist das eigentliche Wahrheitsproblem. Die erstere, viel prinzipiellere Frage ist durch die Lösung des allgemeinen Erkenntnisproblems (siehe Abschnitte 9.1 und 9.2) im positiven Sinne erledigt: Da auf der einen Seite Erkenntnisprobleme in nichts anderem bestehen als in der individuellen Feststellung von fehlenden gesetzmäßigen Zusammenhängen und auf der anderen Seite im Denken gesetzmäßige Zusammenhänge genau dieser Art hervorgebracht werden können, bedarf es als konstituierender Prinzipien keiner anderen Erfahrungsinhalte als eben der Begriffe (Ideen, Gesetze). Mit dieser Einsicht löst sich unmittelbar kein einziges konkretes Erkenntnisproblem, es ist mit ihr aber von vornherein klar, dass im Prinzip für jeden Wahrnehmungskomplex die diesen konstituierenden Gesetze gefunden werden können. – Dieser Einsicht liegt natürlich die fundamentale Tatsache zugrunde, dass Begriffe und Ideen (Gesetze) geistige Realitäten sind und nicht bloß konventionell festgelegte Regeln. Dies wurde bereits in den Kapiteln 4 und 5 nachgewiesen.

Zu Abschnitt 9.4: Die epistemische Phantasie im Sinne der *exakten Phantasie* wird hier streng systematisch aufgefasst, das heißt als Prozess, welcher der Hervorbringung der epistemischen Intuition nachgeordnet ist und damit dem konkreten Vollzug des Erkenntnisurteils dient. Sie kann in diesem Sinne als *post-intuitive epistemische Phantasie* oder als *kritische epistemische Phantasie* bezeichnet werden. Sie setzt die Präsenz einer epistemischen Intuition voraus, an welcher sie sich im Sinne der exakten Phantasie in bewusster Weise orientiert.

Es kann auch berechtigt sein, in einem anderen Sinne von epistemischer Phantasie zu sprechen, nämlich im Sinne einer *prä-intuitiven epistemischen Phantasie* oder *naiven epistemischen Phantasie*, welche der Vorbereitung, der Ermöglichung, der Veranlassung einer epistemischen Intuition und der sich daran anschließenden post-intuitiven

Phantasie dient. Sie ist im Gegensatz zur exakten Phantasie eine naive Phantasie, da sie die Gesetzmäßigkeiten, welche ihre Vorstellungen gestalten, (noch) nicht explizit kennt und durchschaut. Die naive epistemische Phantasie ist ein Prozess, der sich ganz auf die Vielfalt der Erfahrungswelt einlässt, sich einlebt in Übergänge und Brüche und aufgrund seines reichhaltigen, gesättigten Erlebnishorizontes zu differenzierten und fein ausziselierten Begriffen kommen kann. Für diesen Prozess können ganz verschiedene Vorgänge (wie Einfälle, Ahnungen, Atmosphären etc.) eine wichtige Rolle spielen, und es können verschiedene Techniken zur Anregung dieser Phantasie (wie die Verwendung von traditionellen Märchen- oder Mythenbildern, die Anregung durch poetische oder literarische Werke, der Einbezug von Ergebnissen anderer Wissenschaften, insbesondere der anthroposophischen Geisteswissenschaft etc.) zur Anwendung kommen. Beides kann jedoch an dieser Stelle nicht weiter untersucht werden (siehe dazu aber Kapitel 10 und die dazugehörigen Anmerkungen und Ergänzungen in Kapitel 15). Wird die prä-intuitive epistemische Phantasie begleitet von einer klaren Bewusstwerdung über Tätigkeit und Prinzip des Bildens von Begriffen, so kann sie zu fruchtbaren Ergebnissen führen. Andernfalls bleibt sie in der bloßen Vorbereitung der epistemischen Intuition befangen und kommt zu keinen bewusst vollzogenen Erkenntnisurteilen.

Der Ausdruck *individualisierter Begriff* geht auf Steiner zurück [V.30–31, VI.5–6].

Zu Abschnitt 9.5: Dieser Abschnitt ist angeregt durch den Vortrag R. Steiners vom 21. 11. 1919 (*Die Sendung Michaels*, GA 194, Dornach [4]1994). Siehe auch die Ausführungen in *Die Schwelle der geistigen Welt* (GA 17, Dornach [7]1987), im Aufsatz «Luziferisches und Ahrimanisches in ihrem Verhältnis zum Menschen» (in *Philosophie und Anthroposophie*, GA 35, Dornach [2]1984, S. 409–424) und in den Vorträgen vom 24. und 25. 10. 1915 (in *Die okkulte Bewegung im neunzehnten Jahrhundert und ihre Beziehung zur Weltkultur*, GA 254, Dornach [4]1986). Hilfreich sind auch die Zusammenstellungen von Erhard Fucke in *Im Spannungsfeld des Bösen: Erkenntnisse und Perspektiven aus der Anthroposophie Rudolf Steiners* (Stuttgart 2002) und in *R. Steiner: Das Mysterium des Bösen* (herausgegeben von Michael Kalisch, Stuttgart [2]1999).

15. Anmerkungen und Ergänzungen

Zu Kapitel 10

In dieses Kapitel ist unter anderem einiges eingeflossen, was Werner Moser (siehe Abschnitt 2.1) immer wieder in seinen Kursen über den Vorstellungsbegriff ausgeführt hat. So habe ich insbesondere die Unterscheidung der Gegenwartsvorstellung (inhärente Vorstellung) von der Nachgegenwartsvorstellung und letztere von der Erinnerungsvorstellung zum ersten Mal bei ihm kennengelernt (historisch geht sie wohl auf E. Husserl zurück, siehe dazu die Anmerkung zu Abschnitt 4.2). Eine schriftliche Kurzfassung seiner Ausführungen hat mir Reinhardt Adam zur Verfügung gestellt.

Zu Abschnitt 10.1 und 10.9: In diesem Kapitel ist von *Beobachtungen* die Rede, wie sie im Abschnitt 4.2 definiert wurden: Es sind ohne unmittelbares Zutun des denkenden und erkennenden Individuums auftretende außer-ideelle Erfahrungen. Entsprechend sind die im Rahmen solcher Beobachtungen, insbesondere in den Primärbeobachtungen (Abschnitt 10.5), neben den Vorstellungen auffindbaren Wahrnehmungen ebenfalls solche bloß gegebenen Erfahrungsinhalte, umfassen also in erster Linie die Erfahrungen der physischen Sinne. Zieht man in die Untersuchungen auch die Erfahrungen im Bereich der Intuition herbei, so hat man es nicht mehr mit Erfahrungen in Beobachtungsform und demzufolge auch nicht mehr mit Wahrnehmungen der gewöhnlichen (physischen) Sinne zu tun. Es sind dann Erfahrungen, die dem denkenden Erkennen nicht mehr durch ihre bloß gegebene, ohne jede Tätigkeit des Individuums präsente Form des Auftretens gegenüber stehen, sondern *relativ* zur Tätigkeit des Erkennens, aufgefasst als Verknüpfung von Erfahrung und Idee, gegeben sind. Da die Form des Auftretens von Wahrnehmung und Begriff in diesem Falle kein hinreichendes Unterscheidungskriterium mehr bietet – denn beide treten nun in der Form einer Tätigkeit auf –, tritt als kennzeichnendes Merkmal der Ideenerfahrung in der Begriffsintuition ihre unmittelbare Durchschaubarkeit oder innere Notwendigkeit und in sich unveränderliche Ruhe in den Vordergrund (Abschnitt 5.4). Entsprechend einer solchen Erweiterung des Erfahrungshorizontes und damit der Wahrnehmungen müsste auch die Vorstellungslehre erweitert werden. Dies kann hier nicht geleistet werden. In welchem

Sinne jedoch die in der hier untersuchten Form der Intuition auftretenden Erfahrungen als existent erkannt werden können, wurde in den Kapiteln 5 bis 7 entwickelt.

Zu Abschnitt 10.9: Die in diesem Abschnitt entwickelten Abhängigkeiten des Wahrnehmungsinhaltes werden im Absatz [IV.17] geschildert. Das hier aufgestellte Gesetz der Wahrnehmung steht nicht im Widerspruch zum Absatz [V.30] dieses Werkes. Denn auf *die* Wahrnehmung trifft tatsächlich nur etwas Formelles, Allgemeines, die Prinzipien ihres Daseins Umfassendes (eben das Gesetz der Wahrnehmung) zu und keine konkrete Gesetzmäßigkeit. Das Gesetz der Wahrnehmung sagt gar nichts darüber aus, wie man die konkrete Gesetzmäßigkeit einer besonderen Wahrnehmung findet.

1. Ergänzung zu Kapitel 10:
Vorstellungslehre und Erkenntnispraxis

Im Sinne einer Fortführung der Anmerkungen zu Abschnitt 9.4 wird hier kurz auf die Bedeutung des Vorstellens für die Erkenntnispraxis hingewiesen (siehe dazu Tabelle 15.2).

Die erkennende Auseinandersetzung mit Beobachtungen, insbesondere Primärbeobachtungen, berücksichtigt sowohl den Vorstellungsanteil (spontanes Wissen, Kenntnis, Vor-Interpretation) wie den Wahrnehmungsinhalt. Letzterer ist der eigentliche Gegenstand der Erkenntnis, ersterer kann zur anfänglichen Orientierung, zur Anregung der Begriffbildung dienen.

Zur Erkenntnistechnik im Sinne der prä-intuitiven epistemischen Phantasie kann es gehören, dass die mit den Wahrnehmungsinhalten gegebenen Gegenwartsvorstellungen mit Hilfe der Phantasiekraft in Bewegung versetzt werden, um die Begriffsbildung anzuregen. Dazu ist ein vollständiges begriffliches Durchschauen der bei den beweglichen Vorstellungen betätigten Gesetze zunächst nicht notwendig. Streng genommen handelt es sich dabei natürlich nicht um exakte Phantasie, sondern um ein *naives (epistemisches) Phantasieren*, mit welchem der Vorstellungsgehalt der Beobachtung tätig aufgegriffen und mit anderen Vorstellungselementen zusammen zu einer Folge von Phantasiebildern komponiert wird, die sich mehr oder weniger eng an das Original oder die Originale anlehnen (Tabelle 15.2). Das naive Phantasieren bedient sich dabei der ganzen Palette der ohne aktives Zutun auftretenden Vorstellungen wie Einfälle, Assoziationen, Erinnerungen.

Beispiele: (1) Anhand des *planimetrischen Kreises* kann das Wesentliche demonstriert werden. Eine in der Natur oder auf einer Schreibtafel beobachtete Kreisform kann *vor* der bewussten reinen Begriffsbildung in ihrer gegebenen Form aufgegriffen und variiert werden, etwa als wachsende oder schrumpfende Form innerhalb einer Ebene mit fixem Mittelpunkt. Wird das in dieser Bewegung invariante Prinzip aufgesucht, so kann man auf das Kreisgesetz kommen. Nun kann die Blickrichtung umgekehrt werden: anhand des Kreisgesetzes kann eine exakte Phantasievorstellung gebildet werden, die möglichst nahe an die Gegenwartsvorstellung angepasst wird. Dabei zeigt sich unter Umständen, dass die gegebene Form dem Kreisgesetz nicht vollkommen genügt: die beiden Formen passen eventuell nicht aufeinander. Das eigentliche Erkenntnisurteil wird dann anhand der aktuellen Wahrnehmung gebildet. (2) Das Bewegungsverhalten eines großen *schwingenden Pendels* (Foucaultsches Pendel) während 24 Stunden kann mit Hilfe der Phantasie anhand mehrerer Beobachtungen während des Tages und der Nacht in seiner Ganzheit rekonstruiert werden. Findet man das entsprechende mathematisch-physikalische Bewegungsgesetz, so kann anhand der exakten Phantasie der Bewegungsverlauf an irgendeiner Stelle der Erdkugel vorgestellt werden. (3) Beim Experiment mit einem *horizontalen Wurf* wird zunächst ein Gegenstand mehrmals in horizontaler Richtung geworfen oder geschossen und dann dessen Bewegungsverhalten studiert. Die beobachteten einzelnen Bahnpositionen können mit der naiven Phantasie zu einer kontinuierlichen Bahnkurve ergänzt werden. Wird das mathematisch-physikalische Gesetz des idealen horizontalen Wurfs aufgestellt und entsprechende exakte Phantasievorstellungen gebildet, so wird man erkennen können, ob diese mit der beobachteten Realität zusammenstimmen oder nicht. Hat man es etwa mit schnell fliegenden oder eher leichten Gegenständen zu tun, so wird die Vernachlässigung des Luftwiderstandes im Bewegungsgesetz dazu führen, dass wenig Übereinstimmung zwischen den exakten Phantasievorstellungen und den durch die naive Phantasie ergänzten konkreten Bewegungsabläufen besteht.

Zu Kapitel 10

Begriff

    exakte Einzelvorstellung des Begriffs, inhaltliche Individualisierung

        freie Folge von exakten Phantasievorstellungen

        exakte Variation der Phantasievorstellungen
        anhand von Gegenwartsvorstellungen

                Erkenntnisurteil: Erkenntnisvorstellung

        naive Variation der Nachgegenwartsvorstellung

        Nachgegenwartsvorstellung

    aktuelle Gegenwartsvorstellung, Beobachtung

Wahrnehmungskomplex

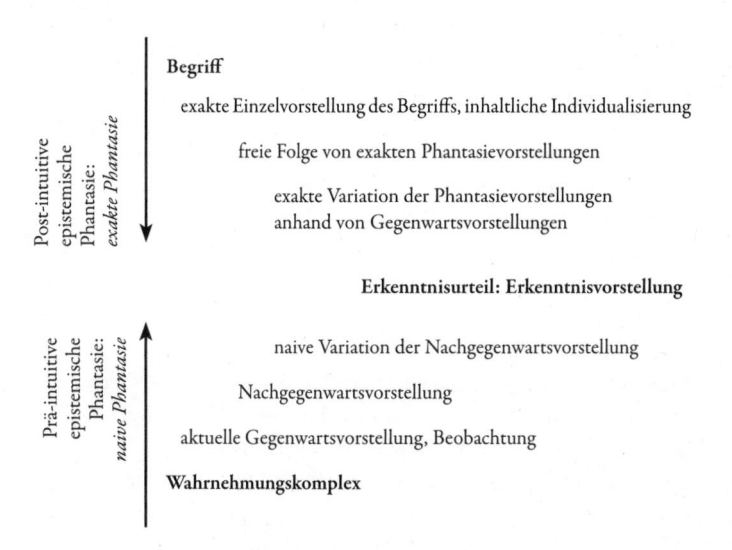

Linke Spalte oben: Post-intuitive epistemische Phantasie: *exakte Phantasie* (Pfeil nach unten)

Linke Spalte unten: Prä-intuitive epistemische Phantasie: *naive Phantasie* (Pfeil nach oben)

Tabelle 15.2: Erkenntnispraxis

Mit der eng an das Beobachtete angelehnten naiven Phantasie taucht man so tief wie nur möglich in das tatsächliche Geschehen hinein, ohne schon fertig gebildete Begriffe zur Verfügung zu haben und zu Hilfe zu nehmen. Natürlich spielen dabei «mitgebrachte» individualisierte Begriffe in Form von Gegenwartsvorstellungen eine Rolle. Sie kommen bei diesem Prozess aber nur insofern in Betracht, als es darum geht, die beweglichen Vorstellungen an ein Minimum vorgegebener Ordnung anzuknüpfen.

Die Kraft der naiven Phantasie ist besonders dann von großer Tragweite und Fruchtbarkeit, wenn es sich um komplexe Vorgänge und Formverwandlungen handelt. Durch das Eintauchen in die vorhandenen Formen und das Studium von Übergängen wird man mit den konkreten Gegebenheiten vertrauter und erarbeitet sich reichhaltigeres Material für die konkrete Begriffsbildung an der aktuellen Wahrnehmung (siehe dazu auch die Übungsvorschläge R. Steiners im Buch *Vom Menschenrätsel*, GA 20, Dornach ⁵1984, S. 162f. und im Vortrag vom 18.

Januar 1909 über «Die praktische Ausbildung des Denkens» (in *Die Beantwortung von Welt- und Lebensfragen durch Anthroposophie*, GA 108, Dornach ²1986, S. 256–275).

Beispiele: (1) Das Studium von *Blattmetamorphosen* bei keimenden und sich zur Blüte hin entwickelnden einjährigen Pflanzen gibt einen anschaulichen Einblick in die Verschiedenheiten von Pflanzenarten sowie von Standorteinflüssen, noch bevor es gelingt, die entsprechenden Gesetzmäßigkeiten in klare Begriffe zu fassen. (2) Die regelmäßige Beobachtung von individuellen *Wolkenformationen* kann auf eine höhere Erkenntnisebene gehoben werden, indem die einzelnen Formen mit Hilfe der naiven Phantasie ineinander übergeführt werden. Dies kann dazu führen, dass man sich ein tieferes Verständnis der Wolkenmetamorphosen erarbeitet, bis hin zu einer Einsicht in deren Gesetzmäßigkeit sowie bis hin zur Fähigkeit, Voraussagen zu machen.

Die Vorbereitung eines Erkenntnisurteils kann die folgenden einander ergänzenden Schritte enthalten (Tabelle 15.2). Wird der Vorstellungsanteil der aktuellen Gegenwartsvorstellung in der Form der Nachgegenwartsvorstellung variiert (naive Phantasie), so entsteht eine Folge naiver Variationen, das heißt eine Folge von Vorstellungsbildern, deren Gesetzmäßigkeit noch nicht umfassend bewusst ist, die sich jedoch eng an die ursprüngliche Vorstellung anlehnen. Wird ein reiner Begriff gebildet, so kann daran anschließend die Blickrichtung gewendet werden: Der Begriff kann durch exaktes (kritisches) Phantasieren in einer freien Folge von Vorstellungsbildern veranschaulicht werden. Orientiert man sich dabei am Vorstellungsanteil der gegebenen Beobachtung, so kommt es zu einer Folge von an dieselbe angepassten Vorstellungen. Diese können dann mit der naiven Variation der Nachgegenwartsvorstellungen verglichen werden.

Man beachte: Von diesem Vorbereitungsprozess muss das eigentliche Erkenntnisurteil unterschieden werden. In ihm wird der *aktuell* gebildete Begriff unmittelbar an der aktuellen Wahrnehmung zur Erkenntnisvorstellung individualisiert.

2. Ergänzung zu Kapitel 10:
Vorstellungslehre und Abstraktionslehre

Im Rahmen der Bildung einer Phantasievorstellung, wie auch bei der Bildung einer Erkenntnisvorstellung, kann genau verfolgt werden, wie aus dem allgemeinen Begriffsinhalt eine diesen Inhalt individualisierende Vorstellung produziert wird. Die fertige Vorstellung ist aus dem allgemeinen Begriff abgezogen, *abstrahiert*. In diesem Sinne ist jede Phantasievorstellung eine *Abstraktion* eines Begriffs.

Es gilt aber auch das Umgekehrte: Vermöge einer sachgemäßen Begriffsbildung kann eine gegebene Vorstellung *konkretisiert* werden, das heißt mit ihrem begrifflichen Gehalt verbunden, mit der exakten Phantasie variiert und damit zu ihrem gesetzmäßigen Ursprung zurück geführt werden. In diesem Sinne gibt es zu jeder Vorstellung eine *Konkretion*, nämlich den ihrer Bildung zugrundeliegenden Begriff (Gesetz, Idee).

Da *jede* Vorstellung, nicht nur die Erkenntnis- und die Phantasievorstellung, einen individualisierten Begriffsinhalt repräsentiert, gilt das folgende Gesetz für alle Vorstellungen.

Gesetz der Abstraktion und Konkretion von Vorstellungen: Vorstellungen sind Abstraktionen eines Begriffsinhaltes und Begriffe sind Konkretionen von Vorstellungen.

Wie bereits im Abschnitt 7.2 gezeigt, wird dadurch die *gewöhnliche Abstraktionslehre* auf den Kopf gestellt. In dieser wird behauptet, dass der Begriffsinhalt von gegebenen «konkreten» Beobachtungen oder Vorstellungen «abstrahiert», aus Beobachtungen herausgezogen wird. Da Begriffe eigenständige, tätig angeschaute Erfahrungsinhalte sind, die nicht auf Beobachtungen, Wahrnehmungen, Vorstellungen oder Ähnliches reduzierbar sind, ist dieser Prozess nicht durchführbar. Zudem haben Begriffe die Eigenschaft der unmittelbaren Durchschaubarkeit (und nicht bloß der Kennbarkeit), was dem Bereich der Beobachtungen und Vorstellungen nicht zukommt.

UNIVERSALIENLEHRE			
Äquivalente Bezeichnungen	Bedeutung	Beziehung zur Wesenslehre	Erkenntnis aus individueller Beobachtung
universale post rem, universale post multiplicitatem, universale in mente	Wirksames Wesen in Begriffsform, Wesensbegriff, reiner Begriff, reine Idee	Wesen im Medium des Denkens als reiner Begriff erscheinend	Reiner Begriff des Ich
↓	Inhaltliche Individualisierung des Wesens durch das Ich		↓
universale in intellectu	Vorstellungsform des Wesens	Wesen als Vorstellung dem Ich erscheinend	Beobachtungen des Ich

Tabelle 15.3: Universalienlehre und Vorstellungslehre

Die Vorstellungslehre lässt sich sachgemäß in die Universalienlehre (siehe Ergänzung zu Kapitel 6) integrieren. Zur ersten, formellen Individualisierung eines Wesens (Gesetzmäßigkeit) für das Ich (Tabelle 15.1), nämlich die Herablähmung oder Abstraktion, kommt vermöge der durch die individuelle Bewusstwerdung vollzogenen Vorstellungsbildung eine zweite, inhaltliche Individualisierung durch das denkende und vorstellende Individuum hinzu (Tabelle 15.3).

In diesem Prozess wird ein allgemeiner Begriff in reiner Form durch einen Urteilsbezug auf eine Wahrnehmung zu einem individualisierten Begriff, mit anderen Worten, zu einer Vorstellung oder zu einem *universale in intellectu* (der Vorschlag für diese Bezeichnung geht auf Oskar B. Hansen, Aarhus, zurück). Dies kann auf willkürliche Weise durch bewusste Bildung von Erkenntnisurteilen geschehen (Abschnitt 10.1); es tritt jedoch auch im Alltagsbewusstsein als unwillkürlicher

Prozess vermöge der menschlichen Organisation auf, wovon nur das Endergebnis bewusst wird im Sinne von Kenntnissen, Vorurteilen, Voreingenommenheiten, bloß übernommenen, bloß auftauchenden oder erinnerten Wissensinhalten etc. (siehe dazu die Unterscheidung der verschiedenen Vorstellungsarten in Kapitel 10).

Die zweite Individualisierung ist im Gegensatz zur ersten Individualisierung (Herablähmung) vermöge ihrer tätigen Hervorbringbarkeit im Erkenntnisurteil der gewöhnlichen Bewusstwerdung ihrer Natur nach zugänglich und durchschaubar (Abschnitt 10.1). Deshalb können auch im Rahmen der Vorstellungslehre sowohl der Prozess der Individualisierung und der Abstraktion von reinen Begriffen zu Vorstellungen sowie der Universalisierung und Konkretisierung von Vorstellungen zu reinen Begriffen genau verfolgt werden.

Der Übergang von reinen Begriffen über bewegliche Vorstellungen zu festen (fixen, abstrakten) Vorstellungen kann ebenso wie im Falle der Universalienlehre als *Herablähmung* und *Erstarrung* einer lebendigen Wirklichkeit gesehen werden. Es wird ein Prozess angehalten, es wird ihm das Leben entzogen, ohne ihn in seiner Struktur zu zerstören. Der Vorgang kann jederzeit wiederaufgenommen werden; es kann aber auch eine neue gegebene Vorstellung aufgegriffen und mit Hilfe eines Begriffes in eine bewegliche Vorstellung verwandelt werden. Dieser Vorgang von den fixen Vorstellungen über bewegliche Vorstellungen bis hin zum reinen Begriff kann als eine Art *Entlähmung, Verlebendigung, Konkretion* oder *Auferstehung* einer erlahmten, starren, abstrakten bzw. toten Erlebniswelt erfahren werden. Der festen Vorstellung wird dadurch neues Leben eingehaucht, und sie wird wieder an ihren beweglichen Ursprung zurückgeführt. Im Rahmen der Vorstellungslehre können demzufolge wesentliche Elemente der Universalienlehre studiert und zum unmittelbaren Erlebnis gebracht werden. (Für das reine Denkens wurde dieser Prozess im Abschnitt 7.2 besprochen.)

Zu Kapitel 11

Zu Abschnitt 11.1: Ähnliches wie zur radikalen Auffassung der Erkenntnis in den Anmerkungen zu Abschnitt 9.1 gesagt wurde, kann und muss auch zur radikalen Auffassung der Freiheit im vorliegenden

Kapitel gesagt werden. Auch hier wird Wert darauf gelegt, die Grundstruktur in möglichst reiner Form zu entwickeln, ohne Rücksicht auf vorbereitende Formen oder psychische Aspekte. Die individuelle Entwicklung kann umso bewusster in die Hand genommen und fortgesetzt werden, je klarer das zu erreichende Ziel vor Augen liegt. Methodische und psychische Aspekte können dann, wenn diese Grundlage einmal erarbeitet worden ist, sachgemäß miteinbezogen, untersucht und weiter entwickelt werden.

Deshalb wird hier mit Bedacht zunächst nur die höchste Stufe von Motiv und Triebfeder [IX.14–15; IX.23] ausführlich behandelt, da der Freiheitsprozess sowie die vorbereitenden drei Stufen der Triebfeder [IX.10–13] und der Motivbildung [IX.17–22] letztlich nur von dieser Warte aus beurteilt werden können. Motivinhalt (ideelle Intuition) und Triebfeder (liebende tätige Hingabe) bilden auf dieser höchsten Stufe eine Einheit [IX.24]: Sie sind zwei Seiten ein und derselben Sache, nämlich des individuellen autonomen Willensimpulses. Im weiteren ist die hier entwickelte Parallele zum Erkenntnisprozess (siehe die Tabellen 9.1 und 11.1) nur von diesem Gesichtspunkt aus, dem der ideellen Intuition, möglich.

Weitere Beschreibungen von Vorstufen der Freiheit und konkrete Hinweise zur Erarbeitung eines eigenen Übungsweges finden sich unter anderem in Steiners Vortrag «Praktische Ausbildung des Denkens» (in *Die Beantwortung von Welt- und Lebensfragen durch Anthroposophie*, GA 108, Dornach ²1986, S. 256–275) sowie in den ersten Kapiteln seines Werkes *Wie erlangt man Erkenntnisse der höheren Welten?* (GA 10, Dornach ²⁴1993). Daraus geht unter anderem hervor, dass es sich bei den späteren Ausführungen Steiners nicht um ein Verlassen oder Relativieren der in den philosophisch-anthroposophischen Grundschriften behandelten Gesetzmäßigkeiten handelt, sondern im Gegenteil um eine Annäherung an dieselben, um eine Vertiefung und Anwendung derselben auf das Leben in seiner ganzen Breite.

Der Ausdruck «ethischer Individualismus» wird von Steiner für seine eigene Auffassung des freien Menschen eingeführt [IX.28].

Zu Abschnitt 11.3: In genauer Entsprechung zur epistemischen Phantasie im Sinne der *exakten Phantasie* (siehe die Anmerkungen zu Abschnitt 9.4) wird auch die moralische Phantasie streng systematisch aufgefasst, das heißt als Prozess, welcher der Hervorbringung der moralischen Intuition nachgeordnet ist und damit der inhaltlichen Individualisierung des reellen (formalen) Bezugs der moralischen Intuition auf die Handlungssituation vermöge der aktiven Liebe dient. Man kann in diesem Sinne von einer *post-intuitiven moralischen Phantasie* oder einer *kritischen moralischen Phantasie* sprechen, die eine moralische Phantasievorstellung zum Resultat hat.

Eine andere Auffassung der moralischen Phantasie orientiert sich am Vorgang der *Vorbereitung* einer moralischen Intuition. Hier wird durch das Sich-Einlassen auf die Handlungssituation, durch das an der Situation entlanggehende (naive) Phantasieren eine Fülle von Anlässen geschaffen, die der Ermöglichung, der Anregung zur Fassung einer moralischen Intuition dienen. Diese Art der Phantasie soll *prä-intuitive moralische Phantasie* oder *naive moralische Phantasie* genannt werden, da sie die Gesetzmäßigkeiten, die ihre Vorstellungen gestalten, erst (noch) in die Bewusstwerdung heben muss. In diesem Prozess spielt die Auseinandersetzung mit der Situation, einschließlich des Miteinbezugs von eigenen oder überlieferten Erfahrungen im Umgang mit ähnlichen Situationen, eine zentrale Rolle. Hier ist auch der Ort, wo die Anregung von Freunden und/oder in der Entwicklung weiter fortgeschrittenen Vorbildern und Wesenheiten eine Rolle spielen kann, ohne dass die individuelle Freiheit davon betroffen wäre. Im weiteren sind hier auch die in der Anmerkung zu Abschnitt 11.1 genannten Vorstufen der freien Willensbildung anzusiedeln: Sie dienen bestenfalls der Vorbereitung einer solchen, gehören also zur prä-intuitiven Phase der moralischen Phantasie. Kommt es schließlich zur Erarbeitung einer moralischen Intuition, so verlieren diese Anregungen ihre bestimmende Funktion, und die nun einsetzende post-intuitive moralische Phantasie orientiert sich allein an dieser moralischen Intuition. Andernfalls handelte es sich nicht um eine freie Motivbildung und damit um keine freie Handlung.

Zu Abschnitt 11.4: Steiner spricht verschiedentlich von der *relativen* Natur des Bösen, so etwa am 25. 8. 1913 in *Die Geheimnisse der Schwelle* (GA 147, Dornach ^{6}1997), am 22. 3. 1909 in *Geisteswissenschaftliche Menschenkunde* (GA 107, Dornach ^{5}1988), am 4. 4. 1906 in *Die christlichen Mysterien* (GA 97, Dornach ^{3}1998) und am 18.4.1909 (abends) in *Geistige Hierarchien und ihre Widerspiegelung in der physischen Welt* (GA 110, Dornach ^{6}1981).

Dieses grundsätzliche Prinzip des «Bösen» wird auch nicht durch Steiners Ausführungen zu einer dritten (und einer vierten) Kraft des Bösen, ausgehend von den sogenannten Asuras und ihrem Führer, dem Sonnendämon, in Frage gestellt (siehe dazu etwa den schon erwähnten Vortrag vom 22. 3. 1909 und die Vorträge vom 29. und 30. 6. 1908 in *Die Apokalypse des Johannes*, GA 104, Dornach [7]1985).

Vom Gesichtspunkt der Freiheit aus kann es einen grundsätzlichen und bis ans «Ende der Zeiten» (oder bis ans «Ende aller Entwicklung») gültigen Entschluss weder für noch gegen irgendeine *konkrete* Vorstellung des Menschheitsfortschritts geben. Das höchste Prinzip des freien Handelns ist allein die Verwirklichung des freien Menschen, die Entwicklung der Bewusstwerdung der individuellen Geistesgegenwart. In diesem Sinne kann es auch keine «Scheidung der Geister» im Sinne frei wählbarer Alternativen geben, bei welcher sich die einen angeblich in Freiheit für das «Gute» und die anderen angeblich in Freiheit für das «Böse» entscheiden. Einer derartigen Auffassung von entwicklungsbedingten Differenzierungen liegt eine Verwechslung von Freiheit und Befreiung (Wahlfreiheit) zugrunde. Was mit einer solchen «Scheidung der Geister» allenfalls gemeint sein könnte, ist ein wiederholtes und fortwährendes *individuelles Entschließen* zu freien Handlungen, zur forgesetzten Entwicklung der individuellen Geistesgegenwart, im Gegensatz zum Sich-Treiben-Lassen durch verschiedenste Impulse fremder Wesenheiten. Wie im Abschnitt 11.2 gezeigt wurde, liegt es in der Natur der Freiheit, dass in ihr letztlich die Tendenz (nicht die Garantie) zum «Guten» liegt, wenn auch dadurch vorübergehend Irrwege nicht ausgeschlossen, ja entwicklungsbedingt notwendig sind. (Für weitere Literatur zu diesem Thema siehe die Anmerkungen zu Abschnitt 9.5.)

Zu Abschnitt 11.5: Meines Erachtens gehört es zu den zentralen Leistungen Steiners, Erkenntniswissenschaft und Ethik sachgemäß zusammengebracht zu haben: In seiner Darstellung ist Ethik eine naturgemäße Fortsetzung der voraussetzungslos begründeten Erkenntniswissenschaft. In allen anderen mir bekannten philosophischen Systemen findet man diese beiden Gebiete als zwei getrennte Sachfelder ohne konkreten inneren Zusammenhang.

Die dem Ziel des Erkennens als *Handlung* entsprechende moralische Intuition ist die moralische Intuition des Gesetzes des Erkennens, nämlich die Qualität seiner dreifachen Aktualität (Abschnitt 9.2). Die moralische Phantasie hat hier die Aufgabe, das allgemeine Erkenntnisprinzip so zu modifizieren, zu spezialisieren, dass es dem Weltgebiet angemessen ist, innerhalb dessen Erkennen stattfinden soll. Hier kommen die Methoden des anorganischen, des organischen und des geisteswissenschaftlichen Erkennens in Betracht, und im Bereich des letzteren die Differenzierungen der Methoden des übersinnlichen Forschens (siehe dazu *Grundlinien einer Erkenntnistheorie der Goetheschen Weltanschauung*, GA 2, Dornach [8]2002 Kapitel 14–19 und Anmerkungen zur Neuauflage 1924; *Die Stufen der höheren Erkenntnis*, GA 12, Dornach [7]1993). Eine nicht dem Gegenstandsbereich angepasste Erkenntnisart wird diesem nicht gerecht und führt zu unsachgemäßen, «bösen» Resultaten.

Zu Abschnitt 11.6: Die grundlegenden Gedanken Steiners zu Kunst und Ästhetik finden sich im Kapitel 21 «Erkennen und künstlerisches Schaffen» der *Grundlinien einer Erkenntnistheorie der Goetheschen Weltanschauung* (GA 2, Dornach [8]2002) und im Aufsatz «Goethe als Vater einer neuen Ästhetik» (in *Methodische Grundlagen der Anthroposophie*, GA 30, Dornach [3]1989, S. 23–46). Im ersten wird eher das Gemeinsame der beiden Tätigkeiten hervorgehoben, indem ein dem Erkennen und künstlerischen Schaffen übergeordneter Gesichtspunkt eingenommen wird und dadurch beide Tätigkeiten als verschiedene Ausdrucksformen der Weltzuwendung erscheinen. Im zweiten wird mehr der Gegensatz, die scheinbare Unvereinbarkeit von Erkennen und künstlerischem Schaffen hervorgehoben. Weitere Gesichtspunkte findet man in dem Sammelband *Kunst und Kunsterkenntnis* (GA 271, Dornach [3]1985).

Eine vor allem an dem schönen Scheinen der Idee ausgerichtete Ästhetik wurde von Hegel vertreten, siehe *Vorlesungen über die Ästhetik*, Erster Teil, Erstes Kapitel: «Begriff des Schönen überhaupt: 3. Die Idee des Schönen» (G. W. F. Hegel, *Werke*, Frankfurt 1970, Band 13, S. 151–157).

Auf die besondere Stellung des reinen Denkens als künstlerische Tätigkeit macht Steiner im Vortrag vom 12. Oktober 1922 (*Geistige Wirkenskräfte im Zusammenleben von alter und junger Generation, Pädagogischer Jugendkurs*, GA 217, Dornach [6]1988) aufmerksam.

Zu Abschnitt 11.7: Aus geisteswissenschaftlicher Sicht behandelt Steiner die besondere Stellung der ästhetischen Beurteilung im Vortrag vom 3. November 1910 (*Anthroposophie, Psychosophie, Pneumatosophie*, GA 115, Dornach ⁴2001).

Thomas Kracht machte mich auf eine interessante Stelle in Goethes Werken aufmerksam, die das Verhältnis von Kunstprodukt und ästhetischer Beurteilung am Beispiel der Oper prägnant zum Ausdruck bringt. So sagt in dem Gespräch «Über Wahrheit und Wahrscheinlichkeit der Kunstwerke» der Zuschauer: «Wenn die Oper gut ist, macht sie freilich eine kleine Welt für sich aus, in der alles nach gewissen Gesetzen vorgeht, die nach eignen Gesetzen beurteilt, nach ihren eignen Eigenschaften gefühlt sein will.» (*Goethes Werke*, Weimarer Ausgabe, Weimar 1887–1919 [Nachdruck: München 1987], Abteilung 1, Band 47, S. 261–262).

Zu Abschnitt 11.8: Dieser Abschnitt ist angeregt durch den Vortrag R. Steiners vom 21. 11. 1919 (*Die Sendung Michaels*, GA 194, Dornach ⁴1994). Dieselben Sachverhalte stellt Stefan Brotbeck mit anderen Mitteln in seinem aus dem vollen Leben schöpfenden anregenden Bericht aus der laufenden Arbeit dar (*Zukunft: Aspekte eines Rätels*, Dornach 2005). Für weitere Literatur siehe die Anmerkungen zu Abschnitt 9.5.

Zu Abschnitt 11.9: Der Begriff der Würde geht im wesentlichen auf Kants *Grundlegung einer Metaphysik der Sitten* (1785; Hamburg: Felix Meiner 1965, *Philosophische Bibliothek*: Band 41) zurück. Da Kant einen auf der Pflicht beruhenden Freiheitsbegriff hat, ist der hier entwickelte Begriff der Würde nicht derselbe. – Unter Mündigkeit wird meist die politische Mündigkeit, die Geschäftsfähigkeit oder die Volljährigkeit verstanden. Diese Bedeutungen erfassen nur Teilaspekte des hier entwickelten Begriffs.

Zu Kapitel 12

Zu Abschnitt 12.1: Zu den Ausführungen im letzten Absatz siehe das Kapitel «Leben und Tod. Der große Hüter der Schwelle» in *Wie erlangt man Erkenntnisse der höheren Welten?* (GA 10, Dornach ^{24}1993, S. 204–215).

Zu Abschnitt 12.3: Die Ausführungen zur Zugänglichkeit der individuellen Gedanken eines anderen Menschen, in der Philosophie und Psychologie als Problem des *Fremdpsychischen* bekannt, wurden angeregt durch die Ausführungen Steiners zum Verhältnis von Mensch zu Mensch [XIV.6, XVI.3]; siehe dazu auch die Vorträge vom 12. Dezember 1918 in *Die sozialen Grundforderungen unserer Zeit* (GA 186, Dornach ^{3}1990) und vom 29. 8. 1919 in *Allgemeine Menschenkunde als Grundlage der Pädagogik* (GA 293, Dornach ^{9}1992).

In seinen späteren Schriften bezeichnet Steiner den Vorgang des Aufnehmens der Gedanken anderer Menschen als eine Wahrnehmung des Denkinhalts vermöge des *Begriffs-* oder *Gedankensinns* (*Von Seelenrätseln*, GA 21, Dornach ^{5}1983, Kapitel IV.5). Dabei sind in der Regel noch andere Sinne mitbeteiligt, zumindest der Laut- oder Sprachsinn. Von einer notwendigen Mitwirkung des Gehörsinnes ist nicht die Rede, sodass man auch an eine durch bloße Gestik übermittelte Gedankenbotschaft denken kann (etwa durch Eurythmie). Um Missverständnisse zu vermeiden, sei ausdrücklich darauf hingewiesen, dass der Gedankensinn sich *nur* auf die Wahrnehmung von Gedanken *anderer* Menschen richtet. Für das Erfahren des eigenen Denkens ist er weder notwendig noch wird der durch dasselbe angesprochen.

Dass ich ein anderes Individuum als ein aktuell mit seiner Ich-Kraft denkendes Wesen erkennen kann, beruht nach Steiner ebenso auf einer aktuellen Wahrnehmung des anderen sich aktuell zur Erscheinung bringenden Ich durch den *Ich-Sinn*, wie die Wahrnehmung von Erscheinungen der aktuellen Gedanken eines anderen denkenden Ich durch die aktuelle Wahrnehmung vermöge des *Begriffssinnes*. Ohne auf diesen Ichsinn explizit aufmerksam zu machen, beschreibt Steiner seine Wirkungsweise im Absatz [XVI.3]. Darauf macht er selbst im erwähnten Vortrag vom 29. 8. 1919 (GA 293) aufmerksam.

Sowohl dem Begriffssinn als auch dem Ichsinn liegen gemäß Steiners

Ausführungen «physische Sinne» mit entsprechenden physischen Sinnesorganen (die allerdings bisher weder anatomisch noch physiologisch überzeugend nachgewiesen werden konnten) zugrunde. Sie sind nur für die aktuelle Wahrnehmung des aktuellen Gedankeninhalts in Beobachtungsform sowie des aktuell tätigen Ich in Beobachtungsform *anderer* Individuen zuständig; der Zugang zum *eigenen* Denken und zum *eigenen* Ich erschließt sich nur der *individuellen* Intuition.

Zu Abschnitt 12.4: Das Verhältnis der individuellen Ziele eines Menschen zu den Zielen einer Gemeinschaft bespricht Steiner in den Absätzen [IX.36, IX.48], [X.8], [Zusatz zum Kapitel XI] und [XIV.8].

Zu Abschnitt 12.5: Für einige weitere Gesichtspunkte zu den Konsequenzen des individuellen Erkennens und freien Handelns siehe für die Pädagogik Peter Schneider, *Einführung in die Waldorfpädagogik* (Stuttgart ²1985) und für das soziale Leben Hjalmar Hegge, *Freiheit, Individualiät und Gesellschaft* (Stuttgart 1992), Joachim Luttermann, *Dreigliederung des sozialen Organismus: Grundlinien der Rechts- und Soziallehre Rudolf Steiners* (Frankfurt 1990) sowie Karl-Martin Dietz, Das neue Verhältnis zu den anderen Menschen: Von der sozialen Praxis des freien Geistes» (in *Das Goetheanum*, 82. Jahrgang, Nr. 1/2, S. 1–5) und die dort angegebene Literatur.

Zu Abschnitt 12.6: Die in diesem Abschnitt eingeführten Differenzierungen entstanden ursprünglich im Zusammenhang einer Untersuchung der ethischen Dimensionen der medizinischen Wirksamkeitsforschung. Siehe dazu R. Ziegler, «Erkenntnismethodische und ethische Grundlagen der klinisch-therapeutischen Wirksamkeitsforschung», in: V. Fintelmann (Hg.), *Onkologie auf anthroposophischer Grundlage* (Stuttgart: Mayer, 3. Lieferung 2004), Kapitel 6.2, S. 1–49.

Zu Abschnitt 12.7: Für die hier nicht berücksichtigten konkreten Gesetzmäßigkeiten einer sozialen Gemeinschaft, eines sozialen Organismus, die für das harmonische Handeln im Rahmen komplexer sozialer Zusammenhänge vermöge der moralischen Technik aufgegriffen werden müssen, siehe das Grundlagenwerk von Steiner, *Die Kernpunkte der sozialen Frage in den Lebensnotwendigkeiten der Gegenwart und Zukunft* (GA 23, Dornach ⁶1976). – Zum sozialen Urteil siehe den Vortrag vom

28. 8. 1922 (*Die geistig-seelischen Grundkräfte der Erziehungskunst*, GA 305, Dornach ³1991), S. 202–222, insbesondere S. 206–208.

1. Ergänzung zu Kapitel 12: Individuelle freie Verantwortung und normgemäße Verantwortlichkeit

Im Haupttext von Kapitel 12 ist nur von individueller Freiheit im Sinne intuitiv bewusst werdender Handlungsziele und deren in Liebe zur Handlung getauchten Verwirklichung die Rede. Vorgegebene ethische Normen (zum Beispiel religiöse Gebote, ethische Richtlinien von Berufsverbänden, Deklaration der Menschenrechte) oder Rechtsvorschriften (individualrechtliche Vertragsverpflichtungen, politisch festgelegte Rechtsnormen) spielen für die intuitive Zielbildung keine bestimmende Rolle. Auf sie richtet ein frei handelnder Mensch grundsätzlich erst *nach* der Zielbildung seine Aufmerksamkeit. Dies geschieht mit Hilfe der moralischen Technik, bei der die gegenwärtig vorhandenen Weltverhältnisse, der Handlungskontext, in die Verwirklichung des intuitiv gesetzten Zieles konkret miteinbezogen werden. Dabei wird es in den meisten Fällen (vor allem im gegenwärtigen Mitteleuropa) zu keiner Norm- oder Rechtsverletzung kommen. Da jedoch bei freien Handlungen das individuell gewollte, selbst erarbeitete Ziel und der allein auf das individuelle Urteil gegründete Umgang mit dem Handlungskontext an erster Stelle steht – und keine individuell oder universell gültigen Vorschriften irgendeiner Art –, können Normen- oder Rechtsverletzungen nicht grundsätzlich ausgeschlossen werden. Dies betrifft sowohl Rechtsnormen, die im Prinzip freiheitsermöglichend sind, als auch solche, welche mehr oder weniger offensichtlich Unrecht fordern oder fördern. In solchen Fällen werden von einem frei handelnden Individuum eine ethische Normverletzungen und/oder Rechtsverletzungen bewusst in Kauf genommen; die Folgen derartigen Handelns sind in der Regel einem solchen Individuum klar und Bestandteil der Handlungsfolgen, für die es ohnehin die individuelle freie Verantwortung übernimmt. Einem nicht frei handelnden Individuum muss gegebenenfalls die Normen- oder Rechtsverletzung erst bewusst gemacht werden.

Von der *freien Verantwortung* im Rahmen der individuellen Freiheit ist die Zuschreibung von *Verantwortlichkeit* im Rahmen von ethischen Normen oder Rechtsvorschriften für Mitglieder einer Gesellschaft oder Rechtsgemeinschaft zu unterscheiden. Dahinter steht eine andere Bedeutung von «Freiheit», die im Unterschied zu der im Haupttext behandelten individuellen Freiheit *normkonforme* oder *rechtskonforme* «Freiheit» genannt werden soll. Ein Mensch handelt dann normkonform und/oder rechtskonform «frei», wenn er sich ganz im Rahmen der vorgegebenen Normen und/oder Rechtsvorschriften bewegt. Damit hat er im Prinzip bei jeder «freien» Handlung die Wahl, auf welche Weise er sich gemäß diesen Prinzipien verhalten will. Für diese Art von «Freiheit» genügt somit das Konzept der Wahlfreiheit (Abschnitt 11.1).

Zur Vereinfachung des weiteren Gedankenverlaufs wird die Diskussion auf den Bereich der Rechtsvorschriften und damit die *rechtliche Verantwortlichkeit* beschränkt, obwohl die zentralen Überlegungen auch auf den Bereich ethischer Normen übertragen werden können. Im Unterschied jedoch zu religiösen Normen kann sich im Rechtsbereich (und in anderen konventionellen Normenbereichen), zumindest im Prinzip, jeder Mensch direkt oder indirekt selbst an der Aufstellung von Rechtsnormen beteiligen. Im Falle des rechtskonformen «freien» Handelns bewegt er sich ganz in Übereinstimmung mit einem von ihm als *Bürger einer Gesellschaft* selbst eingesehenen, entweder akzeptierten oder gesetzten Recht. Beim «frei» handelnden Menschen tritt an die Stelle der nur individuell zu regelnden freien Verantwortung im Rahmen der individuellen Freiheit die dem Individuum von der Gesellschaft generell zugeschriebene Verantwortlichkeit, unabhängig von seinem *aktuellen* Status als frei oder unfrei handelndes Menschenwesen; damit einhergehend können dann Regeln für eine angemessene und gesellschaftlich sanktionierte Bestrafung bei Rechtsverletzungen ausgearbeitet werden.

Das Konzept der rechtlichen Verantwortlichkeit wird im folgenden exemplarisch anhand des *Strafrechts* diskutiert, da dort die relevanten Sachverhalte besonders prägnant sind. Die grundsätzlichen Überlegungen können aber ohne wesentliche Änderungen auf das Konzept der Verantwortlichkeit im Bereich des öffentlichen Rechts und des Zivilrechts übertragen werden. Was also im folgenden vor allem interessieren wird, sind die *Konsequenzen des Konzepts der individuellen Freiheit und der darauf beruhenden individuellen freien Verantwortung für den Umgang mit Rechtsverletzungen*, das heißt mit der Straffälligkeit, und für den Sinn des Strafvollzugs. Ganz entsprechend wie eine tatsächliche freie Handlung das aktuelle Tun eines Menschen auszeichnet und nicht seinen ewigen Wesenskern (das Ich des Menschen ist weder frei noch unfrei, es kann der *Möglichkeit* nach frei handeln, es ist jenseits von frei und unfrei; siehe Kapitel 6 und 11), so muss auch für eine Rechtsverletzung gelten, dass sie nur als einzelne Tat, das heißt als *Straftat*, beurteilt wird und nicht als Ausdruck eines «rechtswidrigen Wesenskernes» (den es gar nicht gibt: der Wesenkern ist jenseits von Recht und Unrecht, jenseits von «gut» und «böse»; siehe Kapitel 11, 13, und 14). Das ist das Konzept des Tatstrafrechts im Gegensatz zum Täterstrafrecht.

Dies bedeutet: Die einem Individuum als Mitglied einer Gesellschaft zugeschriebene *juristische Verantwortlichkeit* angesichts einer konkreten Straftat beruht auf dem Konzept der Rechtsverletzung durch diese Tat, das heißt der tatbedingten Überschreitung von individualrechtlich begründeten Vertragsverpflichtungen oder politisch festgelegten Rechtsnormen («Gesetze» im juristischen Sinne). Eine Bestrafung für eine das geltende Recht überschreitende Tat hat nicht die Funktion, jemanden zur *individuellen freien Verantwortung* zu ziehen, denn das kann er oder sie nur selbst tun. Sie muss den betroffenen Menschen jedoch zur gesellschaftlich sanktionierten juristischen Verantwortlichkeit ziehen, das heißt dem Täter oder der Täterin ermöglichen, die ihm zugeschriebene und zuschreibbare konkrete juristische Schuld im Sinne einer Rechtsnormenverletzung abzubauen. Die Bestrafung betrifft demzufolge die Tat und deren *unmittelbare* und *tatsächliche* Folgen, nicht den Täter in seinem Wesenskern, und nicht die bloß möglichen Folgen.

Für die Rechtsprechung, das heißt für die Feststellung der Rechtsverletzung und des Strafmaßes, kann es aus empirischen Gründen nicht darum gehen, festzustellen, ob der Täter oder die Täterin im aktuellen Fall nun tatsächlich frei oder selbstbewusst gehandelt haben oder nicht. Denn die für eine solche Beurteilung notwendigen Fakten, das heisst direkte Einblicke in die intuitive Form der Motivbildung des anderen Menschen, sind in aller Regel nicht vorhanden. Im Sinne einer für das soziale Zusammenleben berechtigten und fundamentalen Annahme auf der Grundlage der individuellen Freiheitspotenz jedes Menschen muss man demzufolge davon ausgehen, dass ein anderer Mensch seinen

Handlungen frei gebildete Motive zugrunde legt (siehe dazu Abschnitt 12.4). Darauf beruht das Prinzip der *generellen* Zuschreibung von juristischer Verantwortlichkeit und damit von juristischer Schuld bei Rechtsverletzungen für *jedes* Mitglied einer Gesellschaft. Im konkreten Fall muss dann allerdings untersucht werden, ob nicht schwerwiegende, empirisch feststellbare Gründe für eine *Schuldunfähigkeit* vorliegen, wie Jugendlichkeit oder tiefgehende psychische Krankheit, oder eine aktuell verminderter Schuldfähigkeit, etwa bedingt durch Drogenkonsum, und damit keine Basis für eine regelgerechte Bestrafung. Dies bedeutet, dass die Schuldfähigkeit im Sinne von Abschnitt 12.6 freien und mündigen Menschen zugestanden wird, nicht aber Menschen, die eventuell vorübergehend bloß im Zustand der Würde sind.

Dies bedeutet, dass man in den meisten Fällen, das heißt bei freien und mündigen Menschen, davon auszugehen hat, dass die Rechtsverletzung vom Täter oder der Täterin bewusst vollzogen oder zumindest bewusst in Kauf genommen wurde und somit keiner reinen Natur- oder Seelennotwendigkeit unterlegen hat – falls es sich nicht um fahrlässige Delikte gehandelt hat. Mit anderen Worten, die Rechtsverletzung hat nicht sein müssen («es hätte auch anders gehandelt werden können»), aber für den Täter oder die Täterin individuell so sein sollen, wie sie intendiert gewesen ist. Wie weiter oben bereits ausgeführt, gehören für einen frei handelnden Menschen, im Gegensatz zum rechtskonform «freien» Menschen, Rechtsnormen und mögliche Folgen von deren Verletzung zum Bereich der erst *nach* der Bestimmung des intuitiv gebildeten Handlungszieles (durch moralische Technik) einzubeziehenden und gegebenenfalls zu berücksichtigenden Fakten; diese werden dann durch moralische Phantasie in einen konkreten Bezug zur Handlungsintention, zur moralischen Intuition, gebracht. Dabei *kann* es, muss es aber nicht, zu Rechtsverletzungen kommen.

Wenn es zu einer tatsächlichen Rechtsverletzung kommt, muss sowohl (1) der Schaden, der durch die vergangene Straftat entstanden ist, wiedergutgemacht als auch (2) verhindert werden, dass derselbe Täter weitere Straftaten verübt (Schutz vor zukünftigen Straftaten). Von dieser Straftat und deren Folgen sind dann unter beiderlei Aspekten sowohl im allgemeinen die normsetzende Gesellschaft und im besonderen die geschädigten Subjekte als auch das handelnde (eventuell selbst geschädigte) Individuum betroffen (Tabelle 15.4). Auf dieser Grundlage kann im Strafrechtsprozess dem Täter oder der Täterin eine individuelle Schuld im Sinne einer Zurechenbarkeit von Verantwortlichkeit zugesprochen, und das Strafmaß, das heißt die Länge und die Art der Bestrafung, der Schwere der Tat, insbesondere dem Ausmaß des unmittelbaren Schadens und der Möglichkeit der Fortsetzung oder Wiederholung der Tat, angepasst werden.

(1) Was zunächst die *Wiedergutmachung des Schadens* einer vergangenen Straftat betrifft, so geht es dabei um die Milderung der unmittelbaren Folgen des begangenen Unrechts; diese gliedert sich in die Wiedergutmachung des tatbedingten Schadens an der Gesellschaft und ihren unmittelbar betroffenen Mitgliedern, die *objektive Wiedergutmachung*, und in die Wiedergutmachung des tatbedingten Schadens am handelnden Subjektes, die *subjektive Wiedergutmachung*.

Bei der *objektiven Wiedergutmachung* des Schadens einer vergangenen Straftat sind verschiedene Massnahmen denkbar, wie zweckgebundene Geldbussen, Verpflichtung zu Diensten an der Gesellschaft (gemeinnützige Leistungen) etc. Die *subjektive Wiedergutmachung* betrifft neben allenfalls materiellen Instandsetzungen des direkten Umfeldes des Straftäters (körperliche Integrität, Wohnung, Arbeitsstelle) vor allem psychische Aspekte: gegebenenfalls die Bewusstmachung der Rechtsverletzung und deren Folgen, das Eingeständnis dieser Rechtsverletzung und die Akzeptanz der Schuldzuschreibung, das heißt die bewusste Akzeptanz der gesellschaftlich sanktionierten Verantwortlichkeit. Dies bedeutet, dass die unmittelbaren Folgen der Tat konkret bewusst gemacht und aufgegriffen werden müssen, indem zunächst im Strafvollzug dem Täter oder der Täterin die Dimension des Tatbestandes und dessen Folgen nahe gebracht und dann Maßnahmen zur Integration derselben in die zukünftigen Handlungen dieses Menschen ausgearbeitet werden. Dies kann bis zur Konfrontation des Täters mit dem Opfer gehen, mit dem Ziel eines unmittelbaren Täter-Opfer-Ausgleichs.

Die subjektive Wiedergutmachung ist eine notwendige Vorbedingung für die Fruchtbarkeit und Nachhaltigkeit der objektiven Wiedergutmachung. Sie hat im weiteren jedoch nur dann einen Sinn für ein potentiell freies, mündiges und würdiges Individuum, wenn das *langfristige Ziel* der subjektiven Wiedergutmachung die Übernahme von freier individueller Verantwortung ist und damit die Ermöglichung der individuellen Freiheit im Sinne von Kapitel 11. Dies bedeutet, dass die Weiterentwicklung des Täters oder der Täterin vom würdigen oder mündigen zum freien Individuum gefördert oder zumindest ermöglicht werden muss – und dies nicht nur für Jugendliche und junge Erwachsene (siehe dazu Abschnitt 12.6).

	Rechtsverletzung, Straftat			
	Wiedergutmachung (vergangene Straftaten)		Schutz (zukünftige Straftaten)	
	Objektive Wiedergutmachung: Milderung des an anderen Individuen und an der Gesellschaft verübten tatbedingten Schadens	*Subjektive Wiedergutmachung:* Milderung des tatbedingten Schadens am Straftäter	*Objektive Prävention:* Schutz der Gesellschaft, Schutz möglicher Opfer	*Subjektive Prävention:* Schutz des Straftäters
Mögliche unmittelbare Massnahmen	Zweckgebundene Geldbuße, Dienst an der Gemeinschaft (gemeinnützige Leistungen)	Wiederherstellung der materiellen Integrität des Straftäters, psychische Konfrontation mit Straftat, Täter-Opfer-Ausgleich	Einschränkung der Bewegungsfreiheit, «negative Spezialprävention»	Resozialisierung, «positive Spezialprävention»
Direktes Ziel	Konkrete Übernahme der zugeschriebenen Verantwortlichkeit für die Folgen der Straftat (konkrete Wiedergutmachung)	Bewusstmachung der subjektiven Schuld	Schutz möglicher weiterer Opfer vor zukünftigen Straftaten	Schutz des Täters vor sich selbst, das heißt vor der Verübung weiterer straffälliger Taten
Mittelfristiges Ziel	Einsicht in die Notwendigkeit der Zuschreibung von Verantwortlichkeit, Schuldeingeständnis		Hilfestellung zur Praxis norm- und rechtskonformen Handelns	
Langfristiges Ziel	Ermöglichung der Fähigkeitsbildung zur individuellen Freiheit und zur Einsicht in den Sinn einer Übernahme von individueller freier Verantwortung			

Tabelle 15.4: Gliederung der Maßnahmen und Ziele bei der Bestrafung von Rechtsverletzungen

(2) Was den *Schutz vor weiteren Rechtsverletzungen*, das heißt vor zukünftigen Straftaten betrifft, so gliedert sich dieser erstens in den Schutz der Gesellschaft im allgemeinen und den Schutz möglicher weiterer Opfer im besonderen, die *objektive Prävention*, und in den Schutz des Straftäters oder der Straftäterin vor der Verübung weiterer Straftaten, die *subjektive Prävention*. (In der juristischen Fachsprache wird ersteres «negative Spezialprävention» und letzteres «positive Spezialprävention» genannt; die «positive Generalprävention» betrifft Maßnahmen zur Bestärkung normgerechten Verhaltens für *alle* Mitglieder einer Gesellschaft und die «negative Generalprävention» Maßnahmen zur Abhaltung von der Verübung von Straftaten.)

Der Schutz der Gesellschaft, insbesondere der *Opferschutz*, gelingt am einfachsten durch Maßnahmen zur mehr oder weniger starken Einschränkung der Bewegungsfreiheit. Solche Maßnahmen sind aber nur dann sinnvoll (abgesehen von der bloßen Abschreckungswirkung), wenn sie einhergehen mit Maßnahmen der Resozialisierung und subjektiven Prävention. Dies bedeutet zunächst, dass Hilfestellungen zur Wiedereingliederung in die Gesellschaft, insbesondere zur Erfüllung der in ihr geltenden Rechtsnormen, zur Verfügung stehen müssen. Die subjektive Prävention kann dabei jedoch nicht stehen bleiben, wenn sie nicht zur Dressur oder Verhaltenskonditionierung gemäß den zufälligerweise durch die gegenwärtigen politischen Entscheidungsträger abgesegneten Normen verkommen soll. Sie muss die im Prinzip offene zukünftige Entwicklung des Rechts der Form nach vorwegnehmen im Sinne einer Ermöglichung der individuellen Fähigkeit zur Normenfindung, -ausgestaltung und -begründung. Das heißt aber nichts anderes, als dass dem straffällig gewordenen Individuum das ermöglicht werden soll, was jedes Mitglied einer demokratischen Gesellschaft auszeichnet: es kann im Prinzip jederzeit an der Rechtsetzung (bis hin zur Einführung neuer Gesetze und Veränderung/Zurücknahme bestehender Gesetze) und Rechtsprechung im Rahmen einer solchen Gesellschaft mitwirken. Das Ziel der subjektiven Prävention, das noch über das Aufstellen und Durchsetzen von Normen hinaus geht und die individuelle Intuition als Grundlage einer freien Handlung in den Mittelpunkt setzt, muss demnach letztlich die Förderung und Ermöglichung der individuellen Freiheit sein.

Somit treffen sich die hier entwickelten beiden Aspekte der Bestrafung, die Wiedergutmachung der vergangenen Straftaten und der

Schutz vor zukünftigen Straftaten im gemeinsamen Ziele der Ermöglichung der individuellen Freiheit und mit ihr der individuellen freien Verantwortung und erweisen sich damit als zwei Seiten ein und derselben Sache (Tabelle 15.4).

Für einen menschenwürdigen Strafvollzug im Sinne einer Förderung der *individuellen freien Verantwortung* und der Zurechnung einer normengemäßen *juristischen Verantwortlichkeit* wird es daher letztlich nicht genügen, ein bloß fiktives Vertrauen in die Freiheitsfähigkeit des Menschen zu haben, das heißt an der bloßen «Fiktion der Willensfreiheit» festzuhalten. Man muss im Gegensatz dazu einerseits sich selbst als freies Wesen erfassen und andererseits den Menschen im allgemeinen als entwicklungsfähiges Individuum begreifen, mit anderen Worten: ein *berechtigtes* Vertrauen in die Entwicklung der Freiheitsfähigkeit auch des straffälligen Mitmenschen ausbilden und ihn entsprechend fördern lernen.

Anmerkung: Die hier auf der Grundlage der individuellen Freiheit und Verantwortung entwickelten Überlegungen zum Strafrecht stehen den in der Rechtsphilosophie seit langem diskutierten «Vereinigungstheorien» als Rechtfertigung von Strafe durch eine Gemeinschaft nahe, allerdings mit dem Schwerpunkt im Bereich der «relativen Theorie» (Zweck der Strafe ist allein die Prävention zukünftiger Straftaten), ergänzt durch das Konzept der Wiedergutmachung (siehe dazu zum Beispiel Heinz Koriath, «Über Vereinigungstheorien als Rechtfertigung staatlicher Strafe», in *Jura – Juristische Ausbildung* 1995, Band 17, Heft 12, S. 625–635 und Susanne Walther, «Was soll ‹Strafe›? – Grundzüge eines zeitgemässen Sanktionssystems», in *Zeitschrift für die gesamte Strafrechtswissenschaft* 1999, Band 111, Heft 1, S. 123–143). Die «absolute Theorie» (Zweck der Strafe ist allein die Vergeltung vergangener Straftaten) kommt hier nur im Sinne eines Bezugspunktes in Betracht: die getroffenen Maßnahmen beziehen sich schließlich auf eine tatsächlich begangene Straftat und nicht auf bloß möglich Taten, ohne dass hier eine Vergeltung im engeren Sinne ins Auge gefasst wird. Vergeltungen im weiteren Sinne sind dann solche Maßnahmen, die *gleichzeitig* die Weiterentwicklung von der juristischen Verantwortlichkeit zur individuellen freien Verantwortung fördern. – Zur Fiktion der Willensfreiheit sowie zur Notwendigkeit der freiheitsermöglichenden Qualität von Strafmaßnahmen siehe Günter Stratenwerth, «Willensfreiheit – eine staatsnotwendige Fiktion?» in *Schweizerische Zeitschrift für Straf-*

recht 1984, Band 104, S. 225–241 und zur aktuellen Kontroverse um die Abschaffung des Prinzips der individuellen Schuld im Strafrecht zum Beispiel Thomas Hillenkamp, «Strafrecht ohne Willensfreiheit? Eine Antwort auf die Hirnforschung», in *Juristen-Zeitung* 2005, Band 60, Nr. 7, S. 313–320. – Für Literaturstellen sowie für anregende Gespräche zu juristischen Fragen danke ich Stephan Kirste (Heidelberg).

2. Ergänzung zu Kapitel 12: Ideelle und reelle Gemeinschaftsbildung

Die im Abschnitt 12.4 entwickelte Form einer Gemeinschaft orientiert sich in erster Line an der Zusammenführung individueller Ziele zum umfassenden Ziel einer Gemeinschaft. Man kann in diesem Falle von *ideeller Gemeinschaftsbildung* sprechen.

Von hier aus eröffnet sich ein Verständnis für den Prozess einer *reellen Gemeinschaftsbildung*, in welcher auf der Grundlage aktueller individueller Erkenntnisarbeit und der Realisierung einer ideellen Gemeinschaftsbildung ein geistiger Raum geschaffen wird, der im selben Sinne *Ergebnis* und nicht Vorbedingung der reellen Gemeinschaftsbildung ist, wie das gemeinsame Ziel der ideellen Gemeinschaftsbildung *Ergebnis* und nicht Voraussetzung der individuellen Ziele der an der Gemeinschaftsbildung beteiligten Individuen ist. Dadurch wird zugleich ein geistiger Ort zur Verfügung gestellt, ein real-geistiges Fundament gebildet, in welchem sich rein geistige Wesen, die es sich zur Aufgabe gemacht haben, das *freie* Menschenschaffen aufzugreifen und in das Weltenschaffen weiterzuführen, verwirklichen, zur Erscheinung bringen können. So kann es zu einer reellen *freien* Gemeinschaftsbildung individueller Menschenwesen mit individuellen Geistwesen kommen, die zur Grundlage fortgesetzten gemeinsamen Schaffens und individueller Weiterentwicklung werden kann.

Die beiden Formen der Gemeinschaftsbildung sind nicht unabhängig voneinander: eine reelle Gemeinschaftsbildung kann aus einer ideellen Gemeinschaftsbildung herauswachsen, sie muss eine Fortführung einer solchen sein. Mit anderen Worten: eine reelle Gemeinschaftsbildung ohne vorangehende oder zumindest begleitende ideelle Gemeinschafsbildung ist als *freie* Gemeinschaftsbildung nicht möglich. Das Zusammenfließen-Lassen von individuellen Willensimpulsen ohne gemeinsam erarbeitete und gepflegte Ziele ist ein partiell unfreier Prozess, an dessen Entstehung demzufolge außerindividuelle Impulse mitwirken können, die sich der direkten Mitgestaltung durch den individuellen (unfreien) Menschen entziehen. In diesem Sinne würde ein Aufruf zur gemeinsamen Willensbildung ohne eine damit einhergehende ideelle Gemeinschaftsbildung dem Bildeprozess einer *freien Gemeinschaft* den Boden entziehen.

Zu Kapitel 13

Zu Abschnitt 13.1: Ein weiterer Faktor, welcher für die *Erscheinung* eines Individuums kennzeichnend ist, ist der aus den freien Handlungen ableitbare gegenwärtige *Wert des Lebens* [XIII.52]. Dieser Wert ist Ausdruck des aktuellen Verhältnisses (genauer: des Quotienten) der Summe der erreichten Ziele zur Summe der angestrebten oder noch nicht erreichten Ziele, also noch nicht in Handlungen übergegangene Willensimpulsen (Motive, Ideale). Dieser Wert spiegelt sowohl den Zielbildungswillen (Nenner) wie die Weltbezogenheit dieser Ziele (Zähler) wider. Je «weltferner» die Ziele sind, desto weniger werde ich erreichen und desto kleiner wird der Wert des Lebens.

Zu Abschnitt 13.2: Zum Zeitbegriff sowie zu den beiden Zeitströmen, siehe den Vortrag vom 4. November 1910 in *Anthroposophie, Psychosophie, Pneumatosophie* (GA 115, ⁴2002) sowie die Zusammenstellung von Hella Wiesberger, «Rudolf Steiners Lebenswerk in seiner Wirklichkeit ist sein Lebensgang», Teil 1, in *Beiträge zur Rudolf Steiner Gesamtausgabe*, Nr. 49/50, Ostern 1975, S. 12–33.

Zu Abschnitt 13.3: Zu den Begriffen Involution, Evolution und Schöpfung aus dem Nichts in ihrem Verhältnis zur Entwicklung, siehe zum Beispiel den Vortrag vom 17. Juni 1909 in *Geisteswissenschaftliche Menschenkunde* (GA 107, Dornach ⁵1988).

Zu Abschnitt 13.4: Die hier dargestellte Auffassung zu Entwicklung und Perspektive ist angeregt durch den Vortrag vom 15. September 1918 in *Die Polarität von Dauer und Entwicklung im Menschenleben* (GA 184, Dornach ²1983).

Zu Kapitel 14

Zu Abschnitt 14.1: Steiner selbst knüpft in seinen grundlegenden erkenntnisphilosophischen Darstellungen zu Wiederverkörperung (Reinkarnation) und Schicksal (Karma) an andere Ausgangspunkte an, unter anderem an die Analogie zum Gedächtnis und zum Erinnerungsvorgang sowie an die naturwissenschaftlichen Vorstellungen von Vererbung und Entwicklung. Siehe dazu *Theosophie: Einführung in übersinnliche Welterkenntnis und Menschenbestimmung* (GA 9, Dornach ³²2002), «Reinkarnation und Karma, vom Standpunkte der modernen Naturwissenschaft notwendige Vorstellungen» (in *Lucifer-Gnosis: Grundlegende Aufsätze zur Anthroposophie*, GA 34, Dornach ²1987, S. 67–91) und «Wie Karma wirkt» (in *Lucifer-Gnosis: Grundlegende Aufsätze zur Anthroposophie*, GA 34, Dornach ²1987, S. 92–107).

Zu Abschnitt 14.2: Die hier dargestellte Entwicklung des Gedankens der Wiederverkörperung aus dem intuitiven Denken und dem Freiheitsprozess heraus ist eng verwandt mit der Darstellung der Reinkarnation in dem Kapitel «Wesen und Erscheinung der Individualität» des Buches von Peter Schneider, *Einführung in die Waldorfpädagogik* (Stuttgart ²1985, S. 176–191).

Zu Abschnitt 14.3: Diese Ausführungen sind unter anderem angeregt durch das Problem der Kontingenz, das heißt der Unerklärbarkeit und Unvorhersehbarkeit von Glück und Leid. Dieses Problem wurde bisher in der anthroposophischen Sekundärliteratur nicht auf der Grundlage des Werkes *Die Philosophie der Freiheit* diskutiert. Siehe dazu (mit weiteren Literaturangaben): R. Ewertowski, «Warum Ich? Über die Unverfügbarkeit von Leid und Heilung», in *Das Goetheanum*», 2002, Band 81, Nr. 19, S. 346–348; G. Röschert, «Kontingenz

und Leid-Erfahrung: Eine Sinn-Suche durch Selbstbeobachtung», ebenda, Nr. 25, S. 475–476; J. Ewertowski, «Erklären Reinkarnation und Karma das Leid? Von der Beziehung zwischen Ich-Bewusstsein und ewigem Wesenskern»», in *Mitteilungen aus der anthroposophischen Arbeit in Deutschland*, 56. Jahrgang, I/2002, Nr. 219, S. 13–17.
– Zum Verhältnis von Zufall und Freiheit, siehe auch den Vortrag Steiners vom 30. August 1915 (*Zufall, Notwendigkeit, Vorsehung*, GA 163, Dornach ²1986). – Für eine ausführliche Auseinandersetzung mit dem Zufallsbegriff siehe R. Ziegler, «Ursachenlehre, Zufall und Notwendigkeit», in *Mathematisch-Physikalische Korrespondenz* , Teil 1: 2002, Nr. 211, S. 3–12, Teil 2: 2003, Nr. 212, S. 12–20; «Zufall und Freiheit im Kontext der Naturwissenschaften, Teil I: Kausalität und Konditionalität», in *Elemente der Naturwissenschaft*, 1/2003, Nr. 78, S. 178–193; «Zufall und Freiheit im Kontext der Naturwissenschaften, Teil II: Exploratives Experimentieren, ideales Experiment und konditionaler Determinismus», in *Elemente der Naturwissenschaft*, 2/2003, Nr. 79, S. 22–50.

16. Kommentar

Erläuterungen zu ausgewählten Absätzen in Steiners
Werk *Die Philosophie der Freiheit*

Vorbemerkung

Die angegebenen Bezüge auf den Text des Werkes *Die Philosophie der Freiheit* (PdF) beziehen sich auf die 2. Auflage 1918 (GA 4, Dornach ¹⁶1995). So bedeutet «III.26» den 26. Absatz aus dem III. Kapitel der 2. Auflage 1918. Bei der Nummerierung der Absätze gibt es nur einmal ein Problem der Eindeutigkeit: Innerhalb des Absatzes IV.3 beginnt das Zitat von H. Spencer in den meisten Textausgaben mit einer Einrückung; in meiner Nummerierung beginnt hier kein neuer Absatz.

Man beachte, dass in den untenstehenden Tabellen die kurzen Hinweise auf den Inhalt der Absätze einzelner Kapitel des Werkes *Die Philosophie der Freiheit* keine vollständigen Inhaltsangaben darstellen, sondern Begriffe und Resultate herausgreifen, die *hier* eine besondere Rolle spielen. Kapitel I und II tauchen nicht auf, sie haben meines Erachtens in erster Linie einen einführenden und vorbereitenden Charakter; die systematische Untersuchung beginnt mit Kapitel III.

Die Auswahl der ausführlicher kommentierten Stellen richtet sich nach der Einschätzung ihrer inhaltlichen und methodischen Bedeutung im Kontext des vorliegenden Buches. Diejenigen Absätze des Werkes *Die Philosophie der Freiheit*, zu deren Inhalten sich im Hauptteil dieses Buches ausführliche Untersuchungen finden (wie zum Beispiel zum Ausnahmezustand), werden hier nicht noch einmal besprochen. Es findet sich jedoch in den Tabellen Hinweise auf die entsprechenden Abschnitte (so bedeutet zum Beispiel 12.2 den zweiten Abschnitt des Kapitels 12).

Literaturhinweis: Zu den Kapiteln I bis VII des ersten Teils des Werkes *Die Philosophie der Freiheit* gibt es ausführliche Kommentare,

Erläuterungen, Zusammenfassungen, Übersichten und historisch-systematische Exkurse, zusammen mit reichhaltigen Literaturangaben, in den von Thomas Kracht herausgegebenen Bänden der Reihe *Zum Studium der «Philosophie der Freiheit» Rudolf Steiners* Band 1 [zu Kapitel I bis III] *Erfahrungen des Denkens* (Stuttgart 1996) und Band 2 [zu Kapitel IV bis VII] *Erkennen und Wirklichkeit* (Stuttgart 2001). Ergänzend dazu siehe auch Karl-Martin Dietz, *Rudolf Steiners «Philosophie der Freiheit» – Eine Menschenkunde des höheren Selbst* (Stuttgart 1994), Herbert Witzenmann, *Intuition und Beobachtung*, Teil 1: *Das Erfassen des Geistes im Erleben des Denkens* (Stuttgart 1977), Teil 2: *Befreiung des Erkennens, Erkennen der Freiheit* (Stuttgart 1978).

[TEIL I:] WISSENSCHAFT DER FREIHEIT

Kapitel III: Das Denken im Dienste der Weltauffassung [32 Absätze + 1 Zusatz]

Die Untersuchung des Denkens im III. Kapitel widmet sich von vornherein dem *reinen Denken*. Auf die Stufe des Vorstellens, der Einfälle, der Intuitionen im gewöhnlichen Wortsinne, der Assoziationen etc. geht Steiner nicht ein. Er zeigt im Rahmen des Werkes *Die Philosophie der Freiheit* keinen expliziten Weg, wie man von dieser Vorstufe, dem Gedanken oder Gedankenbilder haben, zum reinen Denken kommen kann. Es finden sich nur wenig Hinweise und Abgrenzungen zu dieser Vorstufe («Zusatz zur Neuauflage (1918)» der Kapitel III und VIII). Im Kontext des III. Kapitels bietet dies kein grundsätzliches Problem, da diese Vorstufen des reinen Denkens nicht prinzipiell aus der Untersuchung ausgeschlossen sind. Sie fallen in den Bereich der Beobachtungen, insofern es sich um bloß auftretende und nicht selbsttätig hervorgebrachte Erfahrungsinhalte handelt (siehe Absatz III.7).

Auf der anderen Seite stellt dies für manche Leser und Leserinnen eine große Hürde dar: Es ist mit Selbstverständlichkeit von etwas die Rede, das nicht mehr zu einem verbreiteten Kulturgut der gegenwärtigen Menschheit gehört. Erüben kann man es jedoch gerade an dem Text dieses Werkes selbst oder an einer der anderen philosophisch-anthroposophischen Grundschriften Rudolf Steiners (*Einleitungen zu Goethes naturwissenschaftlichen Schriften*, GA 1, Dornach ⁴1987; *Grundlinien einer Erkenntnistheorie der Goetheschen Weltanschauung*, GA 2, Dornach ⁸2002; *Wahrheit und Wissenschaft*, GA 3, Dornach ⁵1980). Diese Werke bieten mannigfach Gelegenheit, ein diszipliniertes und praxiserprobtes Denken zu kultivieren, das sich nicht mehr allein an sinnlichen Gegebenheiten orientiert. Dies ist der implizite Weg, den Steiner seinen Leserinnen und Lesern zur Entwicklung des Denkens anbietet (siehe dazu Kapitel 3).

Zu Absatz III.1: Dieser Absatz enthält alle wesentlichen Elemente zur Unterscheidung von Beobachtungen des Denkens und Erfahrungen von Begriffen und Ideen. Das Billardspiel ist dabei nur Beispiel, nicht Thema der Untersuchung. So ist bereits mit dem im zweiten Satz genannten «Verlauf dieses beobachteten Vorgangs» nicht der Lauf der Kugeln, das heißt der konkrete *Inhalt* der Beobachtungen in diesem Beispiel gemeint, sondern der Verlauf im Sinne der *Form* der Beobachtungen: Die Inhalte treten auf, ohne dass das Subjekt der Beobachtung darauf (*nicht* auf den Verlauf der Kugel oder irgendeines anderen Beobachtungsinhaltes) einen Einfluss hat. Beobachtungen kommen und gehen eben, ohne dass das Subjekt daran in unmittelbarer Weise beteiligt ist. Im zweiten Satz erinnert Steiner an einige bekannte Tatsachen aus den Gesetzmäßigkeiten des Billardspiels (die Kenntnis der Einzelheiten dieses Spiels wird hier vorausgesetzt), um dann im dritten Satz die systematische Untersuchung wieder aufzugreifen. Auch hier geht es in keiner Weise um das Problem einer *inhaltlichen* Voraussage des Bewegungsablaufes, sondern allein um die Charakteristik des Verlaufs der Beobachtungen dieser Tatsachen. Das Eintreten von Beobachtungen kann eben bloß abgewartet werden, und ein Bezug auf bereits aufgetretene Beobachtungen kann erst dann hergestellt werden, wenn eine neue Beobachtung präsent ist. Im vierten Satz wird auf die nachfolgend beschriebene andere Art des Erfahrens hingewiesen, deren *Verlauf* sich von demjenigen von Beobachtungen wesentlich unterscheidet. Im fünften und sechsten Satz werden die *Inhalte* dieser anderen Art des Erfahrens beschrieben, um dann in den folgenden Sätzen ausführlich auf deren *Form*, das heißt auf deren Verlauf des Auftretens einzugehen. Es wird zum bloß Gegebenen, das heißt zu den Beobachtungen, etwas hinzugefügt, das nicht bloß gegeben ist, sondern durch individuelle Tätigkeit hervorgebracht werden muss, nämlich Begriffe und Ideen. Ihr Erfahrungsverlauf ist vom denkenden Subjekt abhängig. Diese exemplarische Charakterisierung des Auftretens von Beobachtungen im Unterschied zum aktuellen Denken enthält bereits alle wesentlichen Kennzeichen dieser Erfahrungsweisen, die in den folgenden Absätzen noch ausführlicher entfaltet und erläutert werden.

Zu Absatz III.9: Hier wird behauptet, dass ich nichts über mich erfahre, wenn ich mich einem Vorgang *erkennend* zuwende. Dies steht im scheinbaren Gegensatz zur Auffassung des Erkennens als freie Handlung. Es handelt sich jedoch nur um zwei verschiedene Gesichtspunkte ein- und desselben Tatbestandes. In diesem Absatz bespricht Steiner das Erkennen nicht vom Gesichtspunkt einer freien Handlung, sondern im Sinne einer Gegenüberstellung von tätig denkendem Erkennen und rezeptivem passivem Erleben; letzteres ist Ausdruck der leiblich-seelischen Konstitution des Individuums, zu welcher das tätige Erkennen tatsächlich nichts unmittelbar beiträgt (mittelbar diese jedoch bereichert durch die sich eventuell anschließende Freude an der gewonnenen Erkenntnis). Mit der erst später entwickelten Auffassung des Erkennens als freie Handlung offenbart die *erkennende* Zuwendung im Kontrast zu anderen Arten der Zuwendung sehr wohl etwas über mein Verhältnis zur Wirklichkeit.

Zu Absatz III.16: Spätestens hier verlässt Steiner die Untersuchung des Denkens im Sinne des Begriffsbildens *und* Urteilens (Erkennen) über Beobachtungsinhalte und wendet sich ganz der Untersuchung des *reinen Denkens* zu, dem tätigen Anschauen von reinen Begriffen und reinen Ideen sowie deren Verknüpfungen. Erst ab Kapitel IV geht es wieder um Denken im allgemeinen Sinne, welches das Verknüpfen von Begriffen und Ideen mit Wahrnehmungen einschließt. In diesem Sinne ist das Verhältnis von Blitz und Donner ein denkinternes Problem – deshalb kommt es nur darauf an, ob diese Begriffe in sich konkret, richtig und konsistent gedacht werden, und nicht, ob sie mit den entsprechenden Wahrnehmungen zusammenstimmen oder nicht. Denn bevor eine Verknüpfung von Begriffen mit Wahrnehmungen in bewusstem Sinne ins Auge gefasst werden kann, muss klar sein, was der im reinen Denken anschaubare Inhalt dieser Begriffe ist. Aus diesem Grunde muss die Untersuchung des Denkens der Untersuchung des Erkennens vorangehen.

Kapitel III

PdF	Ausgewählte Begriffe und Resultate der PdF	Siehe Abschnitt
III.1	Exemplarisch: Beobachtung, Begriff, Begriffsbildung, Urteilsbildung	Kommentar, 4.1, 4.2, 4.3
III.2	Beobachtung der Denktätigkeit	4.3
III.3	Bloße Beobachtung ist zusammenhangslos	4.3
III.4	Form der Beobachtung und Form des Denken	4.2
III.5	Hauptrolle des Denkens beim Erkennen der Welt	4.4, 9.1
III.6	Inhalte von Beobachtung und Denken sind unabhängig, nicht aufeinander reduzierbar	4.3
III.7	Auftreten von Beobachtungen des Denkens; Inhalte von Beobachtungen	4.1, 4.2
III.8	Beobachtung des Denkens als Ausnahmezustand	4.2
III.9	Beobachtung des Fühlens im Unterschied zur Beobachtung des Denkens; Gefühl offenbart etwas über die Persönlichkeit	Kommentar, 1. Anmerkung zu 6, 11.5
III.10	Charakter des Ausnahmezustandes	4.2, 5.2
III.11	Vergessen der aktuellen Denkerfahrung	4.2
III.12	Denken als unbeobachtetes Element des gewöhnlichen Geisteslebens	4.1, 4.2
III.13	Methode der denkenden Betrachtung	4.2
III.14	Beobachtung und Erfahrung des Denkens	4.2, 4.5
III.15	(Buch Moses) Tatsache des Denkens geht Beobachtung des Denkens voraus	4.1
III.16	Sachlicher Zusammenhang von Begriffen (Blitz und Donner)	Kommentar, 3.4, 4.1, 4.3, 5.4, 8.2, 8.3
III.17	Klarheit im Denkprozess, im Durchschauen der Denkinhalte und deren Verknüpfungen ist unabhängig von der Kenntnis physiologischer Prozesse (Cabanis)	4.3, 6.7

16. Kommentar zu «Die Philosophie der Freiheit»

III.18–19	Denken als fester Ausgangspunkt der Welterklärung: Denken findet (im Prinzip) seinen Sinn in sich selbst. Es bestimmt sich selbst als denkende Tätigkeit	4.4, 9.1
III.20	Beobachtung des Denkens als neuer Beobachtungsinhalt; Methode des Beobachtens; denkende Betrachtung des Denkens	4.2
III.21	Nachdenken über Denken birgt kein grundsätzliches Problem	4.4
III.22	«Die Natur erkennen heißt die Natur schaffen» (Schelling) trifft nur für das Denken zu	4.1
III.23	Resolutes Denken schafft Material für Beobachtungen des Denkens	4.1
III.24	Denken kann Gegenstand seiner selbst sein; bei anderen Tätigkeiten (Verdauen, Spazieren) ist dies nicht möglich	4.4
III.25	Denken als ursprünglicher Ausgangspunkt für das Betrachten allen Weltgeschehens: man weiß individuell (im Prinzip), wie es gemacht wird	4.4, 9.1
III.26–27	Widerlegung des Einwandes: Beobachtung des vergangenen Denkens und Erfahrung des aktuellen Denkens sind wesentlich verschieden	4.4
III.28	Die gesamte Welt wird mit Hilfe des Denkens betrachtet, also kann die Betrachtung des Denkens davon keine Ausnahme machen	3.1, 4.4, 9.1
III.29	Denken kann (im Prinzip) durch sich selbst erfasst und aufgeklärt werden	4.4
III.30	Bewusstsein: Für den Erkenntnisgesichtspunkt ist das Begreifen des Denkens dem Begriff des Bewusstseins vorgeordnet	4.3

III.31	Subjekt und Objekt: Für den Erkenntnisgesichtspunkt ist das Begreifen des Denkens den Begriffen Subjekt und Objekt vorgeordnet	4.3
	Erst muss das Denken begriffen werden, bevor anderes begriffen werden kann	4.4, 9.1
III.32	Denken als Erfahrungstatsache	4.2
III. Zusatz	Beobachtung des Fühlens im Vergleich zur Beobachtung des Denkens	1. Anmerkung zu 6
	Gedankenbilden im Vergleich zum Gedanken-Haben	3.2, 3.3
	Ich-Beobachtung und Ich-Bewusstsein	6.2

Kapitel IV: Die Welt als Wahrnehmung [32 Absätze]

Zu Absatz IV.5: Die hier im 3. Satz gegebene Definition von Bewusstsein ist von weitreichender Bedeutung: Sie bestimmt Bewusstsein nicht als Zustand, sondern als ein Tätigkeitsfeld, wo vermöge eines Urteils, das heißt einer durch das Denken hergestellten Verknüpfung, eine Beobachtung und ein Begriffszusammenhang miteinander verbunden werden (siehe dazu die Kapitel 4, 6, 7 und 13 des vorliegenden Buches, wo deshalb anstelle von Bewusst*sein* von Bewusst*werdung* die Rede ist). In den folgenden Sätzen wird sogleich auf die sich in den Beobachtungen des Denkens zeigenden individuellen (subjektiven) Anteile verwiesen und damit diese allgemeine Definition hinsichtlich einer Erkenntnis, eines Bewusstseins, des denkenden Selbsts spezialisiert. Denn diese Anteile ermöglichen ein Selbstbewusstsein, eine Selbstbewusstwerdung, das heißt eine denkende Auseinandersetzung mit dem Selbst im Sinne des beobachteten denkenden Ich. Da solche Beobachtungen des Selbsts durch jeden Denkprozess mit entstehen und ein auf Beobachtungen im allgemeinen und Beobachtungen des Denkens im besonderen aufmerksames aktuelles Denken sich allen Bestandteilen der Beobachtungen des Denkens zuwenden kann, so wird ein allgemeines Bewusstsein sowohl Bewusstsein des Denkens als auch Selbstbewusstsein werden können.

Zu Absatz IV.6: Hier wird streng der Gesichtspunkt der *Beobachtung* des Selbst (Ich) beibehalten. Das Selbst erscheint demnach bloß als ein beobachtbares Element des Daseins und erhält seine Bestimmung durch das (nicht beobachtbare) aktuelle Denken. In diesem Sinne lebt das Subjekt oder Selbst von des Denkens Gnaden: Seine Bestimmung, seine Bewusstwerdung seiner selbst, ist Folge des tätigen Denkens. Vom Gesichtspunkt des intuitiven, das heißt aktuell erfahrenen Ich, ist der Satz «Ich darf niemals sagen, dass mein individuelles Subjekt denkt», falsch, denn ich bin es ja gerade, der denkt, und von dieser Warte der Tätigkeit aus lebt das Denken von des Iches Gnaden. Aber eben, das ist nicht der Gesichtspunkt, den Steiner in diesem Absatz einnimmt. Denn alles Individuelle, also auch das individuelle Subjekt, gehört hier (und überhaupt im ganzen I. Teil des Buches) zum beobachtbaren Kleid des Menschen und nicht zu seinem aktuell erfahrbaren Wesenskern, dem intuitiv erfassten Ich. Dies macht deutlich, dass Steiners Behauptungen immer sehr genau auf ihren Kontext hin geprüft werden müssen, um nicht zu unzutreffenden Verabsolutierungen oder Verallgemeinerungen zu kommen.

PdF	Ausgewählte Begriffe und Resultate der PdF	Siehe Abschnitt
IV.1	Begriffe werden durch das Denken hervorgebracht und angeschaut; Eigenständigkeit der Begriffserfahrung Ausgangspunkt ist *Denken* und nicht Begriffe und Ideen wie bei Hegel	4.3, 4.5
IV.2–4	Begriffe werden nicht aus Beobachtungen gewonnen	4.3, 4.5
IV.5	Allgemeines Bewusstsein, Selbstbewusstsein	Kommentar, 4.3, 6.3, 6.4

IV.6	Subjekt und Objekt sind dem Denken nachgeordnet: die Begriffe Subjekt und Objekt leben von des Denkens Gnaden	Kommentar, 6.3, 6.4
	Denken verbindet und trennt zugleich	
IV.10	Empfindungsobjekte: Inhalte gedankenloser Beobachtungen	10.9
IV.11	Durch Denken hergestellte Verbindungen sind nicht subjektiv	9.1
IV.13	Wahrnehmung als Beobachtungsinhalt	10.6
IV.14	Denken in seinem ersten Auftreten ist auch Wahrnehmung	4.2
IV.16–17	Abhängigkeit von Wahrnehmungsinhalten vom Beobachtungsort (mathematische Abhängigkeit) und von der leiblich-seelischen Organisation (qualitative Abhängigkeit)	10.9
IV.18	Aus der partiellen Abhängigkeit von Wahrnehmungsinhalten vom Subjekt kann nicht auf die totale Subjektivität von Wahrnehmungen geschlossen werden	10.9
IV.21	Hinweis auf Art und Inhalt von Vorstellungen: es sind Erfahrungen am Subjekt, die auch nach Verschwinden des entsprechenden Wahrnehmungsinhaltes präsent bleiben	10.2

Kapitel V: Das Erkennen der Welt
[31 Absätze + 1 Zusatz]

Zu Absatz V.25: Hier wird zum ersten Mal der Terminus «Intuition» für die *Form* des Auftretens von Begriffen und Ideen eingeführt, obwohl diese Form des Denkens bereits weitgehend im Kapitel III entwickelt worden ist. Intuition ist hier in erster Linie Begriffsintuition, also aktuelles Erleben von Begriffs- oder Denkinhalten. Ihre Erweiterung auf das Erleben der Denktätigkeit ist Thema des «Zusatz zur Neuauflage (1918)» im Kapitel VIII.

PdF	Ausgewählte Begriffe und Resultate der PdF	Siehe Abschnitt
V.18	Selbstwahrnehmung, denkende Selbstbestimmung; Fühlen gibt dem Denken ein individuelles Gepräge; Denken überwindet Grenzen der Selbstwahrnehmung	9.2
V.19	Mensch ist *nicht* Bildner seiner Begriffe	4.3, 5.4, 9.1
V.20	Doppelnatur des Denkens: universeller Inhalt, individuelles Erleben einzelner Inhalte	5.4, 5.5, 9.1
V.21	Erkenntnistrieb, Fragen werden durch das Denken gestellt	3.1, 4.5, 9.1, 9.2
V.22	Erkenntnisakt, Erkenntnisurteil	4.4, 6.4, 9.2
V.23	Ideeller Inhalt begründet Einheit der Welt	8.2, 9.2
V.24	Denken hat auf sich selbst beruhenden Inhalt	3.4, 4.4, 5.4
V.25	Intuition als Form des Auftretens von Gedankeninhalten	Kommentar, 4.5, 5.5, 8.2, 8.4, 9.2, 13.1
V.30	Frage nach dem Was einer Wahrnehmung kann nur durch begriffliche Intuition beantwortet werden	9.2, 10.9
V.30–31	Erfahrung der Vorstellung	10.2, 10.3, 10.4, 10.5, 10.6
V. Zusatz	Naiver Realismus für Denken berechtigt	4.4

Kapitel VI: Die menschliche Individualität
[18 Absätze]

In diesem Kapitel ist noch nicht vom Wesenskern des Menschen, dem sich innerhalb des reinen (intuitiven) Denkens zeigenden Ich die Rede, sondern erst von den seelischen, das heißt den beobachtbaren Erscheinungsformen desselben, die hier zusammenfassend «Individualität» genannt werden und das seelische Kleid des Ich umfassen. Das Ich selbst kann erst dann zum Thema werden, wenn die Stufe der intuitiven, das heißt der aktuellen Bewusstwerdung des tätigen Denkens erreicht ist, also ab dem «Zusatz zur Neuauflage (1918)» zum Kapitel VIII. Das Ich als Wesenskern des Menschen wird implizit im Absatz IX.4 und explizit im Absatz IX.5 eingeführt (siehe dort).

PdF	Ausgewählte Begriffe und Resultate der PdF	Siehe Abschnitt
VI.4–5	Begriff der Vorstellung: Vorstellungen sind individualisierte Begriffe	10.1, 10.3
	Vorstellungen sind bestimmte Intuitionen mit Bezug auf bestimmte Wahrnehmungen	
VI.10–11	Gefühl als individueller Bezug einer Wahrnehmung auf das Subjekt	1. Anmerkung zu 6
VI.12	Fühlen macht Mensch zum Individuum; Selbstgefühl, Weltgefühl	1. Anmerkung zu 6
VI.14	Eine wahrhafte Individualität reicht mit ihren Gefühlen bis in die Region des Ideellen	1. Anmerkung zu 6
VI.18	Gefühl als Mittel, wodurch Begriffe zunächst konkretes Leben gewinnen	1. Anmerkung zu 6

Kapitel VII: Gibt es Grenzen des Erkennens?
[37 Absätze + 1 Zusatz]

PdF	Ausgewählte Begriffe und Resultate der PdF	Siehe Abschnitt
VII.7	Es gibt keine prinzipiellen Erkenntnisgrenzen	9.1, 9.2
VII.8–10	Die wahrnehmbare Natur hat keine Fragen	9.1, 9.2
	Das denkende Ich allein stellt alle Erkenntnisfragen, also kann es sie (im Prinzip) auch beantworten	9.1, 9.2

[TEIL II:] DIE WIRKLICHKEIT DER FREIHEIT
Kapitel VIII: Die Faktoren des Lebens
[8 Absätze + 1 Zusatz]

Zu Absatz VIII.4: Dieser und der folgende Absatz sind sehr geeignet für eine Übung zur Textanalyse und gleichzeitig zur Einsicht in die Grenzen einer solchen. Erweitert man das Textfragment des einen Satzes von Absatz 4 bis zum ersten Komma schrittweise um die folgenden Teile, so grenzt sich dasjenige, was unter einem «individuellen Akt» zunächst verstanden werden kann, immer mehr ein, bis schließlich eine Charakterisierung des Gefühls übrig bleibt. Zunächst ist mit dem Satz «Das Fühlen ist ein rein individueller Akt» noch offen, welcher Art dieser Akt ist, ob eine (bewusste) Tätigkeit mit ihm verbunden ist oder nicht, und in welchem Verhältnis er zur Welt steht. Mit dem Satz «Das Fühlen ist ein rein individueller Akt, die Beziehung der Außenwelt auf unser Subjekt» wird Fühlen zu einer Beziehung zwischen Subjekt und Außenwelt mit einer bestimmten Richtung (von der Außenwelt zum Subjekt) und schließlich im vollständigen Satz zu einer solchen Beziehung, die darüber hinaus bloß erlebt und nicht tätig hervorgebracht, also auch nicht gedacht wird. Allerdings ist diese Interpretation nicht ganz eindeutig: Die Variante mit einem aktiven Anteil des Bezugs kann interpretatorisch nicht ganz ausgeschlossen werden, insbesondere da von einem «Akt» die Rede ist. Allerdings muss auch bedacht werden, dass sich «individuell» bisher immer auf die seelische Konstitution des Menschen bezogen hat, also gerade *nicht* auf eine Denktätigkeit.

Zu Absatz VIII.5: Hier werden schließlich die beiden anderen Möglichkeiten eines Bezugs des Ich zur Welt besprochen: Denken (genauer: Erkennen) ist ein aktiv hergestellter Bezug, der in beide Richtungen geht (oder: keine bevorzugte Richtung hat) und im gewöhnlichen, das heißt beobachtbaren (seelischen) Willen schließlich wird ein gerichteter Bezug des Subjekts auf die Welt erlebt. Man beachte, dass hier im Gegensatz zum «Zusatz zur Neuauflage (1918)» dieses Kapitels von Gefühl und Wille nur als (seelische) Wahrnehmungen im Sinne von Beobachtungstatsachen die Rede ist und nicht von geistig wahrnehmbaren Tätigkeiten des Ich auf der Grundlage der Intuition. Einzig das Denken tritt hier in seiner reinen, höheren Form des intuitiven

Denkens auf und nicht in seiner gewöhnlichen Form des Gedanken-Habens.

Zum «Zusatz zur Neuauflage (1918)»: (Siehe zu diesem Zusatz die Kapitel 4 und 6 und insbesondere Abschnitt 5.8.) Bei der Einführung der intuitiven Erfahrbarkeit des Denkens in diesem Zusatz verwendet Steiner den Ausdruck «Beobachtung» nicht mehr im selben Sinne wie im III. Kapitel. Dort war das Beobachten des gegenwärtigen Denkens kategorisch unmöglich, hier ist es nur noch schwierig. «Beobachtung» erhält dadurch die umfassendere Bedeutung von Erfahrung, was die darauf folgenden umschreibenden Charakterisierungen des Beobachtungsprozesses durch «betrachtende Seele» und «Richtung der Aufmerksamkeit» nahe legen.

Dem «Leben im Denken» wird das gewöhnliche (beobachtbare) Fühlen und Wollen sowie das kurz vorher, aber in diesem Satz nicht mehr explizit erwähnte Gedanken-Haben gegenübergestellt. Dem Ursprungserlebnis des Fühlens oder Wollens bei aktueller Anwesenheit der diese Erlebnisse auslösenden Wahrnehmungen (Gegenwartsvorstellungen) steht das Nacherlebnis von Gefühl und Wille im postaktuellen Zustand der Wahrnehmung (Nachgegenwartsvorstellung – siehe Kapitel 10) gegenüber. Sich an Erinnerungen anschließende Gefühle oder Willensimpulse gehören nicht dazu, da es sich hier um neue Gefühle beziehungsweise Willensimpulse, und keine Nacherlebnisse von solchen handelt. Was bleibt, ist eine über die aktuelle Wahrnehmung hinaus präsente Stimmung und/oder ein fortdauerndes Wünschen und Sehnen.

Auf die Dreieinigkeit des aktiven Denkens (Abschnitt 5.8) wird in verschiedenen Formulierungsvarianten mehrfach aufmerksam gemacht. Seiner «lichtdurchwobenen» Natur entsprechen die in sich klaren Denkinhalte, seiner «Wirklichkeit» die zielgerichtete Denkbetätigung und seiner «Wärme» die Liebe in geistiger Art oder die Hingabe, die Zuwendung an den Weltprozess. Damit sind Gefühl und Wollen sowie Gedanken in ihren höheren Daseinsformen als Liebe, Wirksamkeit und reine Ideen im aktiven Denken enthalten. Dieses Denken repräsentiert somit eine höhere Einheit der drei Seelenkräfte Denken, Fühlen und Wollen und wird in Steiners Text nun *intuitives Denken* genannt.

PdF	Ausgewählte Begriffe und Resultate der PdF	Siehe Abschnitt
VIII.4	Gefühl als rein individueller Akt, als realer Bezug einer Wahrnehmung (Objekt) auf das Subjekt	Kommentar, 5.8, 10.8
VIII.5	Wille als realer Bezug des Subjekts auf die Wahrnehmungswelt (Objekt) Denken als ideeller Bezug zwischen Wahrnehmung und im Subjekt erlebten Begriffen	Kommentar, 5.8, 10.8
VIII. Zusatz	Beobachtung, betrachtende Seele, Aufmerksamkeit; bloße Gedanken im Kontrast zu Leben im Denken	Kommentar, 5.1, 5.5, 5.6, 5.7, 5.8, 7.3
	Seelische Formen des Denkens, Fühlens und Wollens im Verhältnis zu Denken, Fühlen und Wollen innerhalb des reinen (intuitiven) Denkens	
	Intuitives Denken als Drei-Einigkeit von lichter Klarheit, wärmender Liebe und wirkendem Wollen	5.8

Kapitel IX: Die Idee der Freiheit [48 Absätze]

Zu Absatz IX.3: Die drei seelischen Qualitäten in höherer Erscheinungsweise im intuitiven Denken (siehe «Zusatz zur Neuauflage (1918)» des VIII. Kapitels und Abschnitt 5.8) treten auch in der hier gegebenen Definition der Intuition auf: «Intuition ist das im rein Geistigen verlaufende bewusste Erleben eines rein geistigen Inhaltes.» Mit anderen Worten: *Intuition ist das in rein geistiger Tätigkeit verlaufende hingebungsvolle Anschauen rein geistiger Inhalte.*

Zu Absatz IX.4: (Siehe dazu die Abschnitte 6.7 und 6.8.) Zur sach- und kontextgemäßen Interpretation dieses Absatzes darf unter seelisch-leiblicher Organisation zunächst nur etwas verstanden werden, was ohne jede Hinzunahme externer (naturwissenschaftlicher, insbesondere physiologischer oder neurophysiologischer) Erkenntnisergebnisse erfahren und durchschaut werden kann. Dazu bietet sich die Gesamtheit der Beobachtungen an, die das Spektrum der bloß *gegebenen*

Erfahrungen, von Sinneserfahrungen über Vorstellungen, Erinnerungen, Gefühle bis hin zu Beobachtungen des Denkens, umfasst. Der geschilderte Zurückdrängungsprozess wird dann unmittelbar erfahrbar: Beobachtungen werden durch das Auftreten des Denkens aus dem primären Fokus der Aufmerksamkeit herausgedrängt, an den Rand des Bewusstseins. Selbstverständlich schließt diese auf das gewöhnliche Bewusstsein reduzierte Version der leiblich-seelischen Organisation eine tiefergehende, unter anderem auch physiologische Prozesse einbeziehende Auffassung dieser Organisation nicht aus. Diese ist aber nicht unmittelbar Gegenstand des vorliegenden Absatzes.

Zur Erfahrung und Bewusstwerdung des Ich kommt man nur über das reine Denken. Das reine Denken ist die Vorbedingung, die Grundlage der Erfahrung und des Beobachtungsbewusstseins des Ich (Beobachtungsbewusstwerdung oder Erkenntnis des Ich). Ist man einmal bei dieser Erfahrung angelangt, so wird man gewahr, dass umgekehrt das Dasein des Denkens allein durch das Ich gegeben ist. (Dies steht scheinbar im Gegensatz zu IV.6; dort wird jedoch vom Gesichtspunkt des *beobachtbaren* Ich aus argumentiert und noch nicht der intuitive Standpunkt eingenommen.) Sowohl die hervorbringende und anderes zurückdrängende Qualität der Denktätigkeit als auch das hingebungsvolle Anschauen haben ihren Ursprung im Ich, im «Wesenhaften, das im Denken wirkt», welches «das *Erscheinen* des Denkens vorbereitet».

Die Auseinandersetzung des denkenden Ich mit der leiblich-seelischen Organisation hat Folgen: Es treten Beobachtungen des Denkens und Beobachtungen des Ich auf. Sie sind die «Gegenbilder» des Denkens, welche durch die Organisation vermittelt werden. Sie bilden die Grundlage der Beobachtungsbewusstwerdung des Denkens (Abschnitt 4.3) und der Beobachtungsbewusstwerdung des Ich (Abschnitt 6.3) und sind damit die Vorbedingung einer intuitiven Bewusstwerdung sowohl des Denkens (Abschnitt 4.5) als auch des Ich (Abschnitt 6.5).

Zu Absatz IX.5: Meines Erachtens ist dies einer der zentralen Absätze des ganzen Buches. Dabei steht etwas vom Entscheidendsten in Klammern. In diesem Absatz wird in konzentrierter Form für das Ich geschildert, was für das Denken bereits vollzogen wurde: Der Übergang vom Beobachtungsbewusstsein (Beobachtungsbewusstwerdung) zur intuitiven Bewusstwerdung (siehe dazu Kapitel 4 und 6). «Ich-Bewusstsein» steht hier für die durch die Beobachtungen des Ich, durch die «Gegenbilder» oder «Spuren» desselben in der leiblich-seelischen Organisation ermöglichte Beobachtungsbewusstwerdung des Ich, das heißt also die denkende Auseinandersetzung mit diesen Beobachtungen des Ich. Die wiederholte Herstellung dieses «Ausnahmezustandes» des denkenden Ich kann der Erübung des intuitiven Erfahrens dienen und damit das Ich-Erleben in die Sphäre der intuitiven Bewusstwerdung des Denkens heben, wo es als intuitive Bewusstwerdung des Ich (wirkliches «Ich») von der leiblich-seelischen Organisation unabhängig wird.

Zu Absatz IX.15: Die im Absatz IX.30 scheinbar unvermittelt auftauchende «Liebe zur Handlung» wird im Text vorher mindestens zweimal angekündigt, ohne beim Namen genannt zu werden (wenn man von ihrer ersten expliziten Erwähnung im Zusammenhang mit dem Denk- und Erkenntnisprozess im «Zusatz zur Neuauflage (1918)» des Kapitels VIII absieht). Zunächst wird in diesem Absatz die Formseite des Willensaktes, Triebfeder genannt, in ihrer reinsten und damit in ihrer freisten Version charakterisiert durch die Tatsache, dass hier kein «bloß Individuelles» mehr in mir wirkt, sondern nur der «allgemeine Inhalt meiner Intuition». Das «Individuelle» ist hier offenbar immer noch im Sinne des Kapitels VI zu verstehen, als seelische Umkleidung des weiter oben eingeführten Ich [IX.5], und nicht als dieses selbst. Denn es ist gerade mein Ich, das im Bildeprozess einer moralischen Intuition sich in der *Form* der Intuition, das heißt im *allgemeinen* Inhalt der Intuition, verwirklicht und dadurch zu seinem frei ergriffenen Handlungsziel kommt. Die anschließend genannte «Berechtigung» kann sich nicht auf irgendeine Art Rechtfertigung dieses intuitiven Denk*inhalts* beziehen, welcher der Willensbildung zugrunde gelegt wird. Denn eine solche Rechtfertigung braucht es nicht und kann es auch nicht geben, ohne in einen unendlichen Rechtfertigungsregress zu verfallen. Mit anderen Worten: Da eine Rechtfertigung nach einer weiteren Rechtfertigung der Rechtfertigung und so weiter verlangt, kommt man auf diesem Wege zu keinem Ende, es sei denn durch eine dogmatische Setzung einer kanonischen Rechtfertigung vermöge irgendeiner Autorität. Die im Kontext des Kapitels IX gemeinte «Berechtigung» des Intuitionsinhaltes als Grundlage einer freien Handlung liegt einzig und allein darin, dass ich verwirklichen will, was ich als Ziel ins intuitive Auge gefasst habe, dass ich mich der Welt mit diesem Ziel handelnd hingeben will. Sie liegt der ganzen Willensbildung zugrunde und ist dafür verantwortlich, dass es schließlich zur Handlung kommt. Sie ist in ihrem letzten Grund nichts anderes als die in IX.30 genannte «Liebe zur Handlung». Damit ist die höchste Triebfeder nicht einfach das sich bloß der Ideenwelt zuwendende intuitive Denken, sondern das sich *in Liebe der Welt zuwendende* intuitive Denken, die *moralische* Intuition oder *praktische* Vernunft (siehe dazu Kapitel 11).

Zu Absatz IX.28: Hier ist die zweite Vorankündigung der in IX.30 eingeführten «Liebe zur Handlung». Zunächst wird in diesem Absatz jedoch auf etwas aufmerksam gemacht, was (unter anderem) vom Gesichtspunkt des intuitiven Denkens aus das Ich zu einem im geistigen Sinne individuellen macht, nämlich die Gesamtheit derjenigen Ideen, mit denen es sich intuitiv verbindet (oder verbinden kann). Diejenigen dieser Ideen nun, die dem Handeln (und nicht dem Erkennen) zugrunde gelegt werden, machen seinen konkreten Sittlichkeitsgehalt aus. *Dass* ich dies tue, und *warum*, kann nur beantwortet werden mit: weil ich es will, weil ich diesen ideellen Gehalt «ausleben» will. Dieses Ausleben-Lassen-Wollen ist die «höchste moralische Triebfeder» und damit der letzte reelle Grund des Handelns, eben die «Liebe zur Handlung».

Zu Absatz IX.30: (Siehe dazu Kapitel 11.) Die Liebe zur Handlung ist die Brücke, welche die Zielbildung mit der Verwirklichung einer Handlung verbindet. Mit ihr erfasst man dasjenige, «wodurch eine Handlung des Menschen dessen *sittlichem* Wollen entspringt». Entscheidend ist dabei, dass sich diese Liebe auf die Welt, auf das zu verwirklichende Objekt des Handelns richtet und *nicht nur* auf die der Handlung zugrundeliegende Idee. Die Liebe ist der *reelle* Grund meines freien Handelns, die *Moralität* meiner Idee. Der ideelle Grund (nicht die ideelle Rechtfertigung) ist die der freien Handlung zugrunde gelegte Idee, die moralische *Intuition*. Das Prinzip der freien Handlung im Sinne der Verwirklichung einer moralischen Intuition vermöge der Liebe zur Handlung bestimmt nur, unter welchen Bedingungen eine Handlung frei ist, und enthält keinen Hinweis darauf, nach welchen konkreten Kriterien die Verknüpfung meines Intuitionsinhaltes mit der gegebenen Welt im Einzelnen zu vollziehen ist. Ob es zu einem Konflikt mit dieser Welt kommt oder nicht, ob also meine Handlung «böse» oder «gut» wird oder nicht, liegt nicht darin, ob die Handlung frei ist oder nicht, sondern in welchem Verhältnis mein Intuitionsinhalt mit der gegenwärtig existierenden Welt steht. Wie tiefgehend ich dieses Verhältnis auszuloten vermag und damit mögliche Konflikte abwenden kann, hängt von meinem Erkenntnishorizont ab. Aber auch ein gut ausgebildetes Erkenntnisvermögen vermag nicht vorauszusehen, wie andere freie Menschen in die Welt eingreifen werden und damit vielleicht aus meiner Handlung etwas ganz anderes machen, als was ich mir ursprünglich vorgenommen und an der gegebenen Wirklichkeit geprüft habe. Damit ist klar, dass freie Handlungen nicht von vornherein «gut» sein müssen. Man beachte, dass diese Bestimmung von «gut» und «böse» zunächst *nur* für freie Handlungen entwickelt wurde; für unfreie Handlungen kommen andere Kriterien in Betracht (siehe dazu Kapitel 11 und 12).

Zu Absatz IX.36: Hier ist die *prinzipielle* Einheit der Ideenwelt von der konkreten Einheit *bestimmter* Ideen zu unterscheiden. Erstere ist ein Ergebnis der individuellen Denkerfahrung und bedarf keiner Bestätigung durch oder Auseinandersetzung mit anderen denkenden Individuen. Sie ergibt sich aus einer Einsicht in die Natur von Begriffen und Ideen, wie sie im reinen Denken zum Ausdruck kommen (Kapitel III). Insbesondere ergibt sich hieraus, dass man seine Ideen nicht selber produziert, erzeugt oder konstruiert, sondern gemäß der individuellen Ideenanschauung zur Erscheinung bringt. Die Einsicht in die prinzipielle Einheit der Ideenwelt, die in diesem Absatz vorausgesetzt wird, ist Vorbedingung einer Einsicht in die konkrete Einheit von Ideen verschiedener Menschen. Falls mir diese Ideen zugänglich sind, weiß ich demzufolge, *dass* sie zu einer Einheit gedacht werden können. Die Schwierigkeit ist hier also nicht, *ob* sie zu einer Einheit gedacht werden können, sondern *wie* das zu geschehen hat. Dazu bedarf es erstens einer aktuellen Kenntnisnahme der Ideen anderer Menschen durch individuelle Beobachtung und zweitens einer konkreten Verarbeitung dieser Ideen zu einer Einheit (Verhältnis- und Einheitsbildung). Das letztere ist ein lösbares Problem der konkreten Denkarbeit. Das erstere ist nur möglich, wenn es einen direkten Zugang zur Ideenwelt anderer Menschen auf der Grundlage der Beobachtung gibt, denn zum Intuitionsinhalt eines anderen Menschen habe ich keinen direkten Zugriff. Diesen Zugang gibt es, und Steiner bezeichnet später in seinem Werk die entsprechende Fähigkeit als *Begriffssinn* (siehe dazu Abschnitt 12.3 und die entsprechenden Anmerkungen in Kapitel 15). – Auf der Ebene der Intuition ist ein Missverstehen nicht möglich: Wenn es gelingt, einen Handlungsimpuls eines anderen Menschen auf die zugrunde liegende Intuition zurück zu verfolgen, so ist zumindest ein grundsätzliches Verständnis möglich, auch wenn es in der konkreten Realisierung zu Reibungen kommen mag.

Zu Absatz IX.46: Hat man das im Auge, was man im ersten Anlauf unter Staatsgesetzen versteht (und wohl in erster Linie während der ersten Fassung dieses Werkes 1894 verstanden hat), insbesondere die Verfassungen und Grundgesetze verschiedener Nationen, so bereitet dieser Absatz keine besonderen Schwierigkeiten. Wendet man die Aussagen dieses Absatzes aber auf *alle* je als juristisch relevante Gesetze eines Staates aufgestellten Vorschriften an, so scheint manchen Interpreten dieser Absatz problematisch zu sein. Meines Erachtens ist hier aber folgendes zu bedenken: Wenn es gelingt, den intuitiven, das heißt rein ideellen Kern eines Staats- oder Sittlichkeitsgesetzes herauszuschälen (was vielleicht manchmal schwierig sein mag, aber immer möglich ist – ansonsten handelte es sich gar nicht um ein Gesetz, sondern um eine willkürliche Beschreibung), so wird sich herausstellen, dass das berechtigte Problem, das man mit der Akzeptanz bestimmter Staats- oder Sittlichkeitsgesetze haben muss oder kann, *nicht* an deren *ideellem* Gehalt liegt, sondern an deren *Bezug* auf gegenwärtige (oder bereits historisch gewordene) konkrete Welttatsachen. Damit erweist sich die Problematik der Staatsgesetze nicht als eine Problematik bestimmter Ideen, sondern der (moralischen) Anwendung spezifischer Ideen auf bestimmte konkrete Daseins- und Entwicklungsverhältnisse der Welt und/oder der Menschen. Hier ist also nicht der ideelle Inhalt als solcher problematisch, sondern dessen «rechtes» Verhältnis zur Welt, also dessen «gute» oder «böse» Beziehung zum konkreten Dasein.

PdF	Ausgewählte Begriffe und Resultate der PdF	Siehe Abschnitt
IX.1	Welterkenntnis	9.2
IX.2	Selbsterkenntnis des Denkens und Erkennens	4.4, 5.7, 7.4, 9.1
IX.3	Definition der Intuition	Kommentar, 4.5, 5.5, 5.6, 5.7, 5.8, 8.1
IX.4	Intuition und leibliche Organisation	Kommentar, 6.7, 6.8

IX.5	Bedeutung der Organisation; Ich-Beobachtung und Ich-Bewusstsein; Ich-Erfahrung	Kommentar, 6.2, 6.3, 6.4, 6.5, 6.8
IX.7–9	Motiv und Triebfeder	1.2
IX.10–14	Vier Stufen der Triebfeder	1.2
IX.15	Höchste Stufe der Triebfeder als Form der moralischen Intuition	Kommentar
IX.16–23	Vier Stufen des Motivs	1.2
IX.23	Höchste Stufe des Motivs als Inhalt der moralischen Intuition	11.2
IX.24	Triebfeder und Motiv auf der höchsten Stufe als zwei Aspekte der moralischen Intuition	11.2
IX.25	Fähigkeit zur moralischen Intuition	13.1
IX.27	Die moralische Intuition ist inhaltlich und formell von der die Handlung veranlassenden Wahrnehmung (Handlungskontext) unabhängig	11.1
	Die Auseinandersetzung mit der Wahrnehmungswelt (moralische Technik) ist der moralischen Intuition nachgeordnet	11.3
IX.28	Summe der im einzelnen Menschen wirksamen Ideen (aktuelle Intuitionen) im Erkennen und Handeln ist bei aller Allgemeinheit der Ideenwelt in jedem Menschen individuell. Dieser Standpunkt heißt *ethischer Individualismus*	Kommentar, 11.1, 13.1
IX.29–30	Naturlehre der Sittlichkeit, historisch manifeste Gesetze des Handelns von Individuen und sozialen Gemeinschaften	11.7
IX.30	Liebe zur Handlung als letzter «Grund» eines freien Willensaktes	Kommentar, 11.1
	Die Qualität «gut» oder «böse» für eine freie Handlung beruht auf der Relation des der Zielbildung zugrunde liegenden aktuellen Inhalts der moralischen Intuition mit der durch die moralische Technik erfassten konkreten gegen-	11.2, 11.4

IX.32	Begriff der menschlichen Individualität auf der Grundlage seiner Intuitionen, insbesondere der Erkenntnisintuitionen und der moralischen Intuitionen	13.1
IX.36	Allgemeine Einheit der Ideenwelt als individuelles Denkerlebnis und konkrete Einigkeit der Ideenwelt als Erkenntnisakt aufgrund individuellen Erlebens anderer Individualitäten	Kommentar, 12.2, 12.3, 12.4
	Bedingungen der individuellen Beobachtbarkeit der Ideen eines anderen Menschen	12.3
IX.37	Vertrauen in die mögliche und aktuelle Freiheitsfähigkeit der Mitmenschen als Grundlage einer Menschengemeinschaft	12.4, 12.5, 12.6
IX.40–43	Begriff und Wirklichkeit eines freien Geistes: diese sind nicht von vornherein vereinigt, sondern müssen aktuell und fortwährend zur konkreten Einheit gebracht werden	13.1
IX.46	Staatsgesetze als Intuitionen freier Geister	Kommentar
IX.47	Ablehnung des Zweckbegriffs: Der Mensch ist nicht für die sittliche Weltordnung da, sondern die sittliche Weltordnung ist Folge der Sittlichkeit des individuellen Menschen	12.2, 12.3, 12.4
IX.48	Individuum als Quell der Sittlichkeit; soziale Gemeinschaften als notwendige Folge des individuellen Handelns	12.2, 12.3, 12.4, 12.5, 12.6

Kapitel X: Freiheitsphilosophie und Monismus
[11 Absätze + 2 Zusätze]

Zum «1. Zusatz zur Neuauflage (1918)»: In diesem Absatz wird unter anderem explizit auf die nicht selbstverständliche Tatsache aufmerksam gemacht, dass die Quelle sowohl der Erkenntnisintuition als auch der moralischen Intuition dieselbe ist. Die beiden Funktionen der Intuition treten im Rahmen ihrer verschiedenen Zielsetzungen in ihrer Gegensätzlichkeit hervor, schöpfen ihre Inhalte aber aus derselben Ideenwelt. Dadurch ist der konkrete Zusammenhang der Denk- und Erkenntniswissenschaft mit dem ethischen Individualismus sachlich gerechtfertigt.

PdF	Ausgewählte Begriffe und Resultate der PdF	Siehe Abschnitt
X.8	Ziele einer menschlichen Gemeinschaft sind Folgen der Willensakte einzelner Individuen	12.4
X. 1. Zusatz	Verhältnis von Erkenntnisintuition und moralischer Intuition	Kommentar, 8.4, 11.5

Kapitel XI: Weltzweck und Lebenszweck
[9 Absätze + 1 Zusatz]

PdF	Ausgewählte Begriffe und Resultate der PdF	Siehe Abschnitt
XI. Zusatz	Das Ergebnis der individuellen Ziele einzelner Menschen ist eine Gesamtwirksamkeit, die ein höheres darstellt als die einzelnen Ziele	12.2, 12.3, 12.4

Kapitel XII: Die moralische Phantasie
[20 Absätze + 1 Zusatz]

PdF	Ausgewählte Begriffe und Resultate der PdF	Siehe Abschnitt
XII.2–3	Moralische Phantasie: Individualisierung des Inhalts der moralischen Intuition zu Vorstellungen	11.3

XII.4	Moralische Technik: Wissenschaftliche Erkenntnis der Erscheinungswelt (Handlungskontext) und Fähigkeit, die Welt der Wahrnehmungen umzuformen, ohne den naturgesetzlichen Zusammenhang zu durchbrechen.	11.3
XII.17	Freie Tat ist Abbild einer ideellen Intuition	7.4, 11.1, 11.2
XII. Zusatz	Die Autonomie der Begriffsintuition von der seelisch-leiblichen Organisation garantiert die Autonomie der moralischen Intuition als Grundlage des freien Handelns	11.1

Kapitel XIII: Der Wert des Lebens [52 Absätze + 1 Zusatz]

XIII.52	Wert des Lebens als Verhältnis des Erreichten zum Erstrebten	13.1

Kapitel XIV: Individualität und Gattung [8 Absätze]

Zu Absatz XIV.6: (Siehe dazu Abschnitt 12.3 und die entsprechenden Anmerkungen in Kapitel 15.) In der zweiten Hälfte dieses Absatzes ergänzt Steiner die Ausführungen in IX.36 (siehe dort) zur beobachtenden Kenntnisnahme der Ziele eines anderen Menschen vermöge des später so genannten *Begriffssinnes*. Dabei wird deutlich, dass zwischen dem unmittelbaren Verstehen, das heißt dem bloßen Aufnehmen der in Beobachtungsform vorliegenden Begriffe einer anderen aktuell denkenden und sich mitteilenden Person, und dem eigenen begrifflichen Verarbeiten dieser Erfahrungen deutlich unterschieden werden muss. Das ist in der Praxis nicht ganz einfach, da man in der Regel sofort über die einem mitgeteilten Gedanken nachzudenken beginnt, um sie mit den eigenen Gedanken in ein Verhältnis zu setzen. Dieser Prozess läuft meist auf ein (rasches) Wechselspiel zwischen eigenem Denken und Aufnehmen von Gedanken der anderen Person heraus. Die Kunst des Verstehens anderer Menschen besteht dann darin, diese beiden Komponenten des Kommunikationsprozesses klar auseinander zu halten.

PdF	Ausgewählte Begriffe und Resultate der PdF	Siehe Abschnitt
XIV.6	Individuelles unmittelbares Verstehen der Intuitionen einer freien Individualität durch individuelle Beobachtung	Kommentar, 12.3, 13.1
XIV.8	Sittliches Leben der Menschheit als Gesamtsumme der moralischen Intuitions- und Phantasieerzeugnisse freier Individualitäten	12.4

[TEIL III:] DIE LETZTEN FRAGEN
[Kapitel XV:] Die Konsequenzen des Monismus
[4 Absätze + 2 Zusätze]

Zum «1. Zusatz zur Neuausgabe 1918»: Dieser Zusatz ist ein wichtiger Schlüssel für das Verständnis des Verhältnisses des ersten zum zweiten Teil des Werkes *Die Philosophie der Freiheit*. Er macht auf die diese beiden Teile vermittelnde Rolle des intuitiven Denkens aufmerksam.

PdF	Ausgewählte Begriffe und Resultate der PdF	Siehe Abschnitt
XV.4	Dem Inhalt nach hat die moralische Intuition ihren Ursprung in derselben Ideenwelt wie die Erkenntnisintuition	8.4, 11.1, 11.5, 12.2
XV. 1. Zusatz	Intuitiver Denkakt als reelle und ideelle Grundlage der moralischen Intuition und der Freiheit	Kommentar, 8.4
XV. 2. Zusatz	Intuitiver Denkakt als geistige Wahrnehmung: tätiges Wahrnehmen und wahrnehmendes Tätigsein Philosophische Rechtfertigung der anthroposophischen Geisteswissenschaft	5.5, 5.6, 7.2, 7.3, 8.1, 8.2 Kapitel 3 bis 14

[Kapitel XVI:] Erster Anhang
(Zusatz zur Neuausgabe 1918) [4 Absätze]

Zu Absatz XVI.3: Neben IX.36 und XIV.6 wird hier noch einmal auf das Problem des Fremdpsychischen eingegangen und damit das Funktionieren des *Begriffssinnes* sowie auch des *Ich-Sinnes* genauer entwickelt (siehe dazu Abschnitt 12.3 und die entsprechenden Anmerkungen in Kapitel 15). Da hier weder der Begriffssinn noch der Ich-Sinn explizit eingeführt werden, muss davon ausgegangen werden, dass sich «sinnlich» und ähnliche Ausdrücke nur auf die üblichen fünf Sinne beziehen. Wichtig zu sein scheint, dass zur Erfassung von Beobachtungen des Denkens eines anderen Menschen die denkende Aufmerksamkeit auf etwas gelenkt werden muss, was zwar mit den (gewöhnlichen) Sinneserlebnissen erscheint, aber nicht Bestandteil derselben ist, also bloß «mittelbar» erscheint: «Ihr Sich-vor-mich-Hinstellen ist zugleich ihr Auslöschen als bloße [gewöhnliche] Sinneserscheinung.» Die sich hier zeigenden Erfahrungen, die durch das aktive Denken aufgegriffen werden können, sind *Beobachtungen* des Denkens und des Ich des anderen Menschen (also durch Begriffssinn und Ich-Sinn vermittelte Erfahrungen) – falls sich das Menschenwesen entsprechend äußert, was hier offenbar vorausgesetzt wird. «Durch das Sich-Auslöschen der [gewöhnlichen] Sinneserscheinungen wird die Trennung zwischen den beiden Bewusstseinssphären tatsächlich aufgehoben.» Da diese Erfahrung des fremden Bewusstseinsinhaltes mit keiner Eigentätigkeit von meiner Seite aus verbunden ist, und demzufolge in denselben keine Beobachtungen des eigenen Denkens und des eigenen Ich enthalten sind, also auch keine entsprechende Bewusstwerdung meiner selbst vorhanden ist, so kann nur eine Bewusstwerdung des Anderen präsent sein. Dieses bloße Aufnehmen wird jedoch immer wieder durchbrochen von individuellen Denkanstrengungen zur Verarbeitung dieser Erfahrungen fremder Gedankeninhalte mit dem eigenen Denken. Indem es mir gelingt, sowohl meine eigene Bewusstheit zu wahren, sie immer wieder herzustellen, wie auch den Anschluss an die Erfahrung der fremden Bewusstseinsinhalte aufrecht zu erhalten, verhindere ich mein Einschlafen.

16. Kommentar zu «Die Philosophie der Freiheit»

PdF	Ausgewählte Begriffe und Resultate der PdF	Siehe Abschnitt
XVI.3–4	Aktuelles Ergreifen von Inhalt und Tätigkeit des Denkens eines anderen tätig denkenden Menschen in Beobachtungsform	Kommenar, 11,7, 12.3

[Kapitel XVII:] Zweiter Anhang [13 Absätze]

PdF	Ausgewählte Begriffe und Resultate der PdF	Siehe Abschnitt
XVII.8	Notwendigkeit scharfer Konturen im abstrakten «Ätherreich» der reinen Begriffe als Vorbedingung eines differenzierten Erlebens reichhaltiger Lebensinhalte	9.1
XVII.9–10	Philosophie als Kunst und Philosophen als Begriffskünstler	11.6
XVII.13	Man muss sich der Idee erlebend gegenüberstellen, sonst gerät man unter ihre Knechtschaft	7.2, 7.3, 7.4, 7.5, 9.5, 11.1, 11.8

Sachregister

Auf Stichworte in Tabellen wird mit «Tab.» und der Tabellen-Nr. hingewiesen.

Symbole
* Literaturhinweis im Kapitel 15.
[V.2] Abschnitt 2, Kapitel V im Werk von R. Steiner *Die Philosophie der Freiheit* gemäß der 2. Auflage von 1918 (GA 4, Dornach ¹⁶1995).

Stichworte

Abirrungen 151–154, 195–198, 272–276
Abläbmung (siehe Abstraktion)
Abstraktion, Abstraktionslehre 145–147, 359–361, 361f., 373–375, Tab. 15.3
Analyse und Synthese (Beispiel) 51–53, 93f.
Anschauung, tätige (siehe Begriffsintuition, Intuition)
Anthroposophie als Geisteswissenschaft 13, 17, 23, 346f., 352f.
Antipathie 112, 354
Assoziation 59, 91, 93, 229f., 370
Ästhetik 260–265, 269–272, 379f., Tab. 11.2; «schön» oder «hässlich» 263f.
Ästhetische Beurteilung (siehe Beurteilung)
Ästhetisches Schaffen (siehe Künstlerisches Schaffen)
Auferstehung (siehe Konkretion)
Ausgleich von Einseitigkeiten
 individueller 196, 274–276
 sozialer 296–299

Ausnahmezustand 70–75, 83f., 92f., 116f., 140f., 148, 363, 410, Tab. 4.1, 7.1
Automatismus
 epistemischer 195–198
 moralischer 273

Bedingung und Folge 57f.
Beendigung eines Denkaktes (siehe Denken, reines)
Befreiung 240f., 277–279
Begabungen und Gemeinschaftsbildung 296–299
Begegnung, gewollte (siehe Begriffsintuition; Bewusstwerdung; Geistesgegenwart; Intuition)
Begriff, Denkinhalt, Idee, Gesetz, Prinzip (vgl. Gesetz) 28, 49, 61–66, 98–103, Tab. 5.1, 5.2, 5.3
 Anwesenheit (siehe Begriff: Dasein)
 Ausdruck (Wort) 28, 49
 Beständigkeit (siehe Begriff: Unveränderlichkeit)

Sachregister

Bestimmtheit (siehe Begriff:
 Notwendigkeit)
Dasein, Gegebensein,
 Anwesenheit, Existenz
 64f., 79f., 92f., 94–103,
 107, Tab. 5.1, 5.2, 5.3
Durchschaubarkeit (siehe
 Begriff: Klarheit)
Eigensein, passives 64–66,
 95–97, 100, 105, 107, 359,
 Tab. 5.2
Existenz (siehe Begriff: Dasein)
Ewigkeit 65, 102f., Tab. 5.2,
 5.3, 5.5
Form 94–99, Tab. 5.2
Gegebensein (siehe Begriff:
 Dasein)
Gesetz der Form 94–97,
 103–107, Tab. 5.1, 5.4
Gesetz des Inhalts 98–103,
 Tab. 5.2, 5.3
Individualisierung,
 Spezialisierung 176f.,
 180, 189–194, 200–204,
 210–214, 214–218,
 359–361, 369–372,
 Tab. 9.1, 11.1, 15.1, 15.2, 15.3
Individualität, individuell
 61f., 98
Inhalt 98–103, Tab. 5.3
Invarianz (siehe Begriff:
 Unveränderlichkeit)
Jenseits von Erkenntnis und
 Moral 170f., 179, 186,
 237–239, 244, 253f., 415f.
Klarheit, Durchschaubarkeit
 61–63, 79f., 99–101, Tab.
 5.2, 5.3
Leibfreiheit der Begriffsinhalte
 80f.

Notwendigkeit 63, 66, 101, 359,
 Tab. 5.2, 5.3, 5.5
Passivität des Inhalts 93, 94–
 103, 103–107, Tab. 5.2, 5.5
reiner, sinnlichkeitsfreier (vgl.
 Begriffsintuition) 58–66,
 98–103
Sein, Seiendes 102f., Tab. 5.2,
 5.3
sinnlichkeitsfreier (siehe
 Begriff: reiner)
Spezialisierung (siehe Begriff:
 Individualisierung)
Unabhängigkeit von leiblich-
 seelischer Organisation
 80f., 101–103, 126f.
Universalität 61
Unveränderbarkeit 64f., 102,
 Tab. 5.2, 5.3, 5.5
Unveränderlichkeit 65, 90,
 102f., Tab. 5.2, 5.3, 5.5
Widerstand 64f., 100
Zusammenhang 63, 98–103,
 Tab. 5.3
Begriffsintuition, ideelle Intuition
 (vgl. Intuition als Begriffs-
 intuition) 85, 89, 94–97,
 103–107, 141f., 155–159,
 160–173, 325, 368, 403, 407,
 Tab. 5.1, 5.3, 5.4, 5.5, 7.1, 8.1, 8.2
Anschauung, tätige 94f.,
 103–107, 408f., Tab. 5.5
Begegnung, gewollte 105f.,
 322–324, Tab. 5.5
Denken, Fühlen, Wollen 111f.
Fähigkeit 313
freier Akt 151
Funktionen 168–171, Tab. 8.3
Liebe in geistiger Art, tätige
 Zuwendung 105–107,

112f., 123, 150f., 353f., 410f.,
Tab. 5.5, 7.1
Perspektive 325–328
Unabhängigkeit von leiblich-
seelischer Organisation
126–129
Zuwendung, aktive oder tätige
(siehe Begriffsintuition:
Liebe in geistiger Art)
Begriffssinn 381f., 412, 417f., 419
Begriffsurteil (siehe Urteil)
Beobachtung 24, 70–75, 200f.,
218–229, 351, 368, 397, Tab. 4.1
Beobachtungsnachbild
222–225, 227, Tab. 10.3
Gesetz der Beobachtung 222
Gesetz des Beobachtungs-
nachbildes 225
Primärbeobachtung 218–222,
227, Tab. 10.3
Sekundärbeobachtung
218–222
Vorstellungscharakter 226–229
Beobachtung des Denken eines
anderen Menschen 419
Beobachtung des eigenen Denkens
(siehe Denken, reines:
Beobachtungen)
Beobachtung des eigenen Ich (siehe
Ich: Beobachtungen)
Beobachtung eines fremden Ich
292, 381f.
Beobachtung fremder Gedanken
287–292, 381f., 412f., 417f., 419
Beobachtungsbewusstwerdung
(siehe Bewusstwerdung)
Beobachtungsnachbild (siehe
Nachbild)
Bestrafung 384–390, Tab. 15.4
Beurteilung von Handlungen

ästhetische 269–272, 296, 307,
380, Tab. 11.2
epistemische 266–268, 287f.,
296, 307, Tab. 11.2
moralische 268f., 296, 307,
Tab. 11.2
Bewusstsein (siehe Bewusstwerdung) 401
Bewusstwerdung 76f., 88–91, 156,
322–328, 333–337, 401
Begegnung, aktive und
gewollte 323–328
Beobachtungsbewusstwerdung
des Denkens 25, 75–81,
88, 130f., 140f., 148, 323,
401f., 409f., Tab. 4.1, 7.1;
Methodik 78f.
Beobachtungsbewusstwerdung
des Ich 25, 117–120, 125f.,
130f., 140f., 148, 323,
402f., 409f.,
Tab. 7.1; Methodik
117–120
Drama 151–154
erweiterte intuitive Bewusstwerdung des Denkens
134–138, 144, 150, 159,
Tab. 7.1, 8.1
erweiterte intuitive Bewusstwerdung des Ich 145, 150,
159, Tab. 7.1, 8.1
Fähigkeit 313, 325–328
Förderung 152–154
Gegenstandsbewusstwerdung
147
Geistesgegenwart 322–328,
333–337
Gesetz 326f.
Intuitive Bewusstwerdung
des Denkinhalts 89,

98–103, 110f., 144, 149, 323f., Tab. 7.1
Intuitive Bewusstwerdung der Denktätigkeit 89, 103–107, 110f., 122f., 144, 150, 323f., Tab. 7.1
Intuitive Bewusstwerdung des Denkens 25, 89, 94–107, 110–113, 122–124, 132, 144, 149, 157, 186f., 323f., 407, 409f., Tab. 7.1, 8.1
Intuitive Bewusstwerdung des Ich 122–125, 125–127, 132, 136, 142, 144, 157, 186f., 323f., 409f., Tab. 7.1, 8.1
kontinuierliche 137f.
naive Bewusstwerdung des Denkens 147
Perspektive 325–328
Verhinderung 152–154
«Böse» (siehe Handeln, freies: reeller Bezug)
Natur des «Bösen» 253f., 377f.

Darstellung der Gesetzeswelt 90f., 162
Dauer (siehe Ewigkeit)
Denken, gewöhnliches 58–60, 67–70, 91–93, 111–113, 147, 167, 349f., 407, Tab. 8.2
Denken, reines 19–21, 58–66, 78f., 93, 94–107, 139–145, 155–168, 318f., 322–328, 349, 358–361, 361f., 396–398, Tab. 5.1, 7.1, 8.1, 8.2, 15.1
Abhängigkeit von außergedanklichen Tatsachen (siehe Denken, reines: Einwände)
Akt (siehe Denken, reines: Tätigkeit)
Anlage zum 42f.
Auftreten 129, 167
Ausdruck (Wort) 28
Ausnahmezustand (siehe Ausnahmezustand)
Beendigung eines Denkaktes 131f., 255
Beobachtung des Denken eines anderen Menschen 419
Beobachtung des eigenen Denkens 24f., 70–81, 117, 127–129, 140f., 350f., 397, 401f., 408f., Tab. 4.1, 7.1
Beobachtung fremder Gedanken 287–292, 381f., 412f., 417f., 419
Beobachtungsbewusstwerdung (siehe Bewusstwerdung)
Betrachtung 72f., Tab. 4.1
Bewusstwerdung (siehe Bewusstwerdung)
blickrichtend 231
Dreieinigkeit des intuitiven Denkens 111–113, 407
Einwände 80f., 126–129, 349f., 352, 357
Erfahrungen 49–58, 74, 83–86, 91–94, 351, Tab. 4.1
Erkenntnis des beobachteten Denkens 75f., 81–83, 88, 141, Tab. 4.1, 7.1
Erleben (vgl. Denken, reines: Erfahrungen): bewusstes (siehe Bewusstwerdung);

intuitives 83–86, 89, 94–107, 122–124, 141, 144, 147–150, 157, 407, Tab. 7.1, 8.1; naives 67–70, 139f., 147, Tab. 4.1, 7.1
Förderung 152–154
Form 53f., 58–66, 75–81, 89, 94–107, 141f., Tab. 5.1, 5.2, 5.3, 5.4, 5.5, 5.6, 7.1
freier Akt 151
Gesetz 65f., 75–81, 94–107, 125f., 139–145, 147–150, 160–168, 356f., Tab. 5.1, 5.2, 5.3, 5.4, 5.5, 5.6, 7.1
Inhalt 45, 54, 58–66, 79f., 94–103, 141, Tab. 5.1, 5.2, 5.3, 7.1; Unabhängigkeit von der leiblich-seelischen Organisation 80f., 126–129, 352, 357
Intuitive Bewusstwerdung (siehe Bewusstwerdung)
künstlerisches Schaffen 265
Leibfreiheit der Begriffsinhalte 80f.
Leibfreiheit der intuitiven Denktätigkeit 126–129
Liebe in geistiger Art 104f., 112f., 123f., 150f., 353f., 407, Tab. 5.5, 5.6, 7.1
logisches (siehe Logik)
mathematisches 14f., 46–48, 349
Nicht-Beobachtbarkeit 74
Quelle der Denktätigkeit 149
seelische Form (vgl. Gedanken-Haben; Denken, gewöhnliches) 111f.

Selbstaufklärung 75f.
sinnlichkeitsfreies (siehe Denken, reines)
Spuren (vgl. Denken, reines: Beobachtung) 70f., 130–133, 350f., 408f.
Tätigkeit (vgl. Begriffsintuition; Intuition) 45, 61, 89, 94–97, 103–107, 141, 149f., Tab. 5.1, 5.4, 5.5, 7.1; Unabhängigkeit von der leiblich-seelischen Organisation 127–129, 357
Verhinderung 152–154
Vorbereitung und Vorstufen 44–49, 49–58, 58–60, 91f., 167, 349f., 369–372, 396f.
Zeitströme des Denkens (siehe Zeitstrom)
Denkinhalt (siehe Begriff)
Denkinhaltsbewusstwerdung, intuitive (siehe Bewusstwerdung)
Denktätigkeitsbewusstwerdung, intuitive (siehe Bewusstwerdung)
Drama der Bewusstwerdung (siehe Bewusstwerdung)
Dreieinigkeit (siehe Denken, reines; Ich)

Eigenverantwortung 284
Einfall 59, 91, 93, 229f., 370
Einheit der Gesetzeswelt 161f., 170, 253, 287, 412
Einwände 80f., 126–129, 349f., 352, 357

Einwilligung (siehe Gemeinschaftsbildung)
Entlähmung (siehe Konkretion)
Entwicklung 56, 319–322, 322–328
    Bewusstwerdung 322–328
    Evolution und Involution 320
    Früchte 321f., 326–328
    Metamorphose 56, 320, 372
    Schöpfung aus dem Nichts 320
    Schöpfung aus der Fülle 320f.
    Umstülpung 320
    Wesen und Erscheinung 56, 319–322
Epistemische Beurteilung (siehe Beurteilung)
Epistemische Intuition (siehe Intuition als Begriffsintuition)
Epistemische Phantasie (siehe Phantasie)
Epistemische Technik (siehe Technik)
Erinnerung 207–210, 213, 218, 370, Tab. 10.1, 10.2, 10.3
Erinnerungsvorstellung (siehe Vorstellung)
Erkennen
    Abirrungen 195–198
    allgemeines Erkenntnisproblem 177, 337, 366
    Ausgleich von Einseitigkeiten 197, 297f.
    Denken 75f., 81–83, 88, 141, Tab. 4.1, 7.1
    Drama 195–198
    dreifache Aktualität 179, 188, 189, 198, Tab. 9.1
    Einseitigkeiten (siehe Erkennen: Abirrungen)
    epistemische Phantasie (siehe Phantasie: epistemische)
    epistemische Technik (siehe Technik: epistemische)
    exemplarischer Erkenntnisprozess: am Denken 81–83; am Ich 120f.
    freie Handlung 151, 258–260
    Gesetz 179, Tab. 9.1
    Gleichgewichtsimpuls 198, 275
    Ich 120f., 140f., Tab. 7.1
    intuitives 136, 150f., 168–173, 178–182, Tab. 8.3
    Methodik 369–372, Tab. 9.1, 15.2
    Modifikationen, Spezialisierungen 379
    Praxis 367–372, Tab. 15.2
    Prinzipien Tab. 9.1
    radikale Auffassung 363–365
    Streben nach Wahrheit 187, 260
    Überwindung von Einseitigkeiten 197f.
    Verhinderung 152–154, 195–198
    Vorstellung (siehe Erkenntnisvorstellung)
    Vorstufen, Hinführung 365, 369–372, Tab. 15.2
    Wahrheitsproblem (siehe Wahrheit)
    Ziel 187, 194, 378f., Tab. 9.1
Erkenntnis des Denkens (siehe Denken: Erkenntnis)
Erkenntnis des Ich (siehe Ich: Erkenntnis)
Erkenntnisurteil (siehe Urteil)
Erkenntnisvorstellung
    aktuelle oder produktive (siehe Vorstellen: Erkenntnisvorstellung, aktuelle)

Resultat des Erkennens (siehe
 Vorstellung: Gegenwarts-
 vorstellung)
Erleben, beobachtendes (siehe
 Beobachtung)
Erleben, intuitives (siehe Denken,
 reines: Erleben)
Erleben des Denkens eines anderen
 Menschen 419
Erleben fremder Gedanken
 (siehe Beobachtung fremder
 Gedanken)
Erscheinung (siehe Wesen und
 Erscheinung)
Ethischer Individualismus 13, 240
Evolution 320
Ewiges Leben 317, 333–337
Ewigkeit 65, 102f., 315–319, 333–337,
 Tab. 5.2, 5.3, 5.5, 5.6
 von Gesetzmässigkeiten 65,
  102f., 316, Tab. 5.2, 5.3, 5.5
 Willenspotential (Ich)
  122–125, 134–138, 315–319,
  331, 333–337
Exakte Phantasie (siehe Phantasie)
Existenz 172f.
 ewige geistige (siehe Ewigkeit)

Fähigkeit 194, 252, 313, 325–328,
 Tab. 9.1, 11.1
Falsch (siehe Richtig oder Falsch)
Form und Stoff (Inhalt) 53–55,
 94–97
Fragen 42–44, 175–178
Freiheit (siehe Handeln, freies)
«Freiheit», norm- oder rechtskon-
 forme 384, 386
Freiheit, Mündigkeit, Würde 276–
 279, 299–306

Freiheitsverhältnis (siehe Gemeinschaftsbildung)
Fremdpsychisches (siehe Beobachtung fremder Gedanken)
Fühlen
 seelisches 112, 151, 219–222,
  240, 353, 354–356, 406f.
 geistiges (siehe Liebe in
  geistiger Art)
Fürsorge 306

Ganzes (siehe Teil und Ganzes)
Gedanke 58–60, 67f., 70f.
 Gedanken-Haben 59f., 67f.,
  111–113, 349f., 407
 Beobachtung fremder
  Gedanken 287–292, 381f.,
  412f., 417f., 419
Gedankensinn (siehe Begriffssinn)
Gefühl (siehe Fühlen)
Gegenbilder des Denkens 409
Gegenstandsbewusstwerdung (siehe
 Bewusstwerdung)
Gegenwart (siehe Intuition, Geistes-
 gegenwart)
Gegenwartsvorstellung (siehe
 Vorstellung)
Geistesgegenwart 179, 194, 237f.,
 252, 322–328, 333–337,
 Tab. 9.1, 11.1
 Begegnung 105f., 108, 159,
  323–328, Tab. 5.5, 5.6, 8.1
 Fähigkeit 194, 252, 313,
  325–328, Tab. 9.1, 11.1
 Perspektive 325–328
Geltung 18
Gemeinschaft freier Individuen 252,
 284–286, 293–296, 299–306,
 Tab. 11.1

Ziele 293f.
Gemeinschaftsbildung 13, 284–286, 287, 293–296, 299–306, 382, 391f.
   Einwilligungsgemeinschaft 305
   freiheitsgemässse 284–286, 391f.
   Freiheitsverhältnis 300f., 303, 391f.
   Funktion individueller Begabungen 296–299
   ideell 391
   Mitverantwortung, freie 284, 295f.
   Mündigkeitsverhältnis 302, 304
   Partnerschaftsverhältnis 301, 303
   reell 391
   Verantwortungsgemeinschaft 295f., 304
   Verstehen und Respekt 304
   Vertrauen 293f.
   Würdeverhältnis 302, 304f.
   Zusammenarbeit 296–299
   Zustimmung: verbindliche 304; unverbindliche 305
   Zustimmungsgemeinschaft 305
Genetisch (siehe Urteil: Erkenntnisurteil; Wahrheit)
Geometrie
   euklidische 15f.
   projektive 14f.
Gesetz (vgl. Begriff) 28, 49, 61–66, 98–103, 356f., Tab. 5.2, 5.3
   Ausdruck (Wort) 28, 49, 356f.
   Beständigkeit (siehe Gesetz: Invarianz)
   Bestimmtheit (siehe Gesetz: Notwendigkeit)
   Eigensein 65f., 102f., Tab. 5.2, 5.3
   Einheit der Gesetzeswelt 161f., 170, 253, 287, 412
   Ewigkeit 65, 102f., Tab. 5.2, 5.3, 5.5
   Gesetz des Gesetzes 98–103, Tab. 5.2, 5.3
   Individualität 61f., 99
   Invarianz, Beständigkeit 65f., 90, 101–103, Tab. 5.2, 5.3
   Jenseits von Erkenntnis und Moral 170f., 179, 186, 238f., 415f.
   Notwendigkeit 63f., 101, 104f., Tab. 5.2, 5.3, 5.5
   Sein 102f., Tab. 5.2, 5.3
   Universalität 61f.
   Zusammenhang 63, 98–103, Tab. 5.3
Gesetzeswelt, Ideenwelt
   Darstellung 90, 162
   Einheit 161f., 170, 253, 287, 412
   Jenseits von Moral und Erkenntnis 170f., 179, 186, 238f., 415f.
   Logik, Inhaltslogik 90, 162
   Quelle aller Begriffsintuitionen 170f., 178f., 238f., 253, 258, 286, 287, 415f.
Gesetzmäßigkeit (siehe Gesetz)
Gleichgewichtsimpuls 198, 275, 297–299
Gnade 313
«Gut» (siehe Handeln, freies: reeller Bezug)

Sachregister

Handeln, freies 168–172, 236–265, Tab. 8.3, 11.1
- Abirrungen 272–276
- Ausgleich von Einseitigkeiten 274–276, 296–299
- Beurteilung: ästhetische 269–272, 296, 307, Tab. 11.2; epistemische 266–268, 287f., 296, 307, Tab. 11.2; moralische 268f., 296, 307, Tab. 11.2
- Drama 272–276
- dreifache Aktualität 237f., 246, Tab. 11.1
- Einseitigkeiten (siehe Handeln, freies: Abirrungen)
- Erkennen als freies Handeln 150f., 256–260
- Gesetz 240, Tab. 11.1
- Gleichgewichtsimpuls 275
- Grund, letzter (siehe Handeln, freies: Liebe in geistiger Art)
- Ideal 238
- intuitiv bewusstes Denken 150f.
- intuitives Erkennen 150f.
- künstlerisches Schaffen 260–265: «schön» oder «hässlich» 263f.
- Liebe in geistiger Art 150f., 171f., 238–240, 247, 252, 353f., 410f., Tab. 8.3, 11.1
- Methodik 247–252, Tab. 11.1
- moralische Phantasie (siehe Phantasie)
- moralische Technik (siehe Technik)
- Motiv 237f., Tab. 11.1
- Prinzipien Tab. 11.1
- reeller Bezug auf Handlungskontext 239, 241–247; formaler 241, Tab. 11.1; materialer 241f., Tab. 11.1: harmonischer 242–247, Tab. 11.1; passender oder nicht passender 243, Tab. 11.1; «guter» oder «böser» 242–247, 253–255, 377f., 411f., Tab. 11.1
- Streben nach einer «guten» Handlung 245f.
- Überwindung von Einseitigkeiten 274–276
- Verhinderung 152–154, 272–274
- Ziel 252, Tab. 11.1
- Zweck 260f.

Harmonisch (siehe Handeln, freies: reeller Bezug)

Herablähmung (siehe Abstraktion)

Hingabe (siehe Liebe in geistiger Art)

Hypothese
- sachgemäße 352, 357
- spekulative 352, 357

Ich
- Beobachtungen des eigenen Ich 25, 116–120, 140–142, 292, 405f., Tab. 7.1, 15.3
- Beobachtungen eines fremden Ich 292
- Beobachtungsbewusstwerdung (siehe Bewusstwerdung)
- Bewusstwerdung (siehe Bewusstwerdung)

Dreieinigkeit der intuitiven
  Ich-Erfahrung 134–138
Entwicklung 319f., 322–328
Erfahrung (siehe Ich: Erleben)
Erkenntnis des beobachteten
  Ich 120f., 140f.,
  Tab. 7.1
Erleben, Erfahren: intuitives
  122–125, 358–362, Tab. 7.1,
  8.1, 15.1; naives 115f., 117f.,
  Tab. 7.1
Ewigkeit 124f., 136–138,
  315–319, 334–337
Gesetz des universellen Ich
  (siehe Ich: universelles)
gewöhnliches (siehe Persönlichkeit)
höheres (siehe Ich)
individuelles 124f., 125f.,
  136–138, 150, 310–314,
  323–328, 333–337, 358
Intuitive Bewusstwerdung
  (siehe Bewusstwerdung)
Liebe in geistiger Art (siehe
  Liebe)
niederes (siehe Persönlichkeit)
Quelle, autonome 124f.,
  136–138, 149, 311f.,
  315–319, 322–328
Tätigkeit 122–125, 127–129,
  134–138, 149f., Tab. 15.1
Universalienlehre 358–361,
  373–375, Tab. 15.1, 15.3
universelles Gesetz 120, 124f.,
  134–138, 140f., 148–150,
  310–314, 356f., 358–361,
  Tab. 7.1
Ich-Sinn 381f., 419
Ideal (siehe Motiv)
Idee (siehe Begriff, Gesetz)

Ideenwelt (siehe Gesetzeswelt)
Individualisierung
  formelle (Abstraktion,
    Herablähmung) 145–147,
    358–361, Tab. 15.1
  ideelle (Begriffe oder Gesetze
    zu Vorstellungen)
    145–147, 176–178, 179f.,
    189–195, 200–204, 210–
    214, 214–218, 247–252,
    369–372, Tab. 9.1, 10.1,
    11.1, 15.3
  materiale (Wesen zu
    Erscheinungen) 55f.,
    358–361
  reelle (moralische Intuitionen
    zu Handlungen)
    247–252, Tab. 11.1
Individualität, Individuum
  geistig (siehe Ich)
  seelisch (siehe Persönlichkeit)
Inhalt (siehe Form und Stoff)
Inkarnation (siehe Verkörperung)
Interpretation, unwillkürliche 206f.
Intuition, allgemeine 108–110, 123f.,
  144f., 150, 156f., 159, 325, 408,
  Tab. 5.6, 7.1, 8.1
  Anschauung, aktive 108f., 159,
    Tab. 5.6, 8.1
  Arten 155–159, Tab. 8.1
  Ausdruck (Wort) 352, 403
  Begegnung, gewollte 108f., 159,
    Tab. 5.6, 8.1
  Funktionen 159
  ideelle (siehe Begriffsintuition)
  Liebe in geistiger Art 108f.,
    159, 408, Tab. 5.6
  reell-ideelle 155–157,
    Tab. 8.1
  reelle 155–157, Tab. 8.1

Zuwendung, aktive 108f., 159, Tab. 5.6, 8.1
Intuition als Begriffsintuition, ideelle Intuition (vgl. auch Begriffsintuition) 85f., 89, 94–97, 103–107, 141f., 148f., 159, 160–173, 325, 403, 407, 408, Tab. 5.1, 5.4, 5.5, 7.1, 8.1, 8.3
ästhetische 263
epistemische (vgl. Erkennen) 168–171, 178–182, Tab. 8.3, 9.1; Auswahlfunktion 192; Inhalt der Intuition jenseits von wahr oder unwahr 186
Funktionen 168–171, Tab. 8.3
gemeinsame Quelle aller Intuitionen 170f., 178f., 238f., 253, 286, 287, 415f.
jenseits von epistemisch und moralisch 170f., 415f.,
moralische (vgl. Handeln, freies) 168–171, 237–241, 410f., Tab. 8.3, 11.1; Auswahlfunktion 249; Inhalt der Intuition jenseits von «gut» oder «böse» 244f., 253–255
Intuitionsurteil (siehe Urteil)
Involution 320

Karma (siehe Schicksal)
Kausalität (siehe Ursache und Wirkung)
Kenntnis 206f., 223f.
Konkretion 145–147, 373–375
Konstitution der Wahrnehmung 182–185

Konstitutiv (siehe Urteil: Erkenntnisurteil; Wahrheit)
Kontingenz 393f.
Kreis (Beispiel) 47f., 49f., 72, 77, 170, 182f., 201, 204, 206, 208, 214, 216, 242, 349, 370
Kritische Haltung 13, 68f.
Künstlerisches Schaffen 260–265

Leibfreiheit (siehe Denken, reines)
Leiblich-seelische Organisation (siehe Organisation)
Liebe oder Hingabe in geistiger Art 105–107, 112f., 123–125, 150f., 171f., 237–240, 252, 353f., 407, 410f., Tab. 5.5, 5.6, 7.1, 8.3, 11.1
Liebe in seelischer Art 112, 151, 240, 353
Logik
inhaltliche 90, 162
formale 168, Tab. 8.2

Medium (siehe Wesen und Erscheinung)
Metamorphose 56, 320, 372
Mitteilung von individuellen Zielen 287–292
Mitverantwortung (siehe Gemeinschaftsbildung)
Moralische Beurteilung (siehe Beurteilung)
Moralische Intuition (siehe Intuition als Begriffsintuition)
Moralische Phantasie (siehe Phantasie)
Moralische Technik (siehe Technik)
Motiv 237f., Tab. 11.1

Mündigkeit 277–279, 299–306, 380, 386

Nachbild
Beobachtungsnachbild 222–225, 227, Tab. 10.3
Gesetz des Beobachtungsnachbildes 225
psychisches 205–207, 213, 224f., Tab. 10.1
physiologisches 225f.
Nacherkenntnisvorstellung (siehe Vorstellung)
Nachgegenwartsvorstellung (siehe Vorstellung)
Nachurteil 194, 205, Tab. 10.1
Naive Haltung (siehe kritische Haltung)
Norm, sittliche oder ethische (vgl. Rechtsvorschrift) 260, 306, 383
Normenverletzung 383f.

Opferschutz 389, Tab. 15.4
Organisation, leiblich-seelische 80f., 126–134, 317f., 408f.
funktionelle Auffassung 127f., 408f.
Hauptfunktionen 130–134, 153, 318
Nebenwirkungen der Hauptfunktionen 132f., 134
Unabhängigkeit der Denkinhalte 80f., 101–103, 126f.
Unabhängigkeit der Denktätigkeit 127–129

Partnerschaftsverhältnis (siehe Gemeinschaftsbildung)
Passend (siehe Handeln, freies: reeller Bezug)
Persönlichkeit (seelische Konstitution) 354–356, 404
Perspektive 325–328
Pflicht 380
Phantasie 214–218, Tab. 10.2
Abirrung zur Phantastik 195f., 272–274
Ausgleich von Einseitigkeiten: individueller 196–198, 274–276; sozialer 296–299
ästhetische 263f.
auswählende 192, 249
epistemische 189–194, Tab. 9.1: auswählende 192; Funktionen 189, 192; kritische, exakte 189–194, 297f., 366, 372, 376f., Tab. 15.2; naive 298, 366f., 369f., 377, Tab. 15.2; post-intuitive (siehe kritische, exakte); prä-intuitive (siehe naive)
Erinnerung 218, Tab. 10.2
exakte 44–49, 58, 66, 189, 214–218, 249, 297f., 366, 372, 376, Tab. 9.1, 10.2, 11.1, 15.2
Gegenwartsvorstellung 217, Tab. 10.2
Gesetz der exakten Phantasie 217, Tab. 10.2
moralische 247–252, Tab. 11.1: auswählende 249; kritische, exakte

247–252, 299, 376f.; naive 299, 377; post-intuitive (siehe kritische, exakte); prä-intuitive (siehe naive)
Nachgegenwartsvorstellung 218, Tab. 10.2
produktive 214–218, Tab. 10.2
rezeptive 230
Urteilsphantasie 167f., Tab. 8.2
Vergessen 218, Tab. 10.2
Vorstellung 58f., 189, 214–218, 249, 369–372, 373–375, Tab. 9.1, 10.2, 11.1, 15.2, 15.3
Phantastik
epistemische 195–198
moralische 272–276
Physiologisches Nachbild (siehe Nachbild)
Post-Existenz 331f.
Post-intuitive Phantasie (siehe Phantasie: epistemische oder moralische)
Prä-Existenz 331
Prä-intuitive Phantasie (siehe Phantasie: epistemische oder moralische)
Prävention
objektive 389, Tab. 15.4
subjektive 389, Tab. 15.4
Primärbeobachtung (siehe Beobachtung)
Prinzipien, ethische (siehe Normen)
Psychologie 21f.
Erkennen 200–204, 205–210, 210–214, 365, 366f., 369–372
Handeln 375f.

Quelle aller Begriffsintuitionen (siehe Gesetzeswelt)
Quelle der Denktätigkeit 149

Realität der wahrnehmbaren Welt 235
Rechtsverletzung 383f., Tab. 15.4
Rechtsvorschrift 383f.
Regenbogen (Beispiel) 201f., 204, 206, 208, 216
Resozialisierung 389, Tab. 15.4
Reinkarnation (siehe Wiederverkörperung)
Richtig oder Falsch (vgl. Urteil: formales Begriffsurteil) 165, 398, Tab. 8.2
Richtigkeit (siehe Wahrheit, ideelle)

Schaden 386f., Tab. 15.4
Schicksal 337–342
Freiheit 338f.
Notwendigkeit 338f.
Zufall 338–341
«schön» oder «hässlich» (siehe Ästhetik)
Schöpfung aus dem Nichts 320
Schöpfung aus der Fülle 320f.
Schuldfähigkeit 386
Schutz vor Straftaten 386f., Tab. 15.4
Sekundärbeobachtung (siehe Beobachtung)
Selbst (siehe Ich)
Sinneswahrnehmung, Sinnesempfindung 221f., 225, 230–235
Sinnlichkeitsfreies Denken (siehe Denken, reines)

Spekulative Hypothese (siehe Hypothese)
Spezialprävention (siehe Prävention)
Spuren des reinen Denkens, «Gegenbilder» (vgl. Denken, reines: Beobachtung) 70f., 130–133, 350f., 409f.
Staatsgesetze 413
Stoff (siehe Form und Stoff)
Straffälligkeit 385
Strafrecht 384f.
Straftat 385, Tab. 15.4
Strafvollzug 385, Tab. 15.4
Sympathie 112, 354f.
Synthese (siehe Analyse und Synthese)

Technik
    Abirrung zum Automatismus 195–197, 272–274
    ästhetische 263
    Ausgleich von Einseitigkeiten: individueller 196–198, 274–276; sozialer 296–299
    epistemische 192f., 297, Tab. 9.1
    moralische 250–252, 298f., Tab. 11.1
    Urteilstechnik 167f., Tab. 8.2
Teil-Ganzes 51
Teil und Ganzes (Beispiel) 50f., 63f., 72, 94f., 99–101, 104, 163f.
Tierkreis (Beispiel) 202, 204, 206, 208, 216
Todesprozess (siehe Abstraktion)

Umstülpung 320
Ungeborenheit 331
Universalienlehre 124, 135, 357, 358–361, 373–375, Tab. 15.1, 15.3
Unsterblichkeit 331
Unveränderbarkeit (siehe Begriff)
Unveränderlichkeit (siehe Begriff)
Urbild und Abbild 206f.
Ursache und Wirkung 56–58, 338f.
Urteil
    Begriffsurteil, formales 163–168, 114, Tab. 8.2; richtig oder falsch 165, 398, Tab. 8.2
    Erkenntnisurteil, Wahrnehmungsurteil (vgl. Vorstellen; Vorstellung) 165, 178–182, 182–188, 189–195, 200–204, Tab. 9.1: dreifache Aktualität 179, 188, 189, 193, 198, Tab. 9.1; formales 182, 193, Tab. 9.1; konstitutives oder genetisches 182, 365; materiales 182, 184, 193, Tab. 9.1; Methodik 189–195, Tab. 9.1; wahres oder unwahres 185–188, 194, Tab. 9.1; Zusammenstimmung 180, 185, Tab. 9.1; zutreffendes oder nicht zutreffendes 184, 193f., Tab. 9.1
    Intuitionsurteil, ideelles 165–168, Tab. 8.2
    soziales 296, 306–309
    Urteilsphantasie (siehe Phantasie: Urteilsphantasie)

Urteil über Handlungen (siehe
    Beurteilung von Handlungen)
Urteilsphantasie (siehe Phantasie:
    Urteilsphantasie)
Urteilstechnik (siehe Technik:
    Urteilstechnik)

Verantwortlichkeit, juristische oder
    rechtliche 282, 383–386, 390,
    Tab. 15.4
Verantwortung 281–284
    Eigenverantwortung 284
    erweiterte Verantwortung 282,
        295f.
    individuelle freie 281–284, 295,
        383–390, Tab. 15.4
    Mitverantwortung, freie 284,
        295f.
    Teilverantwortung 282
Verantwortungsgemeinschaft 295,
    304
Vergangenheit (siehe Zeitstrom)
Vergessen 208, 213, 218, Tab. 10.1
Verkörperung 331
Verlebendigung (siehe Konkretion)
Vernunft 53
Verstand 53
Verstehen
    Vorstufe des Erkennens 181f.,
        364f.
    Ziele anderer Menschen
        287–292, 304
Vertrauen 25, 279, 293f.
    berechtigtes 278, 293f., 390
    fiktives 279
    naives 68f., 115f.
Vorstellen, produktive Vorstellungs-
    bildung
    denkendes oder bewegliches
        (siehe Phantasie, exakte)
    epistemisches (siehe Vorstellen:
        Erkenntnisvorstellung,
        aktuelle)
    Erkenntnisvorstellung, aktuelle
        193, 200–204, 369–372,
        Tab. 9.1, 10.1, 15.2
    Gesetz der aktuellen
        Erkenntnisvorstellung
        203
    Gesetz des Vorstellens 210
    Phantasie (siehe Phantasie)
    Tätigkeit 202, 210f., 214, 216f.,
        Tab. 10.1, 10.2
Vorstellung 200–218
    epistemische (siehe Vor-
        stellung: Erkenntnis-
        vorstellung)
    Erinnerungsvorstellung
        207–210, 213f.,
        Tab. 10.1
    Erkenntnisvorstellung als
        Produkt des Erkennens
        (siehe Vorstellung:
        Gegenwartsvorstellung)
    Gegenwartsvorstellung, pro-
        duktive (siehe Vorstellen:
        Erkenntnisvorstellung,
        aktuelle)
    Gegenwartsvorstellung,
        rezeptive oder gegebene
        193, 203f., 211, 217, 227,
        369–372, Tab. 9.1, 10.1,
        10.2, 10.3, 15.2
    Gesetz der Erinnerungs-
        vorstellung 210
    Gesetz der Gegenwarts-
        vorstellung 203f.
    Gesetz der Nacherkenntnis-
        vorstellung 207

Gesetz der Vorstellung 214, 373
Handlungsvorstellung 251, Tab. 11.1
inhärente (siehe Vorstellung: Gegenwartsvorstellung, rezeptive)
moralische, handlungsleitende (siehe Vorstellung: Handlungsvorstellung)
Nacherkenntnisvorstellung 205–207, 226, Tab. 10.1
Nachgegenwartsvorstellung 205–207, 213, 218, 369–372, Tab. 10.1, 10.2, 10.3, 15.2
Phantasievorstellung (siehe Phantasie)
Typen 210–214, Tab. 10.1
Urbild und Abbild 206f.
Wesen und Erscheinung 210–214, Tab. 10.1
Vorstellungsbildung
produktive (siehe Vorstellen)
rezeptive 226–230
Vorstellungslehre 189–195, 199–230, 247–252, 369–372, 373–375, Tab. 10.1, 10.2, 10.3, 15.2, 15.3
Vorurteil 194, 196, 207, Tab. 10.1

Wahlfreiheit 240f., 277–279, 306, 384
Wahr oder Falsch (siehe Urteil: Erkenntnisurteil)
Wahrheit (vgl. Urteil: Erkenntnisurteil) 162, 184–188, 365f., Tab. 9.1
genetische 365f.
ideelle 162

konstitutive 365f.
reelle 162, 184–186, 259f.
Streben nach Wahrheit 187, 259f.
überlieferte 186f.
Wahrheitsproblem 182–188, 365
Wahrnehmung 178, 221f., 225, 230–235, 368, 369–372, Tab. 15.2
existierend und eigenseiend 234f., Tab. 10.4
gegeben 234f., Tab. 10.4
Gesetz der reinen Wahrnehmung 235
Konstitution 182, 184
organische Abhängigkeit 232f., Tab. 10.4
raum-zeitliche Abhängigkeit 232, Tab. 10.4
Realität 235, Tab. 10.4
reine 230–235
Sinneswahrnehmung 221f., 230–235, Tab. 10.4
veränderlich 233, Tab. 10.4
Welt, Weltwirklichkeit, Weltganzes 28f., 172f.
Existenz 172f.
Handlungskontext 237f.
Wert des Lebens 392
Wesen und Erscheinung 55f., 319–322, 358–361, 373–375, Tab. 15.1, 15.3
Entwicklung 56, 319–322
Evolution und Involution 319–322
Metamorphose 56, 320, 372
Schöpfung aus dem Nichts 320
Schöpfung aus der Fülle 320f.
Umstülpung 320
Wesenslehre (vgl. Wesen und Erscheinung) 358–361, Tab. 15.1

Widerspruch 161f., 253, 286
Wiedergutmachung 386f.
    objektive 387, Tab. 15.4
    subjektive 387, Tab. 15.4
Wiederverkörperung 330–336, 393f.
Wirklichkeit (siehe Welt)
Wirkung (siehe Ursache und Wirkung)
Wissen 206f., 223f.
Wissenschaft
    allgemeine 194f., Tab. 9.1
    des menschlichen Handelns 260, 268
Wollen
    geistiges (vgl. Handeln, freies) 112f., 407
    seelisches 112f., 219–221, 407
Würde 277–279, 299–306, 380, 386

Zahl (Beispiel) 164

Zeit 315–319, 392
Zeitstrom 318f.
    aus der Vergangenheit 318f.
    von der Zukunft 319
Ziel
    individuelles (siehe Motiv; Intuition als Begriffsintuition: moralische)
    einer Gemeinschaft 293–296
Zufall 338–341, 394
    objektiv zufällig 339, 341
    subjektiv zufällig 340f.
Zukunft (siehe Zeitstrom)
Zusammenarbeit 296–299
Zustimmung (siehe Gemeinschaftsbildung)
Zutreffend (siehe Urteil: Erkenntnisurteil)
Zuwendung, aktive (siehe Begriffsintuition; Intuition)
Zweck 260f.